ŒUVRES CHRÉTIENNES

DES

FAMILLES ROYALES

DE FRANCE

DU MÊME AUTEUR :

RECHERCHES SUR L'ÉLECTION DES DÉPUTÉS AUX ÉTATS GÉNÉRAUX RÉUNIS A TOURS EN 1468 ET EN 1484. — Paris, librairie Durand. — Brochure in-8° de 60 pages : 2 francs.

ŒUVRES CHRÉTIENNES

DES

FAMILLES ROYALES

DE FRANCE

RECUEILLIES ET PUBLIÉES

PAR

PAUL VIOLLET

ANCIEN ÉLÈVE DE L'ÉCOLE DES CHARTES

« Lilium etiam avulsum a radice et a
« terra ex se efflorescit et virescit et rursum
« suo honore vestitur. Ita sane virtutes....
« ex sua origine, ut sint semper, accipiunt. »
(S. Hil. apud Cornel. a Lapide. Comm. in
Matth. VI.)

PARIS

LIBRAIRIE POUSSIELGUE FRÈRES

RUE CASSETTE, 27

—

1870

PRÉFACE

« Je n'imagine pas, a dit M. de Montalembert, un
« plus beau sujet que l'histoire de la prière, c'est-
« à-dire l'histoire de ce que la créature a dit à son
« créateur, le récit qui nous apprendrait quand, et
« pourquoi, et comment elle s'y est prise pour ra-
« conter à Dieu ses misères et ses joies, ses craintes
« et ses désirs[1]. »

Il ne sera jamais donné à aucune plume humaine
d'écrire un pareil livre dont les plus belles pages
demeureront éternellement le secret des âmes ; mais
bien des feuillets de cette magnifique histoire de la
prière sont épars çà et là. Nous en avons réuni
quelques-uns.

---

[1] Préface des *Moines d'Occident*, édit. de 1863, p. LI.

PRÉFACE

La tâche que nous nous sommes imposée consistait à rechercher de tous côtés, et à recueillir dans ce volume, les prières ou plus généralement les pensées inspirées par le sentiment religieux aux membre des trois grandes familles qui ont régné sur la France, la famille de Clovis, celle de Charlemagne, et celle de Hugues Capet. Un intérêt tout particulier s'attache à ces *œuvres chrétiennes ;* elles émanent de personnages illustres dont l'histoire se confond avec l'histoire même de notre pays, et elles présentent, pour la plupart, un frappant cachet de spontanéité et d'originalité. La célébrité de leurs auteurs a préservé de la destruction ces pages intimes et vraies; on jugera sans doute qu'elles méritaient d'échapper à l'oubli.

Ce volume qui contient des *morceaux choisis,* non pas des *œuvres complètes,* embrasse une période de 1350 ans, c'est-à-dire l'histoire de France presque tout entière ; il commence en l'an 496, avec la prière que Clovis adressa au Christ sur le champ de bataille, et finit en 1851, avec le testament de la fille de Louis XVI, dernier écho des douleurs et des pardons suprêmes de la prison du Temple, dernier sacrifice et dernière espérance. Un pareil livre évoque des souvenirs très-divers, et l'âme humaine vient s'y peindre sous bien des aspects; il n'y faut point chercher d'autre unité que celle du sentiment chrétien : naïveté, profondeur, gaieté, angoisses mortelles, paix intérieure, élan passionné vers Dieu, on y trouvera tout cela. L'un des traits dominants du présent recueil, c'est donc la variété, variété que nous n'avons pas cherché à éviter; car elle n'a rien de factice, elle naît de la différence des temps, des caractères et des destinées.

L'objet de cet ouvrage n'est pas l'histoire, et cependant l'histoire y est toujours présente; elle forme le fond du tableau que nous offrons au public, elle n'est pas ce tableau lui-même. Ce qui appartient à l'histoire, c'est le tumulte du monde, c'est l'arène où s'agitent confusément les hommes mus par des passions ardentes et contraires. Tout ici est calme; l'atmosphère est tranquille; à peine le bruit lointain des hommes arrive-t-il jusqu'à nos oreilles. Nous pourrions comparer ce livre à un port placé à l'abri de la tempête, à une vallée silencieuse, mais voisine de la mer, et d'où l'on entend vaguement le roulement des flots. C'est qu'en effet le souci des intérêts terrestres, le fracas des guerres et des querelles humaines vient expirer au seuil du sanctuaire dans lequel se renferme et s'épure l'âme chrétienne : or c'est précisément ce sanctuaire que nous avons essayé d'entr'ouvrir; nous avons voulu surprendre la pensée de l'homme au moment où elle s'élève et se rapproche de Dieu.

Il est inutile d'ajouter qu'ici la parole ne nous appartient pas ; nous la laissons toujours aux auteurs eux-mêmes : les notices biographiques placées en tête de chaque citation ne sont autre chose qu'un résumé très-rapide, un véritable *memorandum*. Ni ces notices, ni les citations nécessairement incomplètes qui font le corps de l'ouvrage, ne suffisent pour asseoir un jugement sur chacun des personnages dont les noms figurent dans ce recueil. Néanmoins le lecteur sera souvent tenté d'apprécier, ne fût-ce que très-sommairement, le caractère de l'écrivain dont il lira les œuvres ; nous espérons que le plan de notre ouvrage contribuera à rendre cette appréciation, ou plutôt cette impression, aussi juste et aussi saine que possible. Il y a avantage, en effet, dans l'intérêt de la vérité historique, à rapprocher, à réunir, comme nous l'avons fait, un grand nombre de personnages dont les vertus commandent le respect et attirent la sympathie. L'auteur d'une biographie isolée s'exagère facilement les mérites de son héros, et force, sans le vouloir, les tons et les couleurs. Un pareil défaut ne serait pas supportable dans un livre comme le nôtre. Chaque figure reprend ici d'elle-même la place qui lui appartient ; telle physionomie laissée dans l'ombre revit ; telle autre éclairée d'un jour trop vif ou quelque peu factice se montre dans une lumière plus discrète et plus vraie, et ainsi les impressions s'équilibrent en se partageant[1].

Ce n'est pas à dire que nous ayons voulu composer une galerie de princes vertueux. Il suffirait au besoin de jeter un coup d'œil sur la table de cet ouvrage, pour s'apercevoir que telle n'a pu être notre pensée. Nous avons accueilli toute expression du sentiment chrétien, pour peu qu'elle fût sincère ; et, si la plupart des auteurs dont nous citons quelques fragments se sont distingués par la pureté de leurs mœurs, la sainteté de leur vie ou l'austérité de leur pénitence, tous assurément ne sont point dans ce cas.

Les morceaux que nous publions sont de nature et d'origine diverses : il est temps d'entrer à ce sujet dans quelques détails. Les uns, en fort petit nombre, sont des actes authentiques et officiels ; d'autres ont été extraits d'ouvrages de piété et de diverses compositions poétiques et littéraires ; d'autres enfin auxquels nous avons déjà fait allusion, ont un caractère plus intime, et ne furent point, à l'origine, destinés au public.

---

[1] Nous ne supposons pas qu'on nous accuse d'avoir cherché, en groupant tous ces noms, à présenter d'une manière indirecte une sorte de panégyrique des familles royales. Rien ne serait plus contraire à notre pensée, car nous sommes bien près de tenir tout panégyrique pour une œuvre fausse.

La valeur apologétique d'un ouvrage tel que celui-ci serait d'ailleurs tout à fait nulle, puisqu'il n'entre pas dans notre plan de comparer aux mérites les torts et les fautes, et que les personnages peu sympathiques se trouvent presque tous éliminés par la force des choses.

A la première catégorie on peut rattacher :

1º Une lettre de Dagobert, pour la nomination de saint Didier à l'évêché de Cahors ;

2º Un discours prononcé par Charlemagne, dans un champ de Mars, vers l'an 802 ;

3º Une lettre de Louis VII au pape Alexandre III, à l'occasion du troisième concile de Latran ;

4º La consécration de la France à la Vierge, par Louis XIII [1].

On placera dans la seconde catégorie les fragments empruntés au bon roi René, à Gabrielle de Bourbon, femme du *chevalier sans reproche*, à Marguerite de Navarre, sœur de François 1er, celle que Ronsard appelait la *nymphe de Valois*, à madame de Bourbon-Condé, mère du duc d'Enghien, fusillé à Vincennes.

Nous citerons parmi les morceaux qui appartiennent à la troisième catégorie le curieux récit dans lequel Louis le Débonnaire raconte sa captivité à Saint-Médard de Soissons, les instructions de saint Louis à sa fille et à son fils, l'invocation de la bienheureuse Jeanne de Valois à la Vierge, les méditations de Madame de Longueville, les prières de Madame Louise la Carmélite, celles des deux

---

[1] Ces deux derniers documents ne sont pas l'œuvre personnelle des rois au nom desquels ils ont été composés. La lettre de Louis VII fut rédigée par un moine nommé Traimund, et l'acte de consécration de la France à la Vierge fut écrit par Richelieu.

Dauphins, celles du duc Louis d'Orléans, et de sa sœur, l'abbesse de Chelles.

Mais nous n'entreprendrons pas d'énumérer ici tous les personnages historiques dont nous avons recueilli quelques souvenirs. Que le lecteur veuille bien ouvrir le présent livre, et qu'il compte lui-même les anneaux de cette chaîne ininterrompue de pensées chrétiennes et d'aspirations vers Dieu, qui relie à travers les siècles le testament de sainte Radegonde à celui de Marie-Thérèse de France, les prières du roi Robert à celles de ses derniers descendants, les *enseignements* de saint Louis au testament de Louis XVI et à la dernière lettre de Marie-Antoinette.

Cette lecture produira sans aucun doute une impression durable et profonde. On peut même sans être chrétien admirer le sentiment chrétien, admirer la puissance merveilleuse de l'idée chrétienne qui communique à l'âme une force sublime unie à une douceur céleste dont le charme est indéfinissable. Ce sont là des beautés très-pures que nul ne contemplera sans profit pour lui-même. Mais ce long voyage spirituel aura encore un autre avantage pour celui qui serait tenté, chemin faisant, de jeter ses regards un peu au delà des limites qui bornent ce livre, pour celui qui voudrait interroger l'histoire dont il se sentira comme environné de tous côtés. Celui-là verra, durant ces quatorze siècles, les sociétés toujours en travail; il verra les peuples se transformer lentement, mais progresser sans cesse malgré des crimes épouvantables, malgré des retards douloureux; il les verra marcher vers un but qu'ils ne connaissent pas eux-mêmes; car ils s'agitent et Dieu les mène, Dieu les mène vers la tolérance, vers la liberté, vers l'égalité. Il verra les nations se civiliser, les mœurs s'adoucir, le sentiment de l'humanité s'élargir; il verra les esclaves devenir serfs, puis les serfs conquérir la liberté, et tous les hommes enfin se reconnaître égaux; alors il comprendra que les siècles écoulés ont enfanté les temps modernes : il confondra dans un même amour le présent et le passé et il s'inclinera religieusement devant cette grande loi du progrès qui est une des manifestations de Dieu parmi les hommes.

CLOVIS

PREMIÈRE PRIÈRE DE CLOVIS

Clovis, fils de Childéric, devint, par la mort de son père, vers l'an 481, chef de la peuplade franque établie en Belgique.

Il mourut à Paris, en l'an 511, maître d'une grande partie de la Gaule et de la Germanie.

Clovis avait épousé la fille d'un prince des Burgondes, Clotilde, qui était chrétienne et le convertit au christianisme.

D'après le récit de Grégoire de Tours, c'est au milieu d'un combat contre les Allemands que Clovis adressa au Dieu de Clotilde sa première prière. Voici en quels termes s'exprime le vieil historien :

« Cependant la reine ne cessait de presser le roi de recon-
« naître le vrai Dieu et d'abandonner les idoles; mais rien ne
« pouvait le porter à cette croyance, jusqu'à ce qu'enfin, une
« guerre s'étant élevée contre les Allemands, il fut forcé par la
« nécessité de confesser ce que jusque-là il avait nié obstiné-
« ment. Les deux armées, en étant venues aux mains, combat-
« taient avec acharnement, et celle de Clovis allait être taillée
« en pièces; Clovis, voyant le danger, leva les yeux au ciel,
« et d'un cœur fervent dit en fondant en larmes :

Jésus-Christ, que Clotilde annonce être Fils du Dieu vivant, toi qui, dit-on, viens au secours de ceux qui sont en péril, et donnes la victoire à ceux qui espèrent en toi, je te demande avec ferveur ton glorieux appui.

Jesu Christe, quem Chrotechildis prædicat esse Filium Dei vivi, qui dare auxilium laborantibus, victoriamque in te sperantibus tribuere diceris, tuæ opis gloriam devotus effla-

Si tu m'accordes de vaincre ces ennemis, et si j'éprouve l'effet de cette puissance que le peuple dévoué à ton nom publie avoir éprouvée, je croirai en toi et je me ferai baptiser en ton nom; car j'ai invoqué mes dieux, mais ils ne m'ont été d'aucun secours. Je crois donc qu'ils ne possèdent aucun pouvoir, puisqu'ils ne viennent pas en aide à ceux qui les servent. C'est toi que j'invoque maintenant, et c'est en toi que je veux croire. Que j'échappe seulement à mes ennemis!

« Pendant qu'il parlait ainsi, les Allemands, lâchant pied,
« commencèrent à prendre la fuite; et lorsqu'ils virent leur
« roi mort, ils se soumirent à la domination de Clovis en
« disant : « Cesse, de grâce, de faire périr notre peuple, car
« nous sommes à toi. » Clovis, ayant arrêté la guerre et ha-
« rangué son armée, revint en paix, et raconta à la reine
« comment, en invoquant le nom du Christ, il avait obtenu la
« victoire. Ces événements se passèrent la quinzième année de
« son règne (l'an 496) [1]. »

---

gito ; ut si mihi victoriam super hos hostes indulseris, et expertus fuero illam virtutem., quam de te populus tuo nomini dicatus probasse se prædicat, credam tibi, et in nomine tuo baptizer. Invocavi enim deos meos, sed, ut experior, elongati sunt ab auxilio meo; unde credo eos nullius esse potestatis præditos, qui sibi obedientibus non occurrunt. Te nunc invoco, et tibi credere desidero. Tantum, ut eruar ab adversariis meis!

[1] Grégoire de Tours, *Histoire ecclésiastique des Francs*, liv. II, ch. xxx. Édition et en partie traduction de M. Guadet; Paris, Renouard, 1836, t. I.

SAINTE RADÉGONDE

Radégonde, fille de Berther, roi de Thuringe, était prisonnière de son oncle Hermanfroi, lorsque celui-ci fut battu par les Francs, vers l'an 530, sur les rives de l'Unstrudt. Elle tomba ainsi au pouvoir de Clotaire Ier, roi de Neustrie, l'un des fils de Clovis.

Ce prince, touché des grâces de la jeune enfant qui avait à peine huit ans, résolut de l'épouser un jour. Il la fit élever avec soin, instruire dans la religion chrétienne, et lui donna, en 538, le titre de reine, que Radégonde reçut à regret, car le malheur et la piété avaient déjà détaché son cœur du monde.

La fille des rois de Thuringe, devenue reine des Francs, se consacrait tout entière à des œuvres de charité ou d'austérité chrétienne.

Elle aspirait de tous ses vœux vers le cloître; mais les obstacles étaient grands, et six années se passèrent avant qu'elle osât les braver : un dernier malheur de famille lui donna ce courage. Son frère, qui avait grandi à la cour de Neustrie, comme otage de la nation thuringienne, fut mis à mort par l'ordre du roi. Dès que la reine apprit cette horrible nouvelle, sa résolution fut arrêtée; elle se rendit auprès de saint Médard, évêque de Noyon, et le supplia de la consacrer au Seigneur. Celui-ci, obéissant aux instantes prières et presque aux sommations de la reine fugitive, la fit diaconesse par l'imposition des mains. Radégonde, pénétrée d'une joie pieuse, couvrit l'autel de tous ses ornements, de ses bracelets, de ses agrafes de pierreries, de ses franges de robes tissues de fil d'or et de pourpre ; elle distribua aux pauvres les fragments de sa ceinture en or massif.

Il n'est pas certain que Clotaire ait consenti au départ de Radégonde [1]; peut-être celle-ci s'était-elle enfuie près de saint

---

[1] Conf. Gorini, *Défense de l'Église*, 1864; t. II, p. 460, note 2.

Médard à l'insu du roi ; peut-être avait-elle obtenu une sorte d'acquiescement tacite dont le roi franc se repentit plus tard, et sur lequel il voulut revenir.

Radégonde gagna la ville de Tours, où elle fonda un monastère de religieux qui fut plus tard érigé en paroisse sous le nom de Sainte-Croix [1]. Elle se rendit ensuite à Poitiers où elle fonda deux couvents : un couvent d'hommes, Sainte-Marie, un couvent de femmes appelé Sainte-Croix, en l'honneur des reliques de la vraie croix qui y furent déposées [2].

Sainte Radégonde, après avoir donné à ses filles la règle de saint Césaire et de sainte Césarie d'Arles, fit élire une abbesse par la congrégation, et se mit avec les autres sœurs sous l'autorité absolue de la nouvelle supérieure, jeune fille nommée Agnès qu'elle avait élevée et qu'elle aimait tendrement. Volontairement descendue au rang de simple religieuse, la reine des Francs portait de l'eau et du bois, balayait à son tour la maison, faisait sa semaine de cuisine. Ses austérités étaient effrayantes, écrit Fortunat; hors le dimanche, elle jeûnait tous les jours, et ne mangeait ni chair, ni poissons, ni œufs, ni fruits, mais des légumes seulement et du pain de seigle. Elle ne buvait point de vin, mais du poiré ou de l'hydromel. Son lit était de la cendre recouverte d'un cilice. Pendant le carême elle redoublait ses privations et ses macérations, et se mettait le corps à la torture : tantôt elle se ceignait de cercles et de chaînes de fer qu'on ne pouvait enlever, quand arrivait la fête de Pâques, qu'en arrachant la peau; tantôt elle faisait rougir au feu une lame de métal en forme de croix, et se l'imprimait en plusieurs endroits du corps.

Cette austère religieuse était instruite et lettrée; elle lisait les Pères de l'Église latine et de l'Église grecque : saint Grégoire de Nazianze, saint Ambroise, saint Basile, saint Jérôme; mais elle parlait un latin horriblement barbare. Son langage la rapproche, comme on le verra, de Grégoire de Tours plutôt

---

[1] Baudonivie, *Vie de sainte Radégonde*, ch. III, n° 25. Conf. Chalmel, *Tablettes chronologiques*, 1818; p. 25.

[2] Grég. de Tours, *Hist. des Francs*, liv. IX, ch. XL.

que de saint Fortunat. L'Italien Fortunat, prosateur élégant, poëte recherché et plein de délicatesse, l'un des derniers représentants des lettres latines, était l'ami de Radégonde, et habitait en qualité d'intendant le monastère même de Sainte-Croix.

Radégonde mourut longtemps avant lui, en l'an 587. Ses funérailles furent célébrées à Poitiers par saint Grégoire, évêque de Tours, au milieu de la désolation générale, et son corps fut inhumé dans la basilique de Sainte-Marie, qu'on nomma plus tard l'église de Sainte-Radégonde.

Aucun enfant n'est issu du mariage de Clotaire Ier avec sainte Radégonde [1].

Peu de temps avant sa mort, sainte Radégonde adressa aux évêques de France la lettre suivante, pour mettre le monastère de sainte-Croix sous leur protection. Cette lettre est le plus souvent désignée sous le titre de *Testament de sainte Radégonde*.

TESTAMENT DE SAINTE RADÉGONDE

A tous les évêques ses seigneurs, très-dignes de l'épiscopat, ses pères en Jésus-Christ, Radégonde pécheresse.

Porter les affaires du troupeau aux oreilles des pères, médecins et pasteurs qui ont reçu la mission d'y veiller,

---

« Dominis sanctis et apostolica sede dignissimis, in Christo patribus, omnibus episcopis, Radegundis peccatrix. Congruæ provisionis tunc roborabiliter ad effectum tendit exordium, cum generalibus patribus, medicis ac pastoribus ovilis sibi com-

---

[1] Plusieurs passages de cette notice sont empruntés textuellement à M. Aug. Thierry et à son éminent critique M. l'abbé Gorini. (A. Thierry, *Récits des temps Mérovingiens*, 5e récit. — Gorini, *Défense de l'Église*, 1864; t. II, p. 450 et suiv.)

obtenir la participation de leur charité, les conseils de
leur autorité et le secours de leurs prières, c'est assurer l'efficacité à nos louables efforts, la durée à nos
entreprises. Comme autrefois, délivrée des chaînes de
la vie séculière par l'inspiration et la prévoyance de la
clémence divine, je me suis volontairement soumise,
sous la conduite du Christ, à la règle religieuse, m'appliquant de toutes les forces de mon esprit à me rendre
utile à autrui, afin que, suivant le désir du Seigneur,
mes projets fussent profitables aux autres, j'ai établi et
fondé, avec l'autorisation et le secours du très-excellent
seigneur le roi Clotaire, un monastère de filles dans la
ville de Poitiers, et je l'ai doté, par donation, de tous les
biens que m'avait accordés la munificence royale ; j'ai,
de plus, donné à la congrégation réunie par moi, avec
l'aide du Christ, la règle sous laquelle vécut sainte
Césarie, règle sagement recueillie des institutions des
saints Pères par les soins du bienheureux Césaire,

---

missi causa auribus traditur, cujus sensibus commendatur ;
quorum participatio de caritate, consilium de potestate, suffragium de oratione ministrare poterit interventum. Et quoniam
olim vinclis laicalibus absoluta, divina providente et inspirante
clementia, ad religionis normam visa sum voluntarie, duce
Christo translata, hæc pronæ mentis studio cogitans etiam
de aliarum profectibus, ut, adnuntiante Domino, mea desideria
efficerentur reliquis profutura, instituente atque remunerante
præcellentissimo domno rege Chlothario, monasterium puellarum Pictava urbe constitui, conditumque, quantum mihi
munificentia regalis est largita, facta donatione dotavi; insuper
congregationi per me, Christo præstante, collectæ regulam
sub qua sancta Cæsaria deguit, quam sollicitudo beati Cæsarii,
antistitis Arelatensis, ex institutione sanctorum Patrum conve-

évêque d'Arles. Les bienheureux évêques de Poitiers et des autres siéges ayant approuvé cette règle, j'ai institué abbesse, d'après l'élection faite par notre congrégation, ma dame et sœur Agnès, que, dès son enfance, j'ai aimée et élevée comme ma fille, et je me suis soumise à obéir, après Dieu, à ses ordres, conformément à la règle. Et, suivant l'usage apostolique, en entrant dans le monastère, moi et mes sœurs, nous lui avons remis par chartes tous les biens que nous possédions, sans rien réserver pour nous, de crainte du sort d'Ananie et de Sapphire. Mais comme la durée et le terme de la vie humaine sont choses incertaines, car le monde court à sa fin, et comme quelques-uns cherchent plus à servir leur volonté que la volonté divine; inspirée par l'amour de Dieu, j'adresse avec dévotion, et tandis que je vis encore, au nom du Christ, cette requête à votre apostolat. Et ce que je n'ai pu faire de ma per-

---

nienter collegit, adscivi. Cui consentientibus beatissimis vel hujus civitatis vel reliquis pontificibus, electione etiam nostræ congregationis domnam et sororem meam Agnetem, quam ab ineunte ætate loco filiæ colui et educavi, abbatissam institui, ac me post Deum ejus ordinationi regulariter obedituram commisi. Cuique, formam apostolicam observantes, tam ego quam sorores de substantia terrena quæ possidere videbamur, factis chartis tradidimus, metu Ananiæ et Sapphiræ, in monasterio positæ, nihil proprium reservantes. Sed quoniam incerta sunt humanæ conditionis momenta vel tempora, quippe mundo in finem currente; cum aliqui magis propriæ quam divinæ cupiant voluntati servire; zelo ducta Dei, hanc suggestionis meæ paginam, apostolatus vestri, in Christi nomine, superstes porrigo vel devota. Et quia præsens non valui, quasi vestris

sonne, je le fais par cette lettre; je m'incline et me prosterne à vos pieds; et par le Père, le Fils, et le Saint-Esprit, par le jour redoutable du jugement (puissiez-vous, quand vous y comparaîtrez, éviter la fureur du démon notre tyran et être couronnés par le Roi légitime!) je vous adresse la demande suivante : Si, par hasard, après ma mort, quelqu'un, soit l'évêque du lieu, soit un officier du prince ou tout autre, ce que nous ne pouvons croire, essayait, soit par des suggestions malveillantes, soit par des actes judiciaires, de porter le trouble dans la congrégation, de violer la règle, ou d'instituer une autre abbesse que ma sœur Agnès, consacrée par la bénédiction du bienheureux Germain, en présence de ses frères; ou si la congrégation elle-même, ce qui ne saurait être, éclatait en murmures et cherchait à faire passer en d'autres mains l'autorité sur le monastère ou sur les biens du monastère; si une personne quelconque, même l'évêque du lieu, voulait, par un nouveau privi-

---

provoluta vestigiis, epistolæ vicarietate prosternor, conjurans per Patrem, et Filium, et Spiritum sanctum, ac diem tremendi judicii (sic repræsentatos vos, non tyrannus oppugnet, sed legitimus Rex coronet!); ut, si, casu, post meum obitum, quæcumque persona, vel loci ejusdem pontifex, seu potestas principis, vel alius aliquis, quod nec fieri credimus, congregationem, vel suasu malivolo, vel impulsu judiciario perturbare tentaverit, aut regulam frangere, seu abbatissam alteram quam sororem meam Agnetem, quam beatissimi Germani, præsentibus suis fratribus, benedictio consecravit; aut ipsa congregatio, quod fieri non potest, habita murmuratione, mutare contenderit, vel quasdam dominationes in monasterio, vel rebus monasterii, quæcumque persona vel pontifex loci, præter quas antecessores episcopi aut alii, me superstite, habuerunt, novo

lége, s'attribuer sur le monastère ou sur les choses du monastère plus d'autorité que n'en eurent de mon vivant leurs prédécesseurs ou tous autres, ou si quelqu'un voulait contre la règle sortir du monastère, ou si enfin un prince, ou un évêque ou un homme puissant, ou quelqu'une des sœurs osait détourner ou s'efforçait, par un désir sacrilége, de reprendre comme sa propriété, soit quelqu'une des choses qui m'ont été données par le très-excellent seigneur Clotaire ou les très-excellents seigneurs les rois ses fils, et dont j'ai transmis, avec la permission du roi, la possession au monastère, transmission confirmée par lettres des très-excellents seigneurs les rois Charibert, Gontran, Chilperic et Sigebert, sous serment et sous l'autorité de leur signature, soit quelqu'une des choses que d'autres ont données au monastère pour le salut de leurs âmes, ou que les sœurs lui ont concédées sur leurs propres biens ; que, sur ma prière et par la volonté du Christ, les coupables encourent, après la colère de Dieu, la colère de Votre Sainteté

---

privilegio quicumque adfectare voluerit, aut extra regulam exinde egredi quis tentaverit, seu de rebus quas in me præcellentissimus domnus Chlotharius vel præcellentissimi domni reges filii sui contulerunt, et ego, ex ejus præceptionis permisso, monasterio tradidi possidendum, et per auctoritates præcellentissimorum domnorum regum, Chariberti, Guntchramni, Chilperici et Sigiberti, cum sacramenti interpositione et suarum manuum subscriptionibus obtinui confirmari; aut ex his quæ alii pro animarum suarum remedio, vel sorores ibidem de rebus propriis contulerunt, aliquis princeps, aut pontifex, aut potens, aut de sororibus cujuslibet personæ aut minuere, aut sibimet ad proprietatem revocare sacrilego voto contenderit, ita Vestram Sanctitatem, successorumque vestrorum, post Deum,

et celle de vos successeurs; qu'ils soient exclus de votre grâce comme ravisseurs et spoliateurs des biens des pauvres. Ne permettez pas que jamais on puisse changer notre règle, ni toucher aux biens du monastère. Nous vous supplions encore, lorsque Dieu voudra retirer du siècle ladite dame Agnès notre sœur, qu'à sa place soit élue une abbesse de notre congrégation, agréable à Dieu et à nos sœurs, qui garde notre règle et n'abandonne en rien la pensée de sanctification que nous avons eue; car jamais ni sa volonté, ni la volonté de personne ne doit rien changer à notre règle. Que si, ce qu'à Dieu ne plaise, quelqu'un voulait, contre l'ordre de Dieu et l'autorité des rois, changer quelque chose aux dispositions susdites, mises sous votre garde à la face du Seigneur et de ses saints, ou enlever au monastère quelque personne ou quelque propriété, ou molester notre sœur la susdite abbesse Agnès, qu'il encoure le jugement de

---

pro mea supplicatione et Christi voluntate, incurrat; ut sicut prædones et spoliatores pauperum extra gratiam vestram habeantur, nunquam de nostra regula, vel de rebus monasterii, obsistentibus vobis, imminuere valeat aliquid aut mutare. Hoc etiam deprecans ut, cum Deus prædictam domnam sororem nostram Agnetem de sæculo migrare voluerit, illa in loco ejus abbatissa de nostra congregatione debeat ordinari, quæ Deo et ipsi placuerit, custodiens regulam, et nihil de proposito sanctitatis imminuat; nam nunquam propria aut cujuscumque voluntas præcipitet. Quod si, quod absit, contra Dei mandatum et auctoritatem regum aliquis de suprascriptis conditionibus coram Domino et sanctis ejus peccabiliter commendatis agere, aut de persona aut substantia minuenda voluerit, aut memoratæ sorori meæ Agneti abbatissæ molestias aliquas inferre tentaverit. Dei et sanctæ Crucis et beatæ Mariæ incurrat

Dieu, de la sainte croix et de la bienheureuse Marie, et que les saints confesseurs Hilaire et Martin, auxquels, après Dieu, j'ai confié la défense de mes sœurs, soient ses accusateurs et le poursuivent devant le tribunal de Dieu. Vous aussi, bienheureux pontife, ainsi que vos successeurs dont j'invoque le patronage dans la cause de Dieu ; si, ce qu'à Dieu ne plaise, il se trouvait quelqu'un qui tentât quelque machination contre ce qui vient d'être dit, ne balancez pas, pour repousser et confondre cet ennemi de Dieu, à vous rendre auprès du roi qui règnera alors sur ce lieu ou à venir dans la cité de Poitiers, prendre connaissance de ce qui vous a été recommandé devant le Seigneur ; et ne différez pas à vous porter les défenseurs et les exécuteurs de la justice contre toute injustice étrangère ; car un roi catholique ne peut, en aucune manière, souffrir qu'un tel crime soit commis de son temps, et permettre de détruire ce qui a été établi par la volonté de Dieu, par la mienne et par celle des rois eux-mêmes. J'en appelle

---

judicium, et beatos confessores Hilarium et Martinum, quibus post Deum sorores meas tradidi defendendas, ipsos habeat contradictores et persecutores. Te quoque, beate pontifex, successoresque vestros quos patronos in causa Dei diligenter adscisco, si, quod absit, exstiterit qui contra hæc aliquid moliri tentaverit, pro repellendo et confutando Dei hoste, non pigeat ad regem, quem eo tempore locus iste respexerit, vel ad Pictavam civitatem, pro re vobis ante Dominum commendata percurrere, et contra aliorum injustitiam exsecutores et defensores justitiæ laborare ; ut tale nefas nullo modo suis admitti temporibus rex patiatur catholicus, nec convelli permittat quod Dei, et mea, et regum ipsorum voluntate firmatum est. Simul

aussi aux princes auxquels Dieu voudra laisser après ma mort le soin de gouverner les peuples; et, au nom de ce Roi dont le règne n'aura pas de fin, par la volonté duquel s'affermissent les royaumes et qui leur a donné la vie et la royauté, je les supplie de faire gouverner sous leur protection et défense, d'accord avec l'abbesse Agnès, le monastère que j'ai construit, avec la permission et le secours des rois leur père ou leur aïeul, que j'ai soumis à la règle et que j'ai doté; qu'ils ne permettent à qui que ce soit d'inquiéter et de molester notre dite abbesse, de nuire à quoi que ce soit appartenant à notre monastère, ni d'en rien ôter, ou d'y rien changer; mais qu'au contraire ils défendent ce monastère sous les yeux du Seigneur, comme je le leur demande et les en supplie devant le Rédempteur des nations, qu'ils le défendent et le protégent, d'accord avec nos seigneurs les évêques, afin qu'ils soient à jamais unis, dans le royaume éternel, avec le défenseur

---

etiam principes, quos Deus pro gubernatione populi post decessum meum superesse præceperit, conjuro per Regem cujus regni non erit finis, et ad cujus nutum regna consistunt, qui eis donavit ipsum vivere vel regnare, ut monasterium quod, ex permisso et solatio domnorum regum patris vel avi eorum, construxisse visa sum et ordinasse regulariter vel dotasse, sub sua tuitione et sermone, una cum Agnete abbatissa jubeant gubernare; et a nullo neque sæpe dictam abbatissam nostram, neque aliquid ad nostrum monasterium pertinens molestari aut inquietare vel exinde imminui, aut aliquid mutari permittant; sed magis, pro Dei intuitu, una cum domnis episcopis ipsi, me supplicante coram Redemtore gentium, sicut eis commendo, defensari jubeant et muniri; ut in cujus honore Dei famulas protegunt, cum defensore pauperum, et sponso

des pauvres et l'époux des vierges, en l'honneur duquel ils auront protégé les servantes de Dieu. Je vous conjure aussi, vous, saints pontifes et vous, très-excellents seigneurs et rois, et tout le peuple chrétien, par la foi catholique dans laquelle vous avez été baptisés, par les Églises confiées à votre garde, de veiller, lorsque Dieu voudra me retirer de ce monde, à ce que mon pauvre petit corps soit enseveli dans la basilique que j'ai commencé à élever en l'honneur de sainte Marie, mère du Seigneur, et dans laquelle reposent déjà plusieurs de nos sœurs. Tel est mon désir, que cette basilique soit achevée ou non. Si quelqu'un voulait agir ou agissait contrairement à ce vœu, que, par l'intervention de la croix du Christ et de la bienheureuse Marie, il encoure la vengeance divine, et que, par vos soins, j'obtienne, à côté de mes sœurs, une petite place dans la basilique. Je vous supplie avec larmes de conserver dans les archives de la cathédrale cette supplique souscrite de ma

---

virginum perpetualiter æterno socientur in regno. Illud quoque vos sanctos pontifices, et præcellentissimos domnos reges, et universum populum Christianum conjuro per fidem Catholicam, in qua baptizati estis, et Ecclesias quas conservastis, ut in basilica quam in sanctæ Mariæ dominicæ genitricis honorem cœpimus ædificare, ubi etiam multæ sorores nostræ conditæ sunt in requie, sive perfecta sive imperfecta, cum me Deus de hac luce migrare præceperit, corpusculum meum ibi debeat sepeliri. Quod si quis aliud inde voluerit aut fieri tentaverit, obtinente cruce Christi et beata Maria, divinam ultionem incurrat, et, vobis intercurrentibus, in loco ipsius basilicæ mercar cum sororum congregatione obtinere loculum sepulturæ. Et ut hæc supplicatio mea, quam manu propria subscripsi, in universalis ecclesiæ archivo servetur, effusis cum lacrymis, depre-

main, afin que, si la nécessité forçait ma sœur l'abbesse Agnès ou la congrégation, à venir vous demander de les défendre contre des méchants, votre sollicitude pastorale et la pieuse consolation de votre miséricorde les protègent, et qu'elles ne puissent se dire abandonnées de moi quand Dieu leur a préparé l'appui de votre grâce. Je vous recommande toutes ces choses et les place devant vos yeux au nom de Celui qui, du haut de sa glorieuse croix, recommanda la Vierge sa mère au bienheureux apôtre Jean, afin que, comme Jean s'acquitta de la recommandation du Seigneur, vous vous acquittiez vous-mêmes de la recommandation que je vous fais, moi et humble et indigne, à vous mes seigneurs pères de l'Église et hommes apostoliques. En sorte que, conservant dignement le dépôt qui vous a été confié, vous participiez au mérite de Celui dont vous remplissez le mandat apostolique, et suiviez dignement son exemple [1].

---

cor, quatenus, si contra improbos aliquos necessitas exegerit, ut vestra defensione soror mea Agnes abbatissa vel congregatio ejus quo succurri sibi poposcerint, vestræ misericordiæ pia consolatio opem pastorali sollicitudine subministret, nec de me destitutas se proclament, quibus Deus præsidium vestræ gratiæ præparavit. Illud vobis in omnibus ante oculos revocantes, per ipsum qui de cruce gloriosa Virginem, suam genitricem, beato Johanni Apostolo commendavit, ut qualiter ab illo completum est Domini mandatum, sic sit apud vos quod indigna et humilis domnis meis Ecclesiæ patribus et viris apostolicis commendo; quod cum dignanter servaveritis depositum, meritis participes cujus impletis mandatum apostolicum, digne reparetis exemplum.

[1] Grég. de Tours, *Hist. ecclés. des Francs*, édit. Guadet et Taranne, t. III, p. 389 et suiv. — Pardessus, *Diplomata, chartæ*, etc., t. I, p. 151. J'ai mis à contribution la traduction de M. Guizot et celle de MM. Guadet et Taranne.

DAGOBERT

Dagobert Ier, fils de Clotaire II et de Bertrude [1], naquit vers l'an 600, fut roi d'Austrasie en 622, succéda en 628 à son père dans les royaumes de Neustrie et de Bourgogne, en 631 à son frère Charibert dans la possession de plusieurs provinces du Midi, et régna dès lors sur tout l'empire franc. Il mourut en 638, et laissa deux fils, saint Sigebert II, qui régna en Austrasie ; Clovis II, qui régna en Neustrie.

La dynastie mérovingienne, déjà affaiblie, retrouva sous le règne de Dagobert un lustre et un éclat nouveaux ; ce grand roi, isolé entre les petits rois qui le précédèrent et les petits rois qui le suivirent, frappa vivement l'imagination des peuples, et Dagobert fut de bonne heure un personnage légendaire.

Nous n'essaierons pas de séparer ici la vérité et la fable très-intimement confondues ; nous préférons reproduire (bien brièvement, et d'une manière très-incomplète), la figure à demi historique et à demi légendaire du bon roi Dagobert. Elle est toute de contrastes, contrastes bizarres et fortement accusés où se peignent la bonté, la violence, la ferveur, la naïveté d'un sauvage.

Dagobert est pieux et libéral : à certaines églises il donne de beaux domaines ; il enlève à d'autres églises de non moins riches domaines [2].

Dagobert aime le culte des saints. Son saint de prédilection est saint Denis. Il dévalise Saint-Hilaire de Poitiers pour enrichir Saint-Denis [3].

---

[1] Dom Bouquet, t. II, p. 580 (*Gesta Dagoberti*).
[2] Id., t. III, pp. 514, 515, 286 ; t. II, p. 604 v.
[3] Id., t. III, pp. 129 b, 289 a, 290 c.

Dagobert est plein de zèle pour la propagation du christianisme : il baptise de vive force les païens et les Juifs [1].

Dagobert est affectueux et tendre. Son amitié pour saint Arnoul est si vive, qu'il lui tranchera la tête avec son épée si ce dernier s'obstine à vouloir quitter la cour pour vivre dans la solitude et dans la pénitence [2]. C'est ainsi que Dagobert entend la libéralité, la piété, la foi, l'amitié. On devine sans peine quelle idée il se fait du mariage et de l'amour conjugal. Les historiens ne peuvent mieux faire que de l'appeler le *Salomon des Francs*.

Le roi est bien coupable ; mais il a de beaux mouvements de repentir qui lui vaudront, comme lui-même en exprime l'espoir [3], l'intercession des bienheureux et la miséricorde de Dieu.

Comment n'arriverait-il pas au ciel malgré tous les efforts des démons ce roi qui fonda la grande abbaye de Saint-Denis [4], ce roi dont le fils est un saint, dont le précepteur est un saint (saint Arnoul), dont les conseillers sont des saints (saint Ouen et saint Éloi)? Comment ne serait-il pas allé s'entretenir dans l'autre monde avec saint Denis, saint Rustique et saint Éleuthère, celui qui, vivant, reçut la visite de ces bienheureux descendus sur la terre pour lui faire connaître le lieu où reposaient leurs corps [5]?

Dagobert fut donc sauvé, mais à grand'peine ; le ciel dut pour ainsi dire l'arracher à l'enfer :

Un pieux ermite [6] dont le corps était affaibli par les jeûnes,

---

[1] Dom Bouquet, t. III, pp. 533, 129, 290.
[2] Id., t. II, p. 580; t. III, p. 508.
[3] Id., t. II, p. 590; t. III, p. 132 et suiv.
[4] Id., t, t. III, p. 328.
[5] *Gesta Dagoberti*, chap. IX, X, XI, dans D. Bouquet, t. II, p. 582.
[6] *Ibid.*, cap. XLIV, t. II, p. 593; t. III, p. 135.

La légende de Dagobert s'est conservée en partie jusqu'à nos jours : il serait intéressant d'en recueillir les derniers débris. Les paysans de la Brenne montrent au voyageur plusieurs étangs dans lesquels Dagobert fit jeter ses chiens galeux, en prononçant ces paroles célèbres : « Il n'est pas de si bonne compagnie qui ne se quitte. » (Raynal, *Histoire du Berry*, t. I, p. 185, note 2.)

Plusieurs couplets de la fameuse chanson du roi Dagobert ont certainement une origine ancienne ; mais sa forme actuelle ne date, m'assure-t-on, que du premier empire ; dans quelques couplets le roi Dagobert de la chanson ne serait autre que Napoléon Ier.

les veilles et la vieillesse vivait dans une île, près de la Sicile ; un jour qu'accablé par la fatigue il s'était endormi, un vieillard vénérable lui apparut, lui dit de se lever en toute hâte et de prier pour Dagobert qui venait de mourir. L'ermite se mit aussitôt en prière : son oraison terminée, il aperçut au loin dans la haute mer des démons horribles qui entraînaient à travers les flots, vers la demeure de Vulcain, le roi Dagobert lié et enchaîné. On entendait la voix de l'infortuné qui, au milieu des tourments, implorait à grands cris l'assistance de quelques bienheureux. Tout à coup la voûte du firmament s'entr'ouvre avec fracas ; une éclatante lumière en jaillit ; trois hommes vêtus de blanc descendent du haut du ciel, et, traversant l'espace, se précipitent au milieu des flots. C'étaient les martyrs Denis et Maurice et le confesseur Martin, dont Dagobert avait imploré l'assistance. Ils arrachèrent aux démons l'âme de Dagobert et l'enlevèrent jusqu'au ciel, en chantant les paroles du Psalmiste : « Beatus quem elegisti et assumpsisti, Domine. Habitabit in atriis tuis. » (Psalm. LXIV, 4.)

LETTRE DE DAGOBERT A L'OCCASION DE LA NOMINATION DE S. DIDIER (OU GÉRY) A L'ÉVÊCHÉ DE CAHORS.

Saint Didier ou Géry naquit à Alby vers 580. Vers l'an 614 il vint à la cour de Clotaire II, fut fait trésorier de ce roi et occupa la même charge sous Dagobert. A la mort de Syagrius, l'un de ses frères, lequel était gouverneur de Marseille, Didier fut chargé de l'administration de cette ville ; peu après, son frère Rustique, évêque de Cahors, ayant été assassiné, il fut lui-même appelé à cet évêché par le vœu général du clergé et du peuple de Cahors.

Dagobert ne se conduisit pas avec Didier comme avec saint Arnoul : il aurait voulu garder de force son ami et ancien maître ; il n'essaya pas de retenir son trésorier, dont le départ cependant l'affligeait beaucoup, et il écrivit ou fit écrire à cette occasion la lettre suivante, qui paraît devoir être rapportée à l'année 630 [1].

Dagobert, roi des Francs, aux évêques, aux ducs et à tout le peuple des Gaules. Il est juste qu'un prince apporte une attention vigilante et des soins constants à conformer ses décisions ou ses prescriptions à la volonté de Dieu et des hommes : et le Seigneur ayant confié à notre autorité, pour les gouverner, des pays et des royaumes, il est juste que nous conférions les dignités à ceux qui se distinguent par une vie honorable, par la probité de leurs mœurs ou la noblesse de leur naissance.

Comme nous savons que l'illustre Didier, notre trésorier, s'est conformé en toutes choses depuis son enfance à la loi religieuse, que sous un habit séculier il s'est fait

---

Dagobertus, rex Francorum, episcopis, ducibus, cunctoque populo Galliarum finibus constituto. Condecet clementiam principatus sagaci indagatione prosequere, et pervigili cura tractare, ut electio vel dispositio nostra Dei et hominum voluntati debeat concordare; et dum nobis regiones et regna in potestate ad regendum largiente Domino noscuntur esse collecta, illis committantur privilegia dignitatum, quos vita laudabilis et morum probitas vel generositatis nobilitas extulit. Et quoniam virum illustrem Desiderium thesaurarium nostrum cognovimus religionis observantiam ab ipso pueritiæ suæ tempore in omnibus custodire, et sub habitu sæculari Christi militem

---

[1] Conf. *Gallia Christiana*, t. I, col. 124. — Mabillon, *Vetera Analecta*, 1723; p. 520, 521. — Dom Bouquet, t. III, pp. 527, note *b*, et 529. Cette lettre nous a été transmise par l'auteur d'une Vie de saint Didier, qui écrivait au plus tard dans le cours du viiie siècle.

soldat du Christ, que ses mœurs sont angéliques et que sa vie est celle d'un prêtre, en sorte que la renommée de sa vertu s'est répandue non-seulement dans les pays voisins, mais même dans les contrées lointaines, nous le croyons digne d'être élevé à la dignité sacerdotale, cet homme aux mœurs si pures, qui, sous nos yeux, ne cesse, comme nous l'avons dit, d'aspirer vers la céleste patrie. Et, puisque les habitants et les abbés [1] de Cahors le demandent avec instance pour évêque et que notre consentement se réunit au leur, nous n'hésitons pas à penser qu'en nous faisant, pour ainsi dire, violence à nous-même pour laisser, dans votre intérêt, sortir de notre cour celui qui y est si nécessaire, nous agirons conformément à la volonté de Dieu; car s'il est vrai qu'en lui permettant de partir, nous nous ferons un dommage à nous-même, à nous à qui Dieu a confié

gerere, ac mores angelicos et sacerdotalem conversationem habere, ut non solum in contiguis, sed etiam in longinquis regionibus fama bonitatis ejus evulgata crebrescat; ideo credimus eum merito ad sacerdotium debere provehi, quem, sicut diximus, ornatum moribus videmus jugiter ad cœlestem patriam anhelare : et dum civium abbatumque Caturcorum consensus hoc omnimodis exposcit, ut eum Episcopum habeant, et nostra devotio similiter consentit, absque dubio credimus nutu Dei id fieri, ut dum satis nobis est in palatio nostro necessarius, ipsi nobis quodammodo violentiam inferamus, ut cum ab ædibus nostris profectui vestro procuremus. Sed dum nobis, ut diximus, eum et ab ædibus nostris auferimus, quibus re-

[1] On sait que les évêques étaient primitivement désignés par tous les habitants clercs et laïques. Je ne pense pas que le mot *abbatum* désigne ici les abbés proprement dits, mais, en général, le clergé, ou peut-être plus spécialement les *curés*. Sur *abbas* employé au sens de *curé* et au sens de *moine*, voy. du Cange, *Glossarium*, édit. Didot, t. I, pp. 9 et 10.

des pays et des royaumes, il est certain aussi que nous devons aux peuples des pasteurs qui conduisent suivant la loi de Dieu et les paroles apostoliques le troupeau confié par nous à leurs soins, et que nous augmenterons par là notre récompense dans le ciel. C'est pourquoi, suivant la demande des habitants de Cahors, qui se trouve, en tous points, conforme à notre volonté, nous voulons et ordonnons que l'illustre Didier, vrai serviteur de Dieu, soit consacré évêque dans la ville de Cahors avec l'aide du Seigneur et aux acclamations du clergé et du peuple. Que notre volonté et celle des habitants de Cahors soient donc en tous points accomplies; qu'élevé au pontificat par la bénédiction des évêques, Didier, dont la vie et les mœurs, nous l'attestons en vérité devant Dieu, sont aux yeux de tous dignes et pures, prie pour nous et pour toute l'Église, et offre des sacrifices agréables à Dieu; car nous croyons, sur la foi du Seigneur,

---

giones et regna a Deo sunt commissa, quamvis nobis inferamus dispendium, tales debemus procurare pastores, qui secundum Deum et apostolica dicta plebes sibi a nobis commissas debeant regere, unde nobis merces amplior possit accrescere. Quamobrem juxta civium petitionem, nostram quoque concordantem in omnibus voluntatem, decernimus ac jubemus ut, adjuvante Domino, ac clamante laudem ipsius clero vel populo, vir illustris et verus Dei cultor Desiderius pontifex in urbe Caturca debeat consecrari, et nostra civiumque voluntas, quod decrevit in omnibus, in Dei nomine perficiatur, et Pontificali benedictione sublimatus, dum Christo propitio vere ac religiose profitemur, quod vita et conversatio ejus digna et probata ab universis habetur, pro nobis et pro universis ordinibus Ecclesiæ debeat exorare, et acceptabiles Deo hostias studeat offerre, quia ex hoc vitam nobis longiori ævo, auctore Domino credimus

qu'il nous sera donné de vivre dans un monde plus durable, si le prêtre auquel la dignité du sacerdoce aura été conférée par nos soins se trouve au jour du jugement à venir devant le tribunal du Christ, y offrant ses prières pour nous et pour son troupeau, et y intercédant pour les pécheurs. C'est pourquoi nous ordonnons, par la présente, que Didier soit promu à l'épiscopat dans la ville de Cahors, et qu'il occupe ce siége, avec l'aide et la protection du Christ. Pour donner à notre décision plus d'autorité, nous avons muni cet acte de notre signature.

Chrodbert a présenté (la charte).

Dagobert roi a signé.

Donné le VI des Ides d'avril (8 avril), la huitième année du règne de Dagobert [1].

---

propagandum, si ille in sacerdotio eligitur et sublimatur, qui pro nobis vel pro vobis sibi commissis securus ante tribunal Christi preces offerat, et in futuro judicio ut culpas excuset peccatorum assistat. Qua de re præsenti auctoritate decernimus, ut sæpedictus Desiderius episcopatum in Caturcensi urbe præsentialiter suscipiat, et, Christo propitio, ejus temporibus teneat. Et ut hæc deliberatio voluntatis nostræ firmior habeatur, manus nostræ subscriptione subter eam decrevimus roborare.

Chrodobertus obtulit.

Dagobertus rex subscripsit.

Data sub die vi idus aprilis anno octavo Dagoberti regis.

[1] Pardessus, *Diplomata, chartæ*, t. II, p. 3. Dom Bouquet, t. III, p. 529.

CHARLEMAGNE [1]

Charlemagne, fils de Pépin le Bref et de Bertrade, appelée dans la légende *Berthe aux grands pieds,* naquit le 2 avril 742, partagea, en 768, avec son frère Carloman l'héritage de Pépin le Bref, demeura, en 771, à la mort de Carloman, seul maître du royaume des Francs, et fut couronné empereur d'Occident à Rome, par le pape Léon III, en l'an 800, le jour de la fête de Noël.

Charlemagne s'efforça de faire revivre la civilisation mourante, ou plutôt déjà morte; il refoula les Arabes, dompta les Germains encore presque sauvages, détruisit l'empire des Avares, et imposa le christianisme à ces peuples païens; évangélisation violente contre laquelle se prononça, pour l'honneur de l'humanité, l'illustre Alcuin, abbé de Saint-Martin de Tours [2].

Charlemagne réforma l'Église, détruisit les abus qui l'avaient envahie, et s'efforça de combattre l'ignorance grossière des clercs [3]. Tout en restaurant l'étude du grec et du latin, il s'occupait avec amour de sa langue maternelle, en commençait même une grammaire et composait un recueil de vieux chants nationaux [4].

---

[1] Charlemagne fut canonisé au xiie siècle par Pascal III, sur la demande de l'empereur Frédéric Barberousse. Cette canonisation émanant d'un antipape est par elle-même sans aucune valeur. Quelques théologiens n'en considèrent pas moins Charlemagne comme saint, parce que, disent-ils, les papes subséquents ont tacitement ratifié le décret de Pascal III, et parce que le culte de Charlemagne s'est établi dans diverses Églises. (*Acta Sanct.* Januar., t. II, p. 874.)

[2] Alcuin, éd. Migne, t. 1, pp. 188, 189, 197, 302.

[3] L'abbé Lebeuf, *Dissertations sur l'histoire ecclésiastique du diocèse de Paris,* t. I, p. 388. Lettre de Charlemagne à l'évêque de Mayence. Dom Bouquet, t. V, p. 624.

[4] Éginhard, *Vita Karoli,* c. xxix.

L'empereur entendait volontiers pendant ses repas un récit ou une lecture; et c'étaient les histoires et les hauts faits des temps passés qu'on lui lisait d'ordinaire. Il aimait aussi beaucoup les ouvrages de saint Augustin, et particulièrement la *Cité de Dieu* [1].

Son activité était incessante : elle avait quelque chose de fiévreux; il se relevait pour travailler jusqu'à quatre ou cinq fois dans la même nuit; il conférait avec ses amis et ses conseillers tout en se chaussant et en s'habillant; et il lui arriva de rendre des sentences et de prononcer des jugements en faisant sa toilette comme s'il eût siégé sur son tribunal [2]. Prodigieux efforts d'un homme qui s'épuise à une œuvre impossible, et qui lutte contre toutes les forces de son temps! A cette époque, le morcellement de l'Europe occidentale était commencé : les peuples se séparaient les uns des autres et brisaient leurs entraves. C'était un immense travail d'enfantement d'où devaient sortir les nations modernes. Pour fonder un empire solide, il eût fallu à Charlemagne la force d'arrêter ce mouvement du monde; il ne l'arrêta pas, mais il l'entrava un instant, et rendit pour quelques années l'unité à l'Occident chrétien. Quand il mourut le 28 janvier 814, sa domination s'étendait de Pampelune à Raguse, de l'Eyder jusqu'à la terre d'Otrante, et de la Theiss jusqu'à l'océan Atlantique [3].

Les peuples ont mesuré longtemps la grandeur d'un homme à l'étendue de sa puissance. Charlemagne, ayant été démesurément grand dans l'espace, fut aux yeux des nations le grand homme par excellence. L'imagination populaire s'empara de cette forte figure historique, et Charlemagne inspira une vaste poésie nationale, une légende gigantesque qui a traversé mille ans pour arriver jusqu'à nous.

L'un de ces récits nous apprend que les cloches de toutes

---

[1] Éginhard, *Vita Karoli*, c. xxiv.
[2] Id., ibid.
[3] Teulet, *Œuvres d'Éginhard* dans les publications de la société de l'Histoire de France, t. I, notes, p. 409.

les églises d'Aix-la-Chapelle se mirent à sonner d'elles-mêmes lorsque le grand empereur ferma les yeux (28 janvier 814); mais elles ne sonnaient pas le glas de la mort, elles annonçaient le sommeil de Charlemagne. L'empereur n'est pas mort. Il est assis vivant sur son siége de pierre. Il dort, et on l'a vu branler la tête comme dans un rêve pénible. Sa barbe blanche, qui croît depuis des siècles, enveloppe la table de marbre placée devant lui. Quand elle en aura fait trois fois le tour, l'empereur se lèvera, portant au bras son écu, et appellera tous ses compagnons. Il ira suspendre son bouclier dans la plaine de Wals en Bavière, aux branches d'un poirier desséché, et le poirier reverdira : alors se livrera dans la plaine une bataille terrible, le plus sanglant des combats que l'humanité ait jamais vus. Les bons y lutteront contre les méchants, et ceux-ci seront vaincus. Charles, l'empereur d'Allemagne, règnera sur le monde régénéré [1].

DISCOURS PRONONCÉ PAR CHARLEMAGNE
DANS UN CHAMP-DE-MARS

Charlemagne réunissait fréquemment de nombreuses assemblées où délibéraient les grands de l'empire, clercs et laïques. L'exhortation pieuse que nous publions aurait été prononcée, d'après M. Pertz, au mois de mars de l'an 802, dans l'une de ces assemblées réunies à Aix-la-Chapelle. L'empereur paraît y congédier ses leudes. Ce discours, qui nous donne une idée de l'éloquence de Charlemagne, si vantée par Éginhard [2], s'appellerait donc, en style moderne, un discours de clôture après la session législative. Il est adressé à l'ensemble de la nation, aux évêques, aux chanoines, aux guerriers, aux femmes et aux enfants.

Il résulte de ce texte que les femmes pouvaient assister

---

[1] Gaston Paris, *Histoire poétique de Charlemagne*, pp. 425, 428; Franck, 1865. Je dois prévenir le lecteur que j'ai réuni ici deux légendes distinctes, celle de Charlemagne endormi et celle d'Aix-la-Chapelle.

[2] Éginhard, éd. Teulet, t. I, pp. 81, 83.

aux grands plaids nationaux, et que les guerriers francs s'y rendirent quelquefois accompagnés de leur famille tout entière. Ce n'est pas, du reste, le seul document de ces temps-là qui nous montre les femmes se mêlant aux affaires publiques : on vit au IXe siècle les religieuses elles-mêmes s'occuper de politique. Un concile tenu à Nantes le leur défendit ainsi qu'aux veuves [1].

Une partie de ce curieux discours nous est parvenue dans un manuscrit du Xe siècle : il est transcrit intégralement dans un manuscrit du XIe. Nous reproduisons, à l'exemple de M. Pertz, cette transcription barbare, afin de donner un spécimen de la science des copistes du Xe et du XIe siècle [2].

DISCOURS DU SEIGNEUR CHARLES, EMPEREUR.

Écoutez, frères bien-aimés ! nous avons été envoyé ici pour votre salut, afin de vous exhorter à suivre exactement la loi de Dieu et à vous convertir dans la justice et la miséricorde à l'obéissance aux lois de ce monde. Je vous exhorte d'abord à croire en un seul Dieu tout-puissant, Père, Fils, et Saint-Esprit : Dieu unique et véri-

---

ADMONITIONEM DOMNI CAROLI IMPERATORI.

Audite, fratres dilectissimi : pro salute vestra huc missi sumus, ut admoneamus vos quomodo secundum Deum juste es bene vibatis, et secundum hoc seculum cum justitia, et cum misericordia convertimini. Ammoneo vos in primis, ut credatis in unum Deum omnipotentem Patrem et Filium et Spiritum sanctum. Hic est unus Deus et verus, perfecta Trinitas

---

[1] Synode de Nantes vers l'an 895, art. 19. Dans Labbe et Cossart, *Sacrosancta Concilia*, t. IX, col. 473, 474.
[2] Conf. Pertz, *Monum. Germ. hist.*, t. 1, p. XXXVII et 101. Id., *Archiv der Gesellchaft für ältere deutsche Geschichtskunde*, t. V, 1824, p. 247.

table, Trinité parfaite, Unité véritable, Dieu créateur des choses visibles et des choses invisibles, dans lequel est notre salut, et qui est l'auteur de tous biens. Croyez au Fils de Dieu fait homme pour le salut du monde, né de la Vierge Marie par l'opération du Saint-Esprit. Croyez que pour notre salut il a souffert la mort; que, le troisième jour, il est ressuscité des morts; qu'il est monté au ciel, où il est assis à la droite de Dieu. Croyez qu'il viendra pour juger les vivants et les morts, et qu'il rendra alors à chacun suivant ses œuvres. Croyez en une seule Église, c'est-à-dire en la société des bons par tout l'univers; et sachez que ceux-là seuls pourront être sauvés, et qu'à ceux-là seulement le royaume de Dieu appartient, qui persévèrent jusqu'à la fin dans la foi, la communion et la charité de cette Église. Ceux qui à cause de leurs péchés sont exclus de cette Église, et ne reviennent pas vers elle par la pénitence, ne peuvent faire en ce siècle aucune action qui soit acceptée de

---

et vera Unitas, Deus creator omnium visibilium et invisibilium, in quo est salus nostra, et auctor omnium bonorum nostrorum. Credite Filium Dei pro salute mundi hominem factum, natum de Spiritu sancto ex Virgine Maria. Credite quod pro salute nostra mortem passus est, et tertia die resurrexit a mortuis, ascendit in cœlos, sedens ad dexteram Dei. Credite eum venturum ad judicandum vivos et mortuos, et tunc reddet unicuique secundum opera sua. Credite unam Ecclesiam, id est congregationem bonorum hominum, per totum orbem terre; et scitote quia illi soli salvi esse poterunt, et illi soli ad regnum Dei pertinent, qui in istius ecclesiæ fidem et communionem et caritatem perseverent usque in finem; qui vero pro peccatis suis excommunicantur ab istam ecclesiam, et non convertantur ad ea per pœnitentiam, non possunt ob sæculo

Dieu. Soyez persuadés que vous avez reçu au baptême l'absolution de tous vos péchés. Espérez en la miséricorde de Dieu, qui nous remet nos péchés de chaque jour par la confession et la pénitence. Croyez à la résurrection de tous les morts, à la vie éternelle, au supplice éternel des impies. Telle est la foi qui vous sauvera, si vous la gardez fidèlement et si vous y joignez les bonnes œuvres; car la foi sans les œuvres est une foi morte, et les œuvres sans la foi, même quand elles sont bonnes, ne peuvent plaire à Dieu. Aimez donc d'abord le Seigneur tout-puissant de tout votre cœur et de toutes vos forces; tout ce que vous croyez devoir lui plaire, accomplissez-le toujours, selon votre pouvoir, avec le secours de sa grâce; mais évitez tout ce qui lui déplaît; car il ment celui qui prétend aimer Dieu, et ne garde pas ses commandements. Aimez votre prochain

---

aliquid Deo acceptavilem facere. Confidite, quod in baptismum omnium peccatorum remissionem suscepisti. Sperate Dei misericordia quod cotidiana peccata nostra per confessionem et penitentiam redimantur. Credite resurrectionem omnium mortuorum, vitam eternam, impiorum ad supplicium eternum. Hec est ergo fides nostras, per quam salvi eritis, si eam firmiter tenetis et bonis operibus adimpletis, quia fides sine operibus mortua est, et opera sine fidem, etiam si bona sunt, Deo placere non possunt. Primum ergo diligite Deum omnipotentem, ex toto corde, et ex omnibus viribus vestris, et quicquid potestis scire quod Deo placet, illum semper agite quantum potestis, per Dei adjutorium : qui vero Deo contrarii sunt [1], fugite; qui enim dicit Deum diligere, et mandata ejus non servat, mendax est. Diligite proximos vestros sicut vos ipsos, etælemosina

---

[1] Je traduis comme s'il y avait : *quæ.... contraria.*

comme vous-mêmes ; et faites l'aumône aux pauvres selon vos ressources. Recevez les voyageurs dans vos maisons; visitez les pauvres, et soyez charitables pour les prisonniers; autant que vous le pourrez, ne faites de tort à personne, et ne vous accordez point avec ceux qui font tort à autrui; car il n'est pas mal seulement de nuire au prochain, il est mal encore de s'entendre avec ceux qui lui nuisent. Pardonnez-vous mutuellement vos offenses si vous voulez que Dieu vous pardonne vos péchés. Rachetez les captifs, secourez ceux qui sont injustement opprimés, défendez les veuves et les orphelins : prononcez des jugements conformes à l'équité ; ne favorisez aucune injustice ; ne vous abandonnez point à de longues colères ; évitez l'ivresse et les festins inutiles. Soyez humbles et bons les uns envers les autres ; soyez fidèles à vos seigneurs ; ne commettez ni vols, ni parjures, et n'ayez aucune entente avec ceux qui en commettent. Les haines, la jalousie et la violence nous éloignent du royaume de Dieu. Réconciliez-vous au plus

---

facite pauperibus secundum vires vestras. Peregrinos suscipite in domos vestras, infirmos visitate; in is qui in carceribus sunt, misericordiam prevete; nulli malum quantum hac vere potestis faciatis; ne his qui faciunt ut consentiatis; non solum enim qui faciunt rei sunt, sed qui consentiunt faciendi. Dimittite vobis invicem debita vestra sicut vultis quod vobis Deus dimittat vestra peccata. Redimite captivos, adjuvate injuste oppressis, defendite viduas et orphanos; juste judicate; iniqua non consentitis; ira longa non teneatis; ebrietates et commessationes superfluas fugite. Humiles et benignus estote inter vos; domini nostri fideliter serviatis; furta et perjuria ne faciatis, nec consentiatis facientibus. Hodia et invidia violingue separant a regno

tôt les uns avec les autres; car, s'il est dans la nature de l'homme de pécher, s'amender est angélique, mais persévérer dans le péché est diabolique. Défendez l'Église de Dieu et aidez-la, afin que les prêtres de Dieu puissent faire prier pour vous. Souvenez-vous de ce que vous avez promis à Dieu au baptême : vous avez renoncé au démon et à ses œuvres; ne retournez point vers lui, ne retournez point aux œuvres auxquelles vous avez renoncé; mais demeurez dans la volonté de Dieu comme vous l'avez promis, et aimez Celui qui vous a créés et par lequel vous avez eu tous les biens. Que chacun serve Dieu fidèlement dans la place où il se trouve. Que les femmes soient soumises à leurs maris, en toute bonté et pudeur; qu'elles se gardent d'actes déshonnêtes, qu'elles ne commettent point d'empoisonnements et ne se livrent point à la cupidité, car ceux qui commettent ces actes sont en révolte contre Dieu. Qu'elles élèvent leurs fils dans la crainte de Dieu, et qu'elles fassent l'aumône suivant leurs fortunes, d'un

---

Dei. Reconciliate citius ad pacem inter vos; quia humanum est peccare, angelicum est emendare, diabolicum est perseverare in peccato. Ecclesiam Dei defendite, et causa eorum adjuvate, ut fieri possint pro vobis orare sacerdotes Dei. Quod Deo promisistis in baptismo, recordamini; abrenuntiastis diabolo per operibus ejus: nolite ad eam reverti quibus abrenuntiasti; sed permanete in Dei voluntate sicut promisisti, et eum diligite qui vos creavit, et quo omnia bona habuistis. Unusquisque in eo ordine Deo serviat fideliter in quo ille est. Mulier sint subjecti viri sui, in omni bonitate et pudicitia, custodiant se a fornicatione, et beneficiis, et abaritiis, quoniam qui hec facit Deo repugnant. Nutriant filios suos in Dei timore, et faciant ælemosinas ex tantum, quantum habet, hilarem mentem, et

cœur bon et joyeux. Que les maris aiment leurs femmes et ne leur disent point de paroles déshonnêtes; qu'ils dirigent leurs maisons avec bonté et qu'ils se réunissent plus souvent à l'église. Qu'ils rendent aux hommes ce qu'ils leur doivent sans murmure, et à Dieu ce qui est à Dieu, de bonne volonté. Que les fils aiment leurs parents et les honorent. Qu'ils ne leur désobéissent point, et qu'ils se gardent du vol, de l'homicide et de la fornication; qu'ils prennent, quand ils auront atteint l'âge du mariage, une femme légitime, à moins qu'ils ne préfèrent entrer au service de Dieu. Que les clercs et les chanoines obéissent diligemment aux commandements de leurs évêques; qu'ils gardent leur résidence, et n'aillent point d'un lieu à un autre. Qu'ils ne se mêlent point aux affaires du siècle. Qu'ils conservent la chasteté : la lecture des saintes Écritures doit les rappeler fréquemment au service de Dieu et de l'Église. Que les moines soient fidèles aux promesses qu'ils ont faites à Dieu;

---

bona voluntatem. Viri diligant uxorem suam, et inhonesta verba non dicat ei; guberne domus suas in bonitate; conveniant ad ecclesia frequentius. Reddant hominibus que debent sine murmurationem, et Deo que Dei sunt cum bona voluntate. Filii diligant parentes suos, et honoret illos. Non sint illi inobedientes; caveant se a furtis, et homicidiis, et fornicationibus; quando ad legitima etate veniunt, legitimam ducat unorem, nisi forte illi plus placeant in Dei servitio intraret. Clerici, canonici, episcoporum suorum diligenter obediant mandata sua; gira non sint de loco ad locum. Negotiis secularibus se non implicent. In castitate permaneant, lectio sanctorum scripturarum frequenter ammonet Dei intendant, æcclesiastica diligenter exerceant. Monachi qui Deo promiserunt custodiant,

qu'ils ne se permettent rien de contraire à la volonté de leur abbé; qu'ils ne se procurent aucun gain honteux. Qu'ils sachent par cœur leur règle et la suivent régulièrement, se rappelant que, pour un grand nombre, il eût mieux valu ne pas prononcer de vœu que de ne pas accomplir le vœu prononcé. Que les ducs, les comtes et les juges soient justes envers le peuple, miséricordieux envers les pauvres, qu'ils ne vendent point la justice pour de l'argent, et qu'aucune haine particulière ne leur fasse condamner les innocents. Qu'ils aient toujours dans le cœur ces paroles de l'Apôtre : *Il nous faudra comparaître tous devant le tribunal du Christ, où chacun sera jugé selon ses œuvres, bonnes ou mauvaises.* Ce que le Seigneur a exprimé par ces paroles : *Comme vous aurez jugé, ainsi vous serez jugé vous-même*, c'est-à-dire, soyez miséricordieux afin que Dieu vous fasse miséricorde. *Il n'y a rien de secret qui*

---

nichil extra abbati sui preceptum faciat; turpi lucrum non faciant. Regula memoriter teneat et firmiter custodiat, scientes preceptum quod multis melius est non votum vobere, quam post votum non reddere. Duces, comites et judices, justitiam faciat populos, misericordiam in pauperes, pro pecunia non mutet æquitates, per odia non damnent innocentes. Illa apostolica semper in corde teneantur; qui ait: *Omnes nos stare oportet ante tribunal Christi, ut recipiant unusquisque prout gessit, sive bonum sive malum* [1]. Quod Dominus ipse ait: *In quo judicio judicabitis, judicabitur de vobis* [2]. Id est, misericorditer agite, ut misericordiam recipiatis a Deo. *Nichil occultum quad non sciatur, neque opertum quod non*

---

[1] II Cor., v, 10. Omnes enim nos manifestari oportet ante tribunal Christi, ut referat unusquisque propria corporis, prout gessit, sive bonum, sive malum.
[2] Matth. VII, 2. In quo enim judicio judicaveritis, judicabimini.

ne doive alors être connu, rien de caché qui ne doive être découvert. Au jour du jugement nous rendrons compte à Dieu de toute parole inutile.* Efforçons-nous donc, avec le secours de Dieu, de lui plaire dans toutes nos actions, afin qu'après la vie présente nous méritions de nous réjouir dans l'éternité avec les saints du Seigneur. Cette vie est courte, et l'heure de la mort est incertaine ; qu'avons-nous autre chose à faire, sinon à nous tenir toujours prêts? N'oublions pas combien il est terrible de tomber entre les mains de Dieu. Par la confession, la pénitence et l'aumône nous rendons le Seigneur miséricordieux et clément; s'il nous voit revenir vers lui de tout cœur, il aura aussitôt pitié de nous et nous fera miséricorde. Seigneur, accordez-nous les prospérités de cette vie, et l'éternité de la vie future avec vos saints. Que Dieu vous garde, frères bien-aimés!

---

reveletur [1]. Et *pro omni otioso verbo reddimus rationem in die judicii* [2]. Quanto magis faciamus omnes cum adjutorio, ut cum Deo placere possit in omnibus operibus nostris, et post hac vita presentem gaudere mereamur cum sanctis Dei in eternum. Brebis est ista vita, et incertum est tempus mortis; quid aliut agendum est, nisi ut semper parati sumus? Cogitemus quam terribilis est incidere in manu Dei. Cum confessione et penitentia, et elemosinis misericors est Dominus, et clemens; si viderit nos ex toto corde ad se convertere, statim miserebitur nostris, ut possent nobis misericordiam suam; et concede nobis ista vita prospera, et futura cum sanctis suis in eternum. Deus vos conservet, dilectissimi fratres [3].

---

[1] Matth. x, 26. Nihil enim est opertum, quod non revelabitur, et occultum, quod non scietur.
[2] Matth. xii, 36. Dico autem vobis, quoniam omne verbum otiosum, quod locuti fuerint homines, reddent rationem de eo in die judicii.
[3] Pertz, *Monum. Germ. hist.*, tom. I, p. 101 et suiv.

GISLA ET RICTRUDE

Gisla ou Gisèle, sœur de Charlemagne, fille de Pépin le Bref et de Bertrade, naquit en 757 [1].

Le fils de Constantin Copronyme, empereur d'Orient, et Adalgise, fils de Didier, roi des Lombards, demandèrent sa main [2]; mais elle ne se maria pas, embrassa de bonne heure la vie religieuse et devint abbesse du monastère de Chelles.

D'Achéry et Mabillon ajoutent, mais je ne sais d'après quelle autorité, que cette princesse fut peut-être aussi abbesse de Notre-Dame de Soissons.

Rictrude, qui ne doit être confondue ni avec Rothilde, abbesse de Faremoutier, fille de Charlemagne [3], ni avec Rothrude, autre fille de Charlemagne, mère de Louis, abbé de Saint-Denis, est la même sans doute que Hildrude, fille de Charlemagne et de Fastrade, dont parle Éginhard [4]. On sait d'ailleurs fort peu de chose sur cette Hildrude ou Rictrude. Elle figure parmi les princesses qui accompagnèrent Charlemagne à une partie de chasse décrite en vers pompeux par un auteur contemporain. Rictrude, dit-il, demanda le dernier rang : c'est aussi la place qui lui fut désignée par le sort [5].

Gisla et Rictrude étaient toutes deux les élèves chéries d'Alcuin; elles font partie de ce groupe pieux et lettré, qui se forma sous l'inspiration de Charlemagne, à la fin du VIIIe siècle. Le célèbre Alcuin, sorti de l'école d'York, était le centre de cette

---

[1] Dom Bouquet, t. V, pp. 13, 507 et note b.
[2] Id., ibid, p. 543 a, c.
[3] Les auteurs du *Gallia Christiana* écrivent que cette Rothilde était fille de Fastrade. Ils la confondent ainsi avec notre Rictrude. Rothilde, d'après Éginhard, était fille de Mathalgarde et non de Fastrade. (*Gallia Christiana*, t. VIII, col. 1702. D. Bouquet, t. V, p. 96.)
[4] Dom Bouquet, t. V, ibid.
[5] Id., ibid, p. 393.

espèce d'académie toute dévouée aux sciences et aux lettres, qui essayait de faire refleurir, en pleine barbarie, l'étude de l'antiquité classique. Un mot nous suffira pour faire comprendre combien une pareille tâche était difficile et combien de tels efforts étaient méritoires ; il est douteux que le promoteur de cette renaissance littéraire, que Charlemagne ait jamais pu tracer facilement des caractères, en un mot, ait jamais bien su écrire. Tel paraît être du moins le sens d'un passage d'Éginhard [1] qui a donné lieu entre les savants à de longues discussions. Mais si Charlemagne n'écrivait qu'avec peine, s'étant exercé trop tard à tenir la plume ou plutôt le roseau, il est indubitable qu'il savait le latin et qu'il entendait le grec [2] ; peut-être même versifiait-il dans la langue de Virgile : nous possédons sous le nom de cet empereur quelques vers assez détestables pour être authentiques [3]. Aussi bien tout le monde se piquait de poésie à la cour : l'un des princes de cette pléiade poétique, Angilbert, futur successeur d'Alcuin et futur gendre de Charlemagne, avait pris l'audacieux surnom d'Homère. Ses vers, où brillent les barbarismes les plus monstrueux, ne manquent pas néanmoins d'une certaine élégance [4].

Chacun de ces académiciens s'était choisi un patron dans l'antiquité sacrée ou profane : Alcuin se nommait Flaccus, Charlemagne David, Amalaric Symphorius, Frédégise Nathaniel. Il y avait un Daphnis, un Thyrsis, un Ménalque [5]. Ce dernier, quoique intendant des cuisines, goûtait fort les vers latins ; Angilbert, dans un gracieux morceau adressé à Charlemagne, le compte sans hésiter au nombre de ses lecteurs [6]. Quelques personnes avaient adopté des noms fort abstraits : une certaine

---

[1] Éginhard, ch. xxv, dans D. Bouquet, t. V, p. 99 b. — Conf. Fabricius, *Bibliotheca latina*, éd. Mansi, Patavii, 1754, t. I, p. 339 et note b.

[2] Éginhard, ibid.

[3] Voyez notamment dans Froben, *Beati Flacci Albini seu Alcuini Opera*, t. II, p. 551. Vers adressés à Alcuin et vers adressés à Paul Diacre.

[4] Ibid, pp. 552 et 614 : *Surge meo Domno*, etc. Ces vers attribués à Alcuin sont d'Angilbert, Conf. Wattenbach, *Deutschlands Geschichtsquellen im Mittelalter*; Berlin, 1866, p. 121.

[5] Alcuin, édit. de Froben, t. II, p. 614 ; de Migne ; t. I, col. 663 et suiv.

[6] Alcuin, édit. de Froben, t. II, pp. 614, 228.

dame *Mathématique* [1], si je comprends bien deux petits vers d'Alcuin, était la compagne et l'amie de Gisla. Cette dernière se faisait appeler Lucie, sans doute en mémoire de sainte Lucie. Quant à Rictrude, elle avait pris le nom d'une autre vierge, sainte Colombe.

Ces deux princesses vécurent dans une grande intimité, et l'on suppose non sans vraisemblance que Rictrude passa une partie de sa vie avec Gisla, au monastère de Chelles. Alcuin appelle la première sa fille, la seconde sa sœur; il les considère l'une et l'autre comme des personnes vouées à Dieu et à la vie religieuse, les dirige dans la voie de la piété et de la science, et leur prodigue les témoignages d'une tendre affection. « Puissé-je, écrit-il à Gisla, épancher mon cœur « vers vous, vous faire part de mes peines et demander à « votre piété des consolations pour mon âme. — Adieu, excel- « lente sœur; adieu, très-chère sœur. Adieu, douce amie, douce « amie à présent et à jamais [2]. »

Devenu abbé de Saint-Martin de Tours, Alcuin transporta dans ce monastère sa riche bibliothèque. Il en faisait le plus libéral usage; car nous voyons par ses lettres que de tous côtés on lui empruntait des manuscrits. Il prêta à Gisla et à Rictrude les Commentaires de Bède le Vénérable sur les Épîtres, mais en leur recommandant avec instance de faire transcrire ce livre au plus vite et de le lui renvoyer avec célérité. Le précieux ouvrage n'était point encore revenu à Tours que déjà un autre disciple le demandait au maître [3]. De leur côté, Lucie et Colombe envoient à leur vénérable père de pieux présents : une chape, un antiphonaire, un sacramentaire, une croix pour son abbaye de Saint-Loup dans la ville de Troyes [4].

Rictrude et Gisla écrivaient le latin, et comprenaient la langue d'Alcuin et de Bède le Vénérable; mais elles avaient beaucoup de peine à entendre saint Augustin. C'est pour cette raison que dans la lettre qu'on va lire elles prient leur maître Alcuin d'écrire

---

[1] Alcuin, édit. de Froben, t. II, p. 234.
[2] *Œuvres d'Alcuin*, éd. Migne, t. I, pp. 363, 374, 375, 378 et suiv.
[3] Alcuin, Éd. Migne, t. I, pp. 378 et 460.
[4] Id, t. I, p. 363.

à leur intention un commentaire sur l'Évangile de saint Jean, celui de saint Augustin, qu'elles ont en leur possession, offrant pour elles de grandes difficultés. Alcuin composa l'ouvrage qu'on lui demandait; son commentaire sur saint Jean est arrivé jusqu'à nous.

Gisla, que Charlemagne, au témoignage d'Éghinard, aimait comme une mère, quitta ce monde vers l'an 810 [1]. J'ignore à quelle époque mourut Rictrude.

LETTRE DE GISLA ET DE RICTRUDE, SERVANTES DU CHRIST, A LEUR MAITRE ALCUIN.

A notre vénérable père et très-respectable maître Alcuin, Gisla et Rictrude, très-humbles servantes du Christ, salut et vœux pour le bonheur éternel.

Vénérable maître, depuis que, guidées par vous, nous

EPISTOLA CHRISTI FAMULARUM GISLÆ ATQUE RICTRUDÆ AD ALBINUM MAGISTRUM.

Venerando Patri nobisque cum summo honore amplectendo Albino magistro, humillimæ Christi famulæ Gisla et Rictruda, perpetuæ beatitudinis salutem.

Postquam, venerande magister, aliquid de melliflua sanctæ

---

[1] Dom Bouquet, t. V, p. 97. D'Achéry et Mabillon, et après eux Dom Bouquet, pensent que la princesse du nom de Gisla, qui écrivit avec Rictrude cette lettre à Alcuin, était fille et non pas sœur de Charlemagne. Ils se fondent sur l'appellation de « fille » qui serait donnée par Alcuin à cette vierge. Alcuin, disent-ils, traite constamment de sœur l'abbesse de Chelles, sœur de Charlemagne; mais quand il écrit *ma fille,* c'est qu'il s'adresse à Gisla, fille de Charlemagne. La distinction en elle-même est exacte; mais l'application qu'en font ces illustres érudits est fautive, car Alcuin, dans ses réponses à Gisla et à Rictrude, les appelle précisément, la première sa sœur, et la seconde sa fille. (Alcuin, édit. de Froben, t. I, pp. 459 et 462.) Nous avons donc affaire ici à Gisla, sœur de Charlemagne, et non à Gisla, fille de Charlemagne.

avons goûté le miel des livres sacrés, nous brûlons tous les jours davantage, il faut vous l'avouer, du désir de nous livrer à cette lecture très-sainte qui purifie l'âme, qui la console sur cette terre et lui fait espérer le bonheur éternel. Lecture très-sainte à laquelle l'homme pieux, suivant le Psalmiste, s'exerce chaque jour; car il comprend que la connaissance des saintes Écritures est préférable à toutes les richesses du siècle, et que la seule sagesse véritable est celle que la Providence divine nous départit par le canal de sa grâce. Les livres saints sont la manne dont on se rassasie sans se lasser, la manne nourrissante qui ne s'épuise jamais, le froment

---

Scripturæ cognitione, vestra sagacitate exponente, hausimus, ardebat nobis, ut fatemur, de die in diem desiderium hujus sacratissimæ lectionis, in qua purificatio est animæ, solatium mortalitatis nostræ, et spes perpetuæ beatitudinis. In qua beatus vir, juxta Psalmistam, quotidiana seipsum exercet meditatione : intelligens omnibus sæculi divitiis hujus esse agnitionem præferendam; neque aliam esse veram sapientiam, nisi quæ humano generi, secundum dispensationem divinæ Providentiæ, cœlestis gratia administravit. Hoc est manna quod sine fastidio satiat, sine defectu pascitur. Hæc sunt divinæ segetis grana,

---

L'erreur de d'Achéry et de Mabillon vient sans doute de l'insuffisance de l'édition ou de la défectuosité du manuscrit d'Alcuin dont ils se servaient. Le texte d'Alcuin, tel que le donnent aujourd'hui les meilleures éditions, ne laisse pas de doute : Froben remarque seulement que dans certains manuscrits la suscription de la seconde lettre d'Alcuin est ainsi conçue : *Gislæ et Richtrudæ filiabus, humilis frater et pater Albinus*, au lieu de : *Gislæ sorori et Richtrudæ filiæ, humilis frater et pater Albinus*, que portent les autres manuscrits.

Déjà les auteurs de la France littéraire ont restitué cette lettre à Gisla sœur de Charlemagne, mais avec quelque hésitation : le doute ne me paraît pas possible. Voyez : 1º d'Achéry et Mabillon, *Acta SS. Ord. S. Benedicti*, sæc. IV, pars I, p. 449 ; 2º Dom Bouquet, *Recueil des Historiens*, t. V, p. 616, note *b* ; 3º *Hist. littér. de la France*, t. IV, pp. 306 et 307.

divin arrivé pur jusqu'à nous par la main des apôtres et servi par eux en festin aux âmes fidèles.

Cependant deux grands sujets de peine viennent chaque jour attrister notre faiblesse : nous regrettons d'avoir commencé trop tard une si excellente étude ; nous déplorons l'obstacle que votre éloignement apporte au zèle qui nous anime aujourd'hui ; mais nous en appelons, très-cher docteur, à votre affection pour nous ; ne nous privez pas du secours de vos lettres. Vous pouvez, en nous écrivant, vous montrer à nous, à nous qui vous le demandons, vous pouvez faire entendre votre voix dans le secret de nos cœurs. Car les mots tracés par le roseau vont frapper les yeux du lecteur comme les paroles articulées par la langue vont frapper les oreilles de l'auditeur, et la pensée de celui qui dirige de loin pénètre jusqu'au fond des âmes comme s'il instruisait de près. Ne vous refusez donc pas, père très-bon, ne vous refusez pas à nous. Arrosez d'une onde salutaire

---

quæ apostolicis fricata manibus, atque per eos fidelium epulis animarum apposita sunt. Sed duo valde nobis contraria quotidiana tristia parvitatis nostræ mentem fatigant : unum, quod tardius hujus optimi studii diligentiam habuimus ; aliud quod modo magnam habentibus devotionem, vestra longinquitas desiderio nostro satis obsistit. Sed vestram, carissime doctor, deprecamur pietatem ne nos literarum tuarum solatio deseras. Poteris teipsum nobis quærentibus per literarum officia ostendere, ut intelligatur vox tua in arcano cordis nostri desiderio. Nam sicut loquentis lingua in aure audientis, ita scribentis calamus proficit in oculo legentis : et ad interiora cordis pervenit sensus dirigentis, sicut verba instruentis. Quapropter, beatissime pater, noli te ipsum nobis negare. Irriga salutiferi

nos faibles âmes desséchées. Vous avez en vous, nous le savons, la source vive qui, suivant la parole du Seigneur, jaillira jusque dans la vie éternelle [1]. Nous ne voulons pas que ce que dit Salomon de ceux qui enfouissent leur sagesse puisse vous être appliqué : « *Trésor caché, sagesse cachée, à quoi servent ces choses?* [2] » Nous voulons plutôt, en pensant à vous, nous rappeler ce que Dieu dit par le prophète : « *Ouvrez votre bouche, et je la remplirai* [3]. » Abandonnez-vous donc avec confiance à l'inspiration du Saint-Esprit; ouvrez la bouche pour nous expliquer l'Évangile de saint Jean, et nous découvrir le sens vénérable de la parole des Pères. Recueillez dans le trésor de l'Église les perles que tant de docteurs y ont placées et nourrissez-en les pauvres du Christ. Ne nous renvoyez pas à jeun, de peur que les forces ne nous abandonnent sur la route. Nous possédons, il est vrai, les Commentaires de saint Augustin sur

---

fontis unda pectora nostræ parvitatis arentia. Scimus in te esse fontem viventis aquæ, quæ, Domino dicente, saliet in vitam æternam. Nolumus (ut) ad te pertineat, quod Salomon ait, de his qui suam solent celare sapientiam : *Thesaurus occultatus et sapientia abscondita, quæ utilitas in utrisque?* sed magis Domino dicente per prophetam : *Aperi os tuum, et ego adimplebo illud.* Aperi confidenter os tuum in sacratissimam, Spiritu sancto inspirante, beati Joannis Evangeliatæ expositionem, et venerabiles sanctorum Patrum pande nobis sensus. Collige multorum margaritas in spiritalis thesauri cubili, et pasce ex eo pauperes Christi. Noli nos jejunas dimittere, ne deficiamus in via. Habemus siquidem clarissimi doctoris Augus-

---

[1] Joan. II, 14.
[2] Eccle. IV, 17.
[3] Psalm. LXXX, 11.

le même évangéliste sous forme d'homélies; mais cet ouvrage, en divers endroits, est beaucoup trop difficile et orné de trop longues périphrases pour notre faible petit esprit qui ne peut en saisir le sens. Un cours d'eau bien doux suffit à nous abreuver; nous n'avons pas besoin des fleuves aux eaux profondes pour y lancer nos vaisseaux. Vous savez, en effet, très-bon maître, que de petites choses suffisent aux petits, et que la foule pauvre ne peut approcher de la table des grands. Il ne nous appartient pas de monter jusqu'aux cimes très-élevées des cèdres; mais il nous convient plutôt, à cause de notre petite taille, de nous tenir avec Zachée sur le sycomore [1], de voir passer Jésus et de lui adresser continuellement nos prières, afin qu'il nous rende dignes de ses festins et de chanter avec vous ce passage du Cantique des cantiques : « *Le roi nous a fait entrer dans ses appartements secrets; nous nous réjouirons en lui et nous*

---

tini homeliatico sermone explanationes in eumdem Evangelistam, sed quibusdam in locis multo obscuriores majorique circumlocutione decoratas, quam nostræ parvitatis ingeniolum intrare valeat. Sufficit vero nostræ devotioni de rivulis dulcissimæ aquæ potare, non profundissimis gurgitum fluminibus nostras immittere carinas. Scis enim, optime, parvis parva sufficere, nec ad mensam magnatorum pauperem turbam accedere posse. Nec nostrum est altissima cedrorum cacumina ascendere, sed cum Zachæo, pro brevitate staturæ nostræ, in sycomoro stare, Jesumque cernere transeuntem, continuisque deplorare precibus, ut nos suis dignas efficiat conviviis, vobiscumque dulcissimum epithalamii paradigma decantare : *Introduxit nos Rex in cellaria sua, exultabimus et lætabimur in eo.* Memento

---

[1] Luc. xix, 4.

serons transportés d'allégresse [1]. » Souvenez-vous que le grand saint Jérôme, cet illustre docteur dans l'Église, cet illustre commentateur de la divine Écriture, ne rejetait pas les prières des femmes nobles qui s'adressaient à lui, qu'il leur dédia plusieurs opuscules sur le sens caché des prophéties, que bien souvent, à la demande de ces femmes, il fit par lettres voler sa pensée du bourg de Bethléhem, lieu consacré par la naissance de Notre-Seigneur, jusqu'aux remparts de Rome, et que ni l'éloignement, ni les flots tumultueux de la mer Adriatique ne l'empêchèrent de répondre aux vœux de ces saintes filles. La navigation de la Loire, ce fleuve aux nombreux gués, offre moins de périls que la traversée de la mer Adriatique. Et le porteur de vos lettres viendra plus facilement de Tours jusqu'à Paris que le courrier de saint Jérôme n'allait de Bethléhem jusqu'à Rome. Ne nous privez donc pas de la science qui accompagne

---

clarissimum in sancta Ecclesia divinæ Scripturæ doctorem, beatissimum siquidem Hieronymum, nobilium nullatenus spernere fœminarum preces, sed plurima nominibus illarum in propheticas obscuritates dedicasse opuscula, sæpiusque de Bethleem castello Christi Domini nostri nativitati consecrato, ad Romanas arces epistolaribus, iisdem petentibus, volare chartulis, nec terrarum longinquitate vel procellosis Adriatici maris fluctibus territum, quo minus sanctarum virginum petitionibus annueret. Minori vadosum Ligeri flumen quam Tyrrheni maris latitudo periculo navigatur. Et multo facilius chartarum portator tuarum de Turonis Parisiacam civitatem, quam illius de Bethleem Romam pervenire poterit. Noli tuæ devotionis

[1] Cant. i, 3.

votre piété ; ne mettez pas sous le boisseau la lumière qui est allumée en vous [1], ne la cachez pas dans le sommeil et l'engourdissement; placez-la, au contraire, sur un candélabre élevé, afin qu'elle éclaire tous ceux qui sont dans la maison de Dieu. Pénétrez au milieu des richesses et des trésors que nous ont laissés les saints docteurs, et tirez-en pour nous, écrivain très-docte et béni de Dieu, des choses nouvelles et des choses anciennes [2]. Vous aurez présente avec vous, dans ce laborieux voyage, la grâce de Celui qui se fit le troisième compagnon des deux disciples sur la route, et leur ouvrit l'esprit afin qu'ils pussent comprendre les saintes Écritures [3]. Comment pourriez-vous excuser votre silence coupable devant Celui qui a dit: « Donnez à quiconque vous demande [4], » surtout lorsqu'en donnant vous ne vous appauvrissez pas, et que même vous vous enrichis-

---

nobis subtrahere scientiam, noli accensam in te lucernam modio supponere, vel torpentis lectuli quiete abscondere; sed præcelso superpone eam candelabro, ut luceat omnibus qui in domo Dei sunt. Intra sanctorum gazophylacia doctorum, et profer nobis, veluti doctissimus scriba et a Domino laudatus, nova et vetera. Aderit tibi in itinere hujus laboris illius gratia qui, duobus discipulis euntibus in via, tertium se socium addidit, illisque sensus aperuit ut sanctas intelligerent Scripturas. Quomodo poteris teipsum a culpa taciturnitatis apud eum excusare qui ait : « Omni petenti te da, » maxime dum nullatenus tibi minuetur quod dederis, sed datum magis

[1] Matth. v, 15.
[2] Ibid., xiii, 52.
[3] Luc. xxiv, 32 et seq.
[4] Matth. v, 42.

sez? Que le Saint-Esprit vous remplisse de toute doctrine de vérité, qu'il vous donne la science de la charité parfaite, très-doux maître [1].

---

augetur? Spiritus Paraclitus omni veritatis doctrina et perfectæ caritatis scientia vestra impleat pectora, magister dulcissime.

[1] Froben, *Albini seu Alcuini Opera;* Ratisbonæ, 1777; t. I, pp. 460, 461.

LOUIS LE DÉBONNAIRE

Charlemagne donna au dernier de ses enfants mâles, au fils qu'il eut d'Hildegarde, en 778, le nom germain de Hlutowigh, c'est-à-dire *illustre guerrier* [1].

Ce Hlutowigh est appelé par les annalistes latins qui écrivirent son histoire *Ludovicus pius*, et par les chroniqueurs français du XIIIe siècle *Loys le Débonnaire*. Nous n'entendons plus ce mot débonnaire : dans la langue de nos aïeux, il n'avait d'autre sens que bon et vertueux. C'est l'épithète de saint Louis comme celle du fils de Charlemagne.

Hlutowigh, encore au berceau, fut sacré roi d'Aquitaine par le pape Adrien Ier; à trois ans le petit roi d'Aquitaine montait déjà à cheval [2]; à huit ans, placé à la tête de l'armée d'Aquitaine, il la présentait à son père [3]; à treize ans [4], il portait l'épée et le baudrier militaire. Charlemagne tenait à justifier le nom martial qu'il avait donné à son fils.

Devenu homme, Louis se distingua par des qualités qui ne sont pas d'ordinaire l'apanage du soldat. C'était un roi savant; il parlait le latin et comprenait le grec [5]; il était en correspondance avec Alcuin [6] : un roi aumônier; il s'était réduit, dit l'historien, à une telle pauvreté qu'il ne pouvait plus rien donner, à peine sa bénédiction [7] : un roi justicier, il rendait lui-même la justice trois fois par semaine, et faisait à tous

---

[1] Ermoldus Nigellus, I, vers 49, dans Pertz, *Script.*, t. II, p. 468.
[2] *Vita Hludowici*, dans Pertz, *Script.*, t. II, pp. 608 et 609.
[3] Ibid., p. 609.
[4] Ibid., p. 610.
[5] Thégan, ch. XIX; dans Pertz, *Script.*, t. II, p. 594.
[6] Œuvres d'Alcuin, éd. Migne, t. I, p. 355, et note *a*.
[7] Astronome, ch. VI, dans Pertz, ibid., p. 610. Thégan, ch. XIX, ibid., p. 595. Ce dénûment pourrait être en bonne partie attribué à la faible et mauvaise administration de Louis le Débonnaire. Conf. Himly, *Wala et Louis le Débonnaire*, p. 46. Michelet, *Hist. de France*, t. I, p. 342.

les abus une guerre déclarée. Charlemagne admirait en ce jeune homme la sagesse et la prudence consommées d'un vieillard [1].

Louis eût désiré vouer sa vie à Dieu et s'enfermer dans un monastère. Son père ne le permit pas [2].

Tel est le prince qui, par la mort de ses frères aînés, Pépin (810) et Charles (811), se trouva le seul héritier de l'empire; il succéda à Charlemagne en l'an 814.

Les premières années de son règne furent heureuses. La Bretagne soulevée fut envahie et conquise; les Basques et les Arabes vaincus; la révolte de Bernard en Italie comprimée, et ses adhérents sévèrement puni. L'archevêché de Hambourg fut fondé; la Suède fut évangélisée pacifiquement [3]. Charlemagne semblait avoir légué à son fils sa grandeur avec son empire.

Mais Louis se grandit encore et surpassa Charlemagne lorsque, se repentant de la sévérité qu'il avait déployée contre Bernard, roi d'Italie (Bernard avait eu les yeux crevés et était mort trois jours après), il voulut expier cet acte de cruauté, réunit à Attigny un plaid solennel, y confessa sa faute et se soumit à une pénitence publique [4]. « C'était la première fois depuis Théodose qu'on voyait ce magnifique spectacle de l'humiliation volontaire d'un homme tout-puissant (822) [5]. »

La fin du règne ne répondit pas à ces heureux commencements; les désastres et les malheurs arrivèrent. L'armée des Francs, ayant envahi la Navarre, subit un grave échec; les Normands inquiétèrent les côtes de l'empire, et la famine le désola. Louis scruta sa conscience pour y chercher les fautes que le Seigneur punissait sans doute par ces calamités publiques, et réunit quatre conciles nationaux chargés d'inspirer au clergé, au peuple et au prince le respect de la loi divine, et d'infliger même à l'empereur un châtiment expiatoire, afin de fléchir par là, s'il

---

[1] *Vita Hludowici*, dans Pertz, t. II, p. 617, ch. XIX.
[2] Ibid., p. 616.
[3] Dom Bouquet, t. VI, pp. 305 et 306.
[4] Id., ibid., t. VI, p. 104, p. LIII et *passim*.
[5] Michelet, *Hist. de France*, t. I, p. 348.

se pouvait, la colère du Tout-Puissant [1]. Le concile de Paris, le seul dont les actes nous soient parvenus, n'imposa aucune pénitence à Louis le Débonnaire ; il se contenta de signaler les réformes à faire et les abus à corriger [2].

Ce concile est de l'an 829. L'autorité de l'empereur était déjà chancelante ; son caractère timoré, faible et indécis pouvait faire présager les malheurs qui suivirent. De 829 à 840, c'est-à-dire pendant les onze dernières années de sa vie, Louis fut à deux reprises dépouillé de son trône et de sa couronne. Une première fois, en l'an 830, Lothaire, Pépin et Louis, fils de l'empereur et d'Hermengarde, se révoltent contre leur père à cause des avantages que celui-ci avait accordés à son dernier-né, Charles, fils de Judith, sa seconde femme ; l'empereur est fait prisonnier et relégué au fond d'un monastère ; mais peu de mois après, la diète de Nimègue lui rend sa couronne. Une seconde fois, en 833, Louis, abandonné par ses soldats, tombe au pouvoir de ses fils, engagés dans une insurrection nouvelle. Ceux-ci songent un moment à lui arracher la vie ; mais ils reculent devant ce parricide et préfèrent tuer leur père en l'avilissant : ils dressent une liste de crimes imaginaires et obligent le malheureux prince à s'accuser lui-même de toutes ses fautes devant eux en l'église de Saint-Médard, à Soissons ; après quoi, ils lui font échanger le baudrier militaire pour le cilice de la pénitence, et renferment l'empereur déchu, humilié, dégradé, d'abord dans le couvent de Saint-Médard de Soissons, puis à Aix-la-Chapelle.

Ces outrages, infligés par des fils à leur père, émurent les peuples ; « une immense pitié s'éleva dans l'empire [3], » et Louis remonta une seconde fois sur le trône. Il passa les dernières années de sa vie à combattre ses enfants incessamment révoltés contre lui, et mourut en l'an 840, dans une île du Rhin, en vue d'Ingelheim, au cours d'une expédition contre son fils Louis. Son corps fut inhumé dans l'église de Saint-Arnoul à Metz.

---

[1] Dom Bouquet, t. VI, p. 344 et suiv.
[2] Labbe et Cossart, *Sacrosancta Concilia*, t. VII, col. 1656 et suiv.
[3] Michelet, *Hist. de France*, 1852, t. I, p. 353.

RELATION PAR LOUIS LE DÉBONNAIRE
DE SA CAPTIVITÉ A SAINT-MÉDARD DE SOISSONS
SON DÉSIR DE SE FAIRE RELIGIEUX

Louis le Débonnaire paraît avoir composé le curieux fragment publié ci-après dans les derniers mois de sa vie, c'est-à-dire vers avril ou mai 840, alors qu'il se dirigeait vers la Thuringe pour y combattre son fils Louis, encore une fois insurgé contre lui.

Moi, Louis, César Empereur Auguste, par la grâce de Dieu, maître de l'empire romain, ayant laissé se briser la force et la vigueur première de mon bras, ayant lâché outre mesure, dans toute l'étendue de mon empire, les rênes de mon gouvernement sur les peuples, je vis quelques-uns de mes sujets, égarés par mon indulgence même et devenus cruellement infidèles, se lever contre mon autorité et combattre mon affection. Le mal prit un tel développement, que les révoltés poussèrent mes fils chéris eux-mêmes à sévir contre moi, et les amenèrent à se concerter avec eux pour la mort de

---

Fractus robusti olim brachii vires ego Chludowicus, Cæsar Imperator Augustus, Dei dispensante gratia, orbi Romano imperans, cum late in populos juris habenas immoderatius relaxavissem, indulgentia nostra quidam dissoluti impugnando pietatem, in infidelitatis prorupere crudelitatem. Quod malum eo usque incanduit, ut ipsos quoque prædulces natos meos in me sævire compulerint, et secum de nece sui genitoris tractare fecerint. Ad locum sic forte venitur, qui ex eventu ruptæ fidei,

leur père. Nous nous trouvâmes réunis en un lieu[1] qui, depuis lors, s'appelle « le Champ du Mensonge », parce que la foi, la paix et les serments y furent violés. C'est là que ma troupe, presque tout entière, m'ayant abandonné, enveloppa, comme je l'ai dit, crime épouvantable, mes enfants dans cet attentat et les chargea de m'imputer, malgré mon innocence, plusieurs actes qui méritaient la mort. Frappé et trompé de bien des manières par ceux auxquels je n'avais fait aucun mal, je supportais tranquillement mon malheur en me rappelant mes fautes et en songeant à la parfaite justice de Dieu qui m'envoyait des souffrances méritées. Environné d'une cohorte ennemie, je fus conduit au couvent de Soissons, où l'on vénère mes saints de prédilection[2]; mes adversaires savaient que j'aimais beaucoup ce lieu

---

pacis et sacramentorum « Mentitus Campus » extunc appellatur. Hic me omnis pene meorum militum manus deserens, eo, ut retuli, perduellio filios meos, horrendum facinus! involvit, et præfices sceleris esse delegit, insonti mihi multa morti obnoxia imputantes : a nunquam læsis multipliciter læsus et delusus, nefandorum actuum meorum non immemor, æquissimo Dei judicio hæc me digne perpeti comminiscens, casus æquanimiter ferebam. Suessionis civitatem deinde, inimica cohorte vallatus, ad sanctorum dominorum meorum cœnobium perductus sum : et quia sciebant me illum locum diligere plurimum, consilia-

---

[1] Près de Colmar. (Dom Bouquet, t. VI, p. 195.) Les chroniqueurs du temps parlent aussi du *Champ du Mensonge*. (L'Astronome, ibid., p. 113.) Il ne faut pas s'étonner que Louis le Débonnaire puisse signaler lui-même ce changement de nom ; car il écrit longtemps après l'événement, vers l'an 840. La trahison du Champ du Mensonge est de l'an 833.

[2] Ce monastère fut d'abord dédié à la sainte Vierge, puis à saint Pierre et à saint Étienne, enfin à saint Médard. Louis le Débonnaire y fit transférer, en 826, des reliques de saint Sébastien et de saint Grégoire. (Dom Bouquet, t. VI, pp. 187, 234, 319. *Gallia Christiana*, t. IX, col. 405.)

et pensaient que, perdant tout espoir, je me déciderais
peut-être de moi-même à y déposer les armes¹. Après
m'avoir mis sous la garde de la force publique, ils
songèrent à réaliser leur astucieux projet. Des hommes
qu'ils avaient expédiés sous main vinrent me trouver et
m'apprirent que ma femme avait été consacrée à Dieu
dans un monastère de religieuses : quelques-uns même,
ajoutèrent-ils, la croyaient morte ; et pour eux c'est à
cette nouvelle qu'ils ajoutaient foi de préférence. Enfin,
sachant que j'aimais mon fils Charles plus que tout au
monde, ils m'assurèrent que ce petit enfant innocent,
si heureusement doué, avait eu les cheveux rasés et
venait d'être jeté dans un couvent. A ces mots, je ne pus
me contenir, et me voyant tout à la fois dépouillé de la
splendeur du trône, privé de ma femme et de mon fils,
je poussai, pendant de longs jours, des cris de douleur.
Je n'avais personne qui me consolât ; j'étais plongé dans

bantur inibi me fortuitu post desperationem sponte arma posi-
turum. Quo cum me publica custodia artavissent, quatinus
quod callide tractaverant, opere consummarent, quosdam sub-
miserunt, qui uxorem meam in monasterio virginum sancti-
monialem factam, vel (quod verius audissent) mortuam mihi
nuntiarent; filium quoque meum parvulum et innocentem Ka-
rolum bonæ indolis puerulum, quem noverant præ omnibus
mihi amantissimum, adtonsum et monachorum firmarent cœtui
addictum. Quod ego audiens, et me continere non valens,
quippe qui regni decore spoliatus, conjuge privatus, filioque
essem orbatus, diebus non paucis ejulans, nullo consolatore
fruitus, languoris violentissimi paullatim me persentiebam ex

---

1 Louis le Débonnaire emploie ici cette expression dans le sens d'abdiquer, la
remise de l'épée symbolisant l'abandon du pouvoir.

une profonde tristesse, et je me sentais peu à peu comme brûlé par le feu de la plus violente affliction. Comme je n'avais d'autre consolateur que Dieu, car personne ne pouvait parvenir jusqu'à moi et s'entretenir avec moi, je résolus d'aller trouver les religieux et d'entrer dans leur église, seul endroit dont l'accès me fût ouvert, rarement, d'ailleurs, et sous une étroite surveillance. Quand j'y fus arrivé, je me jetai aux pieds des moines, je laissai voir à ces sages médecins le mal qui m'accablait, et je les suppliai de m'obtenir quelque soulagement par l'intercession de leurs saints protecteurs; faisant appel à leur foi et à leur piété, je les suppliai de célébrer des messes et de prier avec ferveur pour le repos de l'âme de ma femme, que je croyais morte. Après avoir témoigné pour mon affliction et mon malheur une compassion prudente, les religieux m'assurèrent, comme lisant dans l'avenir, que, par les mérites et l'intercession des saints dont ils étaient les serviteurs, je serais soulagé et guéri si toutefois je

---

tristitiæ magnitudine æstibus aduri : et quia præter Deum consolatorem neminem habere poteram, quoniam quidem aditus et colloquium negabatur omnibus, ad ecclesiam tantum et ad fratres raro via, et ipsa cum summa prospectione custodum patebat insedit animo illuc ire. Quo cum devenissem, omnium vestigiis provolutus, morbi, quo afficiebar, plagam medicis sapientibus retuli : quibus, ut aliquantum levaminis apud propitios dominos obtinerent, supplicavi, et ut pro requie conjugis, quam exemptam vita arbitrabar, missas celebrarent, et attentius orarent, venerabilem religiositatem eorum obnixe efflagitavi. Qui, afflictionibus et miseriis meis prudenter compassi, per merita et interventum sanctorum, quibus deserviebant, veluti futurorum præscii, proximam pollicitati sunt ab Omnipotente mihi adfuturam medelam, si tamen fidei sacramentis

me préparais à recevoir les sacrements. Quand ils m'eurent ainsi bien réconforté, ils me ramenèrent, après un moment de prière, jusqu'à la porte de ma noire prison où je rentrai. La nuit suivante, au milieu des ténèbres, j'eus un vif désir de voir l'étoile du matin ; je pénétrai dans l'oratoire de la Sainte-Trinité, voisin de ma prison, et j'y veillai seul après le lever de l'aurore. En regardant au dehors par la fenêtre, je vis près du mur couché à terre sous l'auvent un de mes gardes qui m'était, sans aucun motif, extrêmement hostile. Il s'était ainsi placé dans la crainte que je ne m'évadasse, fût-ce même par le trou fort étroit pratiqué dans la muraille. Quand je me fus aperçu qu'il était pris de vin et qu'il dormait, une lueur de gaieté, lueur de bon augure, vint éclairer mon âme au milieu des soupirs que m'arrachait ma douleur, et une idée plaisante me traversa l'esprit. Le dormeur ayant peu à peu repoussé en arrière le coussin sur lequel il s'était étendu, ce coussin avait lui-même fait

---

animum accommodarem. Sic ab eis bene confortatus, post orationem ab illis deductus, notis ergastuli antris ita demum sum restitutus. Sequente noctis umbra, cogitatu sedulo, lucicomum desiderabam cernere sidus : ingressusque sanctæ Trinitatis vicinum carceris oratorium, post matutinalem expletionem solus inibi pernoctans, cum per fenestram intuitum extra dirigerem, quemdam custodum ultra vires, immerito tamen, mihi infestum, sub imbrice comminus video jacentem, et ne vel permodico macceriei foramine elaberer, ipso statu servare cupientem. Quem somno et mero sopitum deprehendens, inter alta cordis suspiria ridiculum mihi omen melius adspectans oboritur. Enimvero cum ita diffusum sololenus, et ejus ensem frequenti cervicalis, super quo fuerat expositus, repulsu viderem penes fun-

tomber son épée au pied du mur de la basilique : je montai en toute hâte à une échelle placée dans un coin de l'oratoire, et dont on se servait pour allumer les lampes, et je détachai une ficelle qui pendait du lambris ; apercevant tout près de là les bâtons au haut desquels on porte les bannières pendant les Rogations, j'attachai la ficelle à l'un de ces bâtons ; après quoi, l'ayant munie d'un nœud coulant, je la lançai par la fenêtre. Je réussis, de la sorte, à saisir et à enlever l'épée du dormeur, que je jetai dans de profondes et noires latrines. Puis, l'appelant par son nom, je lui dis : « Garde toujours vigilant, espoir très-sûr des tiens, veilles-tu ? — Je veille, me répondit-il, et je veille bien. » A mon tour : « Et que fais-tu ? — Que t'importe ? — Ton épée, d'aventure, ne te manquerait-elle point s'il te fallait tout à coup en armer ton bras ? » A ces mots, je le vis porter ses mains en arrière et chercher çà et là son épée : « Si tu m'avais, lui dis-je, aussi bien gardé que ton épée,

---

damina basilicæ impexum, scalam concite, quæ ad accendendas faros angulo fuerat reposita, subiens, funiculum otio torpentem super a laquearibus solvi : comminusque hastas, quibus vexilla tempore letaniarum ferenda aptantur, conspiciens, uni earum funiculum cum laqueo subnexui, perque eamdem fenestram jeci. Hac comprehensum arte mucronem sustuli, inque altas et squalentes feci jactari latrinas : vocatoque ejus nomine, aio ad eum : « O custos pervigil, tuorum spes fidissima, vigilasne ? Ad hæc ille : « Vigilo, et bene vigilo. » Cui iterum ego : « Et quid struis ? » Et ille : « Quid de his, inquit, tibi ? » Rursus ego : « Si tibi forte repentina necessitas cogeret, forsitan gladius manu abesset. » Illo ad caput brachia convertente, et cum huc illucque quæritante : « Si me, dixi, sic custodisses,

tu me chercherais vainement ici aujourd'hui. » Mais lui :
« Quoi qu'il soit arrivé à mon épée, je t'ai bien gardé,
comme j'en ai l'ordre, et même avec des précautions
superflues, et c'est ce que je continuerai à faire. — Eh
bien, lui dis-je, en récompense de ta fidélité et de ta
vigilance ramasse donc dans cet arsenal parfaitement
choisi le glaive que tu as honteusement perdu. »

Le même jour, quelques religieux remirent à Harduin, qui tous les matins chantait la messe devant moi, un écrit où ils avaient consigné, après information prise, toute la vérité sur ma situation. Au moment donc où, suivant l'usage, j'offrais des victimes expiatoires [1]

---

hodie me nequaquam hic habuisses. » Ille autem : « Quidqui !,
inquit, illud est quod de mucrone actum est, satis superque te,
ut jussus sum, servavi, et servare curabo. » Et ego : « Vade
ergo, et pro munere fidelitatis hujus et vigiliarum tuarum,
illo in loco, competenti sane armamentario, quem turpiter
amisisti recollige mucronem. »

Eadem ipsa die, quidam fratrum explorantes totius causæ
meæ veritatis tenorem per Harduinum, qui quotidiano ministerio ante me missas psallere consueverat, scripto miserunt.
Cumque, de more, ei oblationes Deo mactandas maxime pro

---

[1] L'usage des offrandes remonte à la plus haute antiquité : les fidèles apportaient à la messe la nourriture du prêtre, des clercs et des pauvres. On prenait parmi ces offrandes ce qui était nécessaire à la matière du sacrifice.

Ce rite se maintint longtemps en divers lieux, notamment à Cluny, bien qu'il n'eût plus de raison d'être : ailleurs les prohibitions canoniques le firent disparaître.

Il me semble qu'on peut rapprocher de cette tradition l'usage où étaient les rois de France d'offrir de l'or, de l'encens et de la myrrhe le jour de l'Épiphanie. Cet usage est mentionné par Dom Martène, et je le cite sur la foi de cet auteur, qui renvoie au continuateur de Guill. de Nangis; mais je dois faire observer que, dans l'édition de Géraud, le continuateur de Nangis, à l'année indiquée, ne parle pas de cette cérémonie.

(Martène, *De antiquis ecclesiæ Ritibus;* Antuerpiæ, t. 1, p. 385; t. III, p. 124; t. IV, p. 161.)

pour le repos de l'âme de ma femme, que je croyais morte, Harduin, me serrant la main avec précaution, me dit : « Il y a quelque chose près de l'autel. » Lorsque le sacrifice fut terminé et que tout le monde fut sorti, resté seul, je ramassai un rouleau par terre dans la chapelle et j'appris que ma femme vivait, qu'on n'avait fait aucun mal à mon fils, que déjà un grand nombre de mes sujets se repentaient d'avoir violé leurs serments et abandonné ma cause et, pleins d'ardeur, rivalisaient de zèle pour me rendre mon trône. Grâce à la protection de Dieu, qui, exauçant d'une manière merveilleuse les prières de ses saints, améliora mes affaires, ils y réussirent en effet. Mais, lorsque je fus remonté sur le trône et que j'eus recouvré la splendeur de la dignité impériale avec un pouvoir amoindri, je n'oubliai pas les vœux et les prières que j'avais adressés au très-excellent martyr Sébastien : je pensais être sûr de sa protection et devoir être exaucé sur-le-champ si

---

conjugis meæ absolutione, quam humanis exemptam rebus credebam, offerrem, ille meam cautius stringens manum : « Secus altare est » dixit. Post consummatam hostiam, omnes cum foras egressi fuissent, substiti solus, et sacello projectam colligens rotulam, vivere uxorem et nihil in filium meum sinistri operatum cognovi, et perplures jam pœniteri quod taliter fidem ruperint, et a me discesserint, ferocibusque animis certatim restitutionem regni moliri : quod, Deo favente, resque in melius per ostentum sanctorum suorum transfundente, ad perfectum deduxere. Verum quamquam augustius, regni recuperato fastigio, pristinæ dignitatis perfruerer gloria, meorum attamen non immemor votorum ac precationum, quibus excellentissimum martyrem Sebastianum rogaveram, et me incunctanter accepturum credebam : insurgente rursus perduellio,

je l'invoquais. Aussi, lorsque cette guerre criminelle recommença, et que, de divers côtés, la tranquillité et la paix du royaume furent troublées, je me dirigeai vers son sanctuaire pour y prier. Comme j'avais déjà bien souvent éprouvé la puissance de sa protection dans les affaires de ce genre, publiques ou privées, je le conjurai avec une ferveur toute particulière de daigner m'accorder dans cette circonstance son secours habituel. La nuit suivante j'appris en songe par les signes les plus clairs que ma demande était exaucée : faveur due, j'en suis persuadé, à la protection du bienheureux. Des désastres successifs m'ayant empêché tout à fait de prolonger mon séjour, comme je l'aurais désiré, je quittai le monastère et me disposai à risquer ma vie pour les peuples confiés par Dieu à mes soins et à me battre virilement s'il le fallait. Le prévôt du couvent, nommé Teuther, m'accompagnait sur la route au moment du départ et chevauchait près de moi. Lorsque

---

cum passim regni quietudo propugnaretur, et pacis tranquillitas confunderetur; pro his sanctum supplicaturus, ad prædictum accessi locum. Et quia sæpenumero in hujuscemodi privatis seu publicis ejus præpotens auxilium fueram expertus, super his quoque solitum, quo impertiri dignaretur, precabar enixius. Proxima ruente nocte, illud quod ante dies rogaveram, nocturno visu accipio evidentissimis indiciis, ab eo cœlitus, ut reor, mihi condonatum. Et cum ingruentium cladium ruina nulla pateretur ratione optatas inibi duplicare moras, hinc digressus, discrimini me pro commissis a Deo populis tentabam impendere, et certamini, si res exegisset, viriliter exhibere. Hinc me proficiscentem præpositus hujus almi collegii, Teutherus nomine, prosecutus, nostri comes efficiebatur itineris : cumque

nous fûmes à distance du saint lieu, je tournai la tête et jetai sur le couvent un dernier regard; mon âme fut alors profondément troublée; mon affliction était si profonde que je ne pus retenir mes larmes. Triste et désolé, je pleurais amèrement, je souffrais une angoisse mortelle et ne savais quelle décision prendre. En effet, j'avais fait un vœu au saint et je voyais le moment arrivé de remplir ce vœu; car je savais par lui que mes jours étaient comptés et que la fin de ma vie était proche. Mais, d'un autre côté, je n'ignorais pas que Dieu m'avait confié cet empire qui, sous mes yeux s'affaissait déjà de toutes parts, je prévoyais sa ruine prochaine et j'en étais épouvanté. Je craignais d'être trouvé responsable de ces malheurs et condamné pour cette raison aux supplices éternels par Celui qui est l'auteur et le maître de toutes choses, et qui viendra rendre à chacun selon ses œuvres. Teuther, s'apercevant de ma

---

penes me equitaret, et procul a sancto loco divelleremur; caput retorquens, et in eumdem (pro dolor!) ultimum adspectum convertens, intimi cordis mœrore turbatus, superexcrescentes profundæ mœstitiæ fluctus inhibere ultra non valui. Tristis et mœrens amaras fundebam lacrymas, letaliter conclusus, quid agendum mihi potius foret, valde suspensus; votum sancto devoveram, cujus operandi diem præfixum videbam. Vitæ ab eo finem perceperam, cujus me transgredi non licere metas sciebam. Denique commissum mihi regendi Christianum a Deo imperium haud ignorabam, cujus usque adeo cum omnem labefactari orbem considerarem, et vicinam desolationem quam præscieram, formidarem; reum me super hoc inveniri, proque hoc æternis suppliciis damnari ab illo metuebam, qui universorum auctor extaret et dominus, judexque venturus unicuique secundum opera esset redditurus. Ille taliter me tristari conspi-

tristesse, garda longtemps le silence; c'était un homme toujours très-sûr et très-fidèle. A la vue des larmes abondantes que je versais, il fut lui-même ému, et, ne pouvant plus s'empêcher de pleurer : « Excellent César, me dit-il, à quoi te servira cette désolation, à toi et à tes amis aujourd'hui si abandonnés de la fortune? Tu étais la consolation de tous; ta gaieté chassait la peine des cœurs affligés. Très-glorieux empereur, mon seigneur, ne laisse pas ces tristes ombres obscurcir ton visage; ne te montre pas publiquement blessé à mort par la douleur, toi que le plus parfait entrain n'abandonnait jamais; tu briseras ainsi le courage et la valeur de tes soldats, et tu donneras des forces à tes ennemis. Mais confie en secret à tes intimes la peine qui trouble ton âme d'ordinaire si paisible et si joyeuse. Peut-être tes fidèles compatissant à ta douleur réussiront-ils à y trouver un remède. Sinon, tu porteras, du moins plus facilement, une

---

ciens, diutius quidem consultum tenuit : erat enim vir in omnibus fidelissimus. Et cum jam uberrimum meorum fletuum imbrem ferre nequiret, ipse quoque ex hoc permotus in lacrymas ruit. « Quid, inquit, optime Cæsar, tibi et tuis graviter destitutis hæc prodesse poterunt? Per te consolabantur universi : hilaritas tua, si mœstis parebat, dolorem omnem evacuabat. Noli, domine gloriosissime imperator, noli hoc servis tuis letalis tristitiæ vulnus in te, cui summa semper jocunditas, vultus serenissimi obnubilatione palam ostentare. Hoc tuorum militum corda brachiaque dissolventur, hostium vires robora concipient. Singulare id dumtaxat tuis esse debet secretum, quod ita tui pectoris turbare potuit lætissimum semperque quietissimum statum. His fortasse si fideliter tui compassi fuerint, dabitur ut consolationis remedia valeant reperire : et si secus fieri nequibit, levius deinceps, cum hujus rei plures cœperint

douleur que d'autres partageront avec toi. » A ces paroles, que je savais inspirées par la fidélité, je m'expliquai et je fis connaître à mon consolateur le secret de mon âme. Je lui dis que j'avais un très-grand amour pour ce saint lieu, mais que je ne devais plus le revoir, ceci m'ayant été révélé par le bienheureux martyr. J'ajoutai que j'avais fait un vœu dont l'accomplissement avait été empêché par l'ébranlement de l'empire, et que je déposerais avec le plus grand bonheur, dans ce couvent, mes armes, ma pourpre et ma couronne, si cet acte ne devait m'être imputé à lâcheté par mes ennemis, et si je ne craignais que la ruine de l'empire, qui sans doute suivrait ma retraite, ne me fût reprochée par le Tout-Puissant. Après cet aveu, je demandai à mon compagnon un conseil salutaire; voici celui que je reçus : « Votre [1] vœu est louable, très-glorieux César, me dit-il; mais, comme

---

effici participes, feres ». Tum ego, quæ fideli noveram persuasione edita, consolatoris mea verba suscipiens, ei causam reddidi, et quid laterit corde, detexi protinus ore. Sanctum illum locum me amavisse plurimum dixi, quem non ultra me videre, sancti Martyris agnoveram revelatione; votum insuper vovisse, cujus effectum prohibuisset fluctuatio conlati imperii : et nisi formidini ab hostibus imputaretur, aut ejus (quod supra modum pertimescendum erat) ab omnipotente ruina exigeretur, arma, purpuram et stemmata quamlibentissime ibidem me deponere voluisse. Inde ab eo cum salubrius consilium dari expetii, tale percepi. « Bonum, inquit, votum tuum, gloriosissime

---

[1] Un peu plus haut Harduin, dans ma traduction, tutoie l'empereur. Je mets ici dans sa bouche le *vous*, afin de donner une idée des changements de style que nous offre le texte latin. Il eût été d'ailleurs impossible de suivre le latin pas à pas, car le *tu* et le *vous* s'y rencontrent dans le même paragraphe. Ce mélange du *tu* et du *vous* se remarque aussi dans la lettre de Gisla et de Rictrude que nous avons publiée, p. 38 et suiv.

l'enseigne saint Grégoire, il n'y a rien de plus précieux aux yeux de Dieu que la bonne volonté. Vous voudriez renoncer au siècle et à tout ce que vous possédez : grande pensée, sans doute, pourvu toutefois que, par ce moyen, vous arriviez à imiter le Christ. Mais Dieu promet de multiplier ses récompenses en faveur de ceux qui multiplieront le nombre des élus. Renoncer au siècle, c'est agir dans votre intérêt; multiplier le nombre des élus, c'est agir dans l'intérêt de tous. Je vois ici une grande chose, là une très-grande chose. Si votre bonne volonté reste ici impuissante, elle pourra trouver là sa récompense. Enfin ce que la vie de Notre-Seigneur nous offre de plus admirable, c'est qu'il a daigné mourir pour des esclaves. Il a dit lui-même que le plus grand sacrifice de la charité, c'est de donner sans hésiter sa vie pour un frère : ce qu'il enseignait, il l'a fait; il a donné sa vie pour nous. Afin de rendre la dignité à l'esclave, le Seigneur a souffert la mort, non pas qu'il ait subi en mourant une loi inévitable, mais il est mort,

---

Cæsar; sed, sicut beatus docet Gregorius, nihil Deo bona voluntate ditius. Magnum quidem est, quod optas : renuntiare sæculo, et omnibus quæ possides, si quidem per hoc Christi imitator esse potes; verum multorum salus a quibus perficitur, multiplicia in singulis præmia pollicetur. Illud tibi, istud omnibus consulit. Magnum illud, sed maximum est istud. Hoc si non potest operari voluntas, in isto poterit remunerari. Denique in Deo id fuit mirabile magis, quod dignatus est mori pro servis. Caritatis augmentum majus idem ipse commendavit esse, si quis pro fratre non dubitasset animam ponere : fecit quod docuit : pro nobis animam posuit. Pertulit Dominus mortem, ut servus reciperet dignitatem : non necessitati succumbens, sed

parce que, avec une bonté ineffable, il a voulu venir en aide à sa créature. Il nous a donné en sa personne un exemple à suivre ; à ceux qui s'efforceraient de l'imiter, il a promis la palme de la victoire, il leur a ménagé une récompense éternelle. Puis donc que Dieu vous a confié son troupeau vous devez, s'il est nécessaire, combattre pour ce troupeau, jusqu'à la mort ; cette conduite sera belle et digne de louanges. » Après avoir entendu ces paroles excellentes et ces conseils fortifiants par lesquels Ither m'encourageait à agir, je me recommandai avec plus d'instance encore, et à plusieurs reprises, à la piété du prévôt et des religieux ; et, lorsque je partis, je n'étais plus aussi désolé, mais je n'avais pas réussi à rendre la gaieté à mon âme, car je savais bien que je quittais, pour ne plus les revoir, ceux que j'avais aimés d'un amour de prédilection. Adieu.

---

plasmati suo ineffabiliter subveniens. Quod sequamur exemplum, in sese ostendit, et danti operam palmam victoriæ promisit, et permanens præmium reposuit. Quia ergo gregem suum regimini vestro commisit ; pro eo, si necesse sit, usque ad mortem decertandum vobis insigne erit atque laudabile. » His luculenter a prædicto viro instructus et fortiter in agendum animatus, me iterum iterumque sanctitati illius et fratrum adtentius commendans, tametsi non ut ante tristis, non tamen adeo discedere hinc prævalui lætus : quippe qui quos dilexeram unice, supremum me sciebam transmittere. Vale [1].

[1] Duchesne et Mabillon préfèrent : « Supremum me sciebam transmittere vale. » Texte d'après Dom Bouquet, t. VI, p. 323 et suiv.; et Maï, *Spicil. Rom.*, t. VI, p. 197 et suiv.

Sur l'authenticité de ce morceau voyez la note III à la fin du volume.

ROBERT LE PIEUX

Robert, né vers 970, monta sur le trône en 996 et mourut en l'année 1031.

Helgaud, moine de Fleury, nous a laissé un portrait du roi Robert dont voici quelques traits :

Le roi des Français Robert, fils de Hugues et d'Adélaïde, était d'une stature élevée : il avait le regard modeste, le nez grand et large, la bouche agréable et douce pour donner le saint baiser de paix. Jamais une injure reçue ne put le porter à la vengeance; il était plus bienfaisant de cœur que caressant en ses manières.

Formé par les leçons du grand Gerbert, Robert était instruit dans les sciences divines et humaines, et tellement appliqué aux saintes lettres, qu'il ne passait jamais un seul jour sans lire le psautier et sans prier le Dieu très-haut avec David. Revêtu des habits royaux et la couronne en tête, il présidait souvent le chœur dans l'église de Saint-Denis, mêlait sa voix à celle des moines et dirigeait leurs chants à matines, à la messe et à vêpres [1]. Il a même composé divers rhythmes sacrés et quelques prières liturgiques [2].

La figure à demi royale et à demi monastique de Robert le Pieux n'est pas isolée dans l'histoire : le xe et le xie siècle nous offrent plusieurs types analogues, et cette image de la royauté est bien celle à laquelle songeait le fondateur de la dynastie capétienne, tout ensemble roi et abbé de Saint-Martin de Tours,

---

[1] *Recueil des historiens de la France*, t. X, pp. 99 et 299. Le moine de Saint Gall nous apprend aussi que Charlemagne dirigeait lui-même le chœur dans la chapelle de son palais. (Même recueil, t. V. p. 109.)

[2] Sur le degré d'authenticité des œuvres du roi Robert, voyez la note IV, à la fin du volume.

quand, sur le lit de mort, il donnait à Robert ces derniers conseils :

« O mon fils, je te conjure, au nom de la sainte et indivisible
« Trinité, de ne jamais abandonner ton esprit aux conseils
« des flatteurs qui, par des présents empoisonnés, voudront
« te faire accéder à leurs désirs injustes. Ne va point, par légè-
« reté d'âme ou dans un mouvement de colère, enlever quoi que
« ce soit aux abbayes qui, dans peu d'instants, passeront sous
« ton gouvernement, en distraire les biens ou les dissiper. Je
« te recommande encore, et cela tout particulièrement, de
« ne jamais permettre qu'on t'arrache à la dévotion de saint
« Benoît, chef et père de toutes les communautés. C'est lui
« qui, après la mort de ce qui n'est que chair, sera pour toi,
« auprès de notre commun Juge, l'entrée du salut, l'asile
« assuré et le port de la paix [1]. »

Robert eut pour successeur son fils Henri.

Un autre de ses enfants, Robert, premier duc de Bourgogne de la maison de France, est l'ancêtre des rois de Portugal.

RÉPONS *O constantia martyrum*
POUR LA FÊTE DE SAINT DENIS

La reine Constance pria un jour le roi Robert, son époux, de composer quelque chose en mémoire d'elle. Il écrivit alors le répons : *O constantia Martyrum!* que la reine, à cause du mot *Constantia,* crut avoir été fait pour elle [2].

---

[1] Ibid., t. X, pp. 104, 105. Je ne sais d'après quelle autorité Dom Guéranger écrit que la fête de la Nativité de la Vierge fut établie en France sous le règne de Robert, et que ce prince rendit un édit portant obligation de la solenniser. Je n'ai pu retrouver aucune trace de ce fait.

Benoît XIV me paraît prouver, d'une façon décisive, en son traité *De Festis,* que la fête de la Nativité de la Vierge était établie en France à la fin du IXe siècle, c'est-à-dire plus de cent ans avant le roi Robert. *Voy.* Benoît XIV, *De Festis,* Venitiis, 1788, p. 195. Dom Guéranger, *Institutions liturgiques,* t. I, pp. 300 et 301.

[2] *Recueil des hist. des Gaules et de la France,* t. X, p. 299. (*Chron. de Saint-Bertin.*)

O glorieuse constance, ô charité toujours ardente, ô patience invincible des martyrs! Lorsque les persécuteurs les torturaient, leur courage a paru digne de mépris; mais, au jour de la récompense, il sera pour eux un sujet de louange, de gloire et d'honneur. Prions-les de nous témoigner tout leur amour en nous assistant par leurs mérites; car ils sont admis dans la gloire du Père qui est dans les cieux. Gloire au Père, au Fils, et au Saint-Esprit, maintenant et toujours, comme dans tous les siècles des siècles. Ainsi soit-il.

SÉQUENCE POUR LE JOUR DE L'ASCENSION

Aujourd'hui le Roi tout-puissant, après avoir racheté le monde par sa vertu triomphante, est monté vainqueur au ciel, d'où il était descendu. Pendant les

---

℟. O Constantia Martyrum laudabilis, o charitas inextinguibilis, o patientia invincibilis, quæ licet inter pressuras persequentium visa sit despicabilis, * invenietur in laudem, et gloriam et honorem, in tempore retributionis. ℣. Nobis ergo, petimus, piis subveniant meritis, honorificati a Patre qui est in cœlis. * Invenietur. Gloria Patri. O constantia martyrum [1].

Rex omnipotens die hodierna,
Mundo triumphali redempto potentia,
Victor ascendit cœlos unde descenderat.

---

[1] Voyez *Chron. de Saint-Bertin*, ci-dessus; *Chron. Turonense magnum*, dans A. Salmon, *Recueil de chroniques de Touraine*, Tours, 1854, p. 116. Texte d'après D. Guéranger, *Inst. liturgiques*, t. I, p. 308.

quarante jours qui suivirent sa résurrection, il fortifia l'âme des apôtres, leur laissant le précieux baiser de paix : il leur donna le pouvoir de remettre les fautes et les envoya baptiser par le monde tous les hommes dans la clémence du Père, du Fils, et du Saint-Esprit. Et, pendant qu'il mangeait avec les apôtres, il leur recommanda de ne point quitter Jérusalem, mais d'attendre les dons qu'il leur promettait par ces paroles : « Dans peu de jours je vous enverrai sur la terre l'Esprit-Saint, et vous me rendrez témoignage dans Jérusalem, dans la Judée et la Samarie. » Et, après qu'il leur eut dit ces paroles, ils le virent s'élever en haut et il entra dans une nuée lumineuse qui le déroba à leurs yeux. Comme ils attachaient leurs regards vers le ciel, voici

---

Nam quadraginta postquam surrexerat
Diebus sacris confirmans pectora

Apostolorum, pacis cara relinquens oscula.
Quibus et dedit potestatem laxandi crimina,

Et misit eos in mundum baptizare cunctas animas
In Patris, et Filii, et sancti Spiritus, clementia.

Et convescens præcepit eis ab Hierosolyma
Ne abirent, sed expectarent promissa munera.

« Non post multos enim dies mittam vobis Spiritum Paraclitum in terra [1]
Et eritis mihi testes in Hierusalem, Judæa sive Samaria. »

Et cum hoc dixisset, videntibus illis elevatus est, et nubes clara
Suscepit eum ab eorum oculis. Intuentibus illis ethera,

---

[1] Manuscrits : *in terris*.

que deux hommes vêtus de blanc se présentèrent à eux et leur dirent : « Pourquoi regardez-vous le ciel avec étonnement? Ce Jésus, qui vous a quitté pour aller s'asseoir à la droite du Père, reviendra de la même manière sur la terre pour demander compte à chacun du talent qui lui a été confié. »

O Dieu de la mer, du ciel et de la terre, l'ennemi, par son artifice, a fait perdre le paradis à l'homme ta créature, et l'a entraîné captif dans le Tartare; mais, en le rachetant, Seigneur, de ton propre sang, tu lui rends ce qu'il avait perdu par sa chute. O Juge souverain, lorsque tu viendras juger les siècles à venir, donne-nous, nous t'en supplions, les joies du ciel et le repos éternel dans la patrie des saints, où nous chanterons tous en ton honneur l'*Alleluia*.

Ecce stetere amicti duo viri in veste alba
Juxta, dicentes : « Quid admiramini cœlorum alta?

Jhesus enim hic qui assumptus est a vobis ad Patris dexteram.
Ut ascendit, ita veniet, quærens talenti commissi lucra. »

O Deus maris, poli, arvi, hominem quem creasti, fraude subdola,
Hostis expulit paradyso, et captivatum secum traxit ad Tartara :

Sanguine proprio quem redemisti, Deus,
Illuc et revehis unde prius corruit.

Paradysi gaudia, Judex, cum veneris judicare secula,
Da nobis, petimus, sempiternam requiem in sanctorum patria.

In qua tibi cantemus omnes : Alleluia [1].

---

[1] Voyez *Chronique de Tours* du commencement du xiiie siècle, dans Salmon. *Recueil de chroniques de Touraine*, pp. xvi, et 116. Il existe un témoignage contradictoire. (V. la note IV à la fin du volume.) Texte d'après Clichtové.

PRIÈRE A LA TRINITÉ
(TROPE DU KYRIE)

Père tout-puissant, Dieu créateur de toutes choses, ayez pitié de nous.

   Seigneur, ayez pitié de nous.

Source et origine du bien, Dieu miséricordieux, lumière éternelle, ayez pitié de nous.

Que votre bonté et votre miséricorde nous sauvent, o Maître, ayez pitié de nous.

Christ, splendeur et force de Dieu, sagesse du Père, ayez pitié de nous.

   Christ, ayez pitié de nous.

Créateur de l'homme, Sauveur de l'homme après sa chute, ayez pitié de nous.

Doux Jésus, que votre créature ne soit pas damnée, ayez pitié de nous.

Cunctipotens Genitor, Deus omnicreator, eleyson.

   Kyrie, eleyson.

Fons et origo boni, pie, luxque perhennis, eleyson.

Sanctificet pietas tua nos bona, Rector, eleyson.

Christe, Dei splendor, virtus, Patrisque sophia, eleyson.

   Christe, eleyson.

Plasmatis humani factor, lapsi reparator, eleyson.

Nec tua damnetur, Jesu, factura, benigne, eleyson.

Elucidatorium, feuillet 169, r° et v°; et les manuscrits de la bibliothèque de l'Arsenal, Th. 134, in-8°, feuillet 246, r° et v°; 155 ᵇ, in-f°, feuillet 198 v° et suiv.

 Jusqu'aux mots *O Deus maris*, ce morceau est la reproduction des onze premiers versets du ch. I des Actes des Apôtres, ramenés à l'assonance a.

Esprit-Saint, souffle, lien et amour du Père et du Fils, ayez pitié de nous.

    Seigneur, ayez pitié de nous.

Foyer dévorant, source de vie, force purifiante, ayez pitié de nous.

Dieu purificateur, Dieu très-clément, ayez pitié de nous.

Pardonnez-nous nos offenses, remplissez-nous de votre don sacré, ayez pitié de nous.

    Esprit-Saint, ayez pitié de nous.

Amborum sacrum spiramen, nexus amorque, eleyson.
    Kyrie, eleison.
Procedens fomes, vitæ fons, purificans vis, eleyson.
Purgator culpæ, veniæ largitor optime, eleyson.
Offensas dele, sacro nos munere reple, eleyson.
    Spiritus alme, eleyson [1].

---

[1] Voyez Albéric des Trois Fontaines, dans le *Recueil des hist. des Gaules et de la France*, t. X, p. 299, note *a*.

Texte d'après Édélestand du Méril, *Poésies populaires latines antérieures au XIIe siècle;* Paris, 1843, p. 74, note 2, et le manuscrit de la Bibliothèque de l'Arsenal, Th. 134, in-8º, p. 228.

LOUIS VII

Louis VII dit le Jeune ou le Pieux, fils de Louis VI et d'Adélaïde de Savoie, naquit en 1119, monta sur le trône en 1137 et mourut en 1180.

Louis VI avait été élevé à l'école de Saint-Denis [1] : Louis le Jeune passa plusieurs années de son enfance, à Paris, dans le cloître de Notre-Dame [2]. Devenu roi, l'ancien élève du cloître de Notre-Dame se promenait au milieu de son peuple sans soldats et sans garde, et rien dans son costume ne le distinguait de la foule : simplicité extrême, bien faite pour scandaliser, écrit un contemporain, les Allemands accoutumés à la pompe impériale [3].

Le roi ne voulait pas que dans les processions un seul clerc, même un misérable écolier, marchât derrière lui : il s'avançait donc après le dernier et le plus pauvre des clercs, parce que, disait-il, c'est aux clercs de montrer la voie et aux laïques de la suivre [4]. Il fut simple et bon, bon même pour les Juifs, auxquels il accorda une protection constante [5] : un chroniqueur du XIIe siècle le lui reproche avec amertume ; mais, grâce au progrès des mœurs, l'accusation est devenue un éloge.

Le grand événement du règne fut la seconde croisade prêchée à Vézelay par saint Bernard. Un contemporain nous a laissé le portrait suivant du roi Louis VII pendant la croisade.

« Tour à tour à l'avant-garde et à l'arrière-garde, il suppor-
« tait, couvert de sa cotte de mailles, et le froid de la nuit et la

---

[1] Lecoy de la Marche, *Œuvres de Suger*, 1867, p. 200.
[2] Dom Bouquet, *Recueil des historiens*, t. XII, 90, note *a*.
[3] Id., ibid., t. XVI, p. 588.
[4] Id., ibid., t. XII, pp. 89 et 90.
[5] Id., ibid., t. XII, p. 286.

« chaleur du jour. Au milieu de tant de fatigues il s'est conservé
« sain et sauf, sans avoir besoin d'aucun remède et a pu conti-
« nuer ses pratiques de piété; car il n'est jamais allé à la ren-
« contre de l'ennemi sans avoir reçu les sacrements, et, à son
« retour, il ne manquait point de demander vêpres et complies,
« faisant continuellement de Dieu *l'alpha* et *l'oméga* de toutes
« ses œuvres [1]. »

A cette piété fervente Louis VII joignait une incomparable candeur. « *Pius et columbinæ simplicitatis* [2]. *A multis decepta, nullumque decipiens* [3]. Il était pieux et il avait la simplicité de la colombe. Il ne trompa personne; mais beaucoup le trompèrent. » Parmi ceux-là, Éléonore de Guienne ne figure pas au dernier rang.

Foi ardente et simplicité naïve, tels sont les traits principaux du caractère de Louis VII. Ce caractère est peint tout entier dans la scène suivante, que nous décrivent deux chroniqueurs contemporains :

Louis s'était marié pour la troisième fois et n'avait point encore d'enfant mâle : il désirait ardemment un héritier, et ne cessait d'en demander un au Seigneur. Les abbés de l'ordre de Cîteaux ayant été convoqués vers le même temps pour leur assemblée annuelle, le roi se rendit lui-même dans la célèbre abbaye. Il arrive inopinément, entre dans la salle du chapitre et se prosterne devant tous les moines assemblés. C'est en vain qu'on le supplie de quitter une posture aussi humiliante. Louis, toujours à genoux, prie les religieux de lui donner l'assurance qu'il sera bientôt père d'un enfant mâle : qu'on lui promette un fils, et il se relèvera. Étonnés de cette demande, les abbés de Cîteaux répondirent, comme on s'y attend, qu'ils ne pouvaient faire de pareilles promesses, et que la chose dépendait de Dieu, non pas d'eux. Mais le roi restait prosterné et ne cessait de les conjurer. Ce spectacle émut les bons religieux :

---

[1] Odon. de Deuil, dans Guizot, *Coll. des mém. relatifs à l'Hist. de France*, t. XXIV, p. 384.
[2] Dom Bouquet, t. XV, p. 723.
[3] Id., t. XIV, p. 13, note *a*.

ils ne purent retenir leurs larmes, tombèrent eux-mêmes à genoux et se mirent en prière. Après quoi, obéissant à une inspiration du Ciel, écrit le vieil historien, ils assurèrent le roi qu'il lui naîtrait bientôt un héritier mâle. Celui-ci, rempli de foi, d'espérance et d'amour se releva enfin et quitta l'abbaye de Cîteaux en rendant grâces à Dieu.

La même année (1165) Alix de Champagne mit au monde un fils qui régna plus tard sous le nom de Philippe-Auguste [1]. Cet enfant qui, par son père, descendait de Hugues Capet, et, par sa mère, de Charlemagne [2], eut pour parrains les trois abbés de Saint-Germain, de Saint-Victor et de Sainte-Geneviève, pour marraines Constance, sœur du roi, et « deux femmes veuves de Paris [3]. » Ainsi s'expriment les vieux textes ; j'entends deux pauvres femmes et peut-être deux mendiantes : c'était, en effet, un usage assez répandu au moyen âge, de donner pour parrains et pour marraines aux enfants des grands les derniers du peuple et les plus misérables ; les puissants de la terre cherchaient ainsi parmi les déshérités de ce monde des protecteurs auprès de Dieu [4].

LETTRE AU PAPE ALEXANDRE III.

Cette lettre se réfère au grand événement qui termina le pontificat du pape Alexandre III : l'Église, longtemps troublée par les violences de l'empereur Frédéric Barberousse, venait d'être pacifiée. L'antipape Calixte III (Jean de Strume) s'était soumis à l'autorité légitime : le souverain pontife et l'empereur

---

[1] Dom Bouquet, t. XII, p. 133, note a ; t. XIII, p. 709 ; t. XVII, p. 65.
[2] Conf. d'Arb. de Jub., *Hist. des comtes de Champ.;* Paris, 1859, t. I, pp. 75, 131, 427.
[3] Paulin Pâris, *Les Grandes Chroniques*, in-f°, p. 802, note 1.
[4] Je dois prévenir le lecteur que mes souvenirs à cet égard sont un peu vagues : je ne pourrais, en ce moment, appuyer mon assertion d'aucune indication précise.

s'étaient solennellement réconciliés à Venise, le 1er août 1177. Tranquille enfin et respecté dans Rome après dix-neuf ans d'un pontificat douloureux passé en grande partie dans l'exil, le vieux pape Alexandre III annonça et convoqua le troisième concile de Latran (onzième œcuménique), qui se tint, en effet, en 1179, deux ans avant la mort du souverain pontife [1].

Louis, roi de France, au pape Alexandre.

S'il est vrai que le Seigneur a mis son affection dans son peuple afin d'élever, pour les sauver, ceux qui sont doux [2], nous croyons que le temps et l'heure approchent où ce monde sera jugé et le prince de ce monde chassé au dehors [3]. Nous attendions ce jour : nous en avons vu l'aurore, et nous nous en sommes réjouis ; en même temps que le jour monte, puissent les ombres s'abaisser [4], puissent les ténèbres reculer, les ténèbres du crime et

---

Domino papæ Alexandro, Ludovicus, rex Francorum. Si beneplacitum est Domino in populo suo, ut exaltet mansuetos in salutem, instare credimus tempus et horam qua judicium sit mundi, et princeps mundi hujus ejiciatur foras. Expectavimus ut videremus diem istum. Vidimus, et gavisi sumus, ut sicut aspiravit dies, ita et inclinentur umbræ, fiatque de medio caligo criminum et nebula peccatorum, quæ texit hactenus omnem

---

[1] Cette lettre n'a pas été rédigée par Louis VII, mais par un moine de Clairvaux, nommé Traimund, qui l'écrivit au nom du roi. Cette indication importante nous est fournie par Duchesne (*Script.*, IV, p. 477) ; elle n'a pas été reproduite par D. Brial dans les *Historiens de France* (t. XV, p. 964) : omission d'autant plus grave que, la pièce n'étant pas datée et se trouvant dans un recueil de lettres composée par Traimund, il est peut-être permis de se demander si elle a été, en réalité, envoyée au souverain pontife, et si nous n'aurions pas sous les yeux, une composition littéraire d'un moine de Clairvaux, au lieu d'un document émané de la chancellerie royale. L'édition de D. Brial ne laisse pas soupçonner l'existence de ce petit problème historique.

[2] Psalm. CXLIX.

[3] Joan. XII, 31.

[4] Cant. IV, 6.

du péché qui jusqu'ici ont couvert toute la terre ! Nous voyons que la paix vous est rendue, et nous nous en réjouissons. Puissions-nous aussi nous réjouir de voir revenir par vos soins ces jours heureux où la justice et la paix se réuniront dans le baiser de la charité ! Puisse votre vie se terminer ainsi heureusement, pontife chargé d'années, dont les jours précieux viennent d'être miraculeusement prolongés, afin que la mesure de vos mérites soit plus abondante ! Ne nous est-il pas, en effet, permis de penser que le Roi qui ne meurt pas a voulu, accordant ainsi en votre personne une double faveur à son Église, non-seulement vous donner sur cette terre une vie plus longue que celle de vos prédécesseurs, mais vous ménager aussi dans l'autre monde une félicité plus grande que la leur? Oui, le divin arbitre et modérateur de la vie et de la mort vous a conservé jusqu'à ce jour, nous en avons la confiance, afin que, le moment venu, vous rendiez vos jugements[1], afin que vous redres-

---

terram. Videmus et gaudemus redditam vobis pacem : videamus et gaudeamus per vos redditos dies bonos, in quibus sibi justitia et pax, mediante caritatis osculo, copulentur. Dies ipsi vitæ vestræ felicibus limitentur egressibus, quibus novo et amplectendo miraculo annosior indulta est prolixitas temporum, ut auctior vobis surgat tessera meritorum. Neque enim frustra credendum est, quod ideo in vobis hoc donum Ecclesiæ suæ sanctæ Rex immortalis indulserit, ut antecessores vestros, quos vincitis diuturnitate dierum, vincatis etiam beatitudine sæculorum. Profecto namque supernus ille mortalitatis nostræ moderator et arbiter ideo vos in diem hanc, sicut confidimus, reservavit, ut, accepto tempore, justitias judicetis, et ponatis

[1] Psalm. LXXIV.

siez les voies tortueuses et que vous aplanissiez toutes les aspérités [1], afin que vous rendiez à notre Jérusalem sa splendeur antique, en faisant de ses déserts un jardin consacré au Seigneur, et de sa solitude un lieu de délices [2]. La terre jusqu'à ce jour gémissait languissante ; la montagne du Liban était triste et désolée ; mais voici que l'haleine du printemps nous pénètre et que des entrailles de la terre renaissent les germes heureux de l'espérance. La crainte de vos jugements brise et adoucit les cœurs des hommes ; leurs âmes vont fructifier pour une vie meilleure comme la motte de terre hier encore inféconde, aujourd'hui verte et fleurie. Voici la vigne en fleur, et déjà les fruits naissent de la fleur [3].

Qu'il se montre celui qui doit saisir, dans leur astuce et leur malice, les reptiles venimeux et les petits renards malfaisants. Il ne sera point entravé dans cette œuvre, comme il est arrivé d'ordinaire, par le trouble et la

---

prava in directa, et aspera in vias planas ; ut restituatis Hierusalem sicut in diebus antiquis, ponentes deserta ejus sicut hortum Domini, et solitudinem ejus quasi delicias. Luxit hactenus et elanguit terra ; confusus erat Libanus et sordebat : sed infunditur citò verna temperies, et de visceribus terræ bonæ spei germina reviviscunt. Concussa sunt namque corda mortalium, judiciorum vestrorum timore mollita, ita ut infecundi hactenus pectoris gleba, florente jam cespite, in frugem vitæ melioris erumpat. Ecce jam florent vineæ, jam flores fructus parturiunt.

Tantum sit qui capiat vulpes parvulas, et omne reptile venenatum in suæ malignitatis astutia comprehendat. Quod ne consueti turbinis impedire possit occasio, ecce hiems transit,

[1] Isaiæ XL, 4.
[2] Ibid., LI, 3.
[3] Cant. VII, 12.

confusion du temps; car voici que l'hiver s'en va, les pluies sont passées, le moment de l'émondage est venu[1]. Qu'elle soit donc émondée, Seigneur, émondée et profondément fouillée, la vigne du Dieu de Sabaoth; que le hoyau la fasse fructifier; qu'elle perde ses sarments stériles, et qu'elle se couvre de pousses plus fécondes.

Le Seigneur notre Dieu vous a rendu cette vigne après l'avoir pacifiée : ce sera votre œuvre et votre mission de la remettre entre ses mains purifiée et fertilisée. Que les montagnes distillent la douceur [2] sur la vigne de Dieu, et les collines la joie; qu'elle reçoive la pluie du ciel et qu'elle porte des fruits. Donnez en même temps vous-même à votre voix l'accent de la vertu, afin que tous entendent et que tous comprennent que le Seigneur vous a établi pour être la lumière des nations et le salut qu'il envoie jusqu'aux extrémités de la terre[3]; car votre pieux dessein est réalisable parce que vous possédez,

---

imber abiit et recessit, tempus putationis advenit. Putetur ergo, Domine, putetur et fodiatur vinea Domini Sabaoth, ut, sarculo fructificante, in usus ampliores exuberet, dum sterilia sarmenta non sustinet.

Pacatam vobis hanc vineam reddidit Dominus Deus noster : vestri erit amodo operis et laboris, ut eam sibi mundam et fructiferam resignetis. Stillent super eam montes dulcedinem, et colles jucunditatem; et dantibus cœlis pluviam, ipsa quoque proferat fructus suos. Date simul et vos voci vestræ vocem virtutis, ut audiant et intelligant universi, quod posuerit vos Dominus in lucem gentium, ut sitis salus ejus usque ad fines terræ. Præsto est enim piæ intentioni vestræ operandi facul-

[1] Cant., II, 11.
[2] Joel III, 18.
[3] Isaiæ XLIX, 6.

pour l'exécuter, cette grande autorité que donne une vie sainte. Et, pour dire beaucoup en peu de mots, vous pouvez restaurer l'Église : vous n'avez qu'à vouloir, et tout est sauvé. Peu s'en faut qu'elle ne vous crie elle-même : Dites seulement une parole, et mon enfant sera guéri[1]. Qui ne croit, en effet, à votre parole? Qui n'obéit à votre voix? Qui ne se soumet à votre commandement? Que si quelqu'un dans sa malice osait vous résister, les transports de la colère divine feraient vibrer votre voix, et vos mains s'armeraient des glaives à deux tranchants afin de faire éclater parmi les nations la vengeance de Dieu et ses châtiments parmi les peuples, afin de lier leurs rois en leur enchaînant les pieds, et les grands d'entre eux en leur mettant les fers aux mains[2].

Tous les abus qui pullulent autour des institutions de l'Église ont été jusqu'ici le fruit inévitable des malheurs

---

tas, cui tanta conceditur sanctæ operationis auctoritas. Et ut paucis multa complectar, ad restaurandum Ecclesiæ statum posse adjacet vobis : velitis tantum, et salva sunt omnia. Propè est ut et ipsa clamet ad vos : Tantum dic verbo, et sanabitur puer meus. Qui enim non credit auditui vestro? Quis non obedit verbo? Quis non obtemperat jussioni? Quod etsi reluctari quispiam pro sua malignitate præsumpserit, sonent exsultationes Dei in faucibus vestris, et gladii ancipites in manibus assumantur; ad faciendum vindictam in nationibus, et increpationes in populis; ad alligandos reges eorum in compedibus, et nobiles eorum in manicis ferreis.

Fuit hactenus impossibilitatis et malitiæ temporis, quidquid in Ecclesia Dei circa instituta ecclesiastica pullulavit. Superest

---

[1] Matth. VIII, 8.
[2] Psalm. CXIX.

du temps; mais vous deviendriez nécessairement responsable dans l'avenir si, par votre faute, les espérances de réforme conçues par la chrétienté venaient à s'évanouir. Faites donc, faites que la sainte Église retrouve dans l'unité ce qu'elle a perdu dans le schisme, et répare, sous votre pure et salutaire influence, les malheurs du passé. Jusqu'ici la licence a été pour tous sans bornes, et la dépravation des mœurs montre assez jusqu'à quel point s'est énervée la rigueur de la discipline. Nos pontifes règnent, sans doute, mais bien peu règnent pour le bien des âmes; et il en est quelques-uns dont il faut être content quand ils ne nuisent pas. Ils ne cessent d'augmenter, sans besoin, le nombre superflu de leurs chevaux et de leurs quadriges, et, par ce luxe et ces vaines dépenses, jettent le trouble dans tous les lieux où ils arrivent. Leurs quadriges ne sont pas ceux d'Aminadab, et ce n'est pas l'armée céleste que leur armée de cavaliers. Qu'ils y prennent garde : je crains que leurs

---

amodo, ut vobis omnimodis imputetur, si ex vestro neglectu depereat quod utilitas universitatis expectat. Agite ergo, agite ut Ecclesia sancta jam tandem in unitate lucretur quod amisit in schismate, et damna præcedentium temporum vestrarum resarciat integritas actionum. Omnia omnibus hactenus licuerunt, satisque prodit dissolutio vitæ quantum enervata sit severitas disciplinæ. Pontifices etenim nostri præsunt utique, sed pauci qui prosint, bene cum quibusdam agitur si non obsint. Qui utique in usus vel abusiones mage superfluas equos multiplicant et quadrigas, ut locorum quòcumque pervenerint, omnia sumptibus et superfluitate confundant. Non sunt hæc quadrigæ Aminadab, non est hic cœlestis exercitus equitatus. Viderint ipsi ne illorum potius sit forma curruum quos mediis

chars ne ressemblent plutôt à ceux que le Tout-Puissant engloutit dans les flots, quand il jeta dans la mer le cheval avec le cavalier [1]. Ils ne sont point les juges de l'orphelin : la cause de la veuve n'arrive pas jusqu'à eux, et il en est quelques-uns qui ne mettent dans la balance de la justice que le poids des présents. Annonce-t-on l'arrivée d'un évêque dans une ville ou dans un monastère, vous croyez voir s'avancer un roi, et non pas un pontife : tant est grande l'armée de cavaliers qui l'accompagnent, tant est grand le peuple de valets qui le précèdent! Après quoi le maigre revenu de l'église (visitée par l'évêque), est dissipé dans le luxe des festins, et c'est la nourriture du pauvre qui alimente ces banquets somptueux[2]. Où est-il, nous l'attendons, ce-

---

fluctibus involvit Omnipotens, quando equum et ascensorem dejecit in mare. Pupillo non judicant, causa viduæ non intrat ad eos; fitque apud nonnullos eorum, ut sola æstimatio munera in statera præponderet æquitatis. Cùm in villam vel monasterium quodlibet venturus nunciatur antistes, regem putetis prodire, non præsulem; tantus est equorum exercitus, tanta caterva comitum, tantus præcedentium populus garcionum! Deinde in lautas epulantium cœnas tenuis Ecclesiæ victus expirat, et alimonia pauperum migrat in delicias convivantium.

[1] Exod. xv, 1.
[2] Cette curieuse description du luxe des évêques n'a rien d'exagéré. On s'en convaincra en se reportant au canon du concile contre ces habitudes fastueuses ; en voici le résumé :
« Puisque l'Apôtre se nourrissait, lui et les siens, du travail de ses mains, pour ôter tout prétexte aux faux apôtres et n'être point à charge aux fidèles, nous ne pouvons souffrir que quelques-uns de nos frères les évêques obligent leurs inférieurs, par les grands frais des visites, à vendre les ornements des églises et à consumer, en un moment, ce qui aurait suffi pour les faire subsister longtemps. C'est pourquoi nous ordonnons que les archevêques, dans leurs visites, auront tout au plus quarante ou cinquante chevaux, les cardinaux vingt-cinq, les évêques

lui qui percera ce mur d'iniquité et qui fera briller dans cette enceinte un rayon de lumière; celui qui livrera au jugement et à la vengeance ces œuvres de ténèbres, ces œuvres accomplies à l'ombre de la mort! Le Seigneur vous a ouvert la voie pour corriger tous ces abus; il a renversé les obstacles, afin que votre parole apostolique puisse se répandre et voler par le monde, afin que Sion entende cette parole et s'en réjouisse, et que les filles de Juda tressaillent d'allégresse à cause de vos jugements[1]. Ainsi donc, puisque le Seigneur a fait éclater sa puissance en notre faveur et en faveur des autres rois catholiques et princes orthodoxes, puisqu'il nous a accordé dans votre exaltation le triomphe appelé

O si esset qui parietem foderet, ut radius lucis vibraretur introrsus, qui educeret ad judicium opera tenebrarum, et ad vindictam exigeret umbram mortis! Porro ad hæc omnia corrigenda ostium vobis est apertum in Domino, ut, remoto universæ difficultatis objectu, currat velociter apostolicus sermo, quem audiat Sion, et lætetur, et filiæ Judæ in judiciis ejus exsultent [1]. Sicut ergo magnificavit Deus facere nobiscum, et cum aliis catholicis regibus et principibus orthodoxis, quibus optatum præstitit in vestra exaltatione triumphum, ita et ipse

---

vingt ou trente, les archidiacres sept, les doyens et les inférieurs deux. Ils ne mèneront point de chiens ou d'oiseaux pour la chasse, et se contenteront, pour leur table, d'être servis suffisamment et modestement... Quant à ce qui est dit du nombre des chevaux tolérés pour les visites, on peut l'observer dans les lieux où les facultés et les revenus de l'Église sont plus considérables : mais dans les lieux plus pauvres, nous voulons qu'on tienne une mesure telle, que les inférieurs ne soient pas grevés par la venue des supérieurs; de peur que, sous prétexte de cette tolérance, quelques-uns qui, jusqu'à présent, avaient coutume d'employer moins de chevaux, ne se croient permis d'en avoir un plus grand nombre. » (Labbe et Cossart, *Sacrosancta Concilia*, t. X, 1671, p. 1510. — Résumé par Rohrbacher, *Hist. de l'Église*, 3e édit. t. XVI, pp. 361, 362.)

[1] Psalm. XLVII.

par nos vœux, il faut en retour qu'il soit lui-même glorifié dans vos œuvres, il faut que la réforme de la chrétienté nous jette dans les transports solennels d'une joie sainte. L'Église verra le mal que nous avons déploré croître sans cesse, et elle s'engourdira dans une funeste torpeur, si le prochain concile ne vient lui rendre la santé.

---

in vestris necesse est operibus honoretur, ut celebre sumamus de publici status emendatione tripudium. Sane iste quem deploravimus Ecclesiæ morbus, perpetuum crescit et proficit in languorem, nisi in hoc concilio repererit sanitatem [1].

[1] *Recueil des hist. de France*, t. XV, 1808, pp. 964 et 965.

PIERRE MAUCLERC

COMTE DE BRETAGNE

Pierre de Dreux, surnommé *Mauclerc*[1], second fils de Robert II, comte de Dreux et d'Ioland de Coucy, était l'arrière-petit-fils de Louis VI, roi de France. D'abord destiné à l'état ecclésiastique (d'où son surnom de *Mauclerc*), il devint comte de Bretagne par son mariage avec Alix, comtesse de Bretagne, fille aînée et héritière de Guy de Thouars.

Pierre Mauclerc eut une existence agitée et turbulente; après s'être battu à plusieurs reprises contre la reine Blanche, contre saint Louis, contre ses propres vassaux, il fut un moment déclaré déchu de son titre et de sa dignité de comte de Bretagne; quelques années plus tard, en 1237, il abdiqua en faveur de son fils Jean Ier. La même année, le souverain pontife le désigna pour diriger une croisade contre les infidèles; cette expédition, retardée jusqu'en 1239, ne produisit aucun résultat.

Pierre Mauclerc se croisa de nouveau avec saint Louis, en 1248; il fut blessé à la bataille de la Massoure et fait prisonnier en même temps que le saint roi. Il mourut au mois de mai 1250 sur le vaisseau qui le ramenait en France.

Pierre Mauclerc fut, au xiiie siècle, l'un des seigneurs français les plus ardents à protester contre ce qu'on appelait alors les empiétements du clergé; en 1235, il signa avec quarante autres seigneurs une lettre au pape Grégoire IX, pleine de récriminations contre ces envahissements sans fin; en 1246, il fut désigné avec le duc de Bourgogne et les comtes d'Angou-

---

[1] Teulet, *Layettes du trésor*, t. II, p. 298.

lême et de Saint-Pol pour centraliser la résistance de la noblesse et maintenir les droits ou les prétentions des laïques [1].

Le comte de Bretagne, Pierre Mauclerc ou plutôt *li quens de Bretaigne,* comme on disait au xiiie siècle, est un des nombreux trouvères de cette époque : il a composé quelques pastourelles, deux recueils de proverbes dans lesquels il ne ménage pas les clercs et les moines, enfin une chanson pieuse que nous publions ci-après [2] :

A DIEU ET A LA VIERGE

Je veux dire une haute chanson, de haute vérité,
De haute renommée, de haute valeur,
La chanson du haut Seigneur de qui j'attends merci,
Du haut Seigneur de qui relèvent toutes mes pensées.
C'est une haute entreprise que de faire un tel chant :
A vaine gloire je ne songe, mais au Seigneur,
A lui seulement et à sa grande bonté.

Haute chançon de haute estoire di,
De haut renom, de haucte auctorité,
Dou haut Seigneur de qui j'atent merci,
Dou haut Seigneur dont sont tuit mi pensé.
Haute chose est de fere teu dité,
En vaine gloire n'i pens, mès en lui
Tot proprement et en sa grant bonté.

---

[1] Ibid., p. 645. Conf. Matth. Paris, monachi Alb., Opera; Parisiis, 1644, p. 483. La noblesse reprochait surtout au clergé l'accroissement des juridictions ecclésiastiques.

[2] Manuscrit français 847, feuillet 202, recto et verso. Conf. *Hist. littér. de la France,* t. XXIII, p. 686.

Dame du ciel qui portâtes Jésus,
Jésus, la lumière du monde,
L'héritage qu'Adam avait perdu
Par son péché, fut grâce à vous recouvré :
Si, comme je le crois, telle est la vérité,
Défendez-moi, afin que je ne sois pas vaincu
Par l'ennemi furieux, par l'ennemi insensé.

Seigneur Dieu, qui nous avez rachetés
En livrant pour nous votre corps
Au supplice de la croix où vous fûtes tourmenté,
Vous avez souffert volontairement la mort pour tous les hommes;
Le troisième jour vous avez brisé l'enfer
Et vous en avez tiré vos élus :
Si telle est la vérité, ayez pitié de nous.

Dame dou ciel qui portastes Jhésu
Par qui le monde fu tot enluminé,
C'est éritage [1] qu'Aden avoit perdu
Par son péchié fu par vous recouvré.
Si con ge l'croi, et il est vérité,
Deffendez-moi que ne soie vaincu
Par l'anemi qui est fel et desvé.

Sire Deus qui nos avez rachatez
Par vostre cors que livrastes por nos
A mectre en croiz où vous fustes penez,
De vostre gré mort souffristes por touz :
Et, au tierz jor, enfer bruisastes vous
Et d'iluecques tréistes vos esliz (sic).
Si con c'est voirs, aiez pitié de nos.

[1] Manuscrit : L'éritage.

Je prie le Dieu qui règne en Trinité
De guider mon âme jusqu'à son salut :
Je prie les trois personnes, mais elles ne sont qu'un Dieu.
Il faut le croire fermement ;
Car, sachez-le-bien, au jour du jugement,
Il sera dévoilé à tous le mystère
Qui est demeuré caché si longtemps.

Je pri à cil qui maint en Trinité,
Que m'âme maint à verai sauvement,
Aus trois personnes, mès il ne sont qu'un De :
Ensi couvient le croirre fermement ;
Car, sachiez bien, au jor dou jugement
Sera à touz descouvert le segré
Qui a esté celé si longuement.

SAINT LOUIS

Saint Louis, fils de Louis VIII et de Blanche de Castille, naquit le 23 avril 1214 [1], parvint à la couronne le 8 novembre 1226 et mourut sous les murs de Tunis le 25 août 1270. Il fut canonisé en 1297 par Boniface VIII.

Saint Louis avait épousé Marguerite de Provence, dont il eut onze enfants : Louis, mort avant son père; Philippe le Hardi, son successeur; Jean Tristan, mort devant Tunis; Pierre, comte d'Alençon; Robert, comte de Clermont en Beauvoisis, auteur de la branche capétienne de Bourbon; Blanche, morte en bas âge; Isabelle, mariée à Thibaud, roi de Navarre et comte de Champagne; Blanche la Jeune, mariée à Ferdinand de la Cerda, fils d'Alphonse X, roi de Castille; Marguerite, épouse de Jean, duc de Brabant; Agnès, mariée au duc de Bourgogne.

Tout le monde connaît la vie de Louis IX : tout le monde a lu le récit de sa captivité en Orient, de sa mort sous les murs de Tunis. Nous ne referons pas ici cette histoire; nous nous contenterons de peindre la piété, la charité, l'humilité du saint : nous dirons aussi quelles furent en diverses rencontres sa vigueur et sa fermeté.

Quelques traits suffiront pour nous montrer saint Louis sous ce double aspect.

Sa charité et sa piété ont quelque chose de communicatif et d'expansif qui attire tous les cœurs. Il aime les pauvres comme des frères, il leur lave les pieds, il les invite à sa table [2], il se

---

[1] Et non 1215. Voy. art. de M. Nat. de Wailly dans la *Bibl. de l'école des Chartes*, 6e série, t. II, p. 111.

[2] Joinv., éd. Wailly, 1867, pp. 19, 465, 479.

nourrit de leurs restes [1]. Infirmier volontaire d'un lépreux délaissé, il s'agenouille un jour près du malade, lui offre des perdrix, le fait boire dans sa coupe de bois. Un autre jour, il assaisonne lui-même la soupe du malheureux (et y met un peu trop de sel, remarque le chroniqueur); puis, prenant la cuiller du lépreux, il le fait manger bouchée par bouchée comme une mère ferait manger son enfant [2].

A l'église ou dans son oratoire, le roi prie Notre-Seigneur, la benoîte Vierge et tous les saints avec une ferveur admirable. Il aime les signes extérieurs de la piété, il a besoin de répandre sa foi au dehors. Il s'agenouille (et c'est de lui que nous tenons cet usage) au moment où l'on chante au Credo l'*Homo factus est* ; il se prosterne quand on lit ces paroles de l'évangile de la Passion : *Et, inclinato capite, emisit spiritum* [3]. Chaque soir, il invoque la Vierge Marie et fait en son honneur jusqu'à cinquante génuflexions de suite. On l'a vu se jeter sur les dalles, baiser la terre et rester longtemps comme anéanti : plus d'une fois ses serviteurs l'ont relevé presque inanimé [4]. Est-il besoin de dire à quelles macérations il soumet son corps?

Le roi était heureux de voir sa fille Isabelle, la reine de Navarre, suivre ses exemples et pratiquer de sévères austérités. Il lui fit une fois un pieux présent : c'étaient de jolis coffrets d'ivoire dans lesquels la reine trouva deux chaînettes de fer longues d'environ une coudée. Elle devina sans peine à quel usage étaient destinés ces objets et les utilisa fréquemment; sa haire et sa discipline étaient aussi des cadeaux de saint Louis : le donateur avait eu soin de stipuler qu'il aurait part aux mérites de la pénitente [5].

De cette ferveur pieuse dérive comme d'une source très-pure

---

[1] Conf. de la reine Marguerite, dans Dom Bouquet, t. XX, p. 101.
[2] Le Confesseur, dans Dom Bouquet, t. XX, pp. 96, 97.
[3] Ces deux dévotions étaient établies dans quelques monastères : grâce à saint Louis, elles se sont généralisées dans notre pays. (Voyez G. de Beaulieu, ch. xxxvi, dans Dom Bouquet, t. XX, p. 20.)
[4] Le moine anonyme de Saint-Denis, dans Dom Bouquet, t. XX, p. 50.
[5] Dom Bouquet, t. XX, p. 83.

la charité qui embrase le cœur du roi, charité empreinte de mysticisme et dont les motifs sont d'un ordre surnaturel. Justifions cette remarque par un exemple : Le roi est plein de sollicitude pour tous les malheureux; mais il aime d'un amour de prédilection une certaine classe de pauvres. Et quels sont donc ces privilégiés? Ce sont les religieux mendiants, parce que ceux-là se sont faits pauvres volontairement pour l'amour de Jésus[1].

Quelle joie et quelle ivresse goûterait le roi s'il lui était donné de revêtir la robe de Saint-Dominique ou de Saint-François[2]! En attendant qu'il puisse réaliser cette pensée, le saint fait aux religieux de fréquentes et familières visites; il n'est pas seulement leur hôte, il est aussi leur frère servant. Voici ce que nous raconte le confesseur de la reine Marguerite; il s'agit du monastère de Royaumont, où étaient établis des religieux de Cîteaux :

« Le benoît roi venait souvent à l'abbaye de Royaumont; et
« souvent.... il y mangeait au réfectoire à la table de l'abbé,
« l'abbé assis près de lui....; quand le roi ne mangeait pas au
« réfectoire il y entrait souvent et familièrement; et les moines
« assis à table, le benoît roi les servait avec les religieux
« employés à cet office : il allait à la fenêtre de la cuisine, il y
« prenait les écuelles pleines de viande, les portait et les
« plaçait devant les moines; et comme il y avait moult de
« moines et peu de serviteurs, il portait et rapportait pendant
« longtemps ces écuelles, jusqu'à ce que tout le couvent fût
« servi. Les écuelles étant trop chaudes, il s'enveloppait quel-
« quefois les mains avec sa cape (manteau), pour éviter la
« chaleur de la viande et des écuelles, et quelquefois il répan-
« dait la viande sur sa cape. L'abbé lui disait alors qu'il gâ-
« tait sa cape, et le benoît roi répondait : « Il ne m'en soucie,
« j'en ai une autre. » Il allait lui-même de table en table, et
« servait le vin dans les coupes des moines; quelquefois il

---

[1] Inst. de saint Louis à sa fille Isabelle ci-dessous, p. 103, et dans Dom Bouquet, t. XX, p. 83.
[2] G. de Beaulieu, dans Dom Bouquet, t. XX, p. 7.

« essayait le vin dans ces coupes et le louait s'il était bon ; et
« s'il était aigre ou qu'il sentît le fût, il commandait qu'on
« apportât de bon vin [1]. »

Telle est la bonté, telle est la charité, telle est la piété de
saint Louis. Veut-on connaître sa rigueur et sa fermeté? C'est
lui qui ordonna au grand maître du Temple de s'agenouiller
à ses pieds et de lui demander pardon, pour avoir osé signer
un traité avec le soudan de Damas sans le congé du roi [2]. C'est
lui qui condamna à l'amende et à la prison le puissant seigneur
de Coucy, malgré l'intervention menaçante du roi de Navarre,
du comte de Boulogne, de la comtesse de Flandre et de beaucoup d'autres seigneurs [3]. La bonté du roi n'a donc rien de
commun avec la faiblesse; sa piété s'allie à une étonnante indépendance. Tout jeune encore il entre en lutte avec l'archevêque de Rouen, avec l'archevêque de Reims, avec les conciles provinciaux [4]. Il intime au légat du pape l'ordre formel et
ne souffrant point de réplique de cesser toute enquête au sujet
de la commune de Beauvais, dont les affaires le regardent
seul [5].

En l'an 1235, il résiste aux admonitions d'un concile pro-
vincial qui invoque contre les excommuniés l'assistance du

---

[1] Extrait de la *Vie de saint Louis par le confesseur de la reine Marguerite*, dans Dom Bouquet, t. XX, p. 93.

Cinq cents ans après saint Louis, la pieuse Madame Élisabeth allait aussi servir à table les religieuses carmélites de Saint-Denis. Elle mettait un tablier, baisait la terre, se présentait à la porte du service ; là on lui remettait entre les mains une planche sur laquelle étaient les portions des sœurs ; puis elle distribuait elle-même ces portions aux religieuses. (*Vie de la révérende mère Thérèse de saint Augustin* (Madame Louise de France), par une religieuse de sa communauté, t. II, 1857, p. 289.)

[2] Joinville, ch. xcix.

[3] Dom Bouquet, t. XX, p. 115.

[4] Labbe et Cossart, *Sacr. Conc.*, t. XI, pars I, col. 499 (numérotée par erreur 503). Varin, *Arch. adm. de la ville de Reims*, t. I, IIme part., p. 569 et passim. Gousset, *Les Actes de la province ecclésiastique de Reims*, Reims, 1842-1844, t. II.

Une part de responsabilité incombe ici à cette femme, j'allais dire à cette sainte qui s'appelle Blanche de Castille ; car le roi était encore très-jeune quand commencèrent ces luttes.

[5] Varin, ibid., pp. 605, 606.

pouvoir civil, sans enquête préalable et sans distinction entre les sentences légitimes ou abusives [1]. Vingt-huit ans plus tard, vers la fin de son règne [2], il oppose cette même volonté toujours et constamment invincible aux sommations renouvelées des évêques.

« J'ai ouï dire, écrit Joinville, qu'il répondit à tous les
« prélats du royaume de France sur une requête qu'ils lui
« firent, et qui fut telle :
« L'évêque Guy d'Auxerre lui parla pour eux tous : « Sire,
« fit-il, ces archevêques et ces évêques qui sont ici m'ont
« chargé de vous dire que la chrétienté déchoit et se perd
« entre vos mains, et qu'elle décherra encore plus si vous n'y
« avisez; parce que nul ne craint aujourd'hui une excommuni-
« cation. Nous vous requérons donc, Sire, de commander à
« vos baillis et à vos sergents qu'ils contraignent les excom-

---

[1] Labbe et Cossart, *Sacr. Conc.*, ibid., col. 498 (numérotée par erreur 502).

[2] Nous disons *vingt-huit ans plus tard*, en nous référant par la pensée à une opinion de l'abbé Lebeuf, qui reporte à l'année 1263 l'anecdote de Joinville (*Mém. concern. l'hist civ. et ecclés. d'Auxerre*, continués par Challe et Quantin; Auxerre, 1848, t. I, p. 440). Guy fut évêque d'Auxerre de 1247 à 1270. (*Gall. Christ*, t. XII, pp. 306-309.)

Nous voudrions avoir ici l'espace nécessaire pour essayer de dire notre sentiment sur un petit livre intitulé *Les deux Pragmatiques sanctions attribuées à saint Louis*, par M. Ch. Gérin. Lecoffre, 1869. Quelle que soit notre opinion sur la valeur de cet ouvrage, nous le citons ici afin de prouver au lecteur que nous connaissons les arguments invoqués par M. Gérin contre l'anecdote de Joinville : nous les croyons sans valeur.

Quant aux accusations de faux qui pèsent depuis longtemps sur la prétendue pragmatique de saint Louis, elles sont autrement graves; on nous permettra, cependant, d'adresser à ce propos une question aux écrivains français modernes qui ont combattu l'authenticité de cet acte. Pourquoi passent-ils sous silence le principal argument de leurs adversaires? Pourquoi ne disent-ils pas un mot de ce fameux document, publié par Llorente après Browne, et dont M. Beugnot a fait un si grand usage? (Voy. Llorente, *Monum. hist. concern. les deux pragmatiques sanctions;* Paris, 1818, p. 25. — Beugnot, *Essai sur les institutions de saint Louis;* Paris, 1821, p. 422 et suiv.)

Que l'argument tiré de la pièce à laquelle je fais allusion ne soit pas suffisamment et surtout directement probant, soit; mais il soulève une question incidente des plus curieuses, et, d'ailleurs, il a plus de valeur à lui tout seul (si l'acte publié par Llorente est authentique) que toutes les autres considérations invoquées en faveur de la pragmatique. Il est inouï que l'on prétende réfuter un à un tous les arguments de ses adversaires, et qu'on ne dise pas un mot de celui-là.

« muniés qui auront soutenu la sentence un an et un jour,
« afin qu'ils fassent satisfaction à l'Église. Et le roi leur ré-
« pondit seul, sans conseil, qu'il commanderait volontiers à
« ses baillis et à ses sergents de contraindre les excommu-
« niés ainsi qu'ils le requéraient, pourvu qu'on lui donnât la
« connaissance de la sentence pour juger si elle était juste ou
« non. Et ils se consultèrent et répondirent au roi qu'ils ne lui
« donneraient pas la connaissance de ce qui appartenait au for
« ecclésiastique. Et le roi leur répondit à son tour qu'il ne leur
« donnerait pas la connaissance de ce qui lui appartenait, et
« ne commanderait point à ses sergents de contraindre les ex-
« communiés à se faire absoudre, qu'ils eussent tort ou raison.
« — Car si je le faisais, j'agirais contre Dieu et contre le droit.
« Et je vous en montrerai un exemple : les évêques de Bre-
« tagne ont tenu pendant sept ans le comte de Bretagne en
« excommunication, et puis il a eu l'absolution par la cour de
« Rome; et si je l'eusse contraint dès la première année, je
« l'eusse contraint à tort [1]. »

Quel contraste, dira-t-on peut-être, entre l'orgueil de ce roi qui ose résister aux évêques et l'humilité de ce chrétien qui se fait le serviteur des pauvres et des moines! Le contraste, à mon sens, n'est qu'apparent, et l'unité du caractère de saint Louis n'est point brisée. Ce n'est pas, en effet, l'orgueil ou la cupidité ou tout autre mobile coupable qui dirige ici notre saint: le sentiment qui l'inspire est celui de la justice, et la justice est une vertu sœur de l'humilité.

L'amour de la justice, telle est dans le caractère de saint Louis la qualité maîtresse et dominante. C'est par amour de la justice qu'il fait rechercher dans tout le royaume ce que la couronne peut détenir illégitimement, afin de restituer aux ayant-droit le bien mal acquis; c'est par amour de la justice qu'il se montre dans ses contestations avec le clergé si rigide et si ferme. « En faisant ce que vous me demandez, *j'agirais*

---

[1] Joinville, ch. cxxxv. Conf. le ch. xiii, où la même anecdote est contée, et le ch. cxxxvi, qui est aussi fort curieux. On y voit saint Louis traiter l'archevêque de Reims de parjure.

contre Dieu et contre le droit, » répond-il à Guy d'Auxerre, et il oppose par là aux admonitions de l'évêque la force même de sa conscience.

Le plus souvent au début d'une contestation saint Louis ne sacrifie rien de son droit : il veut tout d'abord le faire reconnaître et constater : il pourra plus tard transiger, il pourra, par exemple, accorder en pur don à l'église Notre-Dame-de-Paris la haute justice du lieu nommé Machault, que celle-ci revendique à titre de restitution; mais alors ce don sera lui-même une affirmation nouvelle du droit, et il aura d'ailleurs été précédé d'un arrêt du parlement en faveur de la couronne [1]. Le roi pourra encore (et même il sera très-heureux et très-joyeux de le faire), le roi pourra s'accorder et transiger avec l'archevêque de Reims [2] au sujet des excommuniés contre lesquels le prélat requiert l'assistance du pouvoir laïque; mais cette transaction, loin d'impliquer en aucune manière un acquiescement de principe aux doctrines du clergé sur les conséquences civiles de l'excommunication, aura été précédée d'une sentence royale distinguant formellement les excommunications méritées des excommunications imméritées [3].

Il n'y a rien en tout ceci qui doive nous surprendre. Quiconque a fait de l'idée du droit la règle de sa vie se heurte de toutes parts à des prétentions rivales, et souvent à des ambitions injustes et illégitimes [4].

[1] Ajoutons un détail qui complète notre pensée : L'Église de Paris produisit des titres qu'on jugea très-suspects, mais qui purent faire naître un doute dans l'esprit du roi. C'en était assez pour qu'il renonçât au bénéfice du jugement prononcé en sa faveur. (Boutaric, *Actes du parlement de Paris*, t. I, pp. 61, 65.)

[2] *Gallia Christ*, t. X, Inst., col. 63.

[3] Ibid., col. 62.

[4] Je ne prétends pas ici donner gain de cause à saint Louis contre les évêques; il faudrait, pour se prononcer sur cette question, étudier séparément chaque affaire dans tous ses détails. J'ajoute qu'une connaissance sérieuse du droit civil et du droit ecclésiastique au XIIIe siècle, jointe à une entente réelle des besoins du temps, devrait éclairer et guider le théologien dans cet examen rétrospectif.

Chacun sait que les saints sont faillibles; et bien des personnes ne manqueront pas de déclarer sans autre information que, dans ces circonstances, saint Louis s'est trompé gravement. Ce que tous doivent tenir pour certain, c'est qu'il a agi par amour de la justice, et, sous cet aspect, sa conduite est très-belle.

Que si ces luttes étaient inévitables, elles n'en furent pas moins douloureuses. Elles ajoutèrent certainement de nouvelles et vives souffrances à toutes les tristesses et à toutes les amertumes qui remplissaient l'âme de notre saint. Cette âme nous apparaît comme le centre vivant des malheurs, des déceptions, des combats du siècle tout entier. Or le siècle a beaucoup combattu et beaucoup souffert : il a soutenu la guerre du sacerdoce et de l'Empire, cette guerre immense pour laquelle se sont levés, en Allemagne et en Italie, les empereurs contre les papes; en France, les seigneurs laïques contre les évêques[1] : il a vu naître et il a vu mourir l'empire latin de Constantinople; il a vu tous les efforts des chrétiens se briser contre les infidèles. Il a été l'impuissant témoin des désastres de l'Orient et il a pu, lui aussi, répéter ce cri de découragement : « En vérité, le Seigneur n'a épargné ni son peuple, ni son nom[2]. »

Louis IX résume en lui toutes ces douleurs. Il souffre en son âme non moins qu'en son corps[3]. C'est par la souffrance qu'il se purifie, qu'il s'élève sans cesse vers Dieu, et qu'il arrive enfin jusqu'à cet état voisin de la perfection que nous appelons la sainteté[4].

---

[1] Teulet, *Layettes du trésor*, t. II, pp. 298, 645. Varin, *Archives adm. de la ville de Reims*, t. I, IIe part., pp. 725, 734, 735.

[2] S. Bernard.

[3] Sur le mal dont souffrait périodiquement saint Louis, voy. Conf. de la Reine, dans Dom Bouquet, t. XX, p. 105.

[4] Tout ce que nous disons ici sur saint Louis étonnera sans doute quelques lecteurs. Nous supplions nos critiques de ne point nous condamner avant d'avoir pris le temps de relire, dans *Les Études religieuses* des jésuites, XIVe année, IVe série, août 1869, n° 20, pp. 174, 175, 178, quelques pages exquises du révérend père de Smedt, sur les devoirs de l'historien; ils y trouveront cette pensée, que nous désirons avoir toujours présente et dont nous voudrions faire la règle invariable de nos travaux :

La crainte de voir des adversaires habiles trouver une arme dans certains faits pour renverser ou faire chanceler les doctrines ou une cause à laquelle on a voué toutes ses affections, la crainte de perdre une ressource précieuse pour la défense d'intérêts plus chers que la vie ne doit point troubler l'historien : il faut qu'il ait une force d'âme assez grande pour suivre tranquillement sa voie sans qu'une pareille perspective le fasse reculer ou hésiter un instant (p. 175.)

Nous ne saurions trop engager tous ceux qui aiment d'un amour sincère l'histoire, la vérité, la science, à lire le R. P. de Smedt. Les jésuites ont su joindre

PRIÈRE DE SAINT LOUIS A LA MORT DE SA MÈRE

Saint Louis était à Jaffa lorsque mourut la reine Blanche (1253). « Quand le bon roi apprit que sa mère était morte et « trépassée de ce siècle, écrit G. de Nangis, il commença à « crier à haute voix et à fondre tout en larmes, puis se mit à « genoux devant l'autel, et mercia Dieu à jointes mains, et « dit :

Sire Dieu, je vous rends grâce et merci, à vous qui, par votre bonté, m'avez prêté si longtemps ma chère mère, et qui, par la mort du corps, l'avez prise, par votre bon plaisir, en votre partage. Il est bien vrai, beau très-doux père Jésus-Christ, que j'aimais ma mère par-dessus toute créature qui fût en ce siècle mortel, car elle le méritait bien; mais puisqu'il vous vient à plaisir qu'elle soit trépassée, béni soit votre nom. Amen.

« Le roi demeura en soupirs et en larmes et en méditations « un peu devant l'autel, et quand eut reçu confort, il se leva

---

« Sires Dieux, je vous rens grâces et mercis, qui par vostre bonté m'avés prêté si longuement ma chière mère, et par corporel mort l'avés prise et receue par votre bon plaisir à votre part. Il est bien vérités, biaus très-doux pères Jhésu-Chris, que je amoie ma mère par dessus toutes créatures qui fut en cet siecle mortel; car bien déservi l'avoit; mays puisqu'il vous vient à plaisir que elle est trespassée, beneit soit vostre nons. »

l'exemple au précepte : leur vie de saint Louis est un modèle d'impartialité (*Acta Sanct. Aug.*, t. V, p. 332 et passim). Quel contraste avec certaines publications récentes sur le même sujet.

7

« du lieu où il était et dit tout le service des morts, vêpres et
« vigiles avec son confesseur [1]. »

ENSEIGNEMENTS DE SAINT LOUIS A SA FILLE ISABELLE

« Le benoît saint Louis envoya à Madame Isabelle, sa fille,
« reine de Navarre, une lettre d'enseignement écrite de sa
« propre main, dont la teneur est telle [2]. »

(Louis, par la grâce de Dieu, roi de France, *ou peut-être* Louis de Poissy[3]) à sa chère et bien-aimée fille Isabelle, reine de Navarre, salut et amitié de père.

Chère fille, comme je crois qu'à cause de l'amour que vous avez pour moi, vous retiendrez plus volontiers mes conseils que ceux de plusieurs autres, j'ai

---

..... à sa chière et amée fille Ysabel, roine de Navarre, salus et amistié de père.

Chière fille, pour ce que je cuide que vous retenrés plus volontiers de moi pour l'amour que vous avés à moi que vous

---

[1] Vie de saint Louis, par Guill. de Nangis, dans le *Recueil des hist. de France*, t. XX, p. 387.

[2] Conf. de la reine Marguerite dans Dom Bouquet, t. XX, p. 82.

[3] Ce préambule paraît incomplet, et je supplée, entre parenthèses, les mots qui semblent avoir été omis. Mais je dois faire observer que des sources distinctes présentent cette même lacune; on peut donc se demander si saint Louis n'a pas supprimé lui-même, dans ce document, la formule initiale. Il eût été alors plus naturel d'écrire : *A ma chère fille. A mon cher fils.* La même observation s'applique aux instructions de saint Louis à son fils, ci-après, p. 106.

Si le pieux roi s'est servi d'une formule initiale, il n'est pas impossible qu'il ait écrit simplement *Louis de Poissy* au lieu de *Louis, roi de France,* car « aucune foys quant lettres secrées envoioit à aucuns de ses familiers, il ne « vouloit pas mettre le nom de roy pour aucune raison ; il s'appelloit Loys de « Poyssi, ou Loys le seigneur de Poissi. » (Guill. de Nangis, dans Dom Bouquet, t. XX, p. 409.)

Sur le choix critique que j'ai eu à faire entre les divers textes des instructions de saint Louis, voyez *Bibliothèque de l'école des Chartes*, 30e année, 6e série, t. V, p. 129 et suiv.

pensé vous faire quelques enseignements écrits de ma main.

Chère fille, je vous enseigne que vous aimiez Notre-Seigneur de tout votre cœur et de tout votre pouvoir; car, sans cela, nul ne peut acquérir quelque mérite; et nulle autre chose ne peut être aimée à aussi bon droit ni si profitablement. Notre-Seigneur, c'est le Seigneur à qui toute créature peut dire : Sire, vous êtes mon Dieu; vous n'avez besoin de nulle de mes bonnes actions. C'est le Seigneur qui envoya son Fils sur la terre et le livra à mort pour nous délivrer de la mort d'enfer.

Chère fille, si vous l'aimez, le profit en sera vôtre. La créature est moult dévoyée qui met l'amour de son cœur ailleurs qu'en lui ou sous lui.

Chère fille, la mesure de l'amour que nous devons avoir pour lui c'est d'aimer sans mesure. Il a bien mérité que nous l'aimions, car il nous aima le premier. Je vou-

---

ne feriés de pluisours autres, j'ai pensé que je vous face aucuns enseignemens escris de ma main.

Chière fille, je vous enseigne que vous amez nostre Signeur de tout vostre cuer et de tout vostre pooir ; car sans ce nus ne puet riens valoir ; nule chose ne puet bien estre amée ne si droiturièrement, ne si pourfitablement. C'est li Sires à qui toute créature puet dire : Sire, vous estes mes Diex : vous n'avés mestier de nus de mes biens. Ce est li Sires qui envoia son Fils en terre et le livra à mort pour nous délivrer de la mort d'enfer.

Chière fille, se vous l'amés, le pourfis en sera vostres. Mout est la créature desvoiïe qui aillors met l'amour de son cuer fors en lui ou desous lui.

Chière fille, la mesure dont nous le devons amer, si est amer sans mesure. Il a bien déservi que nous l'amons, car il nous

drais que vous sussiez bien penser aux œuvres que le benoît Fils de Dieu a faites pour notre rédemption.

Chère fille, ayez grand désir de lui plaire le plus possible; et mettez grand soin à éviter toutes les choses que vous croirez lui devoir déplaire; spécialement vous devez avoir la volonté de ne faire péché mortel pour rien qui puisse advenir, et de vous laisser couper ou arracher les membres et enlever la vie par cruel martyre plutôt que de faire un péché mortel volontairerement.

Chère fille, accoutumez-vous à vous confesser souvent, et choisissez toujours des confesseurs qui soient de sainte vie et suffisamment lettrés, par qui vous soyez enseignée et endoctrinée des choses que vous devez éviter et des choses que vous devez faire; et faites que votre confesseur et vos autres amis vous osent enseigner et reprendre.

---

ama premiers. Je vaurroi que vous seussiés bien penser as œuvres que li benois Fius Diu fist pour nostre raençon.

Chière fille, aiies grant désirier coument vous li puissiés plus plaire; et métés grant entente à eschiver toutes les choses que vous cuiderés qui li doient desplaire; espéciaument vous devés avoir ceste volonté que vous ne feriés péchié mortel pour nule chose qui peust avenir, et que vous vous lairriés ançois les membres couper ou détrenchier et la vie tolir par cruel martire, que vous le fésissiés à ensient.

Chière fille, acsoustumés-vous souvent à confesser, et eslisiés toujours confessours qui soient de sainte vie et de suffisant lettrure, par qui vous soiés ensignée et doctrinée des choses que vous devés eschiever et des choses que vous devés faire, et soiiés de tel manière par quoy vostre confessours et vostre autre ami vous osent ensignier et reprendre.

Chère fille, écoutez volontiers le service de sainte Église ; et quand vous serez à l'église, gardez-vous de muser et de dire vaines paroles. Dites vos oraisons en paix, de bouche ou de pensée ; et spécialement, au moment où le corps de Notre-Seigneur Jésus-Christ sera présent à la messe, et même un peu à l'avance, soyez plus en paix et plus attentive à l'oraison.

Chère fille, écoutez volontiers parler de Notre-Seigneur dans les sermons et dans les causeries privées ; toutefois évitez les conversations particulières, excepté celles des personnes bien choisies en bonté et en sainteté. Appliquez-vous volontiers à gagner les indulgences.

Chère fille, si vous avez aucune tribulation de maladie ou d'autre chose, à quoi vous ne puissiez bonnement pourvoir, souffrez cela débonnairement ; remerciez-en Notre-Seigneur et sachez-lui-en bon gré ; car vous devez croire que vous l'avez mérité et plus encore s'il

---

Chière fille, oiiés volontiers le servise de sainte Glise ; et quant serés ou moustier, gardés-vous de muser et de dire vaines paroles. Vos orisons dites en pais, ou par bouche ou par pensée ; et espéciaument entrues con li cors nostre Signour Jhèsu Cris sera présens à la messe, soiiés plus en pais et plus ententieve à orison et une pièce devant.

Chière fille, oiiés volontiers parler de nostre Signour en sermons et en privés parlemens ; toute voie, privés parlemens eschivés fors que de gens mout esleues en bontés et en saintéés. Pourcachiés volontiers les pardons.

Chière fille, se vous avés aucune persécution ou de maladie où d'autre chose en quoi vous ne puissiés métre conseil en bone manière, souffrés-le débonairement ; et en merciés nostre Signeur et l'en sachés bon gré, car vous devés quidier que vous l'aiiez deservi et plus se il vausist, pour ce que vous

voulait, parce que vous l'avez peu aimé et peu servi, et que vous avez fait maintes choses contre sa volonté. Si vous avez aucune prospérité de santé ou autre, remerciez-en Notre-Seigneur humblement; et sachez-lui-en bon gré; et prenez bien garde d'en devenir plus mauvaise par orgueil ou par quelque autre vice; car c'est moult grand péché de guerroyer contre Notre-Seigneur avec ses dons; si vous avez aucun malaise de cœur ou d'autre chose, dites-le à votre confesseur ou, si c'est chose dont vous puissiez parler, à quelque autre personne que vous pensiez être loyale et bien discrète; et ainsi vous porterez votre peine plus en paix.

Chère fille, ayez le cœur piteux envers toutes gens que vous apprendrez être dans la souffrance de cœur ou de corps, et secourez-les volontiers de conseil ou d'aumône, selon ce que vous pourrez faire, en bonne manière.

---

l'avés peu amé et peu servi et avés maintes choses faites contre sa volenté. Se vous avés aucune prospérité ou de santé de cors ou d'autre chose, merciés en nostre Signeur, humelement et l'en sachés bon gré; et vous prenés bien garde que de ce n'empiriés ne par orgueil, ne par autre mesprison; car c'est mout grans péchiés de guerroier nostre Signour pour l'ocoison de ses dons. Se vous avez aucune malaise de cuer ou d'autre chose, dites-le à vostre confessour ou à aucune autre persoune que vous cuidiés qui soit loiaus et qui vous doive bien celer pour ce que vous le portés plus en pais, se c'est chose que vous puissiés dire.

Chière fille, aiiés le cuer piteus vers toutes gens que vous entenderez qui soient à meschief ou de cuer ou de cors; et les secourés volentiers ou de confort, ou d'aucune aumosne, selon ce que vous le porrés faire en bone manière.

Chère fille, aimez toutes bonnes gens, de religion ou du siècle, par qui vous saurez que Notre-Seigneur est honoré et servi. Aimez et secourez les pauvres, et spécialement ceux qui, pour l'amour de Notre-Seigneur, se sont mis en pauvreté.

Chère fille, faites, autant que vous le pourrez, que les femmes et les autres suivantes qui conversent avec vous plus particulièrement et plus secrètement soient de bonne vie et de sainteté. Et évitez, autant que vous le pourrez, toutes personnes de mauvaise renommée.

Chère fille, obéissez humblement à votre mari, et à votre père et à votre mère dans les choses qui sont selon Dieu. Faites-le volontiers pour l'amour que vous leur portez, et plus encore pour l'amour de Notre-Seigneur qui l'a ainsi ordonné, et agissez envers chacun d'eux ainsi qu'il est convenable. Contre Dieu vous ne devez obéir à personne.

Chière fille, amés toutes bones gens, soient de religion, soient du siècle par qui vous entenderés que nostres Sires soit honnerés et servis. Les povres amés et secourés, et espéciaument ceus qui pour l'amour nostre Signour se sont mis à povreté.

Chière fille, porvéés vos à vostre pooir, que les femmes et les autres mesnies qui avec vos conversent plus privéément et secréément soient de bonne vie et de saintéé. Et eschivés, à vostre pooir, toutes genz de male renommée.

Chière fille, obéissés humelement à vostre marit, et à vostre père et à vostre mère ès choses qui sont selon Dieu. Vous devés ce volontiers faire pour l'amour que vous avés à eus, et assés plus pour l'amour nostre Signour qui ensi l'a ordené, à chascun selon ce qu'il affiert. Contre Dieu vous ne devés à nului obéir.

Chère fille, appliquez-vous à être si parfaite que ceux qui entendront parler de vous et vous verront en puissent prendre bon exemple. Il me semble qu'il est bon que vous n'ayez pas trop grande abondance de robes à la fois, ni de joyaux, eu égard pourtant à l'état que vous occupez; mais, au contraire, il me semble mieux que vous fassiez des aumônes, au moins avec le superflu, et que vous ne mettiez pas trop grand temps ni trop grande étude à vous parer et à vous orner. Et gardez-vous d'excès dans votre parure; et soyez toujours plutôt disposée à en faire trop peu qu'à en faire trop.

Chère fille, ayez en vous un désir qui jamais ne vous quitte, celui de plaire le plus possible à Notre-Seigneur, et mettez votre cœur dans la disposition, si vous étiez certaine de n'être jamais récompensée de vos bonnes actions, ni punie de vos fautes, de n'en éviter

---

Chière fille, metés grant paine que vous soiiés si parfaite que cil qui orront parler de vous et vous verront i puissent prendre bon exemple. Il me samble qu'il est bon que vous n'aiiés mie trop grant sourcrois de robes ensamble ne de joiaux, selon l'estat où vous estes, ains me semble miex que vous faciés vos aumosnes, au mains de ce qui trop seroit, et que vous ne metez mie trop grant tans, ne trop grant estuide en vous parer ne acesmer. Et prenés garde que vous ne faciés outrage en vostre atour; mais tousjours vous enclinés ainçois devers le moins que devers le plus.

Chière fille, aiiés un désirier en vous que jamais ne se départe de vous; c'est-à-dire comment vous puissiés plus plaire à nostre Signour et metés vostre cuer à ce que, se vous étiés certaine que vous ne fuissiés jamais guerredounée de bien que vous fesissiés ne punie de mal que vous fesissiés, se vous de-

pas moins toute action qui puisse déplaire à Notre-Seigneur, et de ne chercher pas moins à faire les choses qui lui plairaient, autant que possible, purement pour l'amour de lui.

Chère fille, recherchez volontiers les prières des bonnes gens et me réunissez à vous dans ces demandes de prières. Et s'il arrive qu'il plaise à Notre-Seigneur que je quitte cette vie avant vous, je vous prie de me procurer messes et prières, et autres bienfaits pour mon âme.

Je vous recommande que nul ne voie cet écrit sans ma permission, excepté votre frère.

Que Notre-Seigneur vous fasse bonne en toutes choses autant que je le désire, et plus encore que je ne saurais le désirer. Amen.

---

vriés vous garder de faire chose qui despleust à nostre Signour, et entendre à faire les choses qui li plairoient, à vostre pooir, purement pour l'amour de lui.

Chière fille, pourchaciés volentiers orisons de bones gens et m'i acompaigniés. Et se il avient qu'il plaise à nostre Signour que je trespasse de ceste vie devant vous, je vous prie que vous pourchaciés messes et orisons, et autres bienfaits, pour m'âme.

Je vous commant que nus ne voie cest escrit sans mon congié, excepté vostre frère.

Nostre sire Diex vous face bone en toutes choses autant comme je désir, et plus assés que je ne saroie désirrer. Amen [1].

---

[1] Manuscrit fr. 25462 (ancien N. D., 272), f° 202, verso et suiv. Manuscrit français, 5722, f° 30, verso et suiv. Conf. D. Bouquet, t. XX, p. 82.

ENSEIGNEMENTS DE S. LOUIS A SON FILS PHILIPPE LE HARDI

Avant sa dernière maladie, saint Louis prévoyant sa fin prochaine écrivit en français des instructions destinées à son fils aîné, Philippe le Hardi [1].

Le texte de ces « enseignements » a été souvent abrégé et même interpolé. Nous le donnons ici d'après les meilleures sources.

(Louis, roi de France *ou peut-être* Louis de Poissy,) à son cher fils aîné, Philippe, salut et amitié de père.

Cher fils, comme je désire de tout mon cœur que tu sois bien enseigné en toutes choses, je vais te laisser un enseignement par cet écrit; car je t'ai quelquefois entendu dire que tu retiendrais mieux de moi que d'une autre personne.

Cher fils, je t'enseigne premièrement, que tu aimes Dieu de tout ton cœur et de tout ton pouvoir; car, sans cela, nul homme ne peut avoir aucun mérite. Tu te dois garder de tout ton pouvoir de toutes les choses

---

..... à son chier fils ainzné, Philipe, salu et amitié de père.

Chier fils, por ce que je désire de tout mon cuer que tu soyes bien enseigniez en toutes choses, je pense que te face aucun enseignement par cest escrit; car je t'oï dire aucunes foiz que tu retendroies plus de moy que d'autre persone.

Chier fils, je t'enseigne premièrement que tu aimmes Dieu de tout ton cuer et de tout ton pooir; car, sans ce, ne puet nuls riens valoir; et te dois garder de toutes choses qui li doient des-

---

[1] G. de Beaulieu, dans Dom Bouquet, t. XX, p. 8.

que tu croiras lui devoir déplaire, et spécialement tu dois avoir la volonté de ne faire, pour rien au monde, un péché mortel, et de te laisser couper tous les membres et enlever la vie par cruel martyre plutôt que de faire un péché mortel volontairement.

Si Notre-Seigneur t'envoie aucune tribulation de maladie ou d'autre chose, tu la dois souffrir de bon cœur et lui en savoir bon gré; car tu dois penser qu'il le fait pour ton bien; et tu dois aussi penser que tu l'as bien mérité et plus encore, s'il le voulait, parce que tu l'as peu aimé et peu servi, et parce que tu as fait bien des choses contre sa volonté. Et si Notre-Seigneur t'envoie aucune prospérité de santé ou d'autre chose, tu dois l'en remercier humblement et prendre garde de n'en pas devenir plus mauvais par quelque autre vice; car c'est moult grand péché que de guerroyer contre Notre-Seigneur avec ses dons.

---

plaire, à ton pooir, et espécialemment tu dois avoir ceste volenté, que tu ne faces péchié mortel pour nulle chose que puist avenir, et que tu te lairoies avant tous les membres trenchier et l'âme tolir par cruel martyre, que tu le feisse à escient.

Se nostre Sires t'envoie aucune persécucion ou de maladie ou d'autre chose, tu la dois soufrir débonnairement et l'en dois mercier et sçavoir bon gré; car tu dois penser qu'il le fet pour ton bien, et si dois penser que tu l'as bien déservi et ce, et plus se il volsist, por ce que tu l'as pou amé et pou servi, et por ce que tu as maintes choses faictes contre sa volonté. Et se nostre Sires t'envoie aucune prospérité ou de santé de corps, ou d'autre chose, tu l'en dois mercier humblement et dois prendre garde que tu n'empires pas de ce, ne par orgueil, ne par autre mesprison; car c'est mout grant péchiés de guerroyer nostre Seigneur de ses dons.

Cher fils, je t'enseigne que tu t'accoutumes à te confesser souvent, et que tu choisisses toujours des confesseurs qui soient de sainte vie et suffisamment lettrés, par lesquels tu sois enseigné des choses que tu dois éviter et des choses que tu dois faire; et je t'enseigne que tu te comportes de telle manière que tes confesseurs et tes autres amis t'osent enseigner et reprendre hardiment.

Cher fils, je t'enseigne que tu entendes volontiers le service de sainte Église; et quand tu seras à l'église garde-toi de muser et de dire vaines paroles. Dis en paix tes oraisons de bouche ou de pensée, et spécialement sois plus en paix et plus appliqué à prier Dieu au moment où le corps de Notre-Seigneur Jésus-Christ sera présent à la messe, et même un peu auparavant.

Cher fils, aie le cœur débonnaire envers les pauvres et envers tous ceux que tu croiras avoir malaise de cœur

---

Chier fils, je t'enseigne que tu t'accoustumes à souvent confesser, et que tu eslises tozjors tex confesseurs qui soient de saincte vie et de souffisante letreure, par les quex tu soies enseignez des choses que tu dois eschiver et des choses que tu dois faire; et aies telle manière en toi par quoi ti confesseur et ti autre ami t'osent hardiment enseignier et reprendre.

Chier fils, je t'enseigne que tu oïès volontiers les service de saincte Église, et quand tu seras ou moustier, gardes-toi de muser, et parler vaines paroles; tes oraisons di en pès, ou par bouche ou par penser, et espécialement soies plus en pès, et plus ententis à t'oraison, tant comme li corps nostre Seigneur Jésus Christ sera présens à la messe, et une pièce devant.

Chier fils, aies le cuer piteux envers les povres, et envers tous ceux que tu cuideras qui aient mechief ou de cuer ou de

ou de corps. Et, selon que tu pourras, secours-les volontiers de conseil ou d'aumône. Et si tu as aucune tribulation de cœur, dis-la à ton confesseur, ou, si c'est chose dont tu puisses parler, à une autre personne que tu penses être loyale et discrète; et ainsi tu porteras plus en paix ta tribulation.

Cher fils, aie près de toi compagnie de bonnes gens, religieux ou séculiers, et évite la compagnie des mauvais; et aie volontiers bonnes conversations avec les bons, et écoute volontiers parler de Dieu dans les sermons et en particulier; et gagne volontiers des indulgences. Aime le bien en autrui et hais le mal. Ne souffre pas que l'on dise devant toi paroles qui puissent attirer les gens à péché. N'écoute pas volontiers dire du mal d'autrui. Ne souffre en nulle manière parole qui puisse tourner au mépris de Dieu ou de ses saints, sans en tirer vengeance. Et si le coupable est un clerc ou une

---

corps, et selon le pooir que tu auras, les soigne volentiers ou de confort, ou d'aucune aumosne; si tu as aucune mésèse de cuer, di-la à ton confesseur ou à aucun autre, que tu cuides que soient loyaux, et qui te sçaichent bien celler, pour ce que tu la portes plus en pais, si ce est chose que tu puisses dire.

Chier fils, aies avecques toi compaignie de bones genz, ou de religieus, ou de séculers, et eschive la compaignie des malvès; et aies volentiers bons parlemens avec les bons, et escoute volentiers parler de Dieu en sermôn, et priveíment, et pourchace volentiers pardons. Aimme le bien en autrui et hé le mal. Ne suefre mie que l'en die devant toi paroles qui puissent trére les genz a pechié. N'escoute pas volentiers médire d'autrui. Ne suefre en nulle manière parole qui puisse torner au despit de nostre Seigneur, ou de nostre Dame, ou des saints, que tu n'en pregnes venjance. Et ce c'est clerc ou persone si grant

personne si élevée qu'elle ne soit pas justiciable de toi, fais-le dire à celui qui pourrait en tirer justice.

Cher fils, applique-toi à être si bon en toutes choses qu'il paraisse bien que tu reconnais les bontés et les honneurs que Notre-Seigneur t'a faits; de telle manière que s'il plaisait à Dieu que tu vinsses au fardeau et à l'honneur de gouverner le royaume, tu fusses digne de recevoir la sainte onction par laquelle les rois de France sont sacrés.

Cher fils, s'il arrive que tu viennes à régner, applique-toi à avoir les qualités d'un roi, c'est-à-dire à être si juste que tu ne t'écartes et ne dévies de la justice pour rien qui puisse arriver. S'il arrive qu'aucun différend entre riche et pauvre vienne devant toi, soutiens d'abord le pauvre plutôt que le riche, jusqu'à ce que tu connaisses la vérité; et quand tu la connaîtras, fais-leur droit. Et, s'il arrive que tu aies un procès, soutiens

---

que tu ne doies pas justicier, fai le doncques dire à celui qui justicier la porroit.

Chier fils, porvoi-toi que tu soies si bon en toutes choses que il apére que tu reconnoisses les bontez et les enneurs que nostre Sires t'a faictes en céle manière que se il plésoit à nostre Seigneur que tu veinsses au fez et à l'honneur de gouverner le royaume, que tu fusses digne de recevoir la saincte oncion dont li rois de France sont sacrez.

Chier fils, s'il avient que tu vegnes à regner, gardes que tu aies les taches qui affièrent à roi, c'est-à-dire que tu soies si droicturiers que tu ne déclines de nulle droicture, pour nulle chose que puist avenir. Se il avient que il ait aucune querelle d'aucun povre contre aucun riche, soustien plus le povre que le riche, jusques à tant que tu en sçaches la vérité, et quand tu entendras la vérité, fai le droict; et se il avient que tu aies

devant ton conseil la cause de ton adversaire; jusqu'au moment où la vérité sera connue, ne te montre pas trop attaché à la cause; car ceux de ton conseil pourraient craindre de parler contre toi; et tu ne dois pas vouloir de cette crainte. Et si tu apprends que tu détiens quelque chose à tort, soit de ton temps, soit du temps de tes ancêtres, restitue-le sur-le-champ, quand même la chose serait importante, en terre, en argent ou autrement. Et, si c'est une affaire obscure dont tu ne puisses connaître la vérité, fais par le conseil de prud'hommes tel accord que ton âme et celles de tes ancêtres soient entièrement dégagées. Et bien que tu aies entendu dire que tes ancêtres ont restitué ces choses, cependant tâche toujours de savoir s'il reste rien à restituer; et si tu découvres qu'il y ait quelque chose à restituer, fais le rendre sur-le-champ, pour le salut de ton âme et des âmes de tes ancêtres. Sois bien

---

querelles encontre aucun autrui, soustien la querelle de l'estrange devant ton conseil; ne ne fai pas semblant de aimer trop la querelle, jusques à tant que tu cognoisses la vérité : car cil du conseil en pourroient estre doubtiz à parler contre toi, laquelle chose tu ne dois pas vouloir; se tu entens que tu tiegnes riens à tort, ou de ton temps, ou du temps de tes ancesseurs, tantost le rent, combien que la chose soit grant, ou en terres, ou en deniers, ou en autre chose : se la chose est obscure par quoi tu n'en puisses savoir la vérité, fai tele pès par conseil de prudes hommes, par quoi t'âme en soit du tout délivrée, et l'âme de tes ancesseurs : et combien oncques que tu oies dire que tes ancesseurs aient rendu, met tousjours peine à savoir se riens y a encores à rendre, et se tu le treuves, tantost le fai rendre pour la délivrance de t'âme et des âmes de tes ancesseurs. Soies bien dilligent de faire garder en ta terre

diligent de protéger dans ton royaume toutes manières de gens, et spécialement les personnes de sainte Église, et empêche qu'on ne leur fasse injure ou violence en leurs personnes ou en leurs biens. Et je te veux ici rappeler une parole du roi Philippe mon aïeul. Le roi était un jour en son conseil privé ; celui qui me rapporta cette parole se trouvait présent ; et ceux de son conseil lui disaient que les gens d'Église lui faisaient moult d'injures et beaucoup s'étonnaient qu'il pût souffrir une pareille chose ; et alors ledit roi Philippe répondit de cette manière : « Je crois bien, dit-il, qu'ils me font assez d'injures ; mais quand je songe aux honneurs que Notre-Seigneur m'a faits, j'aime mieux souffrir mon dommage que de faire une chose d'où naîtrait un désaccord entre moi et sainte Église. » Et je te rappelle cela afin que tu n'ajoutes pas foi légèrement aux témoignages contre les personnes de sainte Église ; honore-les, au contraire, et défends-les afin qu'elles

---

toutes manières de gens, et espécialement les personnes de saincte Église ; eux deffend qu'on ne leur face tort, ne force, ne en leur personnes, ne en leur choses. Et te veil ci recorder une parolle que dist li rois Philippes, mes aieus. Li rois estoit un jour avec son conseil privé, et y estoit cil qui la me recorda, et li disoient cil de son conseil que li clerc li faisoient moult de tort, et se merveilloient moult de genz comme il pooit téle chose souffrir ; et adoncques li diz rois Philippes respondi en ceste manière. « Je croi bien, dist-il, que me font assez d'injures ; mès quant je pense as enneurs que nostre Seigneur m'a fet, je voil miex soufrir mon domage que fère ce pour quoi descorde venist entre moi et sainte Église. » Et ceste chose je te recorde por ce que tu ne soies pas légiers à croire nulluy contre les personnes de saincte Église ; ainçois leur porte enneur

puissent faire le service de Notre-Seigneur en paix. Et aussi, je t'enseigne que tu aimes spécialement les gens de religion et les secoures volontiers en leurs nécessités, et que tu aimes plus que les autres ceux que tu sauras honorer le plus Dieu et le servir.

Cher fils, je t'enseigne que tu aimes et honores ta mère et retiennes volontiers ses bons enseignements, et sois enclin à croire ses bons conseils. Aime tes frères et leur désire toujours du bien, et aime leurs justes prospérités, et sers-leur de père pour les enseigner en tout bien : mais prends garde, par amour pour l'un d'eux, de dévier de la justice, et de faire ce que tu ne dois pas.

Cher fils, je t'enseigne que tu donnes les bénéfices de sainte Église que tu auras à donner, à de bonnes personnes et avec grand conseil de prud'hommes ; et m'est avis qu'il vaut mieux que tu les donnes à ceux

---

et les garde si que il puissent fere le servise nostre Seigneur en pès. Et aussi, je t'enseigne que tu aimmes espéciaument les genz de religion et les sequeurs volontiers en leur nécessitez, et aime ceux plus que les autres, que tu sauras qui plus ennorront Dieu et serviront.

Chier fils, je t'enseigne que tu aimmes ta mère et enneures, et que tu retiegnes volontiers et faces ses bons enseignemenz, et soies enclin à croire ses bons conseils. Aime tes frères et leur voilles tozjors bien, et aimes leur bons avancemenz, et leur soies en lieu de père à enseignier les en tout bien ; mès garde que pour amour que tu aies à aucun tu ne te desvoies de fère droit, ne ne faces chose que tu ne doies.

Chier fils, je t'enseigne que les bénéfices de sainte Église que tu auras à donner que tu les doignes à bonnes persones et par grant conseil de preudes hommes ; et m'est avis que miex valt

8.

qui n'ont aucune prébende qu'aux autres. Car si tu cherches bien, tu trouveras assez de ceux qui n'ont rien, pour faire bon emploi des biens de l'Église.

Cher fils, je t'enseigne que tu te gardes, autant que possible, d'avoir guerre avec aucun chrétien; et si un chrétien te faisait aucunes injures, essaie de diverses façons de trouver aucunes bonnes manières de recouvrer ton droit, avant de faire guerre, et agis de la sorte avec l'intention d'éviter les péchés qui se font dans la guerre; et s'il arrivait qu'il te fallût faire guerre parce que l'un de tes hommes ferait défaut en ta cour de justice, ou ferait injure à aucune église ou à aucune personne, quelle qu'elle fût, et ne voudrait réparer son tort; ou enfin s'il arrivait qu'il te fallût faire guerre pour quelque autre cause raisonnable quelle qu'elle fût, recommande avec soin que les pauvres gens qui n'ont commis au-

---

que tu les doignes à cels qui n'auront nulles p(r)ouvendes que ce que tu les doignes as autres. Car se tu enquiers bien, tu troveras assez de ceus qui riens n'ont en qui les biens de sainte Église seront bien emploiez.

Chier fils, je t'enseigne que tu te gardes à ton pooir que tu n'aies guerre à nul crestien; et s'il te fesoit aucunes injures, essaie plusieurs voies à savoir se tu porroies trover aucunes bones voies par lesquels tu peusses recouvrer ton droit, ainçois que tu feisses guerre; et aies entente tele que ce soit pour eschiver les péchiez qui sont fez en guerre; et se il avenoit que il te convenist fère guerre ou pour ce que aucun de tes hommes defaillist de prendre droit en ta cort, ou il feist injure à aucune église ou à aucune autre personne quelque ele fust, et ne le vosist amender; pour quoi ou pour aucune autre cause raisonnable quele que la cause soit pour la quele il te conviegne fere guerre, commande diligaument que les povres genz qui coulpe n'ont ou

cune faute soient préservés de tout dommage, brûlement de leurs biens ou autres choses; car il t'appartient de contraindre le malfaiteur en prenant ses biens ou ses villes et ses châteaux par force de siége, non pas de dévaster les biens des pauvres gens; et aie soin, avant de faire la guerre, d'avoir pris bon conseil pour t'assurer que la cause est moult raisonnable, et d'avoir bien admonesté le malfaiteur et attendu autant que tu auras dû le faire.

Cher fils, je t'enseigne encore que tu t'appliques diligemment à apaiser, autant que possible, les guerres et les différends qui seront en ta terre ou entre tes hommes; car c'est une chose qui plaît moult à Notre-Seigneur. Monseigneur saint Martin nous donna un très-grand exemple; car, lorsqu'il sut de par Notre-Seigneur qu'il allait mourir, il se mit en route pour mettre la paix entre les clercs de son archevêché; et

---

forfet soient gardez que damage, ne leur viegne ne par ardoir lor biens, ne par autre manière; car il apartient miex à toi que tu contreignes le maufetteur en prenant ses choses ou ses viles ou ses chastiax par force de siége que ce que tu dégastasses les biens des povres gens; et porvoi que ainçois que tu mueves guerre, que tu aies eu bon conseil que la cause soit moult résonnable, et que tu aies bien amonesté le maufeteur et que tu aies atendu tant comme tu devras.

Chier fils, encore t'enseigne-je que tu entendes diligaument à apésier à ton pooir les guerres et les contens qui seront en ta terre ou entre tes homes; car c'est une chose qui mout plest à nostre Seigneur. Et Messires saint Martin nos donna très grant example; car ou tens que il sot de par nostre Seigneur que il se devoit morir, il ala por mettre la pès entre les clercs

il lui sembla qu'en ce faisant, il mettait bonne fin à sa vie.

Cher fils, aie grand soin d'avoir bons prévôts et bons baillis en ta terre; et assure-toi souvent qu'ils rendent bonne justice, et ne font injure à personne et n'agissent en rien contre le droit; et assure-toi aussi que ceux de ton hôtel ne font rien qu'ils ne doivent faire; car, bien que tu doives haïr tout mal chez les autres, cependant tu dois haïr le mal qui viendrait de ceux qui ont pouvoir de toi plus que le mal fait par d'autres personnes; et tu dois, par-dessus tout, empêcher que tes gens ne fassent le mal.

Cher fils, je t'enseigne que tu sois toujours dévot à l'Église de Rome et à notre Père le Pape, et que tu lui portes révérence et honneur comme tu dois faire à ton père spirituel.

Cher fils, donne volontiers autorité à gens de bonne

---

qui estoient en son arceveschié, et li fu avis que en ce fesant il métoit bonne fin à sa vie.

Chier fils, porvoi bien diligaument que tu aies bons prévos et bons baillis en ta terre; et fai souvent pourveoir que il facent bien justice, et que il ne facent injure à nuli, ne nule chose que il ne doient. Et fai aussi pourveoir de cels mesmes de ton hostel que il ne facent chose que il ne doient; car ja soit ce que tu doies haïr tout mal en autre, non pourquant tu dois plus haïr le mal qui vendroit de ceux qui ont pooir de toi que le mal des autres persones, et plus dois garder et défendre que ce n'aviegne que ta gent facent mal.

Chier fils, je t'enseigne que tu soies touzjors dévot à l'Église de Romme et à nostre père le Pape, et li portes révérence et enneur si comme tu dois fère à ton père espirituel.

Chier fils, donne volentiers pooir à genz de bone volenté et qui

volonté et qui en sachent faire bon usage; et aie grand soin de faire disparaître de ta terre les péchés, tels que vilains serments et tout ce qui est fait ou dit au mépris de Dieu, de Notre-Dame ou des saints; et fais disparaître de ta terre le jeu de dés, le péché de la chair, et les tavernes, et les autres péchés, autant que tu pourras, et fais chasser les hérétiques de ta terre sagement et en bonne manière, autant que tu pourras, et aussi les autres mauvaises gens, de telle sorte que ta terre en soit bien purgée, ainsi qu'il te semblera que cela doive être fait, avec le conseil de bonnes gens; et avance les honnêtes gens en tous lieux, suivant ton pouvoir, et applique-toi bien à savoir reconnaître les bontés que Notre-Seigneur te fera et à lui en rendre grâces.

Cher fils, je t'enseigne que tu aies grand soin que tout l'argent que tu dépenseras soit bien employé et acquis justement; et c'est un sens que je voudrais moult

---

bien en sachent user; et meu grant peine à ce que péchié soient osté de la terre, c'est-à-dire vilains seremenz et toute chose qui est fête et dite en despit de Dieu ou de nostre Dame ou des sainz; et fai cesser le gieu des dez et péchié de cors; et les tavernes et les autres péchiez, à ton pooir, en ta terre; et fai chacier les bougres, sagement et en bone manière, à ton pooir, de ta terre et autres malvèses genz, si que ta terre soit de ce bien purgiée, si comme tu entendras que ce doie estre fet par le conseil de bonnes genz; et avance les bons par toz liex à ton pooir; et met grant entente que tu saches reconnoistre les bontez que nostre Sires t'aura fètes et que tu l'en saches mercier.

Chier fils, je t'enseigne que tu mètes grant entente à ce que li deniers que tu despendras soient despendu en bon usaige et que il soient justement receuz; et c'est un sens que je vodroie

que tu eusses, à savoir que tu te gardasses des folles dépenses et des recettes injustes, et que ton argent fût bien acquis et bien dépensé; et veuille Notre-Seigneur t'enseigner ce sens avec les autres sens qui te sont convenables et profitables.

Cher fils, je te prie, s'il plaît à Notre-Seigneur que je quitte ce monde avant toi, de me faire aider par messes et par autres oraisons, et d'envoyer dans les congrégations du royaume de France, pour demander leurs prières pour mon âme; et je te prie d'avoir l'intention dans tous les bonnes actions que tu feras, que Notre-Seigneur m'y donne part.

Cher fils, je te donne toute cette bénédiction qu'un père peut et doit donner à son fils, et je prie Notre-Seigneur Jésus-Christ Dieu, par sa grande miséricorde, et par les prières et les mérites de sa benoîte Mère la Vierge Marie, et par les mérites des anges et des ar-

---

mout que tu eusses, c'est-à-dire que tu te gardasses des foles mises et de malvèses recètes, et que ti denier fussent bien pris et bien mis; et ce sens te voille nostre Sires enseignier avec les autres sens qui te sont convenables et profitables.

Chier fils, je te prie que se il plest à Nostre Seigneur que je parte de cest monde ainçois que tu, que tu me fasses aidier par messes et par autres oroisons, et que tu envoies par les congrégacions des religions du roiaume de France pour requerre leurs prières pour l'âme de moi; et que tu entendes que en touz les biens que tu feras que nostre Sires m'i doint partie.

Chier fils, je te doinz tout cele bénéiçon que père puet et doit donner à fils, et pri nostre Seigneur Jésu Crist Dieu que il, par sa grant miséricorde et par les prières et par les mérites de sa benoicte mère la vierge Marie et par les mérites d'anges et d'arcanges, et de touz sainz, et de toutes saintes te gart, et dé-

changes, de tous les saints et de toutes les saintes, qu'il te garde et te préserve de rien faire contre sa volonté et te donne la grâce d'accomplir sa volonté, de telle sorte qu'il soit honoré et servi par toi. Et puisse Notre-Seigneur nous accorder, à toi et à moi, par sa grande miséricorde, de le voir, de le louer et de l'aimer sans fin après cette vie mortelle. Amen. Gloire et honneur, et louange à Celui qui est Dieu avec le Père et le Saint-Esprit, sans commencement et sans fin. Amen.

---

fende que tu ne faces nule chose qui soit contre sa volenté et que il te doint grace de fère sa volenté, si que il soit ennorez et serviz par toi. Et ce face nostre Sires à moi et à toi par sa grant largèce en tele manière, que après ceste mortel vie nos le puissons veoir, et loer, et amer sanz fin. Amen. Et gloire, et enneur, et loenge soit à Celui qui est un Dieu avecques le Père et le saint Esperit sanz commencement et sanz fin. Amen [1].

---

[1] Manuscrit du confesseur de la Reine Marguerite. Fr. 5722, f⁰ 33, verso et suiv. Texte enregistré à la chambre des comptes, publié par Théveneau. *Les Préceptes du roy saint Louis*, Paris, 1627, p. 534 et suiv. Conf. *Recueil des hist. de France*, t. XX, p. 84 et suiv. — Moreau, *Discours sur l'Hist. de France*, t. XX, p. III à la fin du vol.

PHILIPPE LE HARDI

Philippe III, dit le Hardi, fils de saint Louis et de Marguerite de Provence, né au mois de mai 1245, était âgé de vingt-cinq ans lorsqu'il succéda à son père.

L'un des premiers soins du nouveau roi, proclamé en Afrique par l'armée chrétienne, fut d'écrire au clergé de France pour lui annoncer la mort de son père et demander des prières [1]. Il remplissait ainsi le vœu exprimé par saint Louis à la fin de ses instructions.

Après avoir conclu une trêve de dix ans avec les infidèles, Philippe III et son armée regagnèrent la Sicile et l'Italie : la mort qui avait failli enlever le fils de saint Louis en Afrique avait fait autour de lui d'effrayants ravages : il avait perdu successivement son frère Jean Tristan, comte de Nevers, son beau-frère Thibaut de Champagne, sa femme, Isabelle d'Aragon morte d'une chute de cheval à Cosenza en Calabre ; le jeune prince faisait porter devant lui les cercueils de son père, de sa femme et de son frère, et n'en détachait pas ses regards [2]. Ce retour de la croisade fut une véritable pompe funèbre qui traversa lentement l'Italie et le midi de la France, et ne s'arrêta qu'à Saint-Denis. De Velletri, au mois de février 1271, Philippe écrivit une seconde lettre [3] à son peuple pour lui parler encore de son affliction et lui annoncer tous ces malheurs. Arrivé à Cluny, le roi, qui venait d'apprendre une mort nouvelle, celle de sa sœur, la reine de Navarre, se sentit comme accablé par la peine, et il adressa à ses amis et fidèles une troisième épître : « O vous tous, s'écrie-t-il, qui passez par le chemin, ô
« vous, mes bien chers, qui parcourez l'étroit sentier de la pau-
« vreté, voyageurs dans cette vallée de misères, arrêtez-vous

---

[1] Nous publions cette lettre ci-après, p. 124.
[2] Mart., *Thes. novus*, t. IV, p. 1762.
[3] D'Achéry, *Spicilegium*, t. III, p. 669.

« et voyez s'il est une douleur égale à ma douleur; car le Sei-
« gneur nous a abreuvé d'amertume... O Roi de gloire, ô Roi
« fort et terrible dans tes conseils, pourquoi as-tu voulu me
« priver des secours et de la consolation de mon père bien-
« aimé et de mes autres parents; pourquoi m'as-tu comme
« inondé des flots de la douleur? Seigneur, Seigneur Dieu,
« as-tu voulu, en m'enlevant ces amis, en me plongeant dans
« l'abîme de cette affliction, me rejeter loin de toi comme in-
« digne de contempler ton visage; ou plutôt, en m'envoyant ces
« tribulations et ces malheurs multipliés, n'as-tu pas voulu me
« purifier par le feu de la douleur, m'éprouver et m'instruire,
« m'apprendre de quelles amertumes est environnée la misé-
« rable prospérité de ce monde, m'attirer ainsi à toi, m'élever
« jusqu'à toi, seul véritable et souverain bien!... Que ton nom
« soit béni en toutes choses et par dessus toutes choses [1] ! »

Philippe III s'appliqua à mettre en pratique les conseils de son père et à suivre ses exemples; il s'entoura d'hommes sages et prudents, comme le lui avait recommandé saint Louis. Son principal conseiller fut Matthieu abbé de Saint-Denis, « maître Mati, comme l'appelle le chroniqueur, homme religieux et aourné en fleur de sapience [2]. »

C'est évidemment pour se conformer aux instructions de saint Louis qu'en 1272 Philippe III défendit de jurer par « aucuns membres de Dieu, de Notre-Dame ou des saints [3] », qu'en 1273 il interdit les jeux de dés, fit fermer les mauvais lieux et prohiba de nouveau « les vilains sermens [4] ». Enfin nous savons qu'il poursuivit l'œuvre de restitution commencée par son père, et qu'il envoya des délégués dans les provinces avec mission de rechercher ce qui pouvait être possédé par le fisc sans titre légitime, et de restituer aux ayants droit le bien mal acquis [5].

---

[1] Mart., *Thes. novus*, t. IV, col. 1761.
[2] G. de Nangis, dans D. Bouquet, t. XX, p. 491.
[3] Arch. de Fr. Ch. des comptes, P. 2289, p. 338 et suiv.
[4] *Recueil des ord.*, éd du Louvre, t. 1, p. 296.
[5] Tardif, *Priviléges accordés à la couronne de France par le saint-siége*, p. 38.

En l'an 1274, il voulut que tous les avocats jurassent sur les saints Évangiles de ne jamais défendre une cause qui ne leur paraîtrait pas juste [1], et lui-même enfin donna la même année une preuve de son respect pour le droit en cédant le comtat Venaissin au pape Grégoire X, conformément aux traités.

Plein de zèle pour l'Église, Philipppe III prit la croix en 1275 et promit d'accompagner en Palestine le pape Grégoire X, qui désirait ardemment visiter la Terre-Sainte et y mourir [2]; mais ce projet de croisade ne se réalisa pas.

Depuis la mort de sa femme, Isabelle d'Aragon, le roi porta constamment un cilice sous son haubert; il jeûnait fréquemment et « faisoit grande abstinence de viande », de telle sorte qu'il ressemblait plutôt à un moine qu'à un chevalier [3].

Le plus grand événement politique du règne fut la guerre contre le roi d'Aragon, entreprise par Philippe III dans le double but de venger le massacre des *Vêpres Siciliennes* et d'assurer à son fils Charles la couronne d'Aragon que le pape Martin IV venait de lui transférer. Le roi mourut à Perpignan au retour de cette guerre stérile qui n'avait eu d'autre résultat que la prise de Girone.

Il n'est pas rare de rencontrer dans les testaments du moyen âge des legs pieux qui révèlent une tendre charité, une touchante et gracieuse sollicitude pour les pauvres. C'est le cas du testament de Philippe le Hardi : il légua cinq cents livres tournois aux pays de Gâtinais et d'Orléanais pour « marier povres damoiselles et povres dames veuves, et pour soutenir povres gentilshommes honteux ». Il voulut enfin que dans tout le reste du royaume trois mille livres tournois reçussent la même destination [4].

Philippe III avait épousé en premières noces Isabelle, fille

---

[1] Isambert, *Recueil génér. des anciennes lois françaises*, t. II, p. 653. L'*Art de vérifier les dates* place à tort cette décision en 1284. (t. I, édit. de 1783, p. 587.)

[2] Dom Bouquet, t. XXI, pp. 703 et 787.

[3] Guil. de Nangis, dans D. Bouquet, t. XX, p. 491. Mentionnons pour mémoire deux chroniqueurs qui accusent Philippe le Hardi de n'avoir pas aimé l'Église. (Dom Bouquet, t. XXI, pp. 758 et 778.)

[4] D'Achéry, *Spicileg.*, t. III, p. 691.

de Jacques Ier, roi d'Aragon, morte le 28 janvier 1271, à l'âge de vingt-quatre ans; en secondes noces, Marie, fille de Henri III, duc de Brabant.

D'Isabelle d'Aragon il eut quatre enfants :

1° Louis, mort en 1276. Cet événement fit naître contre Marie de Brabant des soupçons d'empoisonnement, et fut l'occasion de la mort de Pierre de la Brosse, favori du roi.

2° Philippe le Bel;

3° Charles de Valois, qui forma la première branche collatérale de nos rois;

4° Robert, comte d'Artois.

De Marie de Brabant, Philippe le Hardi eut trois enfants :

1° Louis, comte d'Évreux, souche des comtes d'Évreux, rois de Navarre;

2° Marguerite, femme d'Édouard Ier, roi d'Angleterre;

3° Blanche, mariée à Rodolphe, duc d'Autriche, fils de l'empereur Albert.

LETTRE POUR ANNONCER LA MORT DE SAINT LOUIS

(12 septembre 1270)

Philippe [1], par la grâce de Dieu, roi de France, à ses amis et féaux, les archevêques, évêques, abbés, prieurs, doyens, prêtres et autres recteurs d'églises, et à tous

---

Philippus, Dei gratia Francorum rex, dilectis et fidelibus suis universis, archiepiscopis, episcopis, necnon abbatibus, prioribus, decanis, presbyteris, et cæteris Ecclesiarum rectoribus, ac universis tam regularium quam sæcularium conventibus,

[1] Nous nous sommes pour cette traduction rapproché, autant que possible, de l'ancienne version française de J. du Vignay, qui date du commencement du xive siècle. (*Chr. de Primat, traduite par J. du Vignay.* Ms. fr., nouv. acq., 470, p. 144 et suiv.) La rédaction de cette lettre de Philippe le Hardi ne serait-elle pas due à G. de Chartres? Conf. les expressions de cet historien dans Dom Bouquet, t. XX, p. 37.

les couvents, colléges et chapitres, tant de réguliers que de séculiers, du royaume de France, salut et amour.

Il faut que nous vous annoncions, à soupirs, et à larmes et à grande amertume de cœur, un malheur moult douloureux qui doit être pleuré par tous les bons chrétiens, spécialement par tous et par chacun de ceux de notre royaume de France, mais surtout par nous continuellement. Tout récemment, ainsi qu'il a plu au Seigneur, qui toujours fait tourner au profit du salut les voies, les faits et la fin de ses élus, selon sa volonté et son bon plaisir, celui qui était ami de Dieu et gracieux aux hommes, Louis, le très-illustre roi de France, de débonnaire et très-noble mémoire, notre très-cher seigneur et père, dont la vie a été, comme on sait, fructueuse pour l'Église tout entière, dont la mémoire est en bénédiction, dont la louange est prêchée dans l'Église; Louis, après tant de louables œuvres de

---

collegiis et capitulis in regno Franciæ constitutis, ad quos præsentes litteræ pervenerint, salutem et dilectionem.

Cunctis flenda Christi fidelibus et dolenda specialiter universis et singulis infra regni Franciæ terminos constitutis, nobis autem præcipue continuis ac crebris lamentanda suspiriis, Universitati vestræ compellimur sæva quædam, molesta nimis ac tristia, cum multa cordis amaritudine, nuntiare. Nuper quidem, sicut Domino placuit, qui gressus, actus et finem electorum suorum, juxta suæ beneplacitum voluntatis, semper dirigit in salutem, ille Deo dilectus, hominibus gratiosus, piæ ac præclaræ recordationis Ludovicus, Francorum rex illustrissimus, percharissimus dominus ac genitor noster quondam; cujus vita toti Ecclesiæ fructuosa fuisse dignoscitur, cujus memoria in benedictione est, cujus laus in Ecclesia prædicatur; post tam laudabilia caritatis ac pietatis opera, post tot laboriosos agones,

piété et de charité, après tant de laborieuses luttes soutenues fidèlement et ardemment, avec un courage infatigable, pour la foi du Christ et l'accroissement de l'Église, peu après être débarqué au port de Tunis et s'être emparé, sans nulle perte de ses gens, de ce très-renommé port qui est à l'entrée de la terre d'Afrique, laquelle il avait en propos, si Dieu lui eût donné vie, de vouer au culte chrétien, l'ayant purgée du lignage de barbarie et de l'excommuniée félonie des Sarrasins, après avoir pris à grand victoire le châtel de Carthage, alors qu'il voulait marcher oultre en avant, hardiment et hâtivement et puissamment, tant par terre comme par mer, et prendre Tunis et abattre, du tout en tout, la puissance et la vertu du roi infidèle qui y règne, fut, sur ces entrefaites, grevé d'une maladie et se coucha au lit, le Seigneur ayant voulu parfaire et terminer heureusement ses labeurs et ses combats; et, après moult d'angoisses de cette maladie, à la fin, quand il eut demandé très-chrétiennement et reçu avec toute dévotion les sacre-

---

quos pro fide Christi et Ecclesiæ dilatatione fideliter ac ferventer indefesso animo toleravit; postquam nuper in portu Tunicii viriliter et sine detrimento suorum applicuit, portum ipsum famosum occupans et terræ introitum Africanæ, quam, si daret Dominus, proposuerat, expulsa barbarie, ac nefanda Sarracenicæ gentis eliminata spurcitia, Christiano cultui dedicare; post captam victoriose Carthaginem, cum jam processurus ulterius tam per aquam quam per terram celeriter ac potenter intenderet expugnare Tunicium, et infidelis regnantis in eo ac suorum totaliter exterminare potentiam et virtutem; inter hæc, disponente Domino labores et agones ipsius consummare feliciter et complere, quadam corporis infirmitate gravatus lecto decubuit; et post multas ejusdem ægritudinis molestias, tandem christia-

ments de l'Église, en confession de vraie foi, en ardente dilection et dévotion de Dieu, le jeudi, lendemain de la saint Barthélemy, à cette heure que Notre-Seigneur Jésus-Christ, Fils de Dieu, mourant pour la vie du monde, trépassa en la croix, il vint à sa dernière heure, se coucha sur un sac et sur la cendre, et rendit l'esprit au très-haut Créateur.

Et nous, ainsi navrés par cette plaie récente et cruelle, et par les aiguillons de cette douleur, n'est pas merveille si nous sommes contraint de crier et de nous lamenter, de plaindre et de pleurer le pleureux trépassement et obit de notre débonnaire père, où nous trouvons, non pas seulement notre perte sans nul remède, mais y sentons aussi le lamentable et non estimable dommage de toute la chrétienté. Que tous pleurent donc aussi le débonnaire roi, le roi pacifique, le père des pauvres, le refuge des chétifs, le confort des opprimés,

---

nissime postulatis ac cum omni devotione susceptis omnibus ecclesiasticis sacramentis, in confessione veræ fidei, in Dei dilectione et devotione ferventi feria secunda in crastino beati Bartholomæi, hora illa, qua Dominus Jesus Christus Dei Filius in cruce pro mundi vita moriens expiravit, ad extremam horam veniens, et super saccum et cinerem recubans felicem spiritum reddidit altissimo Creatori.

Nos itaque sauciati tam diri novitate vulneris, tam acutis orbitatis aculeis, nimirum ejulare compellimur, ac plangere deplorandum abscessum et obitum pii patris in quo non solum nostram irremediabilem plagam et inrestaurabilem jacturam comperimus et sentimus; sed et totius christianitatis inæstimabile damnum, et lamentabile detrimentum. Lugeant pariter universi regem pium, regem pacificum, patrem pauperum, miserorum refugium, solatium oppressorum, totius

l'ami de l'innocence et de la religion, le zélateur de la justice, le défenseur de la foi et de l'Église. O qui nous donnera, à nous qui tenons sa place sur terre, de suivre les traces d'un tel et si louable père, d'imiter ses exemples, de mettre à exécution ses conseils, ses saints admonestements et ses enseignements de salut! Si la force de notre douleur pouvait raison entendre, nous devrions nous glorifier de sa vie, de ses mérites et de ses vertueuses actions plutôt que de nous désoler de sa mort. Car assurément c'est grande gloire d'avoir eu un tel père; mais c'est aussi douleur sans remède d'avoir perdu le doux confort d'un tel père, et si suave entretien, et si profitable conseil et secours, douleur qu'il faudrait dire inconsolable, si tous ceux qui ont eu connaissance de la vie et des saintes actions de notre père n'avaient espérance certaine qu'il est déjà transporté des soucis de ce règne temporel au règne éternel et à la gloire sans fin. Arrêtons donc un moment ces larmes et

---

religionis et innocentiæ auctorem præcipuum, zelatorem justitiæ, fidei et Ecclesiæ defensorem. O quis nobis daret locum ejus tenentibus in terris, talis ac tam laudabilis nostri genitoris sequi vestigia, et imitari exempla, implere consilia, sacra ejus exequi monita et salubria documenta! De cujus vitæ meritis et actibus virtuosis nobis esset non immerito gloriandum potius, quam de morte dolendum, si rationem admitteret vis doloris. Profecto magna est gloria talem habuisse parentem; sed et dolor irremediabilis tantum et tam dulce patris amisisse solatium, tam suave alloquium, tam efficax consilium et juvamen. Dolor quidem inconsolabilis censeretur; nisi de ipso certa spes ab omnibus vitam ejus et actus sanctissimos agnoscentibus haberetur, quod jam de regni temporalis solicitudine sit translatus ad æternum regnum, et gloriam sine fine. Ut igitur

convertissons nos douleurs et nos pleurs en armures de salut, en secours et soulas d'oraisons, en aides de charité ; ayons pour ce mort la fidélité et l'amour que nous eûmes pour lui quand il vivait, afin que nous méritions les fruits de la bénédiction de Celui qui récompense toute bonne action. C'est pourquoi, conformément à la dernière volonté de notre débonnaire père, requérant humblement qu'après son trépas on demandât dans notre royaume aux personnes consacrées à Dieu et dans tous les sanctuaires des oraisons pour son âme et les confortements de charité agréables à Dieu, nous envoyons, à cet effet, en divers lieux du royaume, nos amés, hommes religieux, frères Geoffroy de Beaulieu et Guillaume de Chartres, de l'ordre des Prêcheurs, et frère Jean de Monts, de l'ordre des Mineurs, familiers chéris de notre défunt père, porteurs des présentes lettres, et avec eux quelque autres messagers de notre maison ; et nous vous prions tous affectueusement et de tout notre cœur, de vous rappeler la pure et sincère dé-

---

cessemus aliquantulum a lamentis, dolores et gemitus convertantur in arma salutis, in orationum suffragia, et subsidia caritatis : impendamus defuncto gratiam quam ad viventem habuimus, ut exinde benedictionis fructum a retributore bonorum omnium reportemus. Sane, juxta prædicti piissimi patris nostri supremæ voluntatis arbitrium, humiliter postulantis ut, post ejus obitum, mitteretur ad personas et loca religiosa per regnum, pro suffragiis orationum et gratis Deo caritatis subsidiis obtinendis, ecce ad diversa regni loca propter hæc dilectos nostros viros religiosos fratres Gaufridum de Bello loco, et Guilelmum Carnotensem, de ordine Prædicatorum, et fratrem Johannem de Montibus, ordinis Fratrum Minorum, familiares et caros quondam memorati Domini Patris nostri, latores præsentium, cum aliis de

votion et dilection que notre dit débonnaire père et seigneur eut toujours pour l'Église et les personnes ecclésiastiques, comme il le prouva par ses actes, de vous rappeler la pieuse sollicitude avec laquelle il s'appliqua à conserver son royaume en repos et en paix, en bonheur et en félicité, et le garda comme la prunelle de l'œil; et, vous rappelant ces choses, d'offrir pour sa précieuse âme au Roi souverain, bien que moult croient qu'il n'a pas besoin de notre intercession, dons de prières et de sacrifices, et autres conforts de charité; et ainsi faites faire dans tous les lieux qui nous sont soumis. Priez aussi continuellement et faites prier dans les lieux susdits pour nous et pour toute l'armée chrétienne. Ce fut fait au camp près de Carthage, le vendredi après la Nativité de la bienheureuse Vierge, l'an du Seigneur 1270 [1].

---

domo nostra et familia destinamus. Quocirca Vestram Universitatem toto cordis affectu requirimus et rogamus, quatenus, memores existentes illius sinceræ devotionis et dilectionis, quam ad Ecclesiam et personas Ecclesiasticas idem pius pater et dominus semper habuit et exhibuit per effectum, ac illius piæ sollicitudinis, quam ad felicem et prosperum statum regni quasi pupillam oculi quiete et pacifice conservandum impendit, pro anima ipsius pretiosa, licet, ut a multis creditur, aliena intercessione non egeat, summo Regi precum et hostiarum munera, ac cætera caritatis subsidia offerre velitis, illud idem in locis omnibus nobis subjectis fieri facientes. Oretis etiam jugiter, et in locis prædictis faciatis orari pro nobis, et pro toto exercitu christiano. Actum in castris juxta Carthaginem, die Veneris post Nativitatem beatæ Virginis anno (Domini) MCCLXX°.

[1] Dubois, *Historia Ecclesiæ Parisiensis;* Parisiis, 1710, t. II, p. 467. Raynaldi, *Annales;* éd. Mansi, t. III, Lucæ, p. 268. Guérard, *Cart. de l'Église de Notre-Dame de Paris*, 1850., t. I, p. 189.

CHARLES V

Charles, né à Vincennes le 21 janvier 1337, était fils du roi Jean et de Bonne de Luxembourg. Après avoir rempli, au milieu des plus affreux troubles civils les difficiles fonctions de lieutenant du royaume, il monta sur le trône, à la mort de son père, le 8 avril 1364. On connaît l'histoire de ce règne réparateur : par l'habileté de sa diplomatie, par sa finesse et sa circonspection plutôt que par de grands succès militaires, Charles V fit oublier à la France les désastres de Crécy et de Poitiers. C'était un politique et non pas un guerrier. Infirme et valétudinaire, il ne se plaisait pas au milieu des camps : il aimait les lettres et l'étude, rassemblait avec amour de riches manuscrits, faisait transcrire et traduire les chefs-d'œuvre de l'antiquité, et prenait part enfin à ce grand mouvement littéraire du XIVe siècle qui fut le prélude de la Renaissance.

Christine de Pisan nous a laissé de ce sage monarque un éloge un peu lourd et pédantesque, mais qui offre un véritable intérêt chaque fois que l'auteur, cessant d'invoquer, à propos de Charles V, les Grecs et les Romains, veut bien recourir à ses souvenirs personnels. Le roi jeûnait régulièrement, écrit-elle, un jour par semaine, donnait beaucoup aux pauvres et ne manquait point de leur baiser la main après avoir remis son offrande [1]. Il suivait les processions « tout déchaux et pieds nus, Madame la Royne aussi [2]. » Chaque année, le jour du Vendredi saint, le pieux monarque présentait lui-même la vraie croix au peuple et la lui faisait vénérer [3]. Peut-être profitait-il

---

[1] Christ. de Pisan, dans Michaud et Poujoulat. *Nouvelle Collection de Mém. pour servir à l'Hist. de France*, Ire série, t. I, 1836, pp. 631 et 632.

[2] Froissart, cité par M. Duruy, *Abrégé de l'Hist. de France*, 1852, t. II, p. 208.

[3] Christ. de Pisan, ibid.

de cette circonstance pour prononcer une exhortation publique ; car sa ferveur lui inspirait parfois des accents d'une véritable éloquence. Les prières qu'il adressait à Dieu ont paru si belles qu'un contemporain les a recueillies ; nous en citerons plusieurs fragments.

Charles V avait épousé en 1350 Jeanne de Bourbon, qui mourut à Paris le 6 février 1377. L'année suivante, les cardinaux réunis dans ce fameux conclave de Fondi, d'où devait sortir le grand schisme d'Occident, proposaient au roi de France la tiare pontificale. Mais Charles V était infirme du bras gauche et n'aurait pu célébrer la messe : c'est là ce qui empêcha, si je m'en rapporte à un témoignage presque contemporain, la réalisation de cet étrange projet [1].

Le roi mourut en 1380 et laissa trois enfants :

1º Charles, né le 3 décembre 1368 (Charles VI) ;

2º Louis, duc d'Orléans, auteur de la branche royale d'Orléans (Louis XII) et de la branche d'Orléans-Valois-Angoulême (François Iᵉʳ et ses successeurs).

3º Catherine, qui épousa Jean de Berry, duc de Montpensier.

Un manuscrit de la bibliothèque de Coislin cité par Montfaucon au siècle dernier [2] contenait des instructions ou préceptes de Charles V à son fils Charles VI. Nous regrettons de n'avoir pu retrouver ce précieux manuscrit.

---

[1] Mart. et Durand, *Thesaurus novus anecd.*, 1717, t. II, col. 1174.

[2] Montfaucon, *Biblioth. bibl. manuscript.*, t. II, col. 1071 ᵃ. Bibl. de Coislin, vol. 174. Ce manuscrit 174 de Coislin n'a jamais été versé à la Bibliothèque de la rue Richelieu.

Nous avons cru un moment retrouver ces instructions, aujourd'hui perdues, dans les *Bulletins de l'Académie royale des sciences et belles-lettres de Bruxelles*, qui contiennent un mémoire de M. Marchal, intitulé : *Conseils de Charles V à son fils*. (Année 1839, t. VI, 1ʳᵉ partie, p. 345 et suiv.) Mais M. Marchal a pris pour l'œuvre de Charles V les célèbres *enseignements* de saint Louis publiés ci-dessus, p. 106 et suiv.

LETTRE DE CHARLES V POUR INTRODUIRE EN OCCIDENT LA FÊTE DE LA PRÉSENTATION DE LA VIERGE

La fête de la Présentation de la Vierge prit naissance en Orient : un gentilhomme français, Philippe de Maizières, chancelier de Chypre et conseiller de Charles V, auteur d'un ouvrage très-célèbre au xive siècle, *le Songe du vieil pelerin*, conçut l'idée d'introduire cette fête dans la liturgie occidentale. Il présenta l'office de la Présentation au pape Grégoire XI, et cet office fut chanté en présence du Souverain Pontife : peu après Charles V engagea les Églises du royaume à célébrer cette solennité. Nous publions ci-après l'une des circulaires envoyées à cet effet par le roi.

La fête de la Présentation ne fut établie dans l'Église d'une façon tout à fait définitive qu'en 1585, par Sixte-Quint [1].

Charles, par la grâce de Dieu, roi de France, à nos bien-aimés les doyen et chapitre de l'église collégiale de Notre-Dame de Melun au diocèse de Sens, salut en Celui qui ne cesse point de glorifier sa mère en ce monde. Au milieu de tout ce qui chaque jour appelle nos méditations et notre diligente sollicitude, la pensée d'entourer la bienheureuse Vierge et très-sacrée Impé-

---

Karolus, Dei gratiæ Francorum rex, dilectis nostris decano et capitulo ecclesiæ collegiatæ beatæ Mariæ de Meleduno Senonensis dyocesis, salutem in eo qui non cessat matrem honorare in terris. Inter cetera que sollicitudinis nostræ cura cotidiana diligenti meditatione revolvit, illud occurrit nostræ considerationi præcipuum qualiter beata Virgo et Imperatrix sacratissima a

---

[1] Benoît XIV, *De Festis*, pp. 534 et 535 ; Romæ, 1751.

ratrice de la vénération qui lui est due et de l'honorer du plus grand amour s'est présentée à notre esprit comme l'affaire la plus importante. C'est avec raison que nous nous sentons incités à l'exalter et à la glorifier et que nous levons les yeux vers elle, car elle est pour tous une éminente protectrice; elle est auprès de son benoît fils la plus puissante médiatrice de ceux qui l'honorent avec un cœur pur.

C'est pourquoi, connaissant la ferveur de votre dévotion à la Vierge, nous vous annonçons, par les présentes, que notre bien-aimé et féal chevalier et conseiller Philippe de Maizières, chevalier de Chypre, entièrement dévoué à ladite Vierge, nous a pieusement exposé, entre autres choses, qu'en Orient, où il a fait un long séjour, on célèbre solennellement chaque année, le 21 novembre, la fête de la Présentation de la bienheureuse Vierge, en souvenir de ce que Marie, n'étant pas en-

---

nobis colatur affectu præmaximo et debita veneratione laudetur. Ad ejus siquidem exaltationem et gloriam ex debito incitamur et oculos mentis nostre ad eam sursum erigimus, utpote quia est omni singulare præsidium et ipsam corde puro colentibus apud benedictum suum filium potentissima mediatrix.

Cum itaque, sicut novimus, devotio vestra in laudem ipsius virginis sollicite ferveat, devotioni vestræ igitur harum serie præsentium nunciamus dilectum et fidelem militem et consiliarium nostrum Philippum de Mazeriis, Cipri cancellarium, totum eidem virgini debitum, in nostra præsentia pie inter alia recitasse qualiter in partibus Orientalibus, ubi per multa tempora moram traxit, festum Præsentationis beatæ Mariæ virginis in templo a suis parentibus, dum ipsa adhuc in triennio existeret, XXI die mensis Novembris anno quolibet solempniter celebratur. Ipseque perpendens quod in Ecclesia Occidentali

core âgée de trois ans, fut présentée au Temple par ses parents. Considérant qu'une si grande solennité était inconnue dans l'Église d'Occident, Philippe de Maizière en fit la description au Souverain Pontife, près duquel il se trouvait alors comme ambassadeur de notre très-cher frère l'illustre roi de Jérusalem et de Chypre, et lui offrit avec toute l'humilité convenable l'office de la fête en musique notée.

Le Souverain Pontife, après avoir examiné lui-même et fait examiner cet office par plusieurs cardinaux et autres prélats et maîtres en théologie, chanta les louanges de Marie et permit avec bonté de célébrer cette fête dans son palais. Cette solennité fut donc célébrée à la cour pontificale, le 21 novembre, en présence des cardinaux, de plusieurs autres prélats et d'une très-grande foule de peuple.

C'est pourquoi ledit Philippe, se réjouissant dans le Seigneur, nous présenta humblement cet office. Nous

---

lateret tanta solempnitas, dum certo tempore (apud) summum pontificem ambaxiator carissimi consanguinei nostri illustris Jherusalem et Cypri regis existeret, solempnitatem hujusmodi eidem summo pontifici enarravit, officium de ipsa solempnitate musice notatum humilitate qua decuit specialiter offerendo.

Qui quidem summus pontifex post examinationem multiplicem tam per ipsum quam per nonnullos cardinales aliosque prælatos et magistros in theologia super dicto officio de mandato suo habitam, in laudes Virginis prorumpens celebrare dictum festum in Romana curia toleravit misericorditer ac permisit. Et sic dicta die celebrata fuit dicta solempnitas in eadem curia, assistentibus cardinalibus et prælatis aliis pluribus populoque utriusque sexus in quantitate maxima congregato.

Quare præfatus Philippus, exultans in Domino, nobis memo-

l'avons accepté avec une grande joie, et dernièrement, ledit jour, 21 novembre, en notre présence et en présence d'une nombreuse réunion de prélats, de barons et de gentilshommes, nous l'avons fait célébrer avec solennité dans notre chapelle par notre bien-aimé et féal Pierre, abbé du monastère de Conches (?) et docteur solennel en décrets, alors nonce du siège apostolique en ce pays, lequel abbé prononça devant nous, en cette circonstance, un fort beau discours. Nous nous proposons enfin, avec la grâce de Dieu, de renouveler cette solennité chaque année, à la même date, pendant tout le cours de notre vie et d'exciter le peuple fidèle de notre royaume à célébrer cette fête.

C'est pourquoi nous vous envoyons cet office, pensant procurer à votre dévotion un sujet de joie, et nous vous exhortons à faire célébrer cette solennité pour la gloire de Marie; car, après l'adoration qui est due à

---

ratum officium humiliter præsentavit. Quod suscipientes vehementi gaudio, dictum festum, xxi die mensis novembris, nuper per dilectum et fidelem nostrum Petrum abbatem monasterii Conchenensis, sedis apostolicæ in hiis partibus tum nuncium et decretorum solemnem doctorem, qui etiam abbas multum eleganter prædicavit ipsa die in nostra præsentia, vocatis et præsentibus multis prælatis, baronibus et nobilibus in capella nostra solempniter celebrari fecimus; sicut et idem proponimus facere, dicta die, annis singulis, Deo auxiliante, durante curriculo vitæ nostræ, et regni nostri excitare fidelem populum ad solempnizationem hujus festi.

Igitur dictum officium ad cumulum gaudiorum vestræ devotioni transmittimus, vos hortantes quatenus dictam solempnitatem ad gloriam dictæ Virginis faciatis celebrari : nam nihil est

Dieu, il n'est point de culte plus utile à l'homme que celui de la Vierge sa mère; celle-ci vous récompensera dignement de l'honneur que vous lui rendrez.

Donné à Melun, le 10 novembre, l'an du Seigneur 1374, et de notre règne le onzième.

Par le roi,

D'AILLY.

PRIÈRE DE CHARLES V A SON LEVER

« S'en suivent aucunes pétitions, requêtes et dévotions que
« le bon, noble et prudent roi Charles V faisait souvent à Dieu,
« tant à part soi en son oratoire, en son lit et autrement en
« humble dévotion et reconnaissance qu'il avait en Dieu.

---

post Deum utilius memoria matris ejus; condignumque ab ea pro tanto honore habebitis præmium.

Datum apud Meledunum, decima die Novembris, anno Domini millesimo trecentesimo septuagesimo quarto et regni nostri undecimo.

Per Regem,

D'AILLY [1].

« S'en suyvent aucunes briefves, péticions, requestes et dé-
« vocions que le bon, noble et prudent roy Charles le Quint
« faisoit souvant à Dieu, lui estant à par soy en son oratoire,
« en son lict et autrement, en humble dévocion et recognois-
« sance qu'il avoit en Dieu.

---

[1] Manuscrit latin 14,454, folio 1, verso et 18 recto. Conf. dans le ms. Colb., cinq cents, 4. *Lettre de Charles cinquième et de Philippe de Maisières pour faire célébrer la feste de la Présentation de la très-sainte Vierge en l'Église latine.* Metz, Jean Antoine, imprimeur juré de Mgr l'Évesque, 1638. (Publication faite par Meurisse, évêque *in partibus* de Madaure.)

« En se levant le dit bon roi Charles disait en faisant le
« signe de la croix les paroles qui s'ensuivent :

Mon benoît Dieu, mon Seigneur et mon Maître, je vous prie par votre sainte et digne grâce, amour et bienveillance que me veuillez faire cette grace et honneur que j'aie aujourd'hui et tout le temps de ma vie et de mon règne vos commandements, votre honneur et votre volonté en ma tête et en mon entendement, en ma bouche, et en mes paroles, en mon cœur et en ma pensée, et que pour l'honneur de vous je m'abstienne de vous offenser et faire aucune chose contre votre honneur, commandement et volonté.

PRIÈRE DE CHARLES V PENDANT LA CONSÉCRATION

« En entendant la messe dévotement après qu'il avait dit ses
« heures en grande et fervente dévotion, disait en regardant le
« mystère de la consécration ce qui s'ensuit :

« En se levant le dit bon roy Charles disoit en faisant le
« signe de la croix les parolles qui s'ensuyvent :

Mon benoist Dieu, mon Seigneur et mon Maistre, je vous prie par votre saincte et digne grâce, amour et bienveillance que me vueillez faire ceste grâce et honneur que j'aye au jour d'uy et tout le temps de ma vie et de mon règne voz commandemens, votre honneur et votre volonté en ma teste et en mon entendement, en ma bouche et en mon parlement, en mon cueur et en mon pensement, et que pour l'honneur de vous je m'astiengne de vous offenser et faire « ancune chose contre vostre honneur, commandement et volonté.

« En oyant la messe dévotement après qu'il avoit dit ses heures
« en grande et fervente dévocion disoit en regardant le mistère
« de la consécration ce qui s'ensuyt :

Hélas! mon Dieu, mon Père, Créateur et Rédempteur, mon souverain Seigneur et Maître, par le mérite de votre sainte et précieuse digne mort et passion, je vous demande et requiers pardon et merci de toutes les fautes, péchés, offenses et désobéissances que je fis jamais et commis en mon état de roi et autrement contre votre benoite Majesté, Seigneurie et Divinité; et vous plaise par votre bonté, grâce et miséricorde me faire ce bien, cette grâce, cet honneur de préserver et garder mon âme, mon corps et mon royaume de péché... et aussi veuillez conduire mon fait, mon sens, mon entendement ès affaires et charges que m'avez commises...

Hélas! mon Dieu, mon souverain Seigneur et Maître, je proteste que je ne suis digne d'avoir un tel honneur que m'avez fait de me constituer et ordonner roi et conducteur de ce votre royaume très-chrétien, et de la justice et gouvernement du peuple qui y est. C'est pour-

---

Hélas! mon Dieu, mon Père, Créateur et Rédempteur, mon souverain Seigneur et Maistre, par le mérite de vostre saincte et précieuse digne mort et passion, je vous demande et requiers pardon et mercy de toutes les faultes, péchés, offenses et inobédiences que je feiz jamais et commis en mon estat de roy et autrement contre votre benoiste Majesté, Seigneurie et Divinité; at vous plaise par votre bonté, grâce et miséricorde me faire ce bien, ceste grâce, cest honneur de préserver et garder mon âme, mon corps et mon royaume de péché... et aussi vueillez conduire mon fait, mon sens, mon entendement ès affaires et charges que m'avez commises...

Hélas! mon Dieu, mon souverain Seigneur et Maistre, je proteste que je ne suys digne d'avoir ung tel honeur que m'avez fait de me constituer et ordonner roy et conducteur de ce vostre royaume très-chrestien, et de la justice et gouverne-

quoi, mon souverain Seigneur et Maître, je vous prie, requiers et supplie que vous me veuillez expressément faire cette grâce, ce bien et cet honneur de me donner sens et entendement et connaissance que je m'y puisse conduire si bien, si sagement et si justement que j'en puisse acquérir votre grâce, amour et bienveillance, et paradis...

Aussi je vous prie, mon souverain Seigneur et Maître, qu'il vous plaise me faire cette surabondante grâce de me prêter et donner fils et héritier digne et capable de succéder à l'honneur et état de roi de ce royaume, que je tiens de vous et qui sous votre nom, plaisir et volonté s'y puisse si bien, si justement et loyalement conduire, que ce soit à votre honneur et louange, et pour le salut de son âme[1].

---

ment du peuple qui y est. Par quoy, mon souverain Seigneur et Maistre, je vous prie, requiers et supplie que vous me vueillez expressément faire ceste grâce, ce bien et cest honneur de me donner sens et entendement et cognoissance que je m'y puisse conduire si bien, si. saigement et si justement que j'en puisse acquérir vostre grâce, amour et bienveillance, et paradis...

Aussi je vous prie, mon souverain Seigneur et Maistre, qu'il vous ploise me faire ceste superabondante grâce de me prester et donner filz et héritier digne et capable de succéder à l'honneur et estat de ce royaume, que je tiens de vous et qui soubz vostre nom, plaisir et volunté s'i puisse si bien, si justement et loyaument gouverner et acquicter, que ce soit à vostre honneur et louange, et salut de son âme.

[1] Ms. fr. du commencement du xvie siècle, 5730, pp. 1, 3, 4, 5, 6.

CHARLES V 141

PRIÈRE A JÉSUS-CHRIST DANS LE SAINT VIATIQUE

« Étant déjà très-malade, il voulut recevoir son créateur...
« Avant laquelle réception, à merveilleux signes de dévotion,
« dit telles paroles en la présence du sacrement. »

O Dieu, mon Rédempteur, à qui toutes choses sont connues, sois moi propice, à moi, pécheur, qui reconnais avoir offensé tant de fois ta divine et sainte Majesté ; comme tu as daigné approcher du lit du pauvre languissant, ainsi plaise à ta miséricorde me laisser à la fin arriver jusqu'à toi [1].

PAROLES ADRESSÉES PAR CHARLES V MOURANT
A LA COURONNE D'ÉPINES ET A LA COURONNE ROYALE

Charles V près d'expirer se fit apporter la couronne d'épines

« Comme jà fust agrévez très-durement, volt recepvoir son
« créateur... Durant laquelle réception, à merveilleux signes
« de dévocion, dist telz parolles, en la présence du sacre-
« ment. »

O, Dieu, mon rédempteur, à qui toutes choses sont manifestes, moy recognoissant tant de foiz avoir offensé devant ta magesté et digne saincteté, soyes propice à moy pécheur, et ainssi comme as daignié approchier le lit du povre languissant, te plaise, par ta miséricorde, que à toy puisse en la fin parvenir ! »

« ...Requist la couronne d'espines de Nostre-Seigneur par

---

[1] Michaud et Poujoulat, *Nouvelle Collection des Mémoires pour servir à l'Histoire de France*, 1re série, t. II, Paris, 1836. Cristine de Pizan, *Le Livre des fais et bonnes meurs du sage roy Charles V*, IIIe partie, ch. LXXI, p. 141. Citation revue ainsi que les suivantes sur le ms. fr. 5025, p. 97 et suiv.

de Notre-Seigneur par l'évêque de Paris, et par l'abbé de Saint-Denis la couronne du sacre.

« Celle d'épines reçut à grande dévotion, larmes et révé-
« rence, et la fit placer en haut devant lui; celle du sacre fit
« mettre sous ses pieds : alors commença telle oraison à la
« sainte couronne. »

O couronne précieuse, diadème de notre salut, qu'il est doux et suave le contentement que tu donnes, en vertu du mystère de notre rédemption auquel tu as concouru. Que le sang dont tu fus arrosée me soit propice autant que je ressens de joie en ta digne présence.

« Après tourna ses paroles à la couronne du sacre, et dit :

O couronne de France, que tu es précieuse à la fois et vile ! Précieuse en te considérant comme le symbole

---

« l'évêque de Paris lui fust apportée, et aussi, par l'abbé de
« Saint-Denis la coronne du sacre des rois.
« Celle d'espines receupt à grans dévocion, larmes et révé-
« rance et haultement la fist mectre devant sa face; celle du
« sacre fist mectre soubz sez piedz; adont, commença telle
« oroison à la saincte couronne :

O coronne précieuse, dyadême de notre salut, tant est douls et enmiellé le rassadyement que tu donnes par le mistère qui en toy fu compris à notre rédempcion; si vrayement me soyt cellui propice, duquel sang tu fus arousée, comme mon esperit prent rejoyssement en la visitation de ta digne présence. »

« Après, tourna ses parolles à la coronne du sacre, et dist :

O coronne de France, que tu es précieuse, et précieusement très-vile : précieuse, considéré le mistère de justice lequel en

de la justice que tu contiens en toi et portes vaillamment; mais vile, et la plus vile des choses, si l'on considère le fardeau, le travail, les angoisses, les tourments, les peines de cœur, de corps, de conscience, les périls d'âme dont tu accables ceux qui te portent sur leurs épaules. Qui songerait vraiment à ces choses te laisserait plutôt traîner dans la boue que te relever pour te mettre sur sa tête [1].

PRIÈRE EN RECEVANT L'EXTRÊME-ONCTION. PARDON DEMANDÉ AU PEUPLE. BÉNÉDICTION DONNÉE PAR LE ROI A SON FILS.

« Le roi, autant que sa faiblesse le lui permit, aida lui-même
« à s'administrer l'extrême-onction. Quand la croix lui fut pré-
« sentée, il la baisa, et, en l'embrassant, il dit, en regardant la
« figure de Notre-Seigneur :

Mon très-doux Sauveur et Rédempteur qui daignas

---

toy tu contiens et porte vigoreusement, mais ville et plus ville de toutes choses, considéré le faiz, labour, angoisse, tourmens et peines de cueur, de corps, de conscience et périlz d'âme, tu donnes à ceux qui te portent sur leurs espaules ; et qui bien à ces choses viseroit, plus tost te lairoit en la boe gésir, qu'il ne te releveroit pour mettre sur son chief. »

« Le roy lui-mesmes, selons sa foiblèce, s'aida à s'enuiler.
« Quant la croix lui fu présentée, la baisa, et, en l'embrassant,
« commença à dire, regardant la figure de Nostre-Signeur :

Mon très-douls Saulveur et Rédempteur, qui en ce monde

---

[1] Christine de Pizan, ibid., pp. 142, 143.

venir en ce monde et y souffrir volontairement la mort pour me racheter, moi et toute la race humaine, et qui m'as institué ton vicaire, moi indigne, moi inhabile, à gouverner ton royaume de France, j'ai péché grièvement contre toi, et je dis : *Mea culpa, mea gravissima culpa, mea maxima culpa*. Cependant, mon doux Dieu, bien que je t'aie courroucé par des fautes sans nombre, je sais que tu es vraiment miséricordieux, et que tu ne veux pas la mort du pécheur. C'est pourquoi, ô Père de miséricorde et de toute consolation, je crie vers toi et je t'appelle en cet instant de très-grande détresse, et j'implore ton pardon [1].

« Cette prière terminée, il se fit tourner vers les gens et le
« peuple qui étaient là et dit :

Je sais que, dans le gouvernement du royaume, j'ai

---

daignas venir, affin que moy et tout l'umain lignage, par la mort, laquelle, volontairement et sans contrainte, volz souffrir, rachetasses, et qui, moy indigne et insipient, à gouverner ton réaume de France, as institué ton vicaire, j'ay tant griefment vers toy péchié, dont je dis, *Mea culpa, mea gravissima culpa, mea maxima culpa,* et nonobstant, mon doulx Dieu, que je t'ay courroucié par deffaults innumérables, je sçay que tu es vray miséricors et ne veuls la mort du pécheur; pour ce, à toy, père de miséricorde et de toute consolacion, en l'article de ma très-grant nécessité, criant et t'appellant, te demande pardon.

« Celle oroison finie, se fist tourner la face vers les gens
« et peuple qui là estoit, et dist :

Je sçay bien que, ou gouvernement du royaume et en plu-

offensé de plusieurs manières les grands, les moyens et les petits, et aussi mes serviteurs, pour lesquels je devais être bon, et non pas ingrat des loyaux services qu'ils m'ont rendus. Pour cela je vous prie de m'accorder merci et je vous demande pardon.

« Il se fit alors élever les bras et leur tendit les mains. Vous
« pouvez imaginer si la pitié fut grande et s'il y eut des larmes
« répandues parmi ses loyaux amis et serviteurs.

« Il dit encore :

Que tous sachent bien, et Dieu l'a su avant tous, qu'aucun désir temporel, de prospérité ou de vanité mondaine ne me porte ni ne m'invite à désirer autre chose, sinon ce que Dieu a voulu ordonner de moi. Il sait qu'il n'est aucun bien pour lequel je voulusse ou désirasse relever de cette maladie.

---

sieurs choses, grans moyens et petis ay offensez, et aussi mes serviteurs, auxquels je debvoie estre benigne et non ingrat de leur loyal service, et, pour ce, je vous pry, ayez merci de moy, je vous requier pardon.

« Et adont se fist haulser les bras, et leur joingni les mains ;
« si povez savoir se grant pitié et larmes y ot gictées de ses
« loyaulx amis et serviteurs. Encore dist :

Sachent tuit, et Dieu l'a premièrement cogneu, que nulle temporalité, ne prospérité de vanité mondaine ne me pertrait, ne incline à vouloir de moy autre chose ne mès ce que Dieu a voulu de moy ordonner, lequel scet qu'il n'est quelconques chose précieuse pour laquelle je voulsisse ou désirasse estre retourné de ceste maladie.

« Peu après, le terme de sa fin approchant, il fit, à la manière
« des patriarches de l'Ancien Testament, amener devant lui son
« fils aîné, le Dauphin; et, le bénissant, il dit :

Comme Abraham [1] bénit son fils Isaac, en lui donnant la rosée du ciel, la graisse de la terre et l'abondance du froment, du vin et de l'huile, disant que celui qui le bénirait serait béni; que celui qui le maudirait serait maudit : ainsi plaise à Dieu de donner à Charles, ici présent, la rosée du ciel, la graisse de la terre et l'abondance du froment, du vin et de l'huile; que les lignées le servent; qu'il soit seigneur de tous ses frères, et que les fils de sa mère s'inclinent devant lui; que celui qui le bénira soit béni! que celui qui le maudira soit rempli de malédiction !

« Un peu après, en approchant le terme de la fin, en la ma-
« nière des anciens pères patriarches du vieulx testament, fist
« amener devant lui son filz aisné, le Dauphin; alors, en le
« bénéyssant, commença ainssi à dire :

Ainssi comme Abraham son filz Isaac, en la rousée du ciel, et en gresso de la terre, et en l'abondance du froment, vin et oeile, bénéy et constitua, en enjoignant que, qui bénistroit lui, fust bénéit, et qui le mauldiroit fust remply de maléisson; ainssi, plaise à Dieu qu'à cestui Charles doint la rousée du ciel et la gresse de la terre et l'abondance de froment, vin et oile, et que les lignées le servent, et soit seigneur de tous ses frères; s'inclinent devant luy les filz de sa mère; qui le bénéistra, soit bénéit! et qui le mauldira soit remply de maléiçon ! »

---

[1] Ce ne fut point Abraham, mais Isaac qui bénit ainsi son fils Jacob. (Gen. xxxvii, 28, 29.) Note de l'édit. de MM. Michaud et Poujoulat.

« Ensuite, à la prière du seigneur de la Rivière, il bénit tous les assistants et dit : »

Benedictio Dei, Patris, et Filii, et Spiritus sancti, descendat super vos et maneat semper.

« Laquelle bénédiction ils reçurent tous à genoux avec une
« grande dévotion et en larmes. Puis le roi leur dit : »

Mes amis, allez-vous-en, et priez pour moi, et me laissez, afin que mon travail soit fini en paix.

« Ce mistère fait, à la prière du seigneur de la Rivière, bény
« tous les présents, disant ainsy :

Benedictio Dei, Patri et Filii et Spiritus sancti, descendat super vos et maneat semper.

« Laquelle bénéysson reçeurent tous à genous, à grans dévo-
« cion et larmes.

« Puis leur dist le Roy :

Mes amis, alez-vous-en, et priez pour moy, et me laissiez, affin que mon travail soit finé en paix [1].

---

[1] Christ. de Pizan, ibid., pp. 143, 144.

JEAN D'ORLÉANS

COMTE D'ANGOULÊME

Jean d'Orléans, comte d'Angoulême et de Périgord, fils de Louis d'Orléans, assassiné en 1407 près de la porte Barbette, et de Valentine de Milan, naquit le 26 juin 1404. Le duc Charles d'Orléans, son frère, le donna en otage aux Anglais, en l'an 1412, pour garantir le payement d'une somme de cent mille écus dus à l'Angleterre par la maison d'Orléans, et il ne recouvra sa liberté que trente-deux ans plus tard, en l'an 1444.

Jean d'Orléans, comme son frère l'illustre poëte Charles d'Orléans, s'adonna à l'étude et cultiva les lettres ; il était pieux et pénétré de la crainte de Dieu : je lis dans une notice signée de M. Vallet de Viriville qu'en l'an 1431 on lui offrit la tiare pontificale et qu'il la refusa [1]. Il ne se maria qu'en 1449, et épousa Marguerite de Rohan, dont il eut Charles d'Angoulême, père du roi François Ier.

Jean d'Orléans mourut à Cognac le 30 avril 1467, et fut inhumé dans l'église cathédrale d'Angoulême.

On conserve un manuscrit écrit tout entier de sa main [2] : ce sont des copies de diverses prières latines et notamment de compositions pieuses dues à Pétrarque. Sous ce titre : *Oratio ad Crucifixum*, Jean d'Orléans a transcrit dans le même manuscrit une pièce de vers français dont il est probablement l'auteur : nous publions ci-après ce morceau, qui fait plus d'honneur à la piété qu'à l'imagination poétique du prince. Si nous en jugeons par cet essai, le frère du duc Charles n'avait pas grande habitude de la versification, et ne réussissait pas toujours à faire des vers justes. Le comte d'Angoulême avait aussi compilé un

---

[1] *Nouv. Biog. génér.*, 1861, t. XXVI, p. 519.
[2] Léop. Delisle, *Cabinet des manuscrits*, t. I, pp. 147, 148 et 149.

livre intitulé *le Caton moralisé;* cet ouvrage, longtemps conservé dans l'église cathédrale de Saint-Pierre d'Angoulême, est aujourd'hui perdu.

La canonisation du duc Jean a été à plusieurs reprises demandée à la cour de Rome, mais toujours vainement.

ORATIO AD CRUCIFIXUM

Saint Sauveur, très-doulz Jhésu Crist,
Conceu du Saint Esperit,
Et né de la Vierge Marie,
Très-doulz Saulveur, je te prie
Qu'il te plaise à saulver mon âme
Et mon corps garder de diffâme.
Humblement te pri et requier
Que tu me gardes d'encombrier (péché).
Saint Saulveur, par ta grant puissance.
Sauve mes biens et ma substance.
Veulles moy saver mes amis,
Deffen nous de nos anemis,
Et ta sainte grâce nous donne.
Saint Salveur, seconde persone
De la benoite Trinité
Une Gloire, une Déité,
Une Puissance, une Excellance,
Ung Dieu, ung Roy, une Puissance,
Dieu sans fin, sans commencement,
Qui créas tout le firmament,
Biau sire Dieu, gardes-moy, hui.
De mal, de péchié et d'anui,

De honte, de mal fait, de folie,
De courrous, d'orguel et d'envie,
De male peste et de pesance,
Et de toute autre meschance,
De mal dire, penser ne faire.
Me defens, roy débonnaire,
Roy paciens, plain d'amistié,
Conseille-moy par ta pitié,
Des yeux du cuer me regarde,
Corps et âme met en ta garde ;
Maintien moy en bonne créance,
En charité, en pacience ;
Et me maintien en tous bons fais
Et me garde de tous meffais.
Et ce que j'ay meffait, biau Sire,
Sy comme tu es souverain mire,
Par ta grant douceur me pardone,
Et par confession me donne
Repentence de mes péchiés
Dont tout mon corps est entéchiés.
Que par ycelle repentence
Puisse avoir à toy acordance.
Des péchiés que j'ay fait m'esmaie (je m'épouvante).
Sire Dieu, comme je meffait aye
De courous ou de félonnie,
Ou de convoitise, ou d'envie,
Ou de véoir, ou de sentir,
Ou de jurer, ou de mentir,
De langue, de dens ou de bouche,
Ou de dire vilain reprouche,
Des ieux, d'ouir, de cuer, de mains,

De corps, de piés, de bras, de rains,
Ou en veillant, ou en dormant,
Ou en beuvant, ou en mengent,
Ou en quelconque autre manière,
De tout mon cuer te fois prière,
De tout mon povair je te pri
Que tu ayes de moy mercy,
Et si me donnes consail tel
Que ne chée en péchié mortel;
Et gardes de toutes folies
Tous mes amis et mes amies,
Tous ceulx qui onques bien me firent,
Et enseignèrent, et nourrirent
Et de qui lez biens sont venu
Dont je vis et ay vescu,
Tous ceus qui croient en ta loy,
Et pour qui prier je doi.
Par ta duceur, par ta franchise,
Tous nous atourne à ton service,
Et nous fay à toy si pencer;
Par quoy nous puissons trespasser
Parmy les choses terrienes
Pour aler auz célestienes
Là sus par la plus droite voie,
Où tu es en parfaite joie,
En Paradis où tu as mis
Tes sains, tes elleus, tes amis.
Ceux et celles qui passés sont
En l'aulte siècle de cest mont,
Desquelz les armes (âmes) paine sentent
Et ta miséricorde atendent,

Par la prière de ta mère
De qui tu es et Fils et Père,
De tous sains et de toutez saintes,
En soies priés à mains jointes,
Tous mez amis et mez amies
Pardones péchiés et folies.
A ton service nous atourne
Et de mal faire nous destourne.
Donne vraie confession,
Repentence et contriction,
Et nos péchiés tous nous pardonne
Et la joye sans fin nous donne.
    Amen [1].

---

[1] Manuscrit latin 3638, p. 46 et suiv.

LE BON ROI RENÉ

Le bon roi René, fils de Louis II, d'Anjou, roi de Naples, et d'Yolande d'Aragon, naquit à Angers le 16 janvier 1409 et mourut à Aix en Provence, le 10 juillet 1480.

Il descendait par Louis I*er*, son aïeul paternel, de Jean le Bon, roi de France.

Par son mariage avec Isabelle, héritière du duché de Lorraine, René acquit des droits à cette couronne; mais elle lui fut disputée par un compétiteur heureux, Antoine de Vaudemont, qui le battit et le fit prisonnier, en 1431, à Bulgnéville. Libre pendant quelque temps sur parole, René d'Anjou dut bientôt regagner sa prison et imiter ainsi la conduite de son aïeul Jean le Bon; il demeura captif jusqu'au moment où la couronne de Naples lui échut par la mort de la reine Jeanne II.

René voulut alors prendre possession de cet héritage; mais il ne fut pas plus heureux à Naples qu'en Lorraine. Alphonse le Sage, roi d'Aragon, son compétiteur, se rendit maître de la ville de Naples en 1442, et le bon roi revint en France, ne rapportant autre chose de cette expédition que l'investiture du royaume de Naples, signée par le pape Eugène IV.

En 1467 les Aragonais lui offrirent la royauté de leur pays. René, refusant pour lui-même cette couronne, envoya en Aragon son fils Jean, qui mourut tout à coup à Barcelone, le 16 décembre 1470, après avoir remporté de brillants succès. Plus tard, le vieux roi, désabusé des grandeurs, aurait voulu, dit-on, renoncer à toutes ses dignités : il s'efforça vainement, affirme M. Vallet de Viriville, d'échanger tous ses titres et tous ses fiefs contre une rente viagère [1].

Le bon roi René, dépouillé du duché d'Anjou par Louis XI, se

---

[1] Biographie Didot, article *René d'Anjou*.

retira à Aix en Provence et y finit ses jours, adoré de son peuple. au milieu duquel il vivait comme un père au sein de sa famille. Il légua la Provence à son neveu Charles d'Anjou, à la condition que ce pays serait dévolu au roi de France après la mort de Charles.

René était bon, simple et humain ; ce n'est pas à dire que sa vie soit, en tous points, un modèle ; il était faible, et il a chanté ses faiblesses [1] ; mais il les a pleurées aussi, accusant en un naïf langage son cœur « tant fresle et souffreteux, qui le fit souvent tresbuchier. »

Ce prince avait des goûts d'artiste : il maniait également le pinceau et la plume ; il a laissé divers écrits : celui dont nous citons quelques fragments est dédié à l'archevêque de Tours Jean Bernard (1441-1468).

René épousa en secondes noces Jeanne de Laval, dont il n'eut pas d'enfants.

La célèbre Marguerite épouse de Henri VI, roi d'Angleterre, était fille du duc d'Anjou, et d'Isabelle de Lorraine. Lors du triomphe définitif d'Édouard IV (d'York) et de la Rose blanche, Marguerite, après avoir perdu son époux et son fils et renoncé à tous ses droits, se réfugia auprès du roi René, son père. Elle le suivit de près dans la tombe.

LES FAIBLESSES DU CŒUR

L'Ame : Aperuisti mihi oculos, lux, et excitasti me et illuminasti, et vidi quoniam tentatio est vita hominis, super terram.

O tu, mon Créateur, Dieu tout-puissant, souveraine lumière, tu m'as les yeulx ouvers en me ammonnestant,

---

[1] De Quatrebarbes, *Œuvres du roi René*, t. III, p. 204 ; Angers, 1846.

et m'as tellement enluminée qu'ay veu et cogneu vrayement que la vie de l'homme sur terre n'est d'aultre chose plaine que de toute temptation.

Hélas! mon vray Rédempteur, toutes foys je sçay bien que jamais tu ne veulz la perdicion de moy, l'âme, ton humble créature, que tu as créée, non pas de toy ne de nésune élémentable matière. Mais de riens m'as créée, voire vrayement raisonnable, intellectuelle, spirituelle et perpétuellement vivante, et m'a ta Majesté souveraine faicte si capable que à toy et de toy seulement et non de rien aultre quelconque puis-je estre remplie et resaisiée, si que je demeure tousjours nécessiteuse, souffreteuse et mendiante, sinon lorsque je t'ay avecques moy. Car adoncques est mon désir entièrement rempli, et ne reste lors, ne demeure au dehors de moy plus riens de ce que je quiers, veuil et désire que je n'aye entièrement en moy. Mais quoi! hellas! quant je t'ay et que tu es en moy, retenir ne te sçay. Pourquoi? car tant m'en destourbe le désir abusé de ce cuer-cy avecques lequel suis couplée et faicte pèlerine du voyage de son mortel cour transitoire, dont les inclinations naturelles tant fresles, tant passives et tant souffreteuses me font souvent tresbuchier et presque verser jusques du tout à terre, et sans me povair resouldre, ne lever hors ma teste vers le ciel où tu es, pour à toy rendre grâces et louenges des très-haulx biens et parfaiz bénéfices qu'as sur moy eslargis. Et ainsi m'est ne plus ne moins comme le beuf plain de lache courage et remply de pesanteur tardive, qui par sa négligence ne peut haucer le pié; par quoy fault quant il tresbuche que du tout chéc à terre, et, en chéent, après luy tire l'aultre, lequel est lié avecques luy soubz le joug par les cornes.

Ainsi semblablement et souventes foys après lui me tire se dolent cuer, et tresbuchier me fait en la fange et ordure de sa vaine plaisance[1].

ÉLÉVATION DE L'AME VERS DIEU

L'AME. Sire Dieu, Sire et Seigneur, seul souverain très-doulx, très-humain et très-débonnaire, comment te pourray-je rendre graces si grandes, comme à ta majesté vrayement il appartient, ou encores si grandes qu'elles puissent et doyent estre suffisantes selon les très-grandes et innumérables grâces que par ta bénignité il a pleu à ta bonté me faire! Hellas! Sire, je ne sçauroye, ne point ne me seroit certainement possible. Dont me vendront louenges pour toy suffisamment loer, se de ta souveraine et parfaicte suffisance ne vient? Car, ainsi comme il t'a pleu me faire aussi as-tu louenges sans moy. Sire, ta louenge est ainsi comme il te plaist. Tu es mesmes ta louenge, tes œuvres te louent selon la multitude de ta grandeur, car ta louenge ne peult estre comprinse. Celuy te loue qui vrayement croyt qu'il ne peult comprendre, ne atteindre à ta louenge; car ta louenge est perpétuelle, laquelle nulle ne passe. Hélas!

---

[1] Comte de Quatrebarbes, *Œuvres complètes du roi René*, t. IV; Angers, Cosnier et Lachèse, 1846. *Le Mortifiment de vaine plaisance*, pp. 3 et 4. Ms. fr. 960 $\left(\begin{smallmatrix}\text{anc.}\\7293\\2\end{smallmatrix}\right)$, folio 2, recto et verso. Ms. fr. 19039, folio 204, recto et suiv. J'ai consulté également une copie moderne du manuscrit français 960, qui contient d'heureuses corrections.

sire Dieu, je ne te puis louer sans toy, de qui est toute louenge, sans lequel n'est nulle bonne louenge perdurable. Sire Dieu, ta puissance, qui tout peult, louera ta sapience et ta bonté qui ne peut estre dicte; aussi ta débonnaireté qui tout sourmonte et ta miséricorde sur toutes habundante, ta vertu et ta divinité qui est sans fin, ta bonté, ta force avecques ta puissance si te loueront, et ta souveraine charité, par laquelle tu m'as créée. Aultre chose ne te sauroye que dire, fors seullement que tu es mon Dieu, ma vie et ma louenge. O tu, qui es mon rédempteur, chacune foys que je regarderay ce cuer, il me remembrera en ma pensée des biens que tu m'as fais. Et si je ne te rendoye graces, je seroys moult ingrate. Or, te rendray-je doncques grâces, et bien faire le doy affin que je ne soye ingrate. Sire, qui es mon Rédempteur, car tu m'as rachetée, voire las! et quantes foys que m'avoit jà englouty l'orrible dragon infernal serchant me dévorer, tousjours m'as tirée de sa gueule, pour ce que, toutesfoys que ce cuer péchoit, le dragon estoit appareillé de m'englotir et mener à perdicion; mais toy mesmes m'as deffendue lorsque je te offensoye et faisoye mal contre toy, dont j'eusse esté damnée éternellement. Et ce bien m'est advenu par tes grans bénéfices, ainsi comme de mes yeulx je le voy quand je regarde ce cuer qu'as joingt et uny à ta très-saincte et dévote passion, si très-parfaittement que ta passion en a chassé vain plaisir et abus qui le faisoient contre toy folloyer à mon très-grant dommaige et singulière perte. Or l'a ta singulière grâce gary et délivré, et m'a ostée de crainte et paour que j'avoye du martire qu'il me faisoit souffrir. Pour ce, las! quant je voy mondit cuer ainsi purgé et mondifié, et que je sçay que de toy seul, (ce) très grant bien me vient, je congnoys et confesse que trop je suis tenue de toy amer. Et vrayement bien amer je te doy ; pour ce, je désire que je t'ayme, mon Dieu, toy qui es ma vertu. Hellas! que je t'aime, toy qui es ma lumière et léesse si grande que on ne le puet dire! Pourquoy je désire, mon doulx Sauveur, que ma vie vive en toy et non de riens en moy. Car j'estoye perdue et de tous poins périe à ma misère : or, suis resuscitée en ta miséricorde, toy qui es Dieu, mon miséricordieux Père, faisant tousjours et sans cesser miséricorde tant et si très-largement à ceulx qui voir te aiment. Et pour ce, sire mon Dieu, très-débonnaire et mon satisfiez, tu m'as commandé en ta loy que je te aime de toute ma pensée, de toute ma puissance, de toute ma force et de toutes mes vertus, aussy à toutes heures. De feu qui tousjours art et ne fus oncques estaint, d'amour qui es tousjours sans cesser très-boulante et ne devins oncques froide, ne tiède, embrase-moy bien fort. De charité qui es mon Dieu embrase-moy. Sire, je désire estre toute embrasée de toy si que je t'aime tant seulement. Car je congnois bien que cellui t'aime de tant moins qui aime aultre chose avec toy, laquelle il n'aime pas pour toy. Hellas! je t'aime, car trop je suis tenue pour ce que tu m'as premier amée; dont (d'où) me pourra doncques parolle sourdre pour explicquer et souffisamment racompter les grans signes de ton amour parfaicte? Je ne sçauroye, las! moy povrette; pas ne seroit, certes, en ma puissance! Moult bien voir le congnois; mais quoy! je metteray toute ma consolation en toy seulement, mon vray amy, très-doulx et très-plaisant, mon souverain Seigneur, piteux et débonnaire, en déboutant arière toutes aultres consolations mondaines et plaines de vanitez, affin que mieulx je sente en moy ta parfaicte doulceur. Laquelle doulceur vrayement adoulcist à saint Estienne les durs cops de pierre des tyrans qui lors le lapidoient. Et ta douceur aussy adoucist au benoist sainct Laurens la très-cuisante ardeur du feu, qui soubz la greille flambéoit son très-précieux corps et la lui fist resambler très-douce et débonnaire. Aussi par ta doulceur aloient les appostres très-joyeux et liez hors le conseil des Juifz prestz et appareilliez de souffrir honte et très-villaine mort pour manifester ton saint nom, et saint Andrieu aloit à la croix tout seur et joyeulx pour ce qu'il sçavoit qu'il aloit gouster ta très-sainte doulceur. . . . .

Lorsque tu te transfiguras, sainct Pierre gousta bien fort ceste douceur, car il oublya toutes les choses de çàbas et s'escrya si comme il fust yvre, disant : « Sire, c'est bon que nous demourons cy, si tu veulx, et y faisons trois tabernacles pour demourer, et te regardons seullement ; car nous n'avons besoing de nulle aultre chose, toy advisant, Sire, qu'il nous souffist de te veoir pour la très-grande douceur, de quoy nous a saoulez. » Hellas ! Dieu très-doulx et débonnaire, mon vray saulveur et rédempteur, je congnois bien que ton benoist apostre avoit gousté moult grandement celle tienne doulceur, qui tant parfaittement est doulce et savoureuse, car il avait lors toute aultre douceur en vain et contre cueur. Ceste doulceur aussi avoit goustée, comme je croy, le prophette royal, soy esmerveillant, disant : « Ha, Dieu, comme est grande la multitude de la doulceur que tu as monstrée à ceulx qui te doubtent » (craignent); et pour ce admonestoit-il ung chacun en disant : « Goustez et voyez comme nostre Seigneur est souef. » Hellas! sire Dieu, ceste bieneurée doulceur, vraye et parfaicte est celle que je atens que tu me donnes entièrement lorsque seray desliée du lien mortel, duquel suis couplée avecques ce cueur que ta grâce réduit de mal faire à bien, et que me appeleras pour estre participante de ta gloire ou saint royaulme des cieulx ouquel te verray lors face à face, mon Dieu, vray et vif créateur du ciel et de la terre, tout-puissant et perdurable, seul éternel, Père, Filz, et Saint Esperit, Trinité souveraine. Amen.[1]

---

[1] Conf. Comte de Quatrebarbes, *Œuvres complètes du roi René*, ibid., pp. 56 et 59. Mêmes manuscrits que ci-dessus.

LA B. JEANNE DE VALOIS

Jeanne de Valois, sœur de Charles VIII et d'Anne de Beaujeu, naquit en 1464, du mariage de Louis XI avec Charlotte de Savoie, et mourut en 1505.

Elle fut promise dès l'âge de douze ans à son cousin le duc d'Orléans. Cette union ne fut pas heureuse : Jeanne était petite et contrefaite, et le duc d'Orléans ne dissimulait pas l'aversion qu'il avait pour elle. Devenu roi sous le nom de Louis XII, il s'adressa à l'autorité ecclésiastique pour faire déclarer la nullité du mariage.

La sentence de nullité obtenue par Louis XII grâce à diverses déclarations vraisemblablement fausses[1], fut prononcée avec une grande solennité dans l'église Saint-Denis d'Amboise le 17 décembre 1498.

Jeanne se retira à Bourges, où elle fonda l'ordre de l'Annonciade. Les statuts de cet ordre sont l'œuvre commune de notre sainte et de son confesseur, le père franciscain Nicolas Gilbert, plus connu sous le nom de Gabriel-Maria : ils furent soumis à l'examen de saint François de Paule, qui était en correspondance intime avec la bienheureuse.

Les premières religieuses de l'Annonciade furent Catherine Gauvinelle, d'Amboise, une veuve Macé de la Pourcelle, de Tours, et plusieurs jeunes filles de Tours et d'Amboise.

L'ordre a été approuvé, en 1501, par Alexandre VI, et, en 1517, par Léon X[2].

---

[1] Pierquin de Gembloux, *Histoire de Jeanne de Valois*, pp. 101-114; 1840.

[2] Il existe aujourd'hui deux maisons de cet ordre en France, l'une à Boulogne-sur-Mer et l'autre à Villeneuve-sur-Lot, et deux maisons en Belgique, l'une à Tirlemont (Brabant méridional), l'autre à Gheel, près Anvers.

Sur le tiers ordre de l'Annonciade (*ordre de la Paix*), et le *Chapelet des dix vertus de Marie*, voyez Moulinet, *Vie de la B. Jeanne de Valois*, pp. 151 et suiv.; Paris, L. Vivès, 1856.

La cause de la canonisation de Jeanne de Valois est pendante en cour de Rome depuis le xviie siècle. Le culte public qui depuis longtemps lui était rendu dans plusieurs diocèses a été approuvé par Benoît XIV en 1742 : décision qui constitue ce qu'on appelle une béatification équipollente.

PRIÈRE A LA VIERGE

Marie, très-digne Mère de Jésus, faictes moy votre digne ancelle et servante, et me faictes ceste faveur d'estre toujours en vostre grâce, et que toute créature que j'ayme, que je l'ayme à ce ou pour ce qu'elle (vous) ayme, et me donnez aussy grâce et vertu que toute personne qui vous ayme m'ayme, et qu'elle ne m'ayme sinon à ce ou pour ce que je vous ayme, afin que finablement puissions parvenir avec vous pour éternellement aymer et louer notre bon Dieu et vous pareillement. Amen [1].

---

[1] Pierquin de Gembloux, *Histoire de Jeanne de Valois*, p. 400; Paris, 1840. On retrouve cette invocation plus ou moins défigurée dans la plupart des vies de notre bienheureuse. Le texte que je reproduis d'après M. Pierquin m'a paru préférable. Il se rapproche tellement du texte d'une autre prière publiée par le même auteur à la page 396, que je considère ces deux prières comme n'en faisant qu'une.

GABRIELLE DE BOURBON

Gabrielle de Bourbon était fille de Louis Ier de Bourbon, comte de Montpensier, dauphin d'Auvergne, et de Gabrielle de la Tour.

Elle épousa en 1485, à Montferrand, Louis II de la Trémouille, le fameux *chevalier sans reproche*, celui qui contribua pour une si bonne part à la brillante victoire de Fornoue, celui qui fit prisonnier, à Saint-Aubin-du-Cormier, le duc d'Orléans (depuis Louis XII), révolté contre Charles VIII.

Du mariage de Louis de la Trémouille avec Gabrielle de Bourbon naquit un fils, Charles de la Trémouille. Ce jeune prince fut tué à la bataille de Marignan, où il s'était valeureusement conduit : il avait reçu soixante-deux blessures.

Je lis dans un ancien auteur que, peu de temps avant de mourir, Charles de la Trémouille se tournant vers ses compagnons, leur tint ce langage :

« Or ça, Messieurs, il faut que je vous laisse et les misères
« du monde : je meurs en la fleur de mes ans, mais ce n'est à
« mon trop grand regret, puisqu'il plaist à Dieu qu'il soit ainsi,
« et qu'il m'a donné la grâce de mourir au service du roi et de
« la chose publique. Toutesfoiz, pour une autre consideracion,
« je vouldroys bien vivre, s'il plaisoit à Dieu, qui est à ce que
« je peusse faire pénitence de mes péchez, et de mieulx servir
« et obéyr à Dieu que je n'ay faict le temps passé : le vou-
« loyr de Dieu qui ne peult faillir soit accomply ! Je vous prie
« que je aye le prestre pour me confesser. »

Ledit seigneur, poursuit le chroniqueur, se confessa fort dévotement, reçut le sacrement de l'autel et rendit l'âme à Dieu.

François Ier alla trouver dans sa tente le père du défunt et le consola du mieux qu'il put, le suppliant pour l'honneur de Dieu et l'amour du roi son cousin de prendre cette irréparable perte en patience, et de se consoler en songeant à son petit-fils, qui portait « jà l'espoir de la preudhommie du père [1] ».

Gabrielle de Bourbon suivit de près son fils dans la tombe : elle mourut le 30 novembre 1516; enfin Louis de la Trémouille fut frappé d'une balle au cœur à la bataille de Pavie (1525).

Gabrielle de Bourbon était lettrée et pieuse : Jean Bouchet nous a laissé d'elle un naïf portrait :

« Elle estoit dévote et pleine de grant religion, sobre, chaste,
« grave sans fierté, peu parlant, magnanime sans orgueil, et
« non ignorant les lettres vulgaires... En public monstroit
« bien elle estre du royal sang descendue, par ung port assez
« grant et révérancial; mais, au privé, entre ses gentilzhommes,
« damoyselles, serviteurs et gens qu'elle avoit accoustumé
« veoyr, estoit la plus bénigne, gracieuse et familière qu'on
« eust pu trouver; consolative, confortative et toujours ha-
« bondante en bonnes parolles, sans vouloir ouyr mal parler
« d'aultrui.

« ...Jamais n'estoit oyseuse, mais s'emploioit une partie
« de la journée en broderies et aultres menuz ouvrages ap-
« partenans à telles dames, et y occupoit ses damoiselles,
« dont avoit quantité, et de grosses, riches et illustres mai-
« sons. Et quant aucunes foiz estoit ennuyée de telz ouvrages,
« se retiroit en son cabinet fort bien garny de livres, lisoit
« quelque histoire ou chose moralle ou doctrinalle, et s'i estoit
« son esprit ennobly et enrichy de tant bonnes sciences,
« qu'elle emploioit une partie des jours à composer petitz
« traictez à l'honneur de Dieu, de la Vierge Marie et à l'in-
« struction de ses damoiselles; elle composa en son vivant une
« contemplation sur la Nativité et Passion de nostre Seigneur
« Jhésus-Crist, ung aultre traicté intitullé *le Chasteau de*
« *Sainct-Esprit*, ung aultre traicté intitullé *l'Instruction*
« *des jeunes filles*, et ung aultre traicté intitullé *le Viateur*;
« qui sont toutes choses si bien composées qu'on les estime-

---

[1] Jean Bouchet, dans Michaud et Poujoulat, *Nouv. Collect. des Mém. pour servir à l'hist. de France*, I^e série, t. IV, p. 460.

« roit estre plus ouvrage de gens de grans lestres que com-
« posicion de femme.[1] »

Autant que j'en puis juger par les deux petits traités manuscrits[2] de Gabrielle de Bourbon que possède la bibliothèque Mazarine, les compositions de cette princesse, quoi qu'en dise l'honnête chroniqueur, respirent le plus mauvais goût du temps, celui des allégories poussées à l'extrême. L'ouvrage que Jean Bouchet appelle *le Viateur* est un voyage spirituel dont voici le résumé :

Le voyageur est l'âme humaine, que notre auteur appelle tantôt l'*Ame dévote*, tantôt la *Pèlerine*. La *Pèlerine* est accompagnée de trois notables personnages : *Bon Vouloir*, *Dame Espérance* et *Dame Force*. Gabrielle de Bourbon décrit tout d'abord minutieusement les costumes de ces personnages, et les miniatures du manuscrit permettent au pieux lecteur de suivre cette description. Dame Espérance est en robe grise; Dame Force, en robe rouge. Bon Vouloir, vêtu de couleur azurée, marche en avant et porte le crucifix. Entre Dame Force et Bon Vouloir, la miniature nous représente l'Ame dé-

[1] *Panégyric du chevallier sans reproche*, dans Michaud et Poujoulat, *Nouvelle Collection des Mémoires*, 1re série, t. IV, p. 443.

[2] T. 439a. Le premier traité est intitulé : *Le Voyage spirituel entreprins par l'âme dévote pour parvenir en la cité de Bon Repoux* (repos). C'est celui que Bouchet appelle *le Viateur*. Le second : *Le Fort Chasteau pour la retraicte de toutes bonnes âmes, fait par le commandement du glorieux Sainct-Esperit*. Bouchet l'appelle plus sommairement *le Chasteau de Sainct-Esprit*.

Ces deux compositions paraissent avoir été d'abord écrites en vers. Tout le travail de notre auteur consista peut-être à mettre ces vers en prose.

Les personnes qui désireraient étudier cette littérature pieuse et allégorique pourront comparer aux petits traités de Gabrielle de Bourbon : un manuscrit de la bibliothèque Sainte-Geneviève intitulé *le Pèlerin, mis en prose*, D. F. 15 in-folio, le livre du protestant John Bunyan, *Pilgrim's Progress*, l'ouvrage de Guill. Parvi, *Viat. de salut*, 1538, et une foule d'autres ouvrages du même genre, notamment quelques-unes des œuvres du roi René.

D'après une citation de M. Peat, le goût de ces personnifications existerait encore aujourd'hui chez les prédicateurs gallois. (North. Peat, *Singularités humoristiques et religieuses en Angleterre*, p. 144; Paris, Hetzel.)

Nous pouvons ajouter enfin qu'il y a peu d'années le révérend Neale publiait une édition populaire de l'œuvre de Bunyan: *The pilgrim's Progress* (of J. Bynyan) *for the use of children in the Englisch church*, edited by the rev. J. M. Neale, 1853, in-8°.

vote, héroïne de l'ouvrage, vêtue d'un manteau bleu, tête nue, les bras contemplativement joints sur la poitrine.

Après un dialogue préliminaire sur les difficultés du voyage, l'Ame dévote et ses compagnons prennent leurs dernières dispositions. Espérance offre à l'Ame une écharpe et une ceinture tissues de sa main : elle lui remet une panetière de dévotion pleine de saintes pensées et de dévotes méditations. De son côté, Bon Vouloir lui baille son chapeau, qui gardera la pieuse pèlerine de la pluie, de la grêle et du vent. Notons en passant que la bride du chapeau de Bon Vouloir est une *bride d'abstinence*. Bon Vouloir ayant prêté son chapeau à l'Ame dévote, ne devrait-il pas rester tête nue, le reste du voyage? Le peintre n'y a pas songé : il a coiffé Bon Vouloir d'un chapeau gris qui me paraît faire double emploi avec celui de l'Ame dévote. Mais passons.

Sous l'écharpe et la ceinture que Dame Espérance lui a remises, l'Ame dévote porte une belle *robe blanche d'innocence*, cadeau que lui fit récemment *Dame Pénitence;* elle tient à la main le *bourdon de force;* elle a aux pieds les *souliers d'austérité*, et quelque part en réserve *le baril de sainte doctrine plein du bon vin de sapience divine*.

Après avoir imploré le secours de Dieu, l'Ame dévote commence enfin son voyage : dans le cours de ce pèlerinage elle fait la rencontre de divers personnages suspects, *Vaine Gloire, Présomption, Amour de soi*, etc., qui s'efforcent sans aucun succès de la détourner du droit chemin de vertu.

Aidée de Bon Vouloir, de Dame Force et de Dame Espérance, l'Ame dévote arrive enfin au but non sans avoir ouvert plus d'une fois la *panetière de dévotion*, tiré le *pain de saintes pensées qui est dedans*, puisé au *baril de sainte doctrine le bon vin de sapience divine*. La cinquième miniature du manuscrit représente l'une de ces réfections spirituelles, comme dit notre auteur. L'un des personnages soulève le baril à deux mains, et se rafraîchit du bon vin de sapience divine : un autre tient à la main un verre vide, et le troisième mord à belles dents dans un petit gâteau de dévotion. Trois autres pèlerins contemplent de loin cette scène touchante.

Le voyage est divisé en sept journées : la *bonne Ame dévote* arrive le septième jour en la cité de *Bon Repos*. Toutes les vierges, au commandement de leur souveraine maîtresse, la Vierge Marie, veulent marcher à sa rencontre ; mais elle était « jà entrée ; car *Miséricorde* avoit ouvert l'huys. »

Le *Fort château pour la retraite de toutes bonnes âmes* ou *Château de Sainct-Esprit* est un tissu d'allégories du même genre.

PRIÈRE DE L'AME DÉVOTE
AU MOMENT DE PARTIR POUR LE VOYAGE SPIRITUEL

L'âme se met en prière sur l'invitation de Bon Vouloir.

« *Bon Vouloir* : Dame dévote, fais ta prière ainsi que tu l'entends.

« La bonne Ame c'est mise à genoulx, habillée de de tous ses habitz, et commance à faire son oraison, disant ainsi :

« Très-sacrée et divine Trinité, troys personnes en unité, toutes esgalles en pouvoir, savoir et vouloir, en celle foy et créance, je vous adore comme mon souverain Seigneur et Dieu, Père éternel, créateur des humains ; vous rends humbles graces et mercys de ce qu'il vous a pleu m'avoir faicte et créée de l'œuvre de voz mains, ymage à vostre samblance, et de ce qu'il vous plaist m'en donner cognoissance. De tout mon cueur vous en remercie ; aussi foys-je de ce qu'il vous a pleu me donner le vouloir d'entreprendre ce sainct voyage, car j'entends bien que sans vous rien je ne puis, mon souverain Seigneur. Qu'il vous plaise me donner le pouvoir de parfaire ma saincte entreprinse, affin que en gloire vous puisse veoir en la cité du Bon Repos, où je espère d'avoir toute consolation. »

AUTRE ORAISON DE L'AME DÉVOTE A JÉSUS-CHRIST ET AU SAINT-ESPRIT

« O Dieu crucifié, seconde personne de la Trinité, je viens à vous très-humblement vous mercier de ce qu'il vous a pleu tant vous humilier que d'estre descendu ça bas dedans le sacré ventre de la benoiste et sacrée Vierge; et ne vous a pas suffiz, mon Dieu, en cheminant par le désers de ce monde, endurer peyne et travail; mais à la fin avez voulu morir en l'arbre de la croix, ainsi que représente nostre enseigne : pour le mérite de laquelle passion vous supply, mon Dieu, qu'il vous plaise vouloir conduire ceste pauvre pèlerine au port de salut, affin que pour la douleur que avez pour moy soufferte à laquelle ay désiré tous jours participer et moy rendre à vostre bonne cité de bon repos [1]. O vous, glorieux sainct Esperit, tierce personne en Déité, vray consolateur des désolés, conducteur de toutes bonnes œuvres, qui remetez en bonne voye les desvoiez, en vous, toute est mon espérance; en vous seul est ma fiance, moy mectant en vostre saincte garde et protection, vous suppliant très-humblement, mon Dieu et mon Seigneur, avoir pitié de ceste pauvre pèlerine, laquelle je mect en chemin pour passer les déserts

---

[1] (Sic). Le copiste a probablement oublié ici un membre de phrase.

de ce monde, soubz vostre saincte garde et protection; et vostre plaisir soit me conduyre au port de salut et en la noble cité de *Bon Repos*[1]. »

Nous terminerons ces citations par quelques fragments du *Fort chasteau pour la retraite de toutes bonnes âmes, fait par le commandement du glorieux Sainct-Esperit.*

CAPITAINE ET PORTIERS DU CHATEAU DE L'AME

« Le principal cappitaine et le lieutenant général, c'est *Crainte de Dieu*, qui se tient à la maistresse tour du boullevert, par lequel grant cappitaine seront tous les assistans conduitz. Le portier de la grande porte, c'est *Force*, qui gardera que nul contre le vouloir du Seigneur entrera dedans. Es aultres deux tours du portal, il y a de bons cappitaines et loyaux. L'ung se nomme *Sainct Vouloir*, l'autre *Mesprisance des biens mondains*. Le portier, servant à la tour de *Bon Vouloir*, s'appelle *Bégnivolance;* et celuy de la tour de *Mesprisance* se nomme *Cognoissance de soy-mesme*[2].

PETIT DISCOURS ADRESSÉ PAR DAME ESPÉRANCE AUX AMES DÉVOTES

« Or doncques, mes filles, je vous prie que vostre espoir en Dieu se repouse qui est souveraine bonté. Cest espoir ne sera point faulx ne decepvable. Servez har-

---

[1] Bibliothèque Mazarine. Manuscrit T. 439ᵃ, premier traité, fᵒ 4 et suiv.
[2] Même manuscrit, second traité, folio 33, verso.

diment, mes filles, ce bon maistre, et ayez parfaicte fiance en luy et foy sans varier. Et il vous récompensera d'ung héritaige lequel sera à jamais, c'est (assavoir) du royaulme de tous délices auquel n'a nul deffault de joye, richesses et inestimables consolations; mais que vostre fiance soit du tout en luy! N'aurez deffault de nulle rien (il ne vous manquera rien) ne en ce monde, ne en l'autre.

« L'on dit en commun langage mondain que *Espérance paist le chétifz* (Espérance repaît le malheureux). Vous devez entendre, mes bonnes escollières, que nous suymes (sommes) deux qui nous nomons de ce nom. Mais la mondaine est faulse et decepvable, et paist, par ses affectez langages, les chétifz et mondains; et telz se peuvent-ilz nommer quant ilz s'i fient. De moy, je ne vous diray rien qui ne soit véritable; car, au lieu où je vous dis que devés avoir vostre espoir, c'est le bon et loyal qui point ne fauldra (ne fera défaut).

Ne creignez peines ne labeurs en ce monde endurer pour celuy qui pour vous les a endurées; car vostre récompence sera telle que voz saincts désirs le souhaittent[1].

---

[1] Bibliothèque Mazarine. Manuscrit T. 439ᵃ, second traité, folio 41, recto et verso.

MARGUERITE D'ANGOULÊME

SŒUR DE FRANÇOIS Ier

Marguerite d'Angoulême, fille de Charles d'Orléans, comte d'Angoulême, et de Louise de Savoie, naquit à Angoulême, le 11 avril 1492, et mourut à Odos en Bigorre, le 21 décembre 1549.

Elle épousa en premières noces (1509) Charles III d'Alençon, et en secondes noces (1527) Henri d'Albret, roi de Navarre. Celui-ci eut d'elle une fille unique, Jeanne d'Albret, mère de Henri IV.

Voici en quels termes Brantôme nous parle de la reine Marguerite :

« Ce fut, dit-il, une princesse de très-grand esprit et fort
« habille, tant de son naturel que de son acquisitif ; car elle
« s'adonna fort aux lettres en son jeune aage, et les con-
« tinua tant qu'elle vescut, aymant et conversant... avec les
« gens les plus sçavans du royaume de son frère. Aussi tous
« l'honoroient tellement, qu'ils l'appelloient leur Mœcenas ;
« et la pluspart de leurs livres, qui se composoient alors,
« s'adressoit au roy son frère, qui estoit bien sçavant, ou à
« elle.

« Elle-mesme composa fort, et fit un livre qu'elle intitula la
« *Marguerite des Marguerites*, qui est très-beau, et le
« trouve-t-on encore imprimé. Elle composoit souvent des co-
« médies et des moralitez, qu'on appelloit en ce temps-là des
« pastorales, qu'elle faisoit jouer et représenter par les filles
« de sa court [1].

---

[1] Marguerite a laissé aussi un recueil de nouvelles souvent licencieuses et grossières : l'*Heptaméron*. Nous avons peine à comprendre aujourd'hui cette liberté, ou, pour mieux dire, cette indécence de langage, qui resterait inexpli-

« Elle aymoit fort à composer des chansons spirituelles; car « elle avoit le cœur fort adonné à Dieu 1. »

Marguerite accorda sa protection aux lettrés amis de la réforme : aussi ne manqua-t-il point d'accusateurs pour la dénoncer en Sorbonne et même à la cour; mais les érudits sont aujourd'hui d'accord pour reconnaître qu'elle n'était point unie de doctrine avec les protestants : ce qu'elle fit pour eux, comme elle l'a dit elle-même, « procédoit plutost de compassion que d'aulcune mauvaise volonté qu'elle eust à l'ancienne religion de ses pères ».

Marguerite fut chantée, louée et célébrée par tous ses contemporains : « Il y a longtemps, lui écrit Érasme, que j'ai « admiré et aimé en vous tant de dons éminents de Dieu, une « prudence digne même d'un philosophe; la chasteté, la mo- « dération, la piété, une force d'âme invincible, et un merveil- « leux mépris de toutes les choses périssables. Et qui ne con- « sidèrerait avec admiration dans la sœur d'un si grand roi « des qualités qu'on a peine à trouver même chez les prêtres « et chez les moines? »

Joachim du Bellay composa pour son tombeau une épitaphe où il l'appelait la quatrième Grâce et la dixième Muse [2]; Ronsard écrivit en son honneur sa sixième églogue [3] :

cable si nous ne nous transportions par la pensée au milieu des mœurs et des habitudes du XVIe siècle. Les hommes du meilleur monde sont alors, quoi qu'ils fassent, des contemporains de Rabelais. C'est le temps, écrit M. Sainte-Beuve, où les honnêtes femmes disent et débitent hautement des contes à la Roquelaure.

Tel est le milieu, si différent du nôtre, dans lequel il faut se placer pour comprendre que le même personnage ait pu écrire l'*Heptaméron* et les *Cantiques spirituels*. Au surplus, ce n'est pas là une justification, mais une explication et une excuse.

Sur l'amitié de Marguerite de Navarre et de François Ier, et sur l'accusation portée contre eux, voyez : La Ferrière-Percy, *Marguerite d'Angoulême*, pp. 149, 209; Paris, 1862.

[1] *Vies des Dames illustres*, dans les *Œuvres complètes* de Brantôme, t. V, pp. 219, 220; 1823.

[2] Pour toute cette notice, voy.: *Biographie Didot*, t. XXXIII, art. signé L. J.; *Causeries du lundi*, t. VII, p. 345 et suiv.; 1855; *Revue chrétienne*, année 1861, pp. 181 et suiv., 342 et suiv.

[3] *Œuvres de Ronsard*, Nic. Buon, 1623, t. I, pp. 837, 838, et éd. de Prosper Blanchemain, t. IV, 1860, pp. 115, 116, 117.

Bienheureuse et chaste cendre,
Que la Mort a fait descendre
Dessous l'oubly du tombeau :
Tombeau qui vrayment enserre
Tout ce qu'avoit nostre terre
D'honneur, de grâce et de beau !

Comme les herbes fleuries
Sont les honneurs des prairies,
Et des prez les ruisselets ;
De l'orme la vigne aimée,
Des boccages la ramée,
Des champs les bleds nouvelets,

Ainsi tu fus, ô princesse,
(Ainçois plustost, ô déesse)
Tu fus la perle et l'honneur
Des princesses de nostre âge,
Soit en splendeur de lignage,
Soit en biens, soit en bonheur.

Il ne faut point qu'on te fasse
Un sépulchre qui embrasse
Mille termes en un rond,
Pompeux d'ouvrages antiques,
Et brave en piliers doriques
Élevez à double front.

L'airain, le marbre et le cuivre
Font tant seulement revivre
Ceux qui meurent sans renom,
Et desquels la sépulture
Presse sous mesme closture
Le corps, la vie et le nom.

Mais toy, dont la Renommée
Porte d'une aile animée
Par le monde tes valeurs,
Mieux que ces poinctes superbes
Te plaisent les douces herbes,
Les fontaines et les fleurs.

Vous pasteurs que la Garonne
D'un demy-tour environne,
Au milieu de vos prez vers
Faites sa tumbe nouvelle,
Et gravez l'herbe sus elle
Du long cercle de ces vers :

» Icy la Royne sommeille,
« Des Roynes la nompareille,
« Qui si doucement chanta :
« C'est la Royne MARGUERITE,
« La plus belle fleur d'élite
« Qu'onque l'Aurore enfanta.

. . . .

Tous les ans soit recouverte
De gazons sa tumbe verte,
Et qu'un ruisseau murmurant,
Neuf fois recourbant ses ondes,
De neuf torches vagabondes
Aille sa tombe emmurant.

Dites à vos brebiettes :
Fuyez-vous-en, camusettes,
Gaignez l'ombre de ces bois :
Ne broutez en ceste prée,
Toute l'herbe en est sacrée
A la nymphe de VALOIS.

Dites qu'à tout jamais tumbe
La manne dessus sa tumbe :
Dites aux filles du ciel :
Venez, mousches mesnagères,
Pliez vos ailes légères,
Faites icy vostre miel.

Dites leur : Troupes mignonnes,
Que vos liqueurs seroient bonnes
Si leur douceur égaloit
La douceur de sa parolle,
Lorsque sa voix douce et molle
Plus douce que miel couloit !

. . . .

Nous publions ci-après deux chansons pieuses composées par Marguerite d'Angoulême.

L'AMOUR DE JÉSUS-CHRIST

Hélas! je languis d'amours
Pour Jésu Christ mon espoux :
Filles, âmes bien heureuses,
De Jésu Christ amoureuses,
Oyez mes piteux propous,
    Hélas!

Dites à l'amy de mon âme
Que de sa divine flamme
La vueille brusler tousjours,
    Hélas!

Et que rien ne veult prétendre,
Que d'estre bruslée en cendre
Par ce feu qui est sy doux,
    Hélas!

Car l'âme en cendre brisée,
N'est pas de luy desprisée
Mais receue à tous les coups,
    Hélas!

Avancez heureuses âmes,
Que par ces divines flammes
Me face semblable à vous,
    Hélas!

Dites luy qu'en sa présence
Gist ma joye et ma plaisance,
Mon espoir et mon secours,
  Hélas!

Mon salut c'est voir sa face,
Je ne vis que de sa grâce,
Pour Dieu avancez le cours,
  Hélas!

Si j'ay après longue absence
De sa veüe jouyssance,
Lors je seray en repouz,
  Hélas!

Lors diray, d'amour esprise,
La chanson que j'ay apprise,
Filles de Hiérusalem,
  Hélas!

LE VRAI CHRÉTIEN

Pour estre bien vray chrestien,
Il fault à Christ estre semblable,
Renoncer tout bien terrien,
Et tout honneur qui est damnable,
Et la dame belle et jolye,
Et plaisir qui la chair esmeult;
Laisser biens, honneurs et amye :
Il ne fait pas le tour qui veult.

Les biens aux povres fault donner
D'un cœur joyeux et volontaire,
Et les injures pardonner,
Et à ses ennemis bien faire ;
Laisser vengeance, ire et envie,
Aymer l'ennemy si l'on peult,
Aymer celle qui n'ayme mye :
Il ne fait pas le tour qui veult.

De la mort fault estre vainqueur,
En la trouvant plaisante et belle,
Voire et l'aimer d'aussi bon cœur,
Que l'on fait la vie mortelle ;
S'esjouyr en mélancolie
Et tourment, dont la chair se deult ;
Aymer la mort comme la vie :
Il ne fait pas le tour qui veult [1].

---

[1] *Marguerites de la Marguerite des princesses, très-illustre royne de Navarre*, t. I, pp. 532, 533, 534 ; Lyon, Jean de Tournes, 1547.

MARIE STUART

Marie Stuart, née le 5 décembre 1542, était fille de Jacques V, roi d'Écosse, et de Marie de Lorraine, fille aînée du premier duc de Guise.

Jacques V étant mort peu de jours après la naissance de Marie, cette enfant devint reine dès le berceau. Elle fut envoyée en France à l'âge de six ans pour y être élevée et fiancée au jeune Dauphin, fils de Henri II. On la plaça dans un couvent où les filles de la première noblesse de France recevaient une brillante éducation littéraire : elle y apprit l'italien, le latin, l'art de versifier. Brantôme atteste « qu'estant en l'aage
« de treize à quatorze ans, elle déclama devant le roi Henry
« une oraison en latin qu'elle avoit faicte, soubtenant et def-
« fendant, contre l'opinion commune, qu'il estoit bien séant
« aux femmes de sçavoir les lettres et arts libéraux. »

Marie Stuart, qui faisait l'ornement de la cour par sa beauté, son esprit vif et ouvert, ses grâces séduisantes, épousa, en 1558, le jeune Dauphin, depuis, François II.

Veuve à dix-huit ans (1560) et mal vue de Catherine de Médicis, la reine d'Écosse s'embarqua à Calais le 15 août 1561 pour retourner dans son royaume. Elle quittait à regret la France, sa seconde patrie : ses yeux ne pouvaient se détacher du rivage : « les deux bras appuyés sur la pouppe de la galère
« du costé du timon, elle se mist à fondre en grosses larmes,
« écrit Brantôme, jettant toujours ses beaux yeux sur le port
« et répétant sans cesse : Adieu, France ! adieu, France [1] ! »

On connaît l'histoire tragique de Marie Stuart : peu de

---

[1] Les vers « *Adieu, plaisant pays de France, etc.*, » si souvent attribués à Marie Stuart sont de Meunier de Querlon, qui s'en est lui-même reconnu l'auteur dans une lettre à l'abbé de Saint-Léger. Cette rectification a été faite dès 1842 par M. Rathery.

temps après son arrivée en Écosse, malgré les protestations de Knox, le fameux apôtre de la réforme, malgré la résistance armée de l'aristocratie écossaise et du parti protestant, elle épousa son parent Henri Stuart, lord Darnley, fils du comte de Lennox, dont la mère se trouvait, après Marie Stuart, la plus proche héritière du royaume d'Angleterre.

Darnley ayant fait assassiner David Rizzio, favori de la reine, fut lui-même victime d'une vengeance terrible : Son habitation près d'Édimbourg fut minée, et il fut enseveli avec son page sous les ruines du château. Un cri de réprobation s'éleva contre un familier de la reine, Bothwell, amiral héréditaire d'Écosse. Bothwell fut acquitté à la suite d'une procédure dérisoire; après quoi, bravant audacieusement l'opinion, Marie le choisit pour succéder à Darnley, et lui donna publiquement sa main trois mois après la mort du roi d'Écosse.

Le châtiment suivit de près la faute : Marie eut à lutter contre l'aristocratie écossaise soulevée contre elle. Elle succomba, fut faite prisonnière, enfermée au château de Loch-Leven, et dut enfin abdiquer en faveur de son fils Jacques, qu'elle avait eu de Darnley. Elle réussit bientôt à s'évader et sembla un moment retrouver son prestige; mais elle fut mise en déroute à Langsyde (13 mai 1568); et, jugeant sa cause désespérée, elle prit la résolution hardie de se réfugier en Angleterre, près de la reine Élisabeth.

Marie Stuart, lors de son mariage avec François II, s'était fait d'Élisabeth une ennemie irréconciliable en prenant elle-même le titre de reine d'Angleterre et en déniant ainsi tout droit de succession à la fille de Henri VIII et d'Anne Boleyn : elle trouva en Angleterre une longue et douloureuse captivité au lieu de l'asile qu'elle y cherchait : Élisabeth lui refusa jusqu'à la fin, c'est-à-dire près de dix-neuf ans, une entrevue demandée avec instances, avec larmes : elle enveloppa lentement et froidement sa rivale dans les dédales d'une procédure qu'il fallut bientôt abandonner, mais qu'on reprit au bout de plusieurs années, lors du complot de Babington contre la vie d'Élisabeth, et qui aboutit enfin à une condamnation capitale. Marie fut exécutée le 18 février 1587.

Sa mort chrétienne et courageuse fut une belle expiation ; elle protesta de son attachement à la foi catholique, demanda pardon de ses fautes, pria pour son pays, pour son fils Jacques, pour l'Angleterre et pour la reine Élisabeth [1].

Elle avait adressé peu de temps avant sa mort un adieu suprême au pape Sixte-Quint et une lettre au duc de Guise. Nous publions ci-après ces deux documents.

LETTRE AU PAPE SIXTE QUINT

De Fotheringay, le 23 novembre 1586.

JEHSUS MARIA

†

Père saint, comme aynsi en soit qu'il a pleu à Dieu par sa providance divine, mettre un ordre en son Esglise, par lequel il a voulu que, sous son Filz Jehsus Christ crucifié, tout ceulx qui croyroy(e)nt en luy et seroyent baptisez au nom de la saincte Trinité, recongneussent une Esglise universelle et catholique pour mère, les commandemantz de laquelle, soubz poine de damnation, nous debvons garder avvesques les dix de

---

[1] Pour l'ensemble de cette notice, voy. l'art. de M. Rathery dans la *Biogr. génér. de Didot*, t. XXXIII.

Benoît XIV examinant la question de savoir si on doit considérer comme martyre une personne exécutée à cause de sa foi, bien que ce motif ne soit pas allégué officiellement, déclare que cette circonstance n'empêche pas la réalité du martyre. D'où il suit, d'après Benoît XIV, que Marie Stuart doit être considérée comme martyre.

Le pape Pie VI mentionne cette opinion de Benoît XIV dans une allocution où il s'efforce lui-même de prouver qu'*à fortiori* Louis XVI doit être réputé martyr de la foi. (*Bull. Rom. contin.*, t. IX, Pii VI, p. 613 ; Romæ, 1845.)

la loy, il est requis que chascun aspirant à la vie éternelle aye là l'œill fiché. Or moy estant née de roys et parentz tous baptisez en icelle comme moy mesmes aussi, et qui plus est, dès la mammelle, indigne que je suis, esté appellée à la dignité royale, oynte et sacrée par l'aucthaurité et ministres d'icelle, soubz les aysles et au giron de laquelle estant nourrie et eslevée, et par celle esté instruicte de l'obéissance deue par tous chrestiens à celuy qu'elle, guidée par le Saint-Esprit, a esleu selon les anciens descretz et ordre de la primitive Esglise au saint siége apostolique, comme notre chief en terre, auquel Jehsus Christ en son dernier testament a donné puissance, parlant à saint Pierre de la fondation d'icelle, de pierre vive, de lier et deslier des liens de Satan les pauvres pescheurs, nous absolvantz, par luy ou ces ministres à ce commis, de toutz crimes et peschés par nous commis et perpétrez, nous estantz repentantz, et, en tant qu'en nous est, faisant satisfaction d'iceulx, après estre confessez, selon l'ordonence de l'Esglise. j'appelle mon Sauveur Jehsus Christ à tesmoing, la benoiste Trinité, la glorieuse vierge Marie, tous les anges et arcanges, saint Pierre, pasteur, mon péculier interssesseur et spécial advocat, saint Paul, apostre des gentilz, saint André et tous les saints apostres, saint George et en général tous les saintz et sainctes de paradis, que j'ay tousjours vescu en cette foy, qui est celle de l'Esglise universelle, chatolique, apostolique et romayne, en laquelle estant régénérée j'ay tousjours eu intention de faire mon debvoir au saint siége apostolique. De quoy, à mon grand regret, je n'ay peu rendre le deue tesmoygnasge à Vostre Saincteté pour ma détention en ceste captivité et ma longue maladie ensemble; mays mayntenant qu'il a pleu à Dieu, très sainct Père, permettre pour mes peschés et de ceulx de ceste isle infortunée que moy (seulle restant du sang d'Angleterre et d'Escosse faysant profession de ceste foy), soit après xx ans de captivité, resserrée en une estroicte prison, et enfin condampnée à mourir par les Estatz et assemblée hérétique de ce pays, comme il m'a esté ce jour d'huy signifié par la bouche de lord Boukherst, Amias Paulet, mon gardien, un Druw Drouri chevalier, et un segrétayre nommé Beal, au nom de leur Royne, me commandant de me préparer de recepvoir la mort, m'offrant un de leur esvesques et un doyen pour ma consolation, un prestre que j'avois m'ayant esté par eulx long-temps auparavant osté et tenu je ne sçay où entre leurs mayns, j'ay pancé mon premier debvoir estre de me retourner à Dieu, et puis de ma main signifier le tout à Vostre Saincteté, à ce que, bien que je ne le vous puisse fayre entendre avant ma mort, que au moings, après, l'occasion vous en soit manifeste; qui est, le tout bien espluché et considéré, pour la subversion de leur religion en cest isle par moy, disent-ilz, pratiquée et en ma faveur atamptée, tant par leurs propres subjectz obéissantz à vos loix leur déclaray ennemys, que par les estrangiers, en espécial, les princes chatoliques et mes parents, lesquels touz (come reprochent-ilz) maintiennent mon droit à la couronne d'Angleterre, me faysant nommer telle en leurs prières par les esglises, et les ministres d'icesle de ceste nation me professant subjection et debvoir. Je remets à Vostre Saincteté de considérer la conséquence de tel judgement, vous suppliant de fayre fayre prières pour ma pauvre âme, (et) de touz ceux qui sont mort ou mouront pour le mesme et pareill judgement, et mesme en l'honnheur de Dieu, despartir de vos aulmones et inciter les roys à fayre de mesme vers ceulx qui resteront en vie de ce naufrage. Et mon intention estant, selon les constitutions de l'Esglise de me confesser, fayre pénitance en tant qui est en moy et recevoir mon viaticum, si je puis obtenir mon chapelain ou aultre légitime ministre pour me amministrer mes ditz sacrements, comme à faucte de ce, du cœur contrit et repentant je me prosterne aux piedz de Vostre Sainctété, me confessant à Dieu et à ses saints, et icelle vostre paternité, très-indigne pescheresse et coupable de damnation éternelle, si il ne plest au bon Dieu, qui est mort pour les pescheurs, me recevoir par sa miséricorde infinie aux nombres des pauvres pescheurs pénitantz à sa mercy; vous suppliant prendre ceste mienne générale submission pour tesmoignage de mon intention d'acomplir le surplus en la forme ordonnée et commandée en l'Esglise, si il m'est permis, et me donner vostre absolution générálle selon que vous sçavez et connoissez estre requis pour la gloyre de Dieu, l'honneur de son Esglise et le salut de ma pauvre âme. entre laquelle et la justice de Dieu je interpose le sang de Jéhsus Christ pour moy crucifié et tous les pescheurs, l'une des plus exécrable desquelz je me confesse estre, veu les grâces infinies par luy receues, par moy mal recongneues et employées qui me rend indigne de pardon, si sa prommesse faite à tous ceulx qui de peschés et afflictions spirituelles (viennent à lui), d'estre par lui assistez, et sa miséricorde ne m'enhardissoit, suivant son commandement, de venir vers luy, portant ma charge, afin d'en estre par luy deschargée à l'example de l'enfant prodigue, et qui plus est, offrant au piedz de sa croyx volontèrement mon sang pour le maintien et fidelle zelle que je porte à son Esglise, sans la restauration de laquelle je ne désire jamays vivre en ce malheureux monde. Outre plus, père sainct, ne m'estant layssé nul bien en ce monde, je supplie Vostre Saincteté d'impétrer du roy très chrestien que mon douayre soit chargé du paiement de mes debtes et guasges de mes pauvres désolés serviteurs, et d'un obit annuel pour mon âme et celle de tous nos confrères en ceste juste querelle décédez, n'ayant eu aultre intention particulière, comme mes pauvres serviteurs, présentz à ceste mienne affliction, vous tesmoigneront et comme j'ay volontiers offert ma vie en leur hérétique assemblée pour maintenir ma religion chatolique, apostolique et romayne, et ramener les desvoyez de ceste isle, voire eulx même, protestant en ce cas que voulontiers je me desmèteroys de tout titre et dignité de royne, et fayre tout honneur et service à la leur, si elle voulait laysser de persécuter les chatoliques, comme je proteste que c'est là le but à quoy j'ay tiré depuis que je suis en ce pays, et n'ay ambition ni désir de régner ni desposséder altrui pour mon particulier, estant par maladie et par longues afflictions si affayblie que je n'ay plus désir de me troubler en ce monde que du service de son Esglise et gain des âmes de ceste isle à Dieu ; pour tesmoignage de quoy à ma fin je ne veulx faillir de préférer le salut public au particulier intérest de la chayr et du sang. Qui me fayt vous prier, avvesques un mortel regret de la perdition de mon pauvre enfant, après l'avoir par touz moyens tasché de le regaigner, luy estant vray père, comme saint Jean l'évangeliste fut au jouvenceau qu'il retira de la compagnie des voleurs, de prendre enfin toute l'auctauricté sur luy que je vous puis donner pour luy contreindre, et, si il vous plest, d'appeler le roy chatolique pour vous assister en ce qui sera du temporel, et mesmement pour ensemble le tascher de l'allier par mariage; et, si Dieu pour mes péchés permet qu'il soit obstiné, ne saschant nul prince chrestien en ce temps qui tant travaille pour la foy, ni en a tant de moyens d'ayder à la réduction de ceste isle que le roy chatolique, à qui je suis beaucoup redevable et obligée, estant celuy seul qui m'a aydée de son argent et conseill en mes nécessités, soubz vostre bon playsir, je [1] laysse tout ce que je puis avoir de droist ou intérest au gouvernement de ce royaulme, mon fils estant obstiné hors de l'Esglise; lequel ce pouvant réduire, je désire estre par luy et mes parens de Guise aydé, supporté et conseillé, luy enjoignant par ma dernière volonté les tenir, après vous, pour pères, et s'allier par leur advis et consentement ou en l'une de leurs deux maysons, et, si il playsoit à Dieu, je le souhaite digne d'estre filz du roy chatolique. Voilà le segret de mon cueur et la fin de mes désirs mondains, tendans, comme je l'antandz, au bien de son Esglise et à la descharge de ma conssiance, que je présente aux pieds de Vostre Saincteté, que très-humblement je bayse.

Vous aurez le vray récit de la fasson de ma dernière

---

[1] Il faut ajouter sans doute ici le mot *lui* qui paraît avoir été oublié.

prise et toutes les procédures contre moy et par moy, affin qu'entendant la vérité, les calumnies que les ennemys de l'Esglise me vouldront imposer puissent estre par vous réfutées et la vérité cogneue; et, à cest effect, ay-je vers vous envoyez ce porteur, requérant pour la fin vostre saincte bénédiction et vous disant le dernier à Dieu que je prie conserver vostre personne longuement en sa grâce au bien de son Esglise et de vostre troupeau désolé, spéciallement celui de ceste isle, que je laisse bien esguarrée sans la miséricorde de Dieu et votre soing paternel.

De Fotheringay, ce xxiij de novembre 1586.

Excusés mon escriture sur la faiblesse de mon bras. J'entends, à mon grand regret, des mauvais bruitz d'auquns près de Vostre Saincteté, que l'on dit recevoir gasge de cest Estat pour trahir la cause de Dieu; et il y a des cardinaux y entaschez. Je laisse à Vostre Saincteté d'en fayre l'examen et avoir l'œill sur un certain seigneur de Saint-Jean, fort soupçonné d'estre espion du grand trésaurier. Il y a de faux frères, et je vous respons que ceux qui par moy vous ont esté recommandez sont tout autres.

De Vostre Saincteté très-humble et dévote fille,

MARIE,

Royne d'Escosse, douairière de France [1].

---

[1] A. Labanoff, *Lettres, Instructions et Mémoires de Marie Stuart*, t. VI, p. 448 et suiv.; Londres, 1844.

MARIE STUART AU DUC DE GUISE [1]

De Fotheringay, le 24 novembre (1586).

Mon bon cousin, celuy que j'ay le plus cher au monde, je vous dis adieu, estant preste par injuste jugement d'estre mise à mort telle que personne de nostre race, (grâces) à Dieu, n'a jamais receue, et moins une de ma qualité; mais, mon bon cousin, louez-en Dieu, car j'estois inutile au monde en la cause de Dieu et son Esglise, estant en l'estat où j'estois; et espère que ma mort témoignera ma constance en la foy, et promptitude de mourir pour le maintient et restauration de l'Esglise catholique en cette infortunée isle; et, bien que jamais bourreau n'ait mis la main en nostre sang, n'en ayez honte, mon amy, car le jugement des hérétiques et ennemis de l'Esglise, et qui n'ont nulle jurisdiction sur moy, reine libre, est profitable devant Dieu aux enfans de son Esglise; si je leur adhérois, je n'aurois ce coup. Tous ceux de nostre maison ont tous été persécutés par cette secte; témoin vostre bon père, avec lequel j'espère estre receue à mercy du juste juge. Je vous recommande donc mes pauvres serviteurs, la descharge de mes dettes et de faire fonder quelque obit annuel pour mon âme, non à vos dépens, mais faire la sollicitation et ordonnance comme sera requis et qu'entendrez mon intention par ces miens pauvres désolez serviteurs, témoins oculaires de cette mienne tragédie.

---

[1] Le fameux Henri, dit le *Balafré*, assassiné à Blois le 23 décembre 1588.

Dieu vous veuille prospérer, vostre femme, enfans, et frères, et cousins, et surtout nostre chef, mon bon frère et cousin le duc de Lorraine ; la bénédiction de Dieu et celle que je donnerois à mes enfans puisse estre sur les vostres, que je ne recommande moins à Dieu que le mien, mal fortuné et abusé.

Vous recepvrez des tokens de moy pour vous ramentavoir de faire prier pour l'âme de vostre pauvre cousine, désolé(e) de toute ayde et conseil que de celuy de Dieu, qui me donne force et courage de résister seule à tant de loups hurlants après moy : à Dieu en soit la gloire !

Croyez en particulier ce qui vous sera dit par une personne qui vous donnera une bague de rubis de ma part ; car je prends sur ma conscience qu'il vous sera dit la vérité de ce que je l'ai chargé, spécialement de ce qui touche mes pauvres serviteurs et la part d'aucun. Je vous recommande cette personne, pour sa simple sincérité et honnesteté, à ce qu'elle puisse estre placée en quelque bon lieu. Je l'ai choisie pour la moins partiale, et qui plus simplement rapportera mes commandements. Je vous prie qu'elle ne soit cogneue vous avoir rien dit en particulier, car l'envie lui pourroit nuire.

J'ay beaucoup souffert depuis deux ans et plus, et ne vous l'ay pu faire savoir pour cause importante. Dieu soit loué de tout, et vous donne la grâce de persévérer au service de son Esglise tant que vous viverez ; et jamais ne puisse cest honneur sortir de nostre race, que, tant hommes que femmes, soyons prompts de respandre nostre sang pour maintenir la querelle de la foy, tous austres respects mondains mis à part; et, quant à moy, je m'estime née, du costé paternel et maternel, pour offrir mon sang en icelle, et je n'ay intention de dégénérer. Jésus crucifié pour nous et tous les saints martyrs nous rendent, par leur intercession, dignes de la volontaire offerte de nos corps à sa gloire!

De Fothringhaye, ce jeudi 24 novembre.

L'on m'avoit, pensant me dégrader, fait abattre mon days, et depuis mon gardyen m'est venu offrir d'écrire à leur royne, disant n'avoir fait cet acte par son commandement, mais par l'advis de quelques-uns du conseil. Je leur ay montré, au lieu de mes armes audit days, la croix de mon Sauveur. Vous entendrez tout le discours : ils ont esté plus doux depuis.

Vostre affectionnée cousine et parfaitte amye,

MARIE,

R. d'Escosse, D. de France[1].

---

[1] A. Labanoff, ibid., pp. 462, 463, 464.

LOUIS XIII

Louis XIII, fils de Henri IV et de Marie de Médicis, naquit à Fontainebleau le 27 septembre 1601, et succéda à son père le 15 mai 1610, sous la tutelle de la reine mère. Il épousa le 24 novembre 1615, à Bordeaux, Anne d'Autriche, infante d'Espagne, fille aînée de Philippe III, roi d'Espagne, et de Marguerite d'Autriche.

Louis XIII mourut le 14 mai 1643, quelques mois après le ministre qui avait fait la grandeur de son règne.

Ce roi qu'on appela Louis *le juste* [1] parce qu'il était né sous le signe de la Balance, était un prince intelligent : il avait l'esprit vif et ouvert [2], mais sans virilité. Son âme avait contracté quelque chose de la langueur maladive qui affligeait son corps. Enfant il était peureux et pusillanime [3] : plus tard, il fit preuve tout à la fois de capacité militaire [4] et d'intrépidité [5], mais le véritable courage lui manqua toujours, il n'eut jamais cette énergie de volonté qui, à vrai dire, constitue l'homme.

Il posséda le titre et la dignité de roi, il n'en eut pas l'autorité. Il essaya vainement de conquérir un sceptre que son

---

[1] Analyse du journal d'Héroard, par M. Rossignol, dans le *Correspondant* du 10 juillet 1869, p. 47. « Rubens, écrit M. Rossignol, fut un des propagateurs « de cette flatterie. Quand il fit le tableau de la *Naissance de Louis XIII*, il y « représenta la déesse de la *Justice* accompagnée de sa *Balance*, recevant le « prince des mains de sa mère, et le donnant en garde au génie de la santé. » (Voyez la *Notice des tableaux du Louvre, École Flamande*, 1863, p. 235, n° 441.)

[2] Analyse du journal d'Héroard déjà citée, pp. 41 et 42.

[3] Ibid., p. 59.

[4] Mme de Motteville, dans la *Collection Michaud et Poujoulat*, 2ᵉ série, t. X, pp. 44, 44.

[5] Ibid. — Conf. les Mém. du sieur de Pontis dans la *Collection Petitot*, 2ᵉ série, t. XXXII, pp. 70, 71.

bras n'avait pas la force de porter. On sait comment, à quinze ans et demi, il se débarrassa de Concini, favori de la reine mère; mais Concini eut pour successeur le duc de Luynes; le duc de Luynes, Richelieu : et le roi ne fit que changer de maître.

Louis était sobre, chaste, réglé dans ses mœurs, ennemi du faste et de la dépense. Il savait, écrit Mme de Motteville, mille choses auxquelles les esprits mélancoliques ont coutume de s'adonner, comme la musique et tous les arts mécaniques. Mlle de Montpensier nous apprend, en effet, qu'il composait la plupart des airs de musique qu'on exécutait chez lui trois fois par semaine, et qu'il en faisait même les paroles [1]. Il s'occupa également de musique religieuse [2]; enfin il dessinait, et il eut un jour la fantaisie de crayonner le portrait du peintre Claude Deruet, ami de Callot [3].

Il a écrit un journal de ses campagnes en Lorraine, récemment édité par M. Schmit. Ces récits composés par le roi étaient destinés à la publicité et envoyés à la *Gazette de France,* qui les faisait paraître revus et corrigés par Richelieu [4]. On a remarqué que l'éloge du cardinal est toujours absent de la relation manuscrite et ne fait jamais défaut dans le texte imprimé.

Le précepteur de Louis XIII fit publier, en l'an 1612, l'ouvrage suivant : *Préceptes d'Agapetus à Justinian mis en vers par le roi Louis XIII :* titre trompeur; le petit roi, qui était un très-mauvais écolier, n'est certainement pas l'auteur

---

[1] Amédée Renée, dans la biographie Didot au mot *Louis XIII.* Quelques passages sont ici empruntés textuellement à le Vassor et à M. Amédée Renée.

Je regrette de n'avoir pu retrouver aucun morceau de musique composé par Louis XIII.

[2] Godeau, *Paraphr. des Psaum. de Dav.;* 1648, préface, folio 3, verso.

[3] Le portrait de Deruet dont il est ici question serait-il « ce portrait anonyme dessiné au pastel, sur papier gris, par Louis XIII », qui a disparu récemment des collections de l'État? (Voy. *Chronique des arts,* numéro du dimanche 29 août 1869.)

[4] C'est du moins ce que suppose M. Schmit. Voyez dans le *Correspondant* du 10 avril 1869, pp. 201-202, un compte rendu de l'ouvrage édité sous ce titre : *Les Campagnes de Louis XIII en Lorraine, écrites de sa propre main,* publiées par Schmit; Nancy, 1868.

de cette traduction. Il avait horreur du travail, et nous savons qu'il abandonna à douze ans et demi l'étude de l'histoire et de la langue latine [1].

Enfin on imprima, en 1643, peu de temps après l'avénement de Louis XIV, un livre très-curieux intitulé : *Codicille de Louis XIII adressé à son très-cher fils aîné et successeur*. Louis XIII est tout à fait étranger à la rédaction de cet ouvrage.

Ce prince, mort dans d'admirables sentiments de foi et de piété, laissa deux enfants :

1° Louis XIV, né le 5 septembre 1638 ;

2° Philippe de France, duc d'Orléans, né le 21 septembre 1640, auteur de la dernière branche d'Orléans.

Nous publions ci-après l'acte par lequel Louis XIII plaça le royaume de France sous la protection de la Vierge : cette déclaration du roi fut promulguée au mois de février 1638, pendant la grossesse de la reine Anne d'Autriche ; elle avait été rédigée par Richelieu ; et il est douteux que Louis XIII en ait eu la première pensée.

DÉCLARATION PAR LAQUELLE LOUIS XIII
PLACE LE ROYAUME SOUS LA PROTECTION SPÉCIALE
DE LA VIERGE MARIE (10 février 1638) [2]

Louis, par la grâce de Dieu, roy de France et de Navarre, à tous ceux qui ces présentes lettres verront, salut. Dieu, qui élève les roys au throsne de leur grandeur, non content de nous avoir donné l'esprit qu'il départ à tous les princes de la terre pour la conduite de leurs peuples, a voulu prendre un soin si spécial et de nostre personne

---

[1] Analyse d'Héroard déjà citée, pp. 16 et 45.
[2] Voyez la note V à la fin du volume.

et de nostre Estat, que nous ne pouvons considérer le bonheur du cours de nostre règne, sans y voir autant d'effets merveilleux de sa bonté que d'accidens qui nous menaçoient. Lorsque nous sommes entrez au gouvernement de cette couronne, la foiblesse de nostre âge donna sujet à quelques mauvais esprits d'en troubler la tranquillité; mais cette main divine soustint avec tant de force la justice de nostre cause, que l'on vit en même temps la naissance et la fin de ces pernicieux desseins. En divers autres temps, l'artifice des hommes et la malice du démon ayant suscité et fomenté des divisions non moins dangereuses pour nostre couronne que préjudiciables à nostre maison, il lui a plû en détourner le mal avec autant de douceur que de justice; la rébellion de l'hérésie ayant aussi formé un parti dans l'Estat, qui n'avoit autre but que de partager nostre autorité, il s'est servi de nous pour en abattre l'orgueil, et a permis que nous ayons relevé ses saints autels, en tous les lieux où la violence de cet injuste parti en avoit osté les marques. Si nous avons entrepris la protection de nos alliés, il a donné des succès si heureux à nos armes, qu'à la vûë de toute l'Europe, contre l'espérance de tout le monde, nous les avons restablis en la possession de leurs Estats dont ils avoient été dépouillez. Si les plus grandes forces des ennemis de cette couronne se sont ralliées pour conspirer sa ruine, il a confondu leurs ambitieux desseins, pour faire voir à toutes les nations, que comme sa Providence a fondé cet Estat, sa bonté le conserve, et sa puissance le défend. Tant de grâces si évidentes font que pour n'en différer pas la reconnoissance, sans attendre la paix qui nous viendra sans doute de la même main dont nous les avons reçuës, et que nous désirons avec ardeur, pour en faire sentir les fruits aux peuples qui nous sont commis, nous avons cru estre obligez, nous prosternans aux pieds de sa Majesté divine que nous adorons en trois personnes, à ceux de la sainte Vierge et de la sacrée croix, où nous révérons l'accomplissement des mystères de nostre Rédemption par la vie et la mort du Fils de Dieu, nous consacrer à sa grandeur par son Fils rabbaissé jusques à nous, et à ce Fils par sa mère élevée jusqu'à lui, en la protection de laquelle nous mettons particulièrement nostre personne, nostre Estat, nostre couronne et tous nos sujets, pour obtenir, par ce moyen, celle de la sainte Trinité par son intercession, et toute la cour céleste par son autorité et son exemple. Nos mains n'estant pas assez pures pour présenter nos offrandes à la pureté même, nous croyons que celles qui ont esté dignes de la porter les rendront hosties agréables; et c'est chose bien raisonnable, qu'ayant esté médiatrice de ses bienfaits, elle le soit de nos actions de grâces.

A ces causes, nous avons déclaré et déclarons que, prenant la très-sainte et très-glorieuse Vierge pour protectrice spéciale de nostre royaume, nous luy consacrons particulièrement nostre personne, nostre Estat, nostre couronne et nos sujets, la suppliant de nous vouloir inspirer une sainte conduite, et défendre avec tant de soin ce royaume contre l'effort de tous ses ennemis, que soit qu'il souffre le fléau de la guerre, ou jouisse de la douceur de la paix, que nous demandons à Dieu de tout nostre cœur, il ne sorte point des voies de la grâce qui conduisent à celles de la gloire. Et afin que la postérité ne puisse manquer à suivre nos volontez en ce sujet, pour monument et marque immortelle de la consécration présente que nous faisons, nous ferons construire de nouveau le grand autel de l'église cathédrale de Paris, avec une image de la Vierge qui tienne entre ses bras celle de son précieux fils descendu de la croix; nous serons représenté aux pieds et du fils et de la mère, comme leur offrant nostre couronne et nostre sceptre [1].

Nous admonestons le sieur Archevêque de Paris, et néanmoins luy enjoignons, que tous les ans, le jour et fête de l'Assomption, il fasse faire commémoration de nostre présente Déclaration à la grande Messe qui se dira en son église cathédrale, et qu'après les Vêpres dudit jour il soit fait une procession en ladite église, à laquelle assisteront toutes les compagnies souveraines, et le corps de ville, avec pareille cérémonie que celle qui s'observe aux processions générales plus solennelles. Ce que nous voulons aussi estre fait en toutes les églises tant parochiales, que celles des monastères de ladite ville et fauxbourgs; et en toutes les villes, bourgs et villages dudit diocèse de Paris.

Exhortons pareillement tous les Archevêques et Évê-

---

[1] Louis XIII mourut sans avoir pu mettre la main au monument qu'il avait projeté; mais Louis XIV se chargea d'acquitter la dette de son père.

La décoration du chœur de Notre-Dame, entreprise par ce prince, ne fut terminée qu'en 1714.

Marie est représentée assise au pied de la croix, tenant le Christ mort sur ses genoux; à droite Louis XIII, et à gauche Louis XIV, qui avait voulu se réunir à son père dans cet acte solennel, offrent leur couronne à la Vierge.

A la suite de la révolution de 1830, les statues des deux rois, œuvre de Nicolas Coustou, de Guillaume, son frère, et de Coyzevox, furent déposées, par mesure de précaution, dans les musées de l'État (De Guilhermy et Viollet-Leduc, *Description de Notre-Dame;* Paris, 1856, pp. 109, 110); elles ont repris leur place, il y a peu d'années, dans le chœur de Notre-Dame.

ques de nostre royaume, et néanmoins leur enjoignons de faire célébrer la même solemnité en leurs églises épiscopales. et autres églises de leurs diocèses ; entendant qu'à ladite cérémonie les cours de parlement, et autres compagnies souveraines, et les principaux officiers des villes y soient présens. Et d'autant qu'il y a plusieurs églises épiscopales qui ne sont point dédiées à la Vierge, nous exhortons lesdits archevêques et évêques en ce cas, de luy dédier la principale chapelle desdites églises, pour y estre faite ladite cérémonie ; et d'y élever un autel avec un ornement convenable à une action si célèbre, et d'admonester tous nos peuples d'avoir une dévotion toute particulière à la Vierge, d'implorer en ce jour sa protection, afin que, sous une si puissante patrone, nostre royaume soit à couvert de toutes les entreprises de ses ennemis, qu'il jouisse longuement d'une bonne paix ; que Dieu y soit servi et révéré si saintement, que nous et nos sujets puissions arriver heureusement à la dernière fin pour laquelle nous avons tous été créez ; car tel est nostre plaisir.

Donné à Saint-Germain-en-Laye, le dixième jour de février, l'an de grâce mil six cens trente-huit, et de nostre règne le vingt-huitième.

Signé LOUIS. *Et sur le reply.* Par le Roi. SUBLET [1].

---

[1] Delamarre, *Traité de la police*, t. I, p. 362, Paris, 1705 ; Avenel, *Correspondance de Richelieu*, t. V, p. 908.

HENRI DE BOURBON-CONDÉ

Henri II de Bourbon-Condé, fils de Henri Ier, prince de Condé, et de Catherine Charlotte de la Trémouille, naquit à Saint-Jean-d'Angély le 1er septembre 1588, six mois après la mort de son père.

Le jeune prince, élevé dans la religion catholique, épousa, en 1609, Charlotte-Marguerite de Montmorency.

Après avoir suscité de graves difficultés à la reine Marie de Médicis pendant sa régence, Henri de Bourbon-Condé, rallié au roi, fit pour lui plusieurs campagnes. Il échoua devant Dôle, en 1636; devant Fontarabie, en 1638; mais il prit Salces en Roussillon en 1639, et Elne en 1642.

C'est en cette même année 1642 que s'élevèrent à Paris les premières discussions publiques sur le livre de Jansenius, évêque d'Ypres, qui, édité à Louvain en 1640 (deux ans après la mort de l'auteur), venait d'être réimprimé à Paris en 1641. M. Habert, théologal de Notre-Dame, prononça en pleine chaire de la cathédrale, durant l'avent de 1642, deux discours qui furent le signal de la lutte. Six mois plus tard (juin 1643), fut promulguée la bulle d'Urbain VIII qui appliquait à l'*Augustinus* de Jansenius des condamnations précédemment lancées par Pie V et Grégoire XIII contre les ouvrages de Baius.

A peine cette bulle avait-elle fait son apparition qu'Arnauld publia (en août 1643) le livre *de la Fréquente Communion*, dans lequel le célèbre docteur de Port-Royal blâmait l'usage fréquent du sacrement de l'Eucharistie.

Cet ouvrage souleva les plus justes critiques, notamment celles de saint Vincent de Paul. Une des premières réponses au livre d'Arnauld fut publiée par le prince de Condé, en 1644, sous ce titre : *Remarques chrestiennes et catholiques sur le livre de la Fréquente Communion* [1].

Henri de Bourbon-Condé, mort le 11 décembre 1646, trois ans après la victoire de Rocroy, remportée par son illustre fils le duc d'Enghien, laissa trois enfants :

1º Louis II de Bourbon, prince de Condé (le grand Condé);
2º Anne-Geneviève de Bourbon (Mᵐᵉ de Longueville);
3º Armand de Bourbon-Conti.

DE LA FRÉQUENTE COMMUNION

L'expérience fait voir partout, et sans aller plus loin, dans cette ville de Paris, combien, et sans nombre, de bonnes œuvres sont causées par le moyen des confessions ordinaires et des fréquentes communions.

Les jeusnes et oraisons, et l'assistance au service divin en sont une suite infaillible. Mais qui pourroit expliquer à combien de personnes cette dévotion ouvre le cœur et les mains pour faire quantité d'aumônes? Il m'est impossible de l'escrire.

Les bastimens des maisons religieuses, les décorations des églises, les dons des riches ornemens, l'entretien de tant de religieux mendians; les ausmônes aux Hostels-Dieu, aux prisons, aux pauvres courans les ruës, aux pauvres honteux, enfermez, fous, incurables, enfans trouvez, et la subvention à toutes les nécessités publiques, le secours aux pèlerins, aux condamnés à mort

---

[1] Nous avons puisé une grande partie des renseignements que nous donnons ici dans l'ouvrage de M. Sainte-Beuve : *Port-Royal*, 3ᵉ édit., 1867, 6 vol. in-8º.

et aux galères, et aux malades ; l'exercice des œuvres de miséricorde spirituelle et temporelle, la visitation des nécessiteux par les plus grands et grandes du monde ; les catéchismes, les instructions, le bon ordre dans les familles, la correction fraternelle : toutes ces choses ont pour origine plus certaine les confessions ordinaires et les communions fréquentes, et en découlent comme de leur principale source. Je ne dis rien des indulgences, lesquelles pour l'ordinaire on ne peut gagner sans se confesser et communier.

Ce qu'estant vray, n'est-ce pas une pernicieuse doctrine, celle qui empeschera... une telle quantité de bonnes œuvres, et mesme qui choque l'usage des indulgences ?

Or il est certain que le livre *de la Fréquente Communion* sape les fondemens de ce sainct usage, d'où il faut conclure avec l'Escriture que, puisque par les œuvres les choses bonnes sont distinguées des mauvaises, qu'un bon arbre porte de bons fruits, et que de l'usage présent de l'Église naissent tous les bons fruits des bonnes œuvres rapportées cy-dessus, la coustume présente de l'Église des fréquentes communions et confessions est très-bonne et très-saincte, et qu'au contraire, la doctrine du livre d'Arnaud est très-pernicieuse, et destournante des bonnes œuvres [1].

---

[1] Remarques chrestiennes et catholiques sur le livre *de la Fréquente Communion*; Paris, imprimé par commandement, 1644, pp. 31-34. Conf. Sainte-Beuve, *Port-Royal*, 3e édit., t. II, 1867, p. 185.

ARMAND DE BOURBON

PRINCE DE CONTI

Armand de Bourbon-Conti, fils de Henri II de Bourbon et de Charlotte de Montmorency, naquit en 1629. Après avoir été mêlé, comme son frère le grand Condé et sa sœur la duchesse de Longueville, aux guerres et aux intrigues de la Fronde, il se soumit dès l'année 1653, épousa Anne-Marie Martinozzi, nièce du cardinal Mazarin, et fut nommé gouverneur de Guyenne.

Il fit pour le roi quelques campagnes en Cerdagne et en Italie.

Petit et contrefait, Armand de Bourbon-Conti avait été destiné à l'Église et s'était livré dans sa jeunesse avec succès aux études théologiques : loin de poursuivre cette voie, le prince de Conti se signala de bonne heure par le désordre de ses mœurs; mais il revint longtemps avant de mourir à une vie réglée et même à une vie pieuse et pénitente. Cette conversion fut d'abord inconstante : on vit Armand de Bourbon passer du libertinage à la dévotion, puis retomber bientôt dans tous ses excès, puis retourner encore et pour toujours à la pénitence[1]. Retiré dans son gouvernement de Guyenne, il ne songea plus qu'à remplir scrupuleusement tous ses devoirs de justice et de charité et à expier ses fautes : il voulut que la ville de Bordeaux, témoin de ses désordres, fût témoin de son repentir public.

Se rappelant ses premières études en Sorbonne, il composa quelques livres théologiques et moraux, un traité *des Devoirs des grands*, des *Lettres sur la grâce* (le prince partageait les

---

[1] Amédée Renée, *Les Nièces de Mazarin*, 1856, p. 117.

opinions jansénistes), enfin un livre contre la comédie et les spectacles[1]. Il eût peut-être mieux fait, dit à ce propos Voltaire, d'en écrire un contre la guerre civile [2].

A la vérité, le prince de Conti ne composa pas de traité contre la guerre civile; mais il fit mieux qu'un livre : se considérant comme responsable des malheurs de la Fronde, il entreprit d'indemniser tous ceux qui avaient souffert de la guerre en Saintonge, en Guyenne, en Berry, dans la Marche, en Champagne ou dans le voisinage de Dampvilliers. Il ne tint pas à lui qu'il ne sacrifiât son rang et sa fortune, et ne vendît tous ses biens, pour achever plus rapidement cette œuvre réparatrice. Il souhaita avec passion de se réduire ainsi à la vie privée, afin de pouvoir réparer tout d'un coup les malheurs de la guerre civile. Mais on lui conseilla de conserver son rang, de réduire autant que possible les dépenses de sa maison, et de prélever chaque année sur ses revenus une somme importante pour être distribuée aux communes et aux particuliers ruinés ou appauvris par la guerre. C'est ce qu'il fit religieusement pendant plusieurs années : il ne voulut pas que cette œuvre fût arrêtée par sa mort : il chargea ses héritiers de la continuer jusqu'à ce que la réparation fût complète [3].

Armand de Bourbon-Conti mourut en 1666, et fut inhumé à la Chartreuse de Villeneuve-lez-Avignon. Un petit-fils de ce prince (François-Louis de Bourbon) fut élu, en 1697, au trône de Pologne, vacant par la mort de Jean Sobieski; mais Frédéric-Auguste, électeur de Saxe, élu en même temps que Conti, régna à sa place.

La postérité d'Armand de Bourbon-Conti s'est éteinte en 1814.

[1] Plusieurs ouvrages d'Armand de Bourbon-Conti ont été traduits en italien. (*Biblioth. Casanatens. Catalogus*, t. I, p. 793; Romæ, 1761.)

[2] Voltaire, *Siècle de Louis XIV*, liste des écrivains du xviie siècle en tête de l'ouvrage, au mot *Conti*.

[3] *Testament de M. le prince de Conti*, à la suite des *Devoirs des grands*; Paris, Denys Thierry, 1666.

LES INCONVÉNIENTS DE LA GRANDEUR ET DES DIGNITÉS

Un véritable chrétien doit s'affliger sincèrement et s'humilier profondément de se voir dans la grandeur et dans les dignitez, parce que la grâce de Jésus-Christ réparateur cherche, pour l'ordinaire, les personnes les plus viles et les plus méprisables selon le monde, et qu'il faut craindre qu'on ne soit prince et grand, par les arrests sévères de sa justice : *Vous voyez, mes frères*, dit saint Paul, *que de tous ceux d'entre vous que Dieu a appellez à la foi, il y en a peu de puissans et peu de nobles. Mais Dieu a choisy les foibles, selon le monde, pour confondre les puissans; et pour détruire par ce qui n'estoit rien, ce qui estoit de plus grand; afin que nul homme n'ait aucun sujet de se glorifier devant luy.*

Les obstacles à la pratique de l'Évangile qui suivent la grandeur sont presque infinis.

Mais il y en a quatre principaux :

L'Évangile ne recommande rien tant que l'humilité ; cet estat porte à l'orgueil.

L'Évangile ne prêche que la pénitence ; cet estat est rempli de mollesse, de délicatesse et de luxe.

L'Évangile ne nous montre rien de si nécessaire que l'amour du prochain, la compassion à ses peines et l'application à son soulagement ; cet estat ne donne ordinairement pour le prochain que du mépris, de l'indifférence et de l'insensibilité.

L'Évangile et toute l'Écriture nous représente l'homme pécheur condamné à la peine et au travail; cet estat ne persuade à l'homme que les délices, l'oisiveté et la paresse.

Il faut donc qu'un grand, se voyant environné de tant d'obstacles à son salut, au lieu qu'on luy persuade qu'il est plus heureux que tous les autres, croie fermement qu'il est plus misérable ; qu'il conjure la miséricorde de Dieu de lui donner part à cette grâce, qui purge le venin des grandeurs, et qui est capable de vaincre toute leur malignité [1].

L'ESPRIT DE JUSTICE ET DE FORCE

Le plus grand de tous les crimes est de sacrifier la justice à son intérest. Il y a peu de personnes constituées en quelque dignité capables de commettre des injustices pour de petits interests ; mais, en vérité, il y en a très-peu aussi à qui un grand intérest n'en fasse faire ; et l'esprit de la justice humaine ne surmonte guère ces occasions où il faut risquer sa fortune, ses biens ou sa vie pour n'être pas injuste. Il n'y a que la justice d'un chrétien qui soit inébranlable dans ces rencontres et qui puisse résister à tous les ennemis qui l'attaquent ; comme c'est une participation de la justice de Jésus-Christ, elle n'a acception de personne, elle est perpétuelle dans tous les temps, dans tous les lieux, à l'égard de tous, et au péril de tout.

C'est pour cela que pour être véritablement une jus-

---

[1] *Les Devoirs des grands, par Monseigneur le prince de Conty*, p. 4 et suiv.; Paris, Denys Thierry, 1666.

tice chrétienne elle doit être soutenue par la force, qui est une vertu si nécessaire à un grand qu'on peut dire que c'est elle qui conserve toutes les autres...

Il n'y a point de parfait chrétien s'il n'est dans la disposition de souffrir pour l'observation de la loy de Dieu dans toutes ses parties, et pour chaque commandement en particulier, tout ce que les martyrs ont souffert pour la foi; en sorte qu'un grand doit hazarder ses biens, sa fortune, ses établissemens et sa vie même plutost que de participer à la moindre injustice, plutost que d'omettre la moindre partie de ses devoirs, plutost que de se taire lorsqu'il est obligé de parler, plutost que de parler lorsqu'il est obligé de se taire, plutost que d'agir lorsqu'il est obligé de n'agir pas, plutost que de n'agir pas lorsqu'il a obligation d'agir. C'est une leçon bien cachée à la nature corrompue que celle-là; ce sont des véritez bien au-dessus de la chair et du sang, ce sont des maximes bien contraires à l'amour de soy-même, et qui l'attaquent dans sa racine. L'homme ne trouve point dans soy de quoi soutenir des épreuves si rudes; aussi n'est-ce pas dans soy-même qu'il doit chercher son secours: il faut qu'il ait recours, pour obtenir un si grand don, à Celui qui a voulu être appellé, mesme dans son enfance, un Dieu fort, qui malgré toutes les infirmités de sa nature, malgré toutes les répugnances de la politique charnelle, luy peut donner cette valeur inébranlable, qui est le véritable caractère du chrétien, et qu'on n'est jamais plus en éstat d'exercer héroïquement que lorsqu'on connoist plus clairement qu'on ne la peut avoir de soi-même. C'est pour cela que, ne s'appuyant point sur ce qu'il peut par luy-même, mais s'abandonnant à l'esprit de force, qui n'est autre que le Saint-Esprit même, et disant avec foi : *Je pénètrerai les œuvres merveilleuses de la puissance de Dieu* [1], il éprouve la vérité de ces paroles de l'Apôtre : *Lors que je suis foible, c'est alors que je suis fort* [2].

L'ORGUEIL DE LA VIE

Un plus dangereux adversaire (que tous les autres ennemis) s'élève contre l'homme, et principalement contre l'homme qui est dans l'élévation et dans la grandeur. Il naist de la destruction de tous les vices, il se nourrit de la plus rigoureuse pénitence, et il acquiert toute sa force au milieu de la vertu la plus consommée. C'est cette passion que l'apôtre saint Jean appelle *l'orgueil de la vie* [3], qui dit à l'homme dans le fond de son cœur, après qu'il a triomphé de toutes ses passions : Pourquoi triomphes-tu ? Je vis encore et je vis parce que tu triomphes. C'est luy qui s'approprie toutes les vertus et toutes les bonnes œuvres, qui les arrache à Dieu pour s'en faire le père et le principe, et pour les empoisonner en mesme temps. *L'orgueil*, dit saint Augustin, *dresse mesme des piéges aux bonnes œuvres pour les faire périr* [4]. C'est cet orgueil qui veut faire dépendre toutes choses de soy, et qui ne veut dépendre de rien ; qui osteroit à Dieu, s'il luy étoit possible, la souveraine puissance qu'il a sur

---

[1] Psalm. LXX, 17.
[2] II Cor. XII, 10. — Même ouvr. pp. 64 et suiv.
[3] Joan., II, 16.
[4] Epist. CIX.

tous les estres ; qui demande les sacrifices de toutes les créatures, et qui est si fin, si délicat et si imperceptible dans un grand, qu'il est l'âme de toutes ses actions et de tous ses mouvemens sans qu'il s'en apperçoive. C'est luy qui allume les plus sanglantes guerres, et qui sacrifie la vie d'un million d'hommes au moindre de ses intérests sous des prétextes spécieux. C'est luy qui appauvrit les provinces et les royaumes pour se satisfaire, qui se plaist à voir les hommes à ses pieds...

Il n'y a que la connoissance de la vérité qui soit capable d'étouffer ce monstre ; car l'humilité chrétienne n'est autre chose qu'un sentiment juste et raisonnable qui suit la connoissance de la vérité : l'homme éclairé de cette lumière sainte, connoissant la grandeur de Dieu et voyant en même temps son néant, souhaite de se tenir dans la place qui lui est due, et, bien loin d'affecter l'indépendance, il souhaiteroit d'être soumis à toutes les créatures pour venger Dieu en quelque manière de la rébellion à laquelle son orgueil l'a porté contre luy. Il envisage toutes les grandeurs humaines dès le moment qu'elles ne servent plus à l'usage pour lequel Dieu les a établies, comme les trophées de la vanité qui s'évanouissent avec elle, et qui ne résistent jamais au temps, à la mauvaise fortune et à la mort. De sorte que l'humilité n'est autre chose qu'un sincère et raisonnable acquiescement à la vérité connue, une justice qu'on se rend à soy-même en se mettant à sa place...

Ces sentimens doivent être sincères, solides et durables dans le cœur d'un grand, s'il veut que sa grandeur ne l'entraisne pas dans l'abisme, et quelque vertu qu'il ait acquise, c'est un trésor qu'il possède dans des vaisseaux de terre, qu'il ne conservera jamais qu'en reconnoissant avec une profonde humilité que c'est Dieu même qui peut seul être le gardien et le conservateur de ses dons. *Nous portons*, dit saint Paul, *ce trésor dans des vases de terre, pour nous faire connoître que ce qu'il y a de grand et de fort en nous vient de Dieu et non pas de nous* [1].

---

[1] II Cor. IV, 7. — Même ouvrage, pp. 97 et suiv.

ANNE-MARIE MARTINOZZI

PRINCESSE DE CONTI

Anne-Marie Martinozzi, fille du comte Jérôme Martinozzi, gentilhomme romain, et de Laure-Marguerite Mazarini, sœur aînée du cardinal Mazarin, naquit à Rome en 1637. Elle épousa à Paris, le 22 février 1654, Armand de Bourbon, prince de Conti, frère du grand Condé.

Anne-Marie Martinozzi a connu, en plein XVIIe siècle, ce doute, cette vague inquiétude, ces souffrances mal définies qui caractérisent notre époque. Son éducation avait été à peine chrétienne, et sa foi fut d'abord douloureuse et languissante : elle travailla même à en éteindre les faibles restes, afin de calmer son inquiétude et de dissiper les tourments qui l'obsédaient.

Tandis qu'elle cherchait le repos dans la négation et dans l'incrédulité, son mari, devenu fervent chrétien, s'efforçait de lui faire goûter la paix qui vient de Dieu; mais le zèle du prince de Conti demeura infructueux, et ne servit qu'à aggraver le mal : plus il exhortait cette jeune femme dont il était tendrement aimé [1], plus celle-ci s'éloignait de Dieu [2]. Il fallut pour la ramener un coup subit de la grâce, qui la transforma presque soudainement, mais lui laissa néanmoins cette blessure du doute qui ne se cicatrise, hélas! trop souvent, que pour se rouvrir bientôt et saigner encore. La vertueuse Marie Martinozzi, celle qu'un contemporain appelle la fleur des dames de la cour en sagesse, en piété, en probité; celle qui, pendant la famine de 1662, vendit secrètement toutes ses pierreries pour nourrir

---

[1] Voy. Lettres de la princesse de Conti dans la *Correspondance littéraire*, t. V, p. 325 et suiv.

[2] *Supplément au nécrologe de Port-Royal*, (par Ch.-Hub. le Fèvre de Saint-Marc), 1735, p. 385 et suiv.

les pauvres du Berry, de la Champagne et de la Picardie, Marie Martinozzi, cette austère chrétienne qui demande à son confesseur la permission de se mettre le bracelet, et que Guy Patin appelle une autre Catherine de Sienne, souffre intérieurement « de grands doutes sur la foi ». Elle en parle avec douleur à son confident spirituel, s'accuse de raisonner, de se fatiguer la tête. « Si vous étiez ici, écrit-elle à l'abbé Lavergne, vous auriez déjà imposé silence » à cet esprit de raisonnement et d'inquiétude : « je le fais de votre part [1]. »

A ces états de l'âme douloureux et maladifs succèdent le repos et la paix : Marie Martinozzi a bien décrit dans les quelques lignes qui suivent la consolation intérieure qui naît d'une foi entière et profonde.

La princesse de Conti se dépouilla de biens considérables dont l'acquisition lui paraissait suspecte, et restitua ainsi une somme de 800,000 francs. Elle mourut à Paris le 4 février 1672. Ses dernières intentions portaient qu'elle serait enterrée à sa paroisse, simplement, comme la moindre femme [2].

LA PAIX DE DIEU

(Lettre à une amie.)

Dieu me fait voir qu'il est tout et que je ne suis rien ; car il me fait voir dans le fond de mon cœur une paix et une fermeté pour ce qui regarde ce divin maistre que je ne comprends pas comment cela se fait. J'en suis étonnée et regarde cela comme un pauvre païsan à qui on auroit donné un royaume et qui ne comprend pas com-

---

[1] Floquet, *Études sur la vie de Bossuet*, 1855 ; t. III, pp. 156, 157, 159. Manuscrit Gaignières, 2800, pp. 192, 195, 217.
[2] *Lettres de Mme de Sévigné*, publiées par Régnier, t. II, Hachette, p. 491.

ment cela s'est fait. Priez pour moy : que je sois toute à celuy qui m'a tout donné sans réserve.

...Je n'ai jamais si bien connu ma misère; et ma confiance croît à mesure que je connais la mesure de ma foiblesse. Que Dieu est bon, qu'il est aimable, que la créature est peu de chose![1]

RÉSOLUTIONS

Je demanderai souvent à Notre-Seigneur qu'il grave ses paroles en mon cœur qu'il n'y a qu'une seule chose nécessaire, que Marie a choisi la meilleure part; et pour mettre cette sainte parole en pratique je ne contenterai pas le monde quand il faudra agir et me déterminer, mais Notre-Seigneur, comme celui seul que je veux contenter[2]; et, pour lui demander la grâce de m'aprendre ce qui lui est agréable, je vivrai autant que je pourrai dans la séparation du monde, retranchant tout ce qui n'est pas pour la charité que je dois au prochain et à moi-même, m'occupant à la lecture de l'Écriture sainte, et aprenant tous les jours quelque chose par cœur en le repassant dans mon esprit le reste de la journée, parlant de bonnes choses, gardant le silence le plus que je pourrai, évitant les conversations des gens du monde,

---

[1] Bibliothèque Mazarine. T. 2286, folio 99, recto et verso.
[2] Ces incorrections de style sont fréquentes chez la princesse de Conti, qui était Italienne. Son orthographe est également très-libre. Le copiste dont nous suivons ici la transcription, avait déjà sensiblement régularisé l'orthographe. Nous avons cru devoir achever ce travail de régularisation et nous conformer, pour l'impression de ces fragments, aux habitudes orthographiques du XVIIe siècle.

et n'y demeurerai qu'autant que la charité le demande, et comme une personne qui est dans l'impatience d'être seule avec ce qu'elle aime, et qui craint les discours des hommes, connoissant leur faiblesse, laissant mourir les nouvelles et tout ce qui est de l'esprit du monde, se retirant souvent dans les communautés, non pour y causer, mais pour être édifiée et pour garder le silence ; l'obéissance sera ma principale obligation et occupation ; sachant combien elle m'est nécessaire ; et c'est le plus seur et le plus court moyen de plaire à Dieu, et celui qui fait plus mourir la nature.

J'ai écrit cecy ayant l'esprit fort tranquille, pour le lire dans le temps de mes troubles ; je crois qu'il m'est très-utile et que Dieu demande de moi une soumission sans réserve à toutes les choses qui m'arriveront de sa part, ayant éprouvé une bénédiction extraordinaire dans cette conduitte, trouvant la joie et la paix à mesure de ma petitesse, et le trouble et le chagrin à mesure de ma grandeur, ayant trouvé tous les jours que, dès lors que je veux me gouverner moi-même, je me sens éloignée de Dieu, ne pouvant prier toute dissipée, manquant de charité pour le prochain, ayant l'esprit chagrin et enfin insupportable à moi-même et aux autres ; et, au contraire, je trouve dans la soumission la douceur, la paix, la joye, la charité pour le prochain, renfermée à penser, à m'acquitter de mes devoirs ; enfin je puis dire que la petitesse est pour moi une source de biens, et la grandeur une source de maux. Mes dispositions sont, à ce qui me paroît, un désir unique d'être toute à Dieu sans choisir rien, mais la volonté de Dieu seul qui me paroît présentement consister à la petitesse et à la simplicité, obéissant en enfant, et demeurant dans la dépendance de Dieu en tout, et dans le désir de le contenter en m'acquittant des choses dont il m'a chargée, mourant à tout le reste et me souvenant toujours qu'il n'y a qu'une seule chose nécessaire. J'ai regardé ce matin dans mon oraison mes fautes les plus ordinaires; et j'ai vu que je n'ai pas souvent l'affection et le respect que je dois avoir à mes prières; et j'ai résolu avec la grâce de Dieu de n'en faire aucune sans auparavant penser qui est celuy à qui je dois avoir l'honneur de parler, — c'est celuy devant qui les Anges tremblent, — et tâcher par là de me tenir dans un grand respect devant Dieu, et de me regarder comme une misérable qui a souvent mérité l'enfer, et qui est encore remplie de tant d'aveuglement et de misère, et qui a un besoin si grand du secours particulier de Dieu, que s'il ne m'assistoit continuellement, je tomberois dans les plus horribles crimes; et je cesserai plutôt de prier que de ne le pas faire avec tout le respect et l'attention qui me sera possible, et que je le demanderai beaucoup à Dieu. La seconde faute est de laisser facilement mes prières sous prétexte de quelque légère incommodité et de quelque affaire; je tâcherai d'être fidèle de donner à Dieu le temps qu'on m'a réglé, et je regarderai que ce temps luy doit être particulièrement consacré et que je (le) luy vole quand je l'employe à d'autres choses, et lorsque la Providence me fait voir clairement qu'elle veut que je sois occupée à d'autre chose, je serai fidèle aux choses qu'on m'a prescrites.

La troisième faute est : dès que je suis tombée en quelqu'une, je m'éloigne de Dieu par orgueil, je me regarde comme étant mal avec luy, et cela est cause que j'en commets beaucoup d'autres qui sont plus grandes que la première, et particulièrement de ne pas recourir avec confiance à Notre-Seigneur dans mon besoin et de m'éloigner de celuy seul qui peut me guérir. Je tâcherai donc avec sa grâce de recourir avec plus d'empressement à lui après que je serai tombée, comme un enfant qui, plus il est mal, plus il a besoin de son père; et je graverai bien dans mon cœur que toutes mes fautes ne me font pas perdre Dieu, et que ma négligence à recourir à lui en ces occasions lui déplaît beaucoup plus que toutes mes autres fautes, et que cette retenue est un pur effet de mon amour propre et de mon orgueil. Je commets encore une infinité d'autres fautes contre le prochain, envers mes domestiques, ne les avertissant pas de leurs manquemens par foiblesse et crainte de les fâcher parce que cela est contraire à mon humeur et me fait de la peine... La conduite que je dois et désire tenir sur ce chapitre avec la grâce de Dieu, est d'écouter humblement et simplement les advertissemens que l'on me donnera sur ce sujet...

Je prendrai garde que, quand j'irai dans les lieux où il y a du monde, comme à la cour, lorsque la Providence me l'ordonnera, je ne témoignerai point que cela me peine, cela venant d'un fond d'amour propre qui est bien aise que l'on voit, et dire en soi-même que l'on ait peine parmi les gens du monde : j'irai donc gayement dans la vue de la volonté de Dieu, quoique la pente de mon cœur soit et doit toujours être dans le désir de la séparation de tout ce qu'aime le monde; je tâcherai de ne m'y pas dissiper et de n'être pas dans l'esprit du monde qui conte pour quelque chose de vrai, rien [1]...

LETTRE ADRESSÉE LE 8 NOVEMBRE 1666
A M. PAVILLON, ÉVÊQUE D'ALET

Cette lettre nous montre avec quels scrupules la princesse de Conti s'efforça de remplir les volontés de son mari, touchant les restitutions ordonnées par son testament.

Je vous supplie de me dire votre sentiment sur le service du bout de l'an de M. mon mari. Il y aura assurément des personnes qui me proposeront de faire faire un service où l'on fera une oraison funèbre, à laquelle comme il faudra prier tout le monde, l'on ne pourra s'empêcher de faire de grands frais, qui pourront aller à deux mille écus. Les raisons qui sont pour cela sont qu'il semble que devant toutes choses à la mémoire de M. mon mari, rien ne peut être trop pour témoigner mon amitié et pour faire connoître à tout le monde, non-seulement l'estime que l'on doit faire de sa qualité, mais de sa vertu, qui peut servir d'exemple à tout le monde. Et il semble que je doive cela, d'autant plus que Mme de Longueville en a fait un, elle qui n'est que sa sœur. Les raisons contre sont, ce me semble, que toutes ces pompes ne sont pas chrétiennes, et ne sont que pour le monde; et qu'aïant beaucoup d'obligations de restituër, tout ce que je donne ailleurs retarde mes restitutions. Si vous croiés que je ne le doive pas faire, je pourrai me mettre

---

[1] Manuscrit français 13728, pp. 27-47.

ces jours-là dans un couvent, où je pourrai faire un service sans cérémonie. Mais je ferai en cela ce qu'il vous plaira me prescrire. Je suis à vous avec beaucoup de respect et de sincérité.

M. Pavillon approuva la dernière proposition, pour éviter la dépense. « L'obligation de réparer des dommages et de payer « des dettes pressantes, dit ce prélat, est un devoir préférable « à ce vain éclat de pompes funèbres, que le monde exige, et « qui n'est d'aucune utilité aux défunts. *Solatia vivorum, non* « *adjutoria mortuorum!* Consolations pour les vivants, qui ne « sont d'aucun secours aux morts! » On se contenta du service que Mme de Longueville avait fait faire aux Carmélites, où M. l'évêque de Comminges avoit fait une oraison funèbre [1].

LETTRE DU 22 AOUT 1671 A M. PAVILLON,
ÉVÊQUE D'ALET

Je vous supplie, Monsieur, de vouloir me décider dans une chose qui me donne souvent de la peine. Il arrive que le roi fait un homme évêque, que l'on voit clairement qui n'est pas digne de l'être. Comme je suis dans le commerce et que l'on remarque mes actions, on dit que je dois faire des complimens à ces évêques, pour me réjouir avec eux, et cela me fait beaucoup de peine, parce qu'il me semble que la charité ne doit pas se réjouir de voir le mal de celui qui est fait évêque, et un mal pour l'Église qu'il doit gouverner; et qu'il me semble qu'un chrétien devant tout dire avec sincérité, il ne doit pas se réjouir de ce qui doit l'attrister, parce

---

[1] *Vie de M. Pavillon, évêque d'Alet*, t. 1, pp. 256, 257; Utrecht, 1739.

que dans son cœur il regarde cela comme un mal. Il arrive souvent des choses de cette nature. Pour moy, je règlerai ma conscience en prenant garde au moins de ne pas me réjouir du mal, mais de ce qui est bien ou au moins indifférent. Cependant on dit que les personnes de la plus grande piété le font, que je désoblige tout le monde, que ce n'est pas à moy à regarder ce que font les gens, et que les complimens ne signifient rien. Par exemple, M. de Luçon a changé d'évêché, parce qu'il est sourd, et qu'il dit que l'air de Luçon lui est très-mauvais. Et moy, je crois que ce changement est très-nuisible à l'Église, parce que M. de Luçon, qui a une grande réputation, donnant cet exemple, personne ne fera plus de difficulté de changer d'évêché. Je n'ai pas cru pouvoir m'en réjouir avec lui. Une des grandes raisons que l'on me dit, est que des docteurs fort célèbres et fort pieux, et des personnes de la plus haute piété le font, et que je ne dois pas faire une loi particulière pour moy seule. Vous pouvez me mander librement ce que vous pensez là-dessus; car je tâcherai de m'en servir pour moy, et je n'en parlerai qu'à ceux que vous jugerez à propos. Je vous demande vos prières et votre sainte bénédiction [1].

« On ne peut, en conscience, répondit l'évêque, faire des
« complimens de conjouissance et d'approbation à ceux qui sont
« ainsi promus aux dignitez ecclésiastiques; parce que cela est
« contre la sincérité et la charité chrétienne. Mais si on y étoit
« obligé, il faudroit se servir de termes généraux, qui ne fussent
« point contraires au sentiment intérieur qu'on en a, et qui ne
« marquassent pas qu'on aprouve une chose qu'en effet on
« n'aprouve pas. »

---

[1] *Vie de M. Pavillon, évêque d'Alet*, t. 1, pp. 259, 260; Utrecht, 1739.

LETTRE A M. DE CIRON

Fabiole [1] est icy, qui se porte présentement tout à fait bien. Elle vous prie de luy permettre de se servir de la ceinture que vous avez donnée à *Paulin* (le prince), comme aussi de ce remède si utile contre le chagrin (la discipline). Cela ne luy fera point de mal, car elle est à cette heure en parfaite santé. Souvenez-vous que vous êtes le médecin de son âme; songez seulement à la traiter et à la guérir. Il y a assez d'autres médecins qui ne pensent que trop à la santé de son corps; ceux-ci, quand il s'agit d'appliquer leurs remèdes, se mettent fort peu en peine des petites incommodités que l'âme en peut recevoir. Faites-en de même; vengez-vous d'eux en faisant comme eux; appliquez vos remèdes aux âmes sans vous mettre en peine de ce qui arrivera à des corps. Au moins tenez cette conduite à l'égard de Fabiole, car elle vous en prie [2].

[1] La princesse prenait souvent le nom de *Fabiole* dans sa correspondance intime. *Fabiola* était une sainte veuve romaine, de naissance illustre, dirigée par saint Jérôme.
[2] Sainte-Beuve, *Port-Royal*, 1859; t. IV, p. 432.

MADAME DE LONGUEVILLE

Anne-Geneviève de Bourbon, sœur du grand Condé et d'Armand de Bourbon, prince de Conti, naquit en 1619. Elle épousa en 1642 Henri, duc de Longueville, descendant du fameux Dunois.

Mme de Longueville, célèbre par sa beauté, ses galanteries, son caractère aventureux et romanesque, se mêla à toutes les intrigues de la Fronde, et pendant quelque temps elle en fut l'âme. Son amour pour Marsillac de la Rochefoucauld, l'auteur des *Maximes*, l'avait jetée dans cette folle entreprise : elle y entraîna elle-même l'illustre Turenne, son frère Conti et enfin le grand Condé. C'est elle qui rédigea le manifeste des Frondeurs contre Mazarin; c'est elle qui, de la citadelle de Stenay, dont elle avait pris le commandement, imprima pendant quelque temps aux révoltés l'impulsion d'une volonté ferme et passionnée.

Mme de Longueville, que Mazarin mettait au nombre des trois femmes capables, disait-il, de gouverner ou de bouleverter trois grands royaumes, rentra pour toujours dans la vie privée à la suite de l'amnistie de 1653.

Elle se rendit d'abord à Montreuil-Bellay, puis à Moulins, auprès de Mme de Montmorency, sa tante, qui était alors supérieure des Filles de Sainte-Marie. C'est là qu'elle se convertit. A partir de ce moment, elle put dire qu'il « s'était tiré comme un rideau devant les yeux de son esprit [1] ».

Tout enfant, Mlle de Bourbon accompagnait souvent sa mère chez les Carmélites du faubourg Saint-Jacques, à Paris, et jusqu'à l'âge de dix-sept ans, elle avait annoncé à plusieurs reprises

---

[1] Retraite de Mme la duchesse de Longueville, dans le *Supplément au nécrologe de Port-Royal*, 1735, in-4°; Ire partie, p. 145.

sa résolution de quitter le monde. Ces pieux sentiments se réveillèrent alors plus solides et plus durables. Mme de Longueville termina sa vie dans la prière et dans la pénitence, partageant l'année entre le couvent des Carmélites du faubourg Saint-Jacques (elle s'y trouvait quand Mme de La Vallière y entra[1] et le monastère de Port-Royal-des-Champs, près Chevreuse. Elle aimait Port-Royal et ses solitaires, se mêlait à leurs querelles, s'interposait souvent en leur faveur. Elle contribua, en 1668, à obtenir des Jansénistes cette soumission quelque peu déguisée[2] qui fut suivie de l'édit pacificateur de Clément IX. Par allusion à ces préoccupations théologiques, Mme de Sévigné nommait plaisamment la duchesse de Longueville, ainsi que sa belle-sœur la princesse de Conti, *les mères de l'Église*[3].

Mme de Longueville eut deux fils : l'aîné embrassa l'état ecclésiastique et fut connu sous le nom d'abbé d'Orléans ; le cadet (Charles-Paris) faillit être appelé aux plus hautes destinées : La diète de Pologne avait résolu de déposer le faible et imbécile Michel Viecnowisky ; elle choisit tout d'abord le grand Condé pour remplacer ce roi. Mais, Louis XIV s'étant opposé à cette élection, les Polonais jetèrent les yeux sur le jeune duc de Longueville, neveu de Condé, que celui-ci leur avait proposé lui-même. Ce nouveau choix fut agréé par Louis XIV, et le duc de Longueville allait partir pour prendre possession de son royaume, lorsqu'il fut tué au passage du Rhin, le 12 juin 1672, à peine âgé de vingt-quatre ans.

---

[1] Sainte-Beuve, *Portraits de femmes*, 1845, p. 295.

[2] Je ne me sens pas parfaitement certain de l'exactitude de cette expression : *soumission quelque peu déguisée*. Voici les faits :

« Le pape dans son bref, arrivé à Paris le 8 octobre 1668, supposait que les
« quatre évêques s'étaient soumis à la signature pure et simple du formulaire
« (*simplici ac pura subscriptione formularii*), tandis que leur signature, en
« effet, ne venait qu'au bas de procès-verbaux où était insérée une explication. »

La présence de cette explication fut-elle connue à Rome ? Si elle n'y fut pas connue, à qui incombe la responsabilité de cette dissimulation ? Ce sont là autant de questions qu'il faudrait résoudre pour se prononcer en pleine connaissance de cause. Je n'ai pas eu le loisir de faire cette enquête. Conf. Sainte-Beuve *Port-Royal*, 1859 ; t. IV, p. 283.

[3] Lettre du 13 mars 1671.

Mme de Longueville mourut sept ans plus tard à Paris, au couvent des Carmélites. Elle fut enterrée dans l'église de ce monastère. Son cœur fut porté à Port-Royal.

DIEU EST INTÉRIEUR

Le royaume de Dieu est dedans, dit Nostre-Seigneur : c'est au dedans que l'on trouve Dieu ; c'est dans l'intérieur qu'il opère : l'extérieur nous trompe et nous séduit : il nous fait prendre l'apparence pour la vérité ; mais la foy nous oblige de ne point croire à ce que nous voyons et de croire à ce que nous ne voyons pas. Tout ce qui est de sensible et visible nous trompe et n'est que néant... Dieu veut estre honoré par nostre foy, par nos ténèbres, nos obscuritez. L'on ne peut connoistre de Dieu que ce qu'il en veut manifester : tout l'effort et sçavoir humain n'y avance rien. C'est son ordre que la lumière qui nous doit conduire en ce monde soit la foy : il se faut soumettre à Dieu pour cela : il se faut faire à l'obscurité et insensibilité et servir Dieu en tous estats et dispositions, en absence comme en présence [1].

L'OBÉISSANCE ET LE SACRIFICE

Jésus-Christ, qui s'est fait mon modèle, s'est rendu obéissant jusques à la mort et à la mort de la croix : l'obéissance nous fait mourir de la mort de la croix, car

---

[1] Bibl. Mazarine, manuscrit T. 2286, folio 35, recto et verso.

elle nous fait mourir liées, captives et attachées à la croix de nostre vocation. Le Sauveur avait fait choix de la croix, mais il ne s'y mit pas luy-mesme ; sa sentence portoit qu'il seroit crucifié à leur volonté : ainsi encore que librement nous ayons choisi la croix, la perfection gist à s'y laisser mettre et par l'obéissance et par la volonté du prochain. Dans l'ancienne loy les victimes qui estoient offertes à Dieu estoient partagées par son ordre en quatre parties, et celle qui estoit pour Dieu estoit détruite et anéantie et consumée par le feu ; ce qui m'apprend qu'encore que par nostre estat nous soyons sacrifiées toutes à luy et partagées par son ordre en diverses choses, il ne prend pour luy en nos œuvres que ce qu'il y a de sacrifié et anéanti. Il n'a que faire de l'extérieur de nos obéissances ; il n'importe en quoy que ce soit pourveu que la volonté propre soit anéantie. De mesme en toutes nos œuvres de vertu, elles n'agréent à Dieu qu'autant qu'il y voit de destruction et d'anéantissement d'intérest, de désirs, d'honneur, de satisfaction et enfin de tout nous-mesme que nous devons perdre en Dieu comme les victimes estoient consumées par le feu qui en est la figure. Que je serois heureuse si dans mes actions tout ce qui est de la nature estoit détruit, car alors tout seroit pour Dieu et ce seroit un véritable holocauste ! C'est pourquoy le plus seur c'est où il y a le plus à mourir !

ABANDON EN DIEU

Nostre-Seigneur en la croix s'est rendu nostre général exemplaire. Dieu par sa puissance nous a faits à son image et semblance en la création; mais pour nous rendre saints et parfaits il veut par sa grâce nous rendre conformes à l'image de son Fils crucifié. Et cependant j'en suis éloignée infiniment. Quand après la mort on approchera ce membre de ce divin chef, quelle ressemblance, quel rapport y aura-t-il? Que ne dois-je pas faire pour Dieu après ce qu'il a fait pour moy? Je suis toute à luy par justice; je m'y suis donnée librement par la profession religieuse; je n'ay donc plus rien à donner : il n'est question que de rendre et de m'acquiter de mes promesses. Ainsi, mon Dieu, je veux vivre toute livrée, sacrifiée et abandonnée à vous à l'intérieur, vous offrant le sacrifice de l'esprit par le recueillement et renoncement de toutes réflexions à l'humaine sagesse sur le passé, présent et avenir, par un abandon aveugle à vostre conduite; et tout de mesme que le terme d'abandon signifie que l'on ne se soucie plus de la chose abandonnée, que l'on n'y pense plus, que l'on n'y prétend plus rien, et que l'on en laisse faire aux autres tout ce qu'ils veulent, ainsy s'abandonner à Dieu demande que l'on ne se soucie, que l'on ne s'inquiette, que l'on ne se mesle et que l'on ne pense à soy, pour en laisser faire à Dieu ce qu'il veut. Je mettrai donc ma force dans cet abandon; ce sera ma conclusion pour toutes choses et le moyen de me perdre en Dieu et mourir à moy mesme [1].

---

[1] Pour ce morceau et le précédent, manuscrit déjà cité, folio 38, verso et suiv.

LA VIE CACHÉE EN DIEU

Cette veue continuelle de Dieu me portera à une vie intérieure et cachée à l'imitation de Nostre-Seigneur, lequel n'a pas seulemeut esté caché les trente années de sa vie qu'il a passées en Nazareth, mais encore durant les trois années de sa manifestation, puisque l'on peut dire qu'il n'a esté manifesté que par ses travaux, ses opprobres, ses mépris, ses fatigues, ses douleurs, ses playes et son sang; et tout cela mesme a servi à le tenir étrangement caché, couvrant la sainteté de ses actions, de ses miracles et de sa doctrine, et toute sa divinité. Aussi qui veut estre disciple de Jésus-Christ doit non-seulement estre caché dans la solitude, mais encore dans l'action et conversation. Mon Seigneur, est-il possible que, puisque vous avez voulu vous cacher en moy, en ma nature, en ma bassesse, et que si souvent encore par la sainte communion vous vous cachez en moy, que je refuse de me cacher en vous, perdant ma petitesse en vostre grandeur?

L'âme qui prétend à l'union divine doit joindre à la vie intérieure l'amour de la croix : elle ne doit point fuir à la veüe des souffrances. Il est impossible d'estre uni à Dieu sans souffrir à cause de l'infinie sainteté et pureté qui est en luy et du détachement où il faut estre. La sainteté est une séparation de tout ce qui n'est point Dieu, et nous met dans un état de plus grande servitude envers Dieu, et partant elle demande que la nature soit attachée à la croix pour vivre en Dieu. Ah, donc, que la souffrance de quelque part qu'elle vienne est favorable! Qui la fuit n'a point d'amour[1]!

ACTE DE FOI

Mon Dieu, je croy fermement tout ce que vous avez dit ou révélé à vostre sainte Église parce que vous estes la vérité éternelle; je veux vivre et mourir en cette foy, m'estimant heureuse et trop honorée de donner tout mon sang et ma vie pour en soutenir la vérité. Je vous supplie, mon Dieu, d'augmenter ma foy; que je n'agisse que par sa lumière et ne fasse jamais aucune action qui la démente!

ACTE D'AMOUR

Christ, mon Sauveur!

Je vous aime et désire vous aimer sans bornes et sans fin, de tout mon cœur, de toute mon âme, de toutes mes forces et pensées, au delà et par-dessus toutes choses. Je renonce à tout amour des créatures et de moy-mesme, et voudrois avoir tous les cœurs des anges et des saints pour vous aimer plus ardemment et parfaitement.

Mon Dieu, embrasez-moi et me consumez des flammes de vostre pur amour.

ACTE DE PERFECTION

Je m'abandonne à vous, ô mon Dieu, pour porter la perfection jusques au point et degré où vous avez destiné

---

[1] Folio 42, verso et suiv.

que j'arrivasse, nonobstant mes faiblesses, impuissances et misères. Je croy fermement que je puis tout par vostre grâce; j'embrasse et accepte tous les moiens que vous m'envoyerez par vostre providence pour parvenir à la perfection où vous m'appelez, n'en voulant point d'autres. Je vous demande la grâce d'en faire un saint usage [1].

---

[1] Ibid., p. 79 et suiv. Ces prières sont placées sous cette rubrique : *Divers Actes qu'elle portoit sur elle.*

LA GRANDE MADEMOISELLE

Anne-Marie-Louise d'Orléans, duchesse de Montpensier, connue sous le nom de *Mademoiselle* et de *la Grande Mademoiselle,* naquit à Paris le 29 mai 1627, de Gaston d'Orléans, frère de Louis XIII, et de Marie de Bourbon, héritière de la maison de Montpensier.

Mademoiselle est surtout célèbre par le rôle qu'elle joua dans les guerres de la Fronde. Elle prétendait, à la faveur de ces troubles, conquérir la main de Louis XIV, et s'imposer à lui par la force des armes. C'est elle qui fit tirer contre l'armée du roi le canon de la Bastille, afin de protéger la retraite de Condé poursuivi par les troupes de Turenne.

Mademoiselle rêva longtemps les alliances les plus brillantes : après avoir aspiré au trône de France et à la main de Louis XIV, elle dédaigna le prince de Galles, fils de Charles Ier, qui la recherchait en mariage, et pensa un moment devenir impératrice en épousant Ferdinand III. Mais tous ces projets s'évanouirent, et la Grande Mademoiselle atteignit l'âge de quarante-deux ans sans avoir trouvé un mari : elle s'éprit alors follement d'un cadet de Gascogne, Lauzun, capitaine des gardes et favori du roi. Louis XIV autorisa ce mariage : il devait être célébré le dimanche suivant, lorsque Mme de Sévigné écrivit sa fameuse lettre (du 15 décembre 1670) : « Je m'en vais vous mander la chose la plus étonnante, la plus surprenante, la plus merveilleuse, etc. « M. de Lauzun épouse dimanche au Louvre devinez qui? Je vous le donne en quatre, je vous le donne en dix, je vous le donne en cent... Il faut donc à la fin vous le dire : il épouse dimanche au Louvre, avec la permission du roi, Mademoiselle... Mademoiselle de..., Mademoiselle... Devinez le nom : il épouse Mademoiselle, ma foi! par ma foi! ma foi jurée! Mademoiselle, la Grande Mademoiselle; Mademoiselle, fille de feu Monsieur; Mademoiselle, petite-fille de Henri IV; Mademoiselle d'Eu; Mademoiselle de Dombes; Mademoiselle de Montpensier; Mademoiselle d'Orléans; Mademoiselle, cousine germaine du roi; Mademoiselle, destinée au trône; Mademoiselle, le seul parti de France qui fût digne de Monsieur. »

La permission du roi fut retirée, et la cérémonie annoncée par Mme de Sévigné n'eut pas lieu.

Désespérée de la décision de Louis XIV, Mademoiselle ne renonça point à son projet : il lui était interdit d'épouser Lauzun publiquement; elle s'unit à lui par un mariage secret. C'est, du moins, l'opinion commune.

Ici commencèrent pour Mademoiselle les grandes désillusions et les vives amertumes.

D'un caractère élevé et généreux, grand même jusqu'à l'exagération, elle ne rencontra en Lauzun qu'une âme cupide et basse. Il lui fallut donc passer, a dit un éminent écrivain, « par tous les degrés de l'épreuve; elle eut la lente souffrance qui use l'amour dans un cœur; le mépris et l'indignation qui le brisent, et elle arriva à l'indifférence finale, qui n'a de remède et de consolation que du côté de Dieu. »

Mademoiselle mourut à Paris le 5 avril 1693. Les Réflexions sur le premier livre de l'*Imitation* dont nous donnons des extraits furent publiées après sa mort, en 1694.

DES DÉSIRS ET DES AFFECTIONS DÉRÉGLÉES

(Sur le ch. vi du livre I de l'Imitation)

Comme on ne peut trouver de repos que dans la paix intérieure, si on la veut avoir il faut la chercher; et il est impossible qu'elle se trouve quand on n'est pas au-dessus de ses passions dans tous les âges; et quoique tout baisse, c'est ce qui ne baisse jamais en nous. Il y en a même en qui elles se fortifient, quand ils s'affoiblissent. Ainsi il n'y a que la raison qui les maîtrise : mais souvent elle voit bien ce que nous devrions faire, et elle ne le fait pas.

Quand on veut aller en un lieu d'où l'on ne sçait pas le chemin, l'on prend un guide pour nous y mener. La grâce est le nôtre pour faire aller la raison: car sans elle nous aurions beau vouloir, nous ne trouverions point le chemin de nous-mêmes. C'est pourquoi il faut la demander à Dieu tous les jours de notre vie : et plus on est agité de passions, plus il la lui faut demander, et espérer par sa prière le soulagement de ses maux. Car rien n'est plus malade qu'un cœur qui est attaqué; il souffre dans le combat; et quelque résolution que l'on prenne, on a beau être soutenu d'un grand courage, l'on est tantôt foible, et tantôt triomphant. Bienheureuse la pauvre âme qui se sauve d'une telle bataille. Pour y parvenir, l'on ne sçauroit trop mortifier ses passions. C'est à quoi l'on se doit appliquer sans cesse et sans fin, puisque hors notre salut tout nous doit être indifférent [1].

DES CONVERSATIONS INUTILES

(Sur le ch. x du livre I de l'Imitation)

Rien n'est plus inutile [2] que toutes les conversations ordinaires; et quand on fait son examen, on se trouve

---

[1] Le Tourneux, *De l'Imitation de Jésus-Christ*, traduction nouvelle, avec des réflexions morales et chrétiennes sur le Ier livre; Paris, 1722, pp. vii, xi, xiii. Il m'a été impossible de me procurer l'édition de 1694.

[2] *Utile* dans l'édition de 1722; faute évidente d'impression.

bien heureuse néanmoins d'avoir employé son temps en cette manière. Jugez le misérable état où l'on est dans le monde, de trouver que l'on n'a fait aucun mal quand on n'a que perdu son temps, et que l'on compte pour rien une chose dont la perte devroit être bien regrettée, puisqu'elle ne se peut réparer. C'est un grand sujet d'humiliation, et qui nous doit bien faire voir le peu de délicatesse que nous avons dans la conscience, puisque nous n'avons peur que des gros et terribles péchez, et qu'un des plus grands et qui nous devroit faire trembler, nous le comptons pour rien[1].

DE L'AVANTAGE DES AFFLICTIONS

(Sur le ch. XII du livre I de l'Imitation)

Je n'eusse jamais cru que l'on pût aller à Dieu par les souffrances. Je me persuadois que quand on a le cœur bien rempli d'angoisse, et bien accablé d'affliction, on ne pouvoit être occupé d'autre chose. Mais je comprens maintenant que la joie et les plaisirs nous remplissent bien plus dangereusement, et nous empêchent de penser aux véritables biens. On songe alors rarement que c'est de Dieu que cela vient, et on ne lui en rend point grâces; ou si on le fait, c'est légèrement, et avec de courtes réflexions. On craint de perdre trop de temps, et on croit le dérober à la fortune.

« Quand dans les afflictions on revient quelque mo-
« ment à Dieu, c'est pour en abuser, et pour se dire à

---

2 Ibid., pp. XVIII, XIX.

« soi-même : Dieu ne me veut point toucher par cette
« voie. Les âmes nobles ne se rendent point à coups de
« bâton, il n'y a que les basses qui en souffrent ; les
« bons cœurs se prennent par la douceur. Tout ceci ne
« me peut causer que du trouble, et ne servira point à
« mon salut. Quand Dieu me voudra, il me donnera tout
« ce que je désire ; et alors dans une grande tranquillité
« je deviendrai dévote. »

J'ai ouï dire cela à mille gens, et je l'ai dit aussi et pensé souvent moi-même. Mais c'est qu'alors je n'avois que de petites afflictions pour des sujets légers de biens et d'intérêts médiocres, qui ne m'étoient pas sensibles au point qu'il faut pour me mener à Dieu. Il faut de grands sujets ; car tout étoit tiède en moi. Mais hélas ! depuis que le rideau a été tiré de devant mes yeux, et que j'ai connu que toutes les grandeurs, toutes les vanitez, et que tous les plaisirs du monde avec ses pompes étoient des illusions, et que quelque peine que l'on se donnât pour les posséder et pour y parvenir, elles étoient détruites en un moment, j'ai bien vû que nous n'étions que des comédiens qui représentions un rolle sur le théâtre, et que ce personnage n'étoit pas le nôtre véritable [1].

CONDUITE A SUIVRE QUAND ON NE JEUNE PAS

Il ne faut pas penser à jeûner par dévotion, lorsqu'on ne peut pas faire les jeunes d'obligation. C'est une marque de déréglement d'esprit de faire l'un lorsque

---

[1] Ibid., pp. XXIII, XXIV.

l'on n'accomplit pas l'autre. Mais quand on ne le peut pas, il faut avoir une règle dans son manger, et se contenter du nécessaire; il faut tâcher de n'y chercher ni délicatesse, ni goût; il faut en user comme sainte Thérèse l'ordonne à ses filles : « Ne vous plaignez pas, dit-elle, de la nourriture, si elle est mal apprêtée et mal assaisonnée, vous souvenant du fiel et du vinaigre de Notre Seigneur Jésus-Christ. » Cet avertissement est aussi utile pour tous les chrétiens que pour les Carmélites. Cette sainte avoit tant été dans le monde, et le connoissoit si bien, que toutes ses œuvres peuvent servir à ceux qui y sont, tout comme aux Carmélites; et c'est une très-bonne lecture pour ceux qui veulent se donner à Dieu[1].

DE L'AMOUR DE LA PRIÈRE ET DU SILENCE

(Sur le ch. xx du livre I de l'Imitation)

J'ai toujours aimé la prière, et je l'aime plus que jamais; parce que je connois maintenant combien elle est utile pour appaiser la colère de Dieu, pour attirer ses grâces, pour bien employer le temps, pour donner l'exemple, et pour satisfaire à nos obligations. . . .

Quand on commence à sçavoir ce que c'est que de prier, et que l'on goûte la prière, on aime de plus en plus la retraite. On prie, on lit les meilleurs livres, on pense à Dieu, on en remplit son cœur et son esprit, et l'on en fait ses plus délicieuses pensées. . . . .

---

[1] Ibid., pp. XLVI, XLVII.

Le silence nous met en état d'écouter Dieu, de lui parler, et de n'être troublé de rien. C'est ce qui se doit appeller une grande joie, et une joie de durée. Celles du monde sont de parler aux personnes que l'on aime; mais ce plaisir est souvent bien dangereux, puisque l'on y parle des défauts du prochain avec trop de liberté, et que l'on tombe dans des péchez que l'on peut éviter par le silence. C'est pourquoi il faut se retirer aussi souvent qu'on le peut, pour faire des fonds de patience, de modération, et d'une charité inépuisable, qu'on pratique quand on sera dans la nécessité de se mettre avec les gens du monde.

DE LA COMPONCTION DU CŒUR

(Sur le ch. xxi du livre I de l'Imitation)

Je demande à Dieu de tout mon cœur l'esprit de componction, comme il est dit à la fin de ce chapitre; mais je ne lui demande pas ainsi que le Prophète-Roi, qui dit: Seigneur, faites-moi manger du pain de larmes, et faites-moi boire avec abondance de l'eau de pleurs. Je lui dis, au contraire : Seigneur, que tout le pain de larmes que j'ai mangé, et que l'eau de pleurs que j'ai bûë, et dont vous m'avez nourrie par votre miséricorde depuis quelques années, me soient utiles; et que le temps que je n'ai pas connu combien cette nourriture m'étoit nécessaire, ne me soit point préjudiciable. Que la connoissance qu'il vous a plu de me donner présentement de quelle utilité elles étoient, me porte à vous en loüer... Oüi, mon Dieu, je méritois des afflictions; elles m'étoient tout à fait nécessaires; et sans elles je ne vous aurois jamais connu de la manière dont on vous doit connoître. Je ne vous en demande pas la fin; qu'elles durent tant qu'il vous plaira à mon égard : mais permettez-moi de vous supplier qu'il n'y ait que moi qui en souffre.

Donnez-moi, Seigneur, une constance qui me fasse porter tout ce qui pourra m'arriver de disgraces, et une contrition si grande de mes fautes, que je ne verse plus de larmes que pour les pleurer...

Bienheureux sont ceux qui pleurent; car ils seront consolez [1]...

[1] Pour ce morceau et le précédent, ouvrage déjà cité, pp. LIV, LV, et suiv.

LOUIS XIV

Louis XIV, fils de Louis XIII et d'Anne d'Autriche, monta sur le trône en 1643, à l'âge de cinq ans; il épousa en 1660 Marie-Thérèse d'Autriche, fille de Philippe IV, roi d'Espagne, dont il eut six enfants: cinq moururent jeunes.

L'aîné, Louis (*le grand Dauphin*), épousa en 1680 Marie-Anne-Christine-Victoire de Bavière, fille de Ferdinand-Marie, duc de Bavière, et d'Adélaïde de Savoie. Louis, fils du grand Dauphin, épousa Marie-Adélaïde de Savoie, et fut père de Louis XV.

C'est en Louis XIV que se résumaient aux yeux des hommes du xviie siècle toutes les splendeurs de la royauté. Cette royauté absolue et chrétienne, si forte et si majestueuse, leur apparaissait comme la forme politique la plus parfaite. C'était pour eux la grandeur même. Nous nous faisons aujourd'hui une autre idée du pouvoir, une autre idée de la grandeur : depuis deux siècles, ces notions se sont transformées; et, par certains côtés, elles se sont élevées et purifiées. Chacun distinguera facilement dans la figure du *grand roi*, qu'on va tenter d'ébaucher ici, plus d'un trait qui a cessé à nos yeux d'être la marque de la grandeur.

Louis fit régner dans ses états, au sortir des troubles de la Fronde, l'ordre, la sécurité et la paix. Il renversa les obstacles qui çà et là pouvaient encore arrêter l'essor du pouvoir royal; il réduisit au silence les parlements et les états provinciaux.

Il fut le protecteur de l'Église et le défenseur de l'orthodoxie : il s'efforça d'étouffer dans son germe l'hérésie naissante du quiétisme et celle plus redoutable encore du jansénisme; aux applaudissements de Bossuet, de Fléchier, de la Bruyère et de presque tous ses contemporains, il priva les réformés de la liberté religieuse que leur avait accordée son aïeul Henri IV. Enfin, il les persécuta afin de les ramener à l'unité catholique.

Louis remporta d'éclatantes victoires et conquit plusieurs provinces : il soutint l'effort de l'Europe, et quand celle-ci, après l'avoir vaincu sur les champs de bataille, apparut menaçante et toute prête à démembrer ses états [1], le vieux roi se montra plus fort que l'adversité et triompha de la fortune.

Mais Louis ne se signale pas seulement par les actions éclatantes de la guerre; il sait que « la postérité mesure la gran« deur des rois à l'aune des superbes maisons qu'ils ont élevées « pendant leur vie [2] : Il construit donc à grands frais, tandis que le peuple gémit sous le poids des impôts, il construit le Val-de-Grâce, l'Observatoire, la colonnade du Louvre et Versailles.

Les arts et les lettres célèbrent à l'envi ces splendeurs : le roi dont le goût est délicat, le jugement sûr et juste, leur accorde en retour une protection éclairée et intelligente; et cependant Louis XIV n'était pas instruit; son éducation avait été fort négligée [3]; mais il avait reçu de la nature ces dons exquis auxquels rien ne saurait suppléer. « Il appréciait les « œuvres littéraires, écrit Mlle de Montpensier, comme un « homme qui aurait beaucoup étudié et qui aurait une parfaite « connaissance des lettres [4]. » Il a écrit lui-même une page célèbre qu'on a intitulée : *Réflexions sur le métier de roi*. C'est un morceau composé sans art, sans nulle prétention au style, où règne une noble simplicité et un ton de vérité saisissant. En voici quelques fragments :

« Pour commander aux autres il faut s'élever au-dessus « d'eux; et après avoir entendu ce qui vient de tous les en« droits, on se doit déterminer par le jugement qu'on doit « faire, sans préoccupation et pensant toujours à ne rien or-

---

[1] Duclos assure avoir vu un projet de démembrement de la France signé par le prince Eugène. (Col. Petitot et Monmerqué, 2e série, t. LXXVI, p. 63, note 1.)
[2] Colbert, dans Pierre Clément, *Madame de Montespan et Louis XIV*, p. 383.
[3] Mém. de l'abbé de Choisy dans la collect. Petitot, 2e série, t. LXIII, p. 173.
[4] Mém. de Mlle de Montpensier, ibid., t. XLII, p. 404.

« donner qui soit indigne de soi, du caractère qu'on porte, ni
« de la grandeur de l'État.

« Le métier de roi est grand, noble et délicieux, quand on
« se sent digne de bien s'acquitter de toutes les choses aux-
« quelles il engage. Mais il n'est pas exempt de peines, de
« fatigues et d'inquiétudes. »

Citons encore deux passages qui renferment une allusion assez transparente aux fautes et aux faiblesses du grand roi (fautes éclatantes qui furent suivies, comme on sait, d'un long et sincère repentir.)

« Rien n'est si dangereux que la foiblesse de quelque na-
« ture qu'elle soit.

« Il faut se garder contre soi-même, prendre garde à toute
« inclination et être toujours en garde contre son naturel [1] »

Louis XIV a écrit aussi des instructions célèbres pour Philippe V, son petit-fils, roi d'Espagne [2] : Ces pages sont animées d'un souffle puissant d'honnêteté et de sincérité. Ajoutons qu'il a laissé des Mémoires, lesquels, pour une bonne partie, ne sont pas directement son œuvre. Ces mémoires, ainsi que les *Réflexions sur le métier de roi*, étaient destinés au grand Dauphin, qui mourut avant son père. Le fils du grand Dauphin, ce duc de Bourgogne, dont la naissance avait été saluée par tant d'acclamations et en qui la France avait fondé de si belles espérances, fut enlevé lui-même à trente ans. Lorsque Louis XIV termina ses jours, en 1715, il ne restait en France de toute sa lignée qu'un enfant de cinq ans. C'est à cet enfant que le roi adressa les paroles d'adieu que nous transcrivons ci-après.

---

[1] Ch. Dreyss, *Mémoires de Louis XIV*, Paris, 1860, t, II, p. 518 et suiv.
[2] Voyez *Mém. polit. et milit.* de l'abbé Millot, dans la collect. Michaud et Poujoulat, 3e série, t. X, p. 71.

DERNIÈRES PAROLES ADRESSÉES PAR LOUIS XIV A SON ARRIÈRE PETIT-FILS LOUIS XV ET A LA COUR

Dans la même matinée (le 26 août 1715), le roi, écrit Duclos, se fit amener le Dauphin par la duchesse de Ventadour, et lui adressa ces paroles, que j'ai copiées littéralement d'après celles qui sont encadrées au chevet du lit du roi, au-dessus de son prie-dieu :

Mon cher enfant, vous allez être bientôt roi d'un grand royaume. Ce que je vous recommande le plus fortement est de n'oublier jamais les obligations que vous avez à Dieu. Souvenez-vous que vous lui devez tout ce que vous êtes...

Tâchez de conserver la paix avec vos voisins.

J'ai trop aimé la guerre; ne m'imitez pas en cela, non plus que dans les trop grandes dépenses que j'ai faites.

Prenez conseil en toutes choses, et cherchez à connoître le meilleur, pour le suivre toujours.

Soulagez vos peuples le plus tôt que vous le pourrez, et faites ce que j'ai eu le malheur de ne pouvoir faire moi-même.

N'oubliez jamais les grandes obligations que vous avez à madame de Ventadour. Pour moi, Madame (en se retournant vers elle), je suis bien fâché de n'être plus en état de vous en marquer ma reconnoissance.

Il finit en disant à Mgr le Dauphin :

Mon cher enfant, je vous donne de tout mon cœur ma bénédiction.

Et il l'embrassa ensuite deux fois avec de grandes marques d'attendrissement. . . . .

Dans la matinée du mardi, 27 août, le roi, s'adressant à tous ceux qui avaient les entrées, leur dit :

Messieurs, je vous demande pardon du mauvais exemple que je vous ai donné. J'ai bien à vous remercier de la manière dont vous m'avez toujours servi, de l'attachement et de la fidélité que vous m'avez marqués : je suis bien fâché de n'avoir pas fait pour vous tout ce que j'aurois bien voulu. Je vous demande pour mon petit-fils la même application et la même fidélité que vous avez eues pour moi. J'espère que vous contribuerez tous à l'union, et que si quelqu'un s'en écartoit, vous aideriez à le ramener. Je sens que je m'attendris, et que je vous attendris aussi : je vous en demande pardon. Adieu, Messieurs, je compte que vous vous souviendrez quelquefois de moi [1].

---

[1] Pour les paroles de Louis XIV au Dauphin, voyez *Mém. de Duclos* dans Michaud et Poujoulat, *Nouvelle Collection des Mémoires pour servir à l'Hist. de France*, 3ᵉ série, t. X, pp. 480, 481. — *Dernières paroles du roi Louis XIV au roi Louis XV*, in-folio, pièce (Paris). Imp. du cabinet du roi, dirigée par J. Collombat. — Voltaire, *Siècle de Louis XIV*, ch. xxviii. — Ce dernier auteur déclare transcrire fidèlement les paroles de Louis XIV, suivant le texte que le roi Louis XV conservait encadré dans sa chambre. M. le Roi, dans une courte et intéressante dissertation, accuse Voltaire de n'avoir pas fait une transcription fidèle. Cette accusation ne nous paraît pas fondée, et nous pensons que la version de Voltaire est une copie très-exacte du texte conservé dans la chambre de Louis XV. En effet, cette version est conforme à celle de J. Collombat, imprimeur du cabinet du roi. Or tout paraît indiquer que le texte de Collombat est le texte officiel destiné à la cour. Collombat mourut en 1744; il était imprimeur depuis 1710. (Lottin de Saint-Germain, *Catal. chronol. des libraires et des libraires imprimeurs de Paris*, 1789, 2ᵉ partie, p. 29.) — Le Roi, bibl. de la ville de Versailles, *Note sur les dernières paroles prononcées par Louis XIV*, (1846), in-8°, pièce.)

Ce texte officiel de Collombat, reproduit par Voltaire et par Duclos, est celui que nous publions nous-même ici. Il n'est point, d'ailleurs, à l'abri de toute critique : la dissertation de M. le Roi suffirait à prouver, si nous ne le savions par Dangeau, que Louis XIV dit entre autres choses à son petit-fils : « Je vous donne le père le Tellier pour confesseur. » Le texte officiel a omis cette phrase, parce qu'à la mort de Louis XIV le père le Tellier fut envoyé en exil.

Ajoutons qu'aucune des versions qui nous sont parvenues ne paraît entièrement satisfaisante : on arriverait peut-être avec de la critique et beaucoup de patience à reconstituer un texte plus voisin de la vérité que chacun de ceux qui nous ont été transmis.

Pour les paroles adressées par le roi aux courtisans, voyez marquis de Quincy, *Histoire militaire de Louis le Grand*, 1726, t. VII, 1re part.; p. 401, et Duclos (*loco citato*).

D'après le marquis de Quincy, dont la relation me paraît excellente, Louis XIV demanda pardon à ses courtisans le 27 août dans la matinée : il leur avait fait ses adieux le 26 dans l'après-midi, mais sans prononcer de paroles de repentir. Les relations du *Mercure galant* et de Dangeau gardent le silence sur ce second discours du 27 août, et ne mentionnent que celui du 26 : on n'osait pas dire que le grand roi s'était humilié devant sa cour et lui avait demandé pardon. Plus tard, on fit revivre ce souvenir ; mais on confondit les deux allocutions du roi et on les réunit en une seule, à laquelle on donna la date du 26. Conférez :

1º *Journal de Dangeau*, t. XVI, édit. Didot, p. 112 et pp. 126, 127, 128.

2º *Mercure galant*, 2e part. d'octobre, 1715; pp. 39, 40.

3º *Mémoires* de Saint-Simon, ch. CDV.

LE DUC DE BOURGOGNE

Louis, Dauphin, duc de Bourgogne, naquit en 1682, du grand Dauphin, fils de Louis XIV, et de Marie-Christine de Bavière.

Dur et colère, barbare en railleries, impétueux avec fureur, opiniâtre à l'excès, passionné pour toute espèce de volupté, livré à toutes les passions, tel est, en abrégé, le portrait que nous a laissé Saint-Simon du duc de Bourgogne enfant.

De cet abîme, ajoute le même auteur, sortit un prince affable, doux, humain, modéré, patient, modeste, pénitent, humble et austère.

Ce miracle s'accomplit entre dix-huit et vingt ans, sous la douce influence de la religion et grâce aux efforts laborieux du duc de Beauvilliers, de Fénelon, précepteur du jeune prince, et de l'abbé Fleury, sous-précepteur (l'auteur de l'*Histoire ecclésiastique*).

Le duc de Bourgogne épousa en 1697 Marie-Adélaïde de Savoie, morte le 12 février 1712.

Il mourut lui-même six jours plus tard, frappé de ce mal étrange qui atteignit alors la famille royale dans plusieurs de ses membres ; il laissait deux enfants : Louis, duc de Bretagne, âgé de cinq ans, qui mourut le 8 mars suivant, et Louis, duc d'Anjou, âgé de deux ans, qui fut Louis XV.

Le duc de Bourgogne méditait les réformes les plus libérales, et notamment l'organisation d'un régime représentatif [1].

---

[1] On conserve au cabinet des estampes quelques dessins à la plume exécutés par le duc de Bourgogne ; le cabinet possède aussi quelques croquis du grand Dauphin son père.

Il faut lire un curieux document publié par M. Charma sous ce titre : *De l'Éducation donnée aux enfants de France, petits-fils de Louis XIV.* (*Mém. lus à la Sorbonne* en 1865. *Hist. philos. et sciences morales.* — Paris, Imprimerie Impériale, pp. 63 et suiv.)

LA VOLONTÉ DE DIEU

On est heureux quand on a ce qu'on veut, et que ce que l'on veut est raisonnable. Or c'est ce qu'on trouve dans une parfaite conformité de sa volonté à celle de Dieu. On a tout ce qu'on veut, parce que la volonté de Dieu s'accomplit toujours; et ce qu'on veut est raisonnable, parce que Dieu ne peut rien vouloir qu'avec raison. Quel aveuglement est-ce donc de croire qu'on ne peut être heureux qu'en suivant sa propre volonté! Combien d'obstacles s'opposent tous les jours à son accomplissement! De quels désordres n'est-elle pas suivie quand on l'accomplit! Quelle source de chagrins n'est-ce donc pas pour nous, soit que notre volonté propre s'accomplisse, soit qu'elle ne s'accomplisse pas? Faites-le-moi comprendre, ô mon Dieu, afin que je m'attache en toutes choses à ce que vous voulez.

Que votre volonté soit faite, et non la mienne [1].

LA FIN DERNIÈRE

On établit des lois, on gouverne des peuples, on commande des armées, on force des villes, on soumet des provinces, on traite, on négocie, on fait la guerre et la paix, on se promène sur les mers, on court d'un pôle à l'autre, on étend le commerce, on spécule sur les finances, on bâtit des palais, on amasse des richesses, on étudie, on invente, on approfondit, on s'élève au-dessus des

---

[1] Luc. XXII, 42. — Martineau, *Recueil des vertus de Louis de France, duc de Bourgogne.* pp. 62, 63, Paris, 1712.

étoiles fixes, on creuse jusqu'aux antipodes. L'imagination de l'homme n'est pas encore en repos; elle s'agite, elle s'échauffe, elle s'enfle, et elle enfante mille chimères que l'on appelle projets. Enfin on a tout appris, excepté à se connoître : on a tout étudié, excepté son salut : on possède tout, excepté son Dieu, et puis l'on meurt, et puis on entre dans cette carrière qu'on appelle *Éternité*, sans savoir où l'on va, et puis on est oublié des hommes comme si l'on n'avoit jamais été; et puis d'autres acteurs paroissent sur la scène du monde, et ne sont pas plus sages que les premiers. O mon Dieu, ô lumière de mon âme, faites qu'au milieu de mes occupations je n'oublie jamais la fin sublime pour laquelle vous m'avez placé sur la terre [1].

FRÉQUENTATION DES SACREMENTS

Comment peuvent-ils croire (ceux qui s'approchent rarement des sacrements) que Jésus-Christ a préparé dans le sacrement de la Pénitence un remède pour guérir nos âmes des plaies du péché; que dans celui de l'Eucharistie, il a préparé une nourriture qui les soutient : et en même temps s'éloigner, comme ils le font, de l'un et de l'autre? Ils ne peuvent se justifier qu'en disant, ou qu'il n'y a en eux ni plaie à guérir, ni faiblesse à fortifier; ce qui marqueroit beaucoup de présomption; ou que Dieu a pour leur salut un autre ordre de providence que celui qui nous est marqué dans l'Écriture et dans la tradition; ce qui seroit un paradoxe insensé. Pour moi,

---

[1] Proyart, *Vie du Dauphin père de Louis XV*, 1782, t. II, pp. 325, 326.

convaincu du besoin que j'ai de secours, j'en vais chercher, le plus souvent que je puis, où je sais certainement que j'en trouverai[1].

PRIÈRE APRÈS LA COMMUNION

O mon Sauveur et mon Dieu, soyez mon maître et ma lumière dans le sacrement de votre amour; parlez à mon cœur, et que votre serviteur écoute. Montrez-moi les vrais biens, et enflammez mon âme du désir de les posséder. . . . .
O mon Sauveur, je voudrois être doux et humble de cœur, comme vous l'avez été : je voudrois éviter les péchés que vous m'avez pardonnés : je voudrois me rappeler sans cesse les bienfaits dont vous m'avez comblé. Dieu protecteur, voyez les écueils sans nombre qui m'environnent et conduisez-moi; voyez les ennemis qui m'attaquent, et défendez-moi; voyez les désirs de mon cœur, et exaucez-moi. O esprit de sagesse, élevez mes pensées, rectifiez mes vues, échauffez ma volonté, bénissez mon travail, sanctifiez mes souffrances. O mon Dieu, toutes les grâces que je vous demande pour moi-même, accordez-les à... à ma famille, à mes amis, et ne les refusez pas à mes ennemis. Dieu de saint Louis, Dieu de nos pères, veillez sur la France, conservez-y la foi, ramenez-y la paix, soyez le père de votre peuple et le Dieu de notre cœur, pendant la vie, à la mort, et dans l'éternité [2].

---

[1] Martineau, pp. 84, 85.
[2] Proyart, *Vie du Dauphin père de Louis XV*, 1782, Paris, t. II, pp. 273, 274.

SŒUR D'ORLÉANS DE SAINTE-BATHILDE

Louise-Adélaïde (*Mademoiselle de Chartres*), fille de Philippe d'Orléans (le régent) et de Françoise-Marie de Bourbon (*Mademoiselle de Blois*), naquit le 13 août 1698.

Elle éprouva de bonne heure un vif attrait pour la vie religieuse; mais ce penchant était combattu par des penchants contraires : Mademoiselle de Chartres nous parle elle-même de la lutte qui se livra dans son âme avant qu'elle se décidât à suivre sa vocation; on lira avec intérêt les pages qu'elle a consacrées au récit de ces combats intérieurs. A la fin, la grâce de Dieu l'emporta, et la fille du régent entra à l'âge de dix-huit ans au monastère de Chelles; toutes les tentatives de son père et de sa mère pour lui persuader de renoncer à son projet demeurèrent inutiles : elle fit profession le 23 août 1718 [1], et fut bénite abbesse de Chelles le 14 septembre 1719 par le cardinal de Noailles [2].

Sœur d'Orléans de Sainte-Bathilde (tel est le nom que prit en religion Mademoiselle de Chartres) était janséniste, comme le fut plus tard le duc d'Orléans, son frère; et même janséniste exaltée [3]. Quelques-uns de ses contemporains lui ont reproché une certaine inconstance de caractère, une légèreté de mœurs peu compatible avec la profession monastique [4]; enfin quelques auteurs plus modernes, dénaturant, si je ne me trompe, le sens

---

[1] *Journal de Dangeau*, éd. Didot, t. XVII, p. 363.

[2] Dangeau, t. XVIII, p. 125.

[3] Voy. une lettre vraiment insolente adressée par l'abbesse de Chelles à l'archevêque de Tours. Bibl. de Troyes, manuscrit 2240; voyez aussi Dangeau, t. XVII, p. 415.

[4] *Mém. de Saint-Simon*, t. XXXIII, 1840, pp. 44, 45. *Journal de Barbier*, Paris, Renouard, 1849, t. II, p. 127.

d'un passage des Mémoires de Duclos, ont attribué sa vocation religieuse à un désespoir d'amour : la princesse aurait été éperdûment éprise d'un chanteur de l'Opéra, et, ne pouvant l'épouser, se serait vouée à Dieu [1].

Quelles que soient les circonstances qui ont pu déterminer Mademoiselle de Chartres à prendre une décision vers laquelle elle penchait depuis son enfance [2], et quelle qu'ait pu être d'ailleurs l'inégalité de son caractère, il est permis de penser que le besoin d'expliquer un fait absolument inexplicable pour eux, a porté les contemporains de l'abbesse de Chelles à placer cette pieuse figure dans je ne sais quel cadre profane et à la parer d'ornements étrangers, afin que dans le tableau de la société corrompue du xviiie siècle la religieuse fille du régent ne vînt pas faire une antithèse trop marquée.

L'histoire hésite et s'égare au milieu du dédale d'anecdotes que fabriquaient au jour le jour les galants chroniqueurs du xviiie siècle : faudrait-il aller puiser à cette source impure la biographie d'une religieuse? Je ne le pense pas, et quand je crois prendre en défaut sur le compte de l'abbesse de Chelles des écrivains aussi bien informés que Dangeau et Buvat [3], je

---

[1] Duclos conte la chose un peu différemment : après avoir rapporté l'exclamation de la princesse : « Ah, mon cher Cauchereau! » il ajoute, ce qui est tout à fait invraisemblable et en contradiction avec tous les autres témoignages, que la duchesse d'Orléans, ayant trouvé cette exclamation trop expressive, destina sur-le-champ sa fille au cloître.
(*Mém. de Duclos*, dans Michaud et Poujoulat, *Nouv. Collect. de Mém.*, 1839, 3e série, t. X, p. 526, note 1.)

[2] Voy. *Journal de Dangeau*, t. XVI, éd. Didot, p. 212; et ce que la princesse écrit elle-même à ce sujet, ci-après, p. 256 et suiv.

[3] D'après ces deux chroniqueurs, Mademoiselle de Chartres (Buvat écrit par erreur Mademoiselle de Valois), se serait rendue à Chelles en annonçant seulement le projet d'y faire une visite aux religieuses : une fois entrée dans la communauté, elle aurait congédié la sous-gouvernante qui l'avait accompagnée, en lui remettant une lettre par laquelle elle faisait connaître sa résolution à Madame la duchesse d'Orléans.
Il paraît très-difficile de concilier ce récit avec ce que Mademoiselle d'Orléans écrit elle-même sur son entrée à Chelles : voyez ci-après. La duchesse d'Orléans était certainement informée; mais la gouvernante ne l'était probablement pas, et sans doute il n'y eut de surprise que pour elle.
(Voy. *Journal de Dangeau*, t. XVI, p. 453. Buvat, *Journal de la régence*, éd. Campardon, 1865, t. I, pp. 166, 167.)

suis tenté de n'accorder qu'une attention distraite aux anecdotes de Saint-Simon, de Barbier ou de Duclos.

Aussi bien les contemporains sont d'accord pour rendre hommage à la régularité, à la piété exemplaire de sœur Sainte-Bathilde pendant les neuf dernières années de sa vie, qu'elle passa en simple religieuse chez les Bénédictines de la Madeleine de Tresnel, dans le faubourg Saint-Antoine. Mademoiselle de Chartres était encore abbesse de Chelles lorsqu'elle écrivit à son père une lettre énergique pour protester contre la distrition abusive des bénéfices ecclésiastiques. Cette lettre effraya le duc d'Orléans ; il la lut à deux reprises. « Il en fut assez ému « pour en parler, et même pour la laisser voir ; mais je ne sais « s'il en eût profité, écrit Saint-Simon. Il n'en eut pas le « temps [1]. »

Sœur d'Orléans de Sainte-Bathilde mourut à la Madeleine de Tresnel, au mois de février 1743, et fut inhumée dans l'église de ce monastère [2].

Louis Racine a consacré les vers suivants à l'abbesse de Chelles :

> Plaisirs, beauté, jeunesse, honneur, gloire, puissance,
> Ambitieux espoir que permet la naissance,
> Tout aux pieds de l'Agneau fut par elle immolé.
> Elle s'immole encor dans sa retraite même.
> Assise au premier rang, son cœur en est troublé.
> De ce rang descendue, au seul objet qu'elle aime
> En silence attachée, elle embrasse la croix.
> Victime par l'amour devant Dieu consumée,
> Vierge qui nuit et jour tient sa lampe allumée
> En attendant l'époux dont elle avoit fait choix.
> Dans notre siècle impie, éclatante merveille !
> Les princes sont changés en humbles pénitents.
> Et voilà par quels coups, Dieu puissant, tu réveilles
> Même en ces derniers jours, la foi des premiers temps [3] !

---

[1] *Mém. de Saint-Simon*, t. XXXVIII, éd. Delloye, 1841, p. 195.
[2] *Journal de Barbier*, publié par de la Villegille, 1851, t. III, pp. 61, 62.
[3] *Œuvres de Louis Racine*, t. I, p. 415 ; le Normand, 1818.

SENTIMENTS DE Mlle D'ORLÉANS, NOVICE A L'ABBAYE
DE CHELLES

Avant que de faire mes Pasques, je suis bien aise de repasser les péchés que j'ai commis, et les grâces que Dieu m'a faites.

C'est à vous, Seigneur, que j'en demande les lumières, vous voyez le fond de mon cœur, et vous savez le sujet pour lequel je les écris; accordez-m'en la véritable contrition afin que je n'y retourne plus, que je vous aime (si cela se peut) plus que je ne vous ai été infidèle. Vous savez, Seigneur, que vous m'avez fait naître dans le faste et dans la grandeur : à peine avois-je l'usage de raison, que je reçus de vous une infinité de grâces : je ne dis pas seulement celles que tous les enfants reçoivent de vous, puisque vous me fîtes dès lors naître le désir de me consacrer à vous. J'en parlois toujours, et mes sœurs se moquoient de moi, mes femmes tâchoient de m'en distraire dans la crainte de me perdre si je persévérois à le vouloir. L'on me menoit aux spectacles, aux promenades, l'on me paroit magnifiquement; mais vous, Seigneur, qui êtes la bonté même, vous me faisiez trouver un vide dans tout cela, qui ne rassasioit point mon cœur, ni mes yeux. Et comme j'étois fort délicate, j'en étois toujours incommodée.

J'étois charmée quand je pouvois aller dans les couvents; et tout le monde remarquoit la douleur que j'avois quand il falloit sortir. Je fus quelque temps dans ces heureuses dispositions; mais enfin le monde prit le dessus, et mon lâche cœur s'y laissa vaincre sans nulle résistance. Je m'y attachai beaucoup : mais, par un coup de votre providence pour moi, le feu roi ordonna le rang des princesses du sang, et en fit passer beaucoup devant moi, qui n'y devoient pas être[1]. Cela fâcha fort mon père et ma mère, qui, ne voulant point me voir passer au dessous de mon rang, me mirent en couvent avec ma sœur.

Ils choisirent celui de Chelles. Je remarque encore dans ce choix votre main qui les conduisoit, ô mon Dieu ; car cette maison étoit moins austère que celle où nous devions être, elle convenoit mieux à mon tempérament, et même à mon esprit, y ayant moins de gêne que dans l'autre. J'étois éloignée de faire toutes ces réflexions, ô mon Dieu ; j'étois aussi fâchée d'y aller en ce temps-là que j'aurois été aise d'y aller quelque tems auparavant. Il fallut pourtant obéir, et j'y entrai à l'âge de douze ans et demi. Je pris bien la résolution de garder mon cœur contre vous ; et comme j'avois eu de l'inclination pour l'état religieux je me raidissois encore davantage : j'étois soutenue par les femmes qu'on m'avoit données pour me servir. Que j'étois insensée de croire que je vous résisterois moi qui ne suis rien. Cependant je m'accoutumai peu à peu à voir les religieuses, je leur parlois peu par

---

[1] Il s'agit ici d'une décision prise par le roi le 16 mars 1710, et qui est transcrite dans le *Jourdal de Dangeau* dans les termes suivants :

« Le roi, étant à Versailles, a réglé que dorénavant les enfants de M. le duc « du Maine, légitimé de France, auront, comme petits-fils de S. M., le même « rang, les mêmes honneurs et les mêmes traitements dont a joui jusqu'à pré- « sent mondit seigneur le duc du Maine. » (*Journal de Dangeau*, t. XIII, éd. Didot, p. 124.)

Dès le mois de juin 1710, Mesdemoiselles de Chartres et de Valois étaient en pension à Chelles. (*Ibid.*, p. 180.)

la difficulté que j'avois à m'énoncer ; je les craignois et je les aimois parce que je trouvois une droiture dans leurs discours que je ne trouvois point dans les autres : car vous m'aviez toujours fait la grâce d'aimer la vérité. Comme j'avois le cœur tendre je fis connoissance particulière avec deux religieuses, je les aimois comme un enfant, bien sincèrement et bien tendrement ; mon amitié fut de peu de durée ; je me liai avec une autre plus avancée, et qui étoit alors maîtresse des novices. Souffrez, Seigneur que je m'arrête encore ici pour admirer votre providence et vos décrets éternels ; puisque c'est elle qui me faisoit penser à vous quand je voulois ne m'entretenir que de vos créatures. C'est à ces créatures que je m'attachois croyant y trouver mon bonheur : mais je m'en éloignois puisque c'est vous seul qui le pouvez faire. Elle ne me disoit rien : mais elle remarquoit les différents mouvemens de la nature et de la grâce ; elle m'a avoué depuis qu'elle étoit surprise et dans l'admiration de vos miséricordes : car en effet, ô mon Dieu, jusqu'à quel point ont-elles été ? Je ne puis m'empêcher d'en dire quelque chose. Je m'étois donc abandonnée aux créatures et à toutes mes fantaisies sans vouloir écouter la raison.

L'enfance n'étoit point assez grande pour que l'on pût [le] lui attribuer ; je ne voulois plus entendre parler de vous : j'étois à l'Église comme une athée même pendant les redoutables mystères : il sembloit que je ne crusse et ne craignisse rien. Cependant, mon Dieu ; j'ai toujours cru les articles de foi qui sont dans notre religion et sans lesquels il n'y en a point.

J'étois persuadée de cela, et cependant combien de fois ai-je voulu changer de religion pour être plus en liberté!

Je voulois donc vous oublier, ô mon Dieu, mais je pensois sans cesse à vous, je vous fuyois et vous me poursuiviez, je faisois la sourde oreille à votre voix, et vous me la faisiez entendre si fortement que je cédois : vous ne m'effrayiez point, vous me faisiez sentir des douceurs infinies, j'étois transportée de joie, et mes yeux versoient des torrens de larmes lorsque je pensois à vos miséricordes et à mes péchés. Vous savez, Seigneur, que je vous offensois même jusque dans mes yeux et que je le faisois faire aux autres. J'étois dans un trouble effroyable; je croyois le diminuer en tâchant de me dissiper : mais je l'augmentois encore. Mme de Fretteville, cette sage et tendre amie étoit souvent touchée de l'état où j'étois : mais cela ne l'empêchoit pas pourtant de me reprendre sévèrement. Elle s'enfermoit quelquefois dans sa cellule avec moi; et là elle me faisoit voir mon égarement : elle me prioit par l'amitié que j'avois pour elle de penser un peu plus à moi. Je pleurois amèrement, parce que vous me faisiez sentir l'état où j'étois. Mais que ces larmes étoient inutiles, puisque je ne changeois point de vie !

Votre heure n'étoit pas encore venue, ô mon Dieu et vous souffriez tous ces égaremens pour me faire sentir ma foiblesse. Il y avoit longtemps que je voulois être religieuse; mais ma faiblesse m'effrayoit. Cependant, voyant que je ne pouvois résister aux occasions de vous offenser, je pris la résolution de faire retirer ma sœur, et de demeurer seule, espérant pouvoir mieux vous servir. L'on écrivit à ma mère qui y consentit. On la vint donc chercher. Je ne dirai point les larmes que je répandis, mais je dirai Seigneur que je craignois bien de demeurer seule avec vous. Je demandai Mme de Fretteville pour être ma maitresse et on me la donna. Quand ma sœur fut partie je crus m'ennuyer à la mort, cependant je m'accoutumai à la vie monastique. Mais j'avois une grande répugnance à aller au chœur en habit de séculière ; ce qui me fit demander la permission de prendre le petit habit : on me le refusa ; mais on me permit de m'habiller en professe, ce qui n'étoit d'aucune conséquence si je venois à sortir. Je le portai quelque tems en faisant la règle assez régulièrement. J'y prenois un goût infini, je n'avois de peine à rien, j'étois dans une tranquillité profonde. Vous me donniez des consolations infiniment au dessus de tous les plaisirs que j'avais sentis. Quand j'eus été quelque temps en professe je redemandai le petit habit, et on me le donna. Ma ferveur augmenta beaucoup, et j'étois très heureuse, lorsqu'un valet de pied de ma sœur vint me faire ses complimens et par malheur pour moi me raconter tous les plaisirs qu'elle avoit, et entr'autres il me dit qu'elle alloit souvent à la chasse. Ce divertissement me toucha beaucoup plus que les autres parce que j'avois toujours eu envie de monter à cheval. Enfin, mon Dieu, je succombai à la tentation, et je demandai à sortir, disant que je voulois voir le monde avant que de m'engager, car on m'avoit permis de prendre le voile. Sur ces entrefaites le roy mourut et ce fut mon père qui fut régent du royaume. Quand toutes choses furent décidées on me fit sortir, et on me mit à Montmartre, d'où j'allois tous les jours au Palais royal. J'étois au désespoir d'être sortie de Chelles. Je demandai inutilement d'y rentrer : on ne le vouloit point. Mon ennui d'être religieuse continuoit toujours. Je demeurai un mois à Montmartre, après j'allai au Val-de-Grâce avec

ma sœur. Je ne pouvois me consoler d'avoir quitté
Chelles, et mes amies : mais je devois bien plus pleurer
ô mon Dieu, de vous avoir abandonné. J'allois souvent
au Palais-Royal et à l'opéra qui me plaisoit beaucoup,
par le goût que j'avois pour la musique. Je vous oubliois
peu à peu, et j'étois très fâchée quand deux religieuses
de mes amies me faisoient penser à vous parceque je
tâchois de vous effacer de mon cœur ; et pour y réussir
je le remplissois de tout ce qui pouvoit vous déplaire :
mais vous, mon Dieu, qui m'aimiez, vous ne me quittiez
point : vous me faisiez la grâce de regretter Chelles, et
vous me continuiez le désir d'y rentrer parceque je savois
que c'étoit le seul lieu où je pourrois faire mon salut.
Je sortis du Val-de-Grâce pour aller à la campagne avec
ma grande mère ; c'est là, Seigneur mon Dieu, c'est là où
je vous ai le plus abandonné. D'abord que j'y fus je n'é-
tois occupée que du plaisir de plaire à Madame[1], et à
tout le monde : et, ne pouvant servir deux maîtres, je
vous abandonnai entièrement, Seigneur. O mon âme, que
devins-tu dans ce moment où tu vis l'aveuglement où
tu étois plongée ? Abîme-toi, ou plutôt lève les yeux au
ciel, implore la miséricorde de ton Dieu. Oui, Seigneur,
j'ai mérité mille fois l'enfer : Je reconnois mes crimes
énormes. Vous voyez, mon Dieu, le regret que j'ai de
les avoir commis : pardonnez-les-moi, Seigneur. Je n'é-
tois donc occupée que de moi et de mes plaisirs, et malgré tout cela, ô mon Dieu, vous me conserviez toujours
la même vocation pour l'état de religieuse. J'en parlois
sans cesse, et vous me donniez de temps en temps des

---

[1] La princesse palatine, mère du régent, grand-mère de Mademoiselle de Chartres.

avertissemens en songe de penser à mon salut, et que je ne le pouvois faire que dans le cloître. Enfin cet heureux jour arriva ; et je ne m'y attendois pas : ma mère vint souper avec Madame et je me sentis poussée à lui demander encore de retourner à Chelles. Elle me dit qu'il en falloit parler à Madame. Nous nous mîmes à table, et ne mangeai guères. Après le souper j'entrai dans le cabinet de Madame, où je la pressai très fort de me laisser aller, et je lui dis de si bonnes raisons qu'elle me le permit. Elle se chargea même de la permission de mon père. Je retournai dans ma chambre. Vous savez, Seigneur, quels combats j'eus à soutenir cette nuit-là. Je ne puis les expliquer : mais je puis dire que les combats que la grâce livroit à la nature étoient bien grands ; elle lui donnoit des coups terribles ; et la nature se relevoit toujours. Enfin le jour arriva, je me levai et montai en carrosse. Plus je m'éloignois et plus je souffrois, et j'étois prête à tout moment à faire retourner, et cependant j'approchois de Chelles. J'y arrivai donc, et je montai à notre cellule fort troublée. Je fus huit jours à souffrir extrêmement, au bout desquels je pris le petit habit, et dans l'instant tous mes troubles cessèrent. Je repris la vie ordinaire du monastère. Six mois après je pris l'habit.

J'eus encore quelques combats qui se dissipèrent fort vîte, et je suis à présent fort contente et fort heureuse.

O mon Seigneur et mon Dieu, comment devois-je paroître devant vous, après avoir mené une telle vie ? qui vous a retenu le bras dans le temps de mes crimes ? qui vous a prié pour moi ? qui vous empeschoit de me précipiter dans l'enfer ? C'est votre amour pour moi, ô mon Dieu. Vous avez voulu faire éclater votre grâce adorable... Elle a triomphé cette grâce... Mais faites, Seigneur qu'elle me soutienne, afin qu'on ne puisse pas dire : le Seigneur l'a fait venir dans le désert pour la tuer. Rendez son triomphe encore plus grand, enchaînant à son char les rois et les princes qui se sont le plus abandonnés à leurs passions. Je ne vous demande point leur vie; mais leur salut... Faites vous connoître Seigneur afin qu'on vous aime : répandez vos bénédictions particulières sur cette maison, faites qu'elle demeure dans les bons sentiments : ne permettez pas de mitigation; continuez-les dans la charité où vous les avez entretenues jusques à présent; Conservez celle qui les gouverne[1], éclairez-la, Seigneur, et faites lui sentir votre amour et votre grâce : Et pour moi rendez l'efficacité de cette grâce encore plus remarquable en me soutenant et me faisant augmenter dans la vertu, que vous ne l'avez signalée en me faisant sortir du monde. Ainsi-soit-il.

Permettez-moi, mon Dieu, de vous remercier ici des grâces particulières et générales que vous m'avez faites dès mon enfance : vous m'en avez comblée — sans que je les eusse méritées, — vous m'avez aimée le premier et avant que je vous connusse. Vous m'avez inspiré votre amour et le désir de me consacrer à vous; vous m'avez plus éclairée que les autres enfans, vous m'avez fait connoître la vérité, et vous me l'avez fait aimer; vous m'avez fait sentir des avant-goûts de l'éternité; vous m'avez fortement imprimé la pensée de la mort et de vos jugemens; vous avez soulagé toutes mes peines; vous m'a-

---

[1] Agnès de Villars (*Gallia. Christ.*, t. VII, col. 573).

vez été chercher vous même, ô divin Pasteur des âmes, et vous m'avez rapportée sur vos épaules à la bergerie dans le temps que je voulois vous oublier ; vous ne me quittiez pas, et vous me faisiez penser sans cesse à vous ; vous m'avez aimée, mon Dieu, dans le temps que je vous laissois, vous m'avez comblée de grâces dans le temps que je les rejetois. Enfin, ô mon Dieu, votre miséricorde m'a retirée de l'enfer lorsque votre justice demandoit ma perte. Que vous rendrai-je, mon Seigneur et mon Dieu, pour toutes ces grâces ? Je ne suis rien, et je n'ai rien que je ne tienne de vous. Ce sont ces dons de votre main que je vous offre. C'est vous qui m'avez fait, je m'offre à vous et je m'y consacre de tout mon cœur. Pour que vous receviez plus agréablement mon sacrifice, je l'unis au sang adorable de Jésus-Christ, et je vous l'offre même pour la rémission de mes péchés, espérant qu'avec cette offrande vous ne me renverrez pas sans me dire, « Votre foi vous a sauvée, allez en paix. » Dites cette charmante parole à mon âme, afin que, comme vous lui avez remis beaucoup de péchés, elle vous aime aussi plus que toutes choses. Ainsi-soit-il.

Après avoir examiné vos grâces et vos miséricordes sur moi, ô mon Dieu, et vous en avoir remercié, il faut, pour m'humilier, que j'avoue ma faiblesse, et combien j'ai abusé de vos grâces : donnez-moi, Seigneur, des torrens de larmes pour pleurer mes fautes ; mais donnez m'en la véritable contrition : que je haïsse le péché autant que je vous ai abandonné. Je ne vous ai été fidèle, ô mon Dieu que dans le temps que je n'avois pas de raison ; mais, Seigneur, c'est vous seul qui agissiez sur moi, et je ne m'y pouvois opposer, ne connoissant ni le bien ni le mal.

Quand ma raison fut un peu développée, on me racontoit vos merveilles, et j'en étois charmée, mais comme une enfant qui aime les histoires. Quand j'allois aux spectacles et que j'en revenois malade, je vous priois, mais comme un enfant qui rejette son mal sur qui il peut, puisque cela ne m'empêchoit pas d'y retourner quand l'occasion s'en présentoit. Combien de personnes ai-je détournées de faire le bien, et comme forcées de vous offenser? dans quelle tranquillité étois-je? Je pensois: Je suis jeune, je ne mourrai pas sitôt, et j'aurai le temps de faire pénitence.

Insensée que j'étois de croire que je vivrois longtemps : et que j'étois ingrate, ô mon Dieu, après toutes les grâces que vous m'avez faites, de souhaiter de vivre pour vous offenser! Je sentois vos miséricordes, Seigneur, mais plus je les sentois, et plus je vous offensois. Ne méritois-je pas l'enfer? et vous, mon Dieu que faites vous? Vous venez avec force pour me combattre; non pour me tuer, mais pour me sauver. Vous me transportez dans le désert, vous m'arrachez de la maison paternelle, vous voulez être seul mon père : quand nous sommes seuls ensemble vous me reprenez doucement, vous me faites voir vos miséricordes à même tems que mes crimes se présentent devant moi : vous me consolez vous-même. Quelle bonté! quel amour! ha! mon âme, que deviens-tu? Tu vois ton Dieu, ton créateur et ton juge, tu le vois après l'avoir offensé: que lui présentes-tu pour apaiser sa colère? Tout est à lui, il a tout créé, il est juste, il ne reçoit point de prétexte pour rendre justice. Écoute, il te parle, et voici ce qu'il te demande: « Je ne veux point la mort du pécheur, mais qu'il se convertisse, et qu'il vive. »

Quoy, mon Dieu, vous ne demandez que ma conversion pour me pardonner! Oui, Seigneur, me voici pénétrée de douleur de vous avoir offensé; je fais une ferme résolution de vivre pour vous : et puisque vous ne rejetez point le reste d'une vie aussi criminelle que la mienne, je vous l'offre et vous la consacre. J'ai déjà commencé mon sacrifice en prenant le voile qui distingue vos épouses des autres femmes : mais, Seigneur, mettez vous-même un voile à mes yeux, afin qu'ils ne voient plus rien qui vous déplaise. Otez de mon cœur et de ma pensée tout ce qui peut vous offenser. Mon Seigneur et mon Dieu, ne m'abandonnez plus à moi-même; car je connois ma foiblesse. Agissez donc toujours avec moi, afin que toutes mes actions ne tendent qu'à l'éternité bienheureuse. Ainsi-soit-il.

Combien de temps serai-je dans cet exil, Seigneur, dans cette terre déserte et sans eau, où l'on ne trouve que des bêtes qui sont prêtes à nous dévorer, et des embûches qui nous sont tendues à chaque pas que nous faisons? Si je m'abandonne à moi-même, je trouve un plus cruel ennemi que tous ceux que je rencontre. Est-il possible, Seigneur, que malgré tout cela on aime à vivre? Que ne fait-on point pour conserver cette vie? et dans quelle frayeur n'est-on pas quand on nous annonce qu'il faut retourner d'où nous venons, qu'il faut sortir de cet exil, qu'il faut quitter cette chair qui se révolte si souvent contre l'esprit? Ces misérables n'ont jamais pensé à vous, Seigneur, que pour vous demander des biens périssables. Si vous leur en avez donné, ils ne s'en sont servis que pour vous offenser. Si vous leur avez refusé, quels murmures n'ont-ils point faits contre vous? Est-il possible, ô mon Dieu, que des créatures que vous avez créées à votre image, que des créatures qui sont vos membres et que vous avez rachetées de votre sang précieux, que des créatures que vous avez aimées, et à qui vous avez tant donné, soient si ingrates. Non, Seigneur, je ne le comprends pas ; et peut être le suis-je sans le comprendre. Encore une fois je ne le comprends point, qu'on se puisse attacher à la terre. Nous sommes faits pour vous, et nous nous abandonnons à la créature que vous avez créée. Nous méprisons le Créateur, et nous aimons ses ouvrages, parce qu'ils frappent plus nos sens : mais Jésus-Christ fait homme ne les frappe-t-il pas aussi ? Mais nous ne l'avons pas vu. Mais la foi nous le dit, et nous le devons croire plus fortement que si nos yeux l'eussent vu. Enfin, mon Dieu, nous vous sentons au dedans de nous ; nous sentons que nous sommes faits pour vous aimer. Nous goûtons même une douceur infiniment au-dessus de tous les amours charnels : et nous résistons encore. Non, mon Dieu, ne permettez pas cette résistance : faites que je désire votre possession, et que je fasse toutes mes actions dans cette veue, afin qu'après vous avoir aimé sur la terre, je vous aime éternellement dans le ciel. Ainsi-soit-il.

Éloignez de moi, mon Dieu, toutes les pensées que je pourrois avoir contre votre volonté : brisez mon cœur de douleur de vous avoir offensé. Ayez pitié de moi, mon Dieu, ayez pitié de ma bassesse, ne permettez point que j'y retourne. J'ose vous le promettre ; mais c'est à vous ô mon Dieu, à me soutenir. J'attends tout de votre grâce, connoissant vos miséricordes pour moi ; vous voyez la joie et le désir que j'ai de me consacrer à vous : faites moi la grâce, Seigneur, de voiler mon cœur pour tout ce qui est du monde : prenez le pour vous, je vous le donne ; recevez aussi mon âme. Je sens qu'elle est tout ulcérée parce qu'elle s'est éloignée de vous qui êtes son unique vie : oubliez mes péchés, mais souvenez-vous du sang adorable que vous avez versé pour moi. Écoutez les cris de mon cœur ; voyez la douleur qu'il a de vous avoir offensé : mon âme vous cherche, elle vous appelle : serez-vous sourd à ma voix? Venez, mon Époux, mon Roi et mon Dieu, prenez possession de moi, et moi de vous ; rompez les liens qui me retiennent ici-bas, afin que je vive éternellement ; ou, si vous me laissez sur la terre, faites moi la grâce d'y faire pénitence, et de ne m'y point attacher. Ainsi-soit-il.

Mon Seigneur et mon Dieu, pourquoi m'abandonnez-vous, et pourquoi me laissez-vous dans la sécheresse dans le temps que je me consacre à vous, et que je vous adresse mes prières? Quel changement! Quoi! dans le temps que je ne vous servois pas vous me combliez de grâces et de consolations ; et maintenant que je commence à vous servir (à la vérité encore bien imparfaitement, mais ce que je fais de bien c'est de tout mon cœur) vous vous retirez de moi! Qu'ai-je fait, Seigneur, pour mériter votre abandon ? ou plutôt que n'ai-je point fait, misérable que je suis? Ne vous souvenez-vous plus de mes péchés, puisque vous m'avez fait la même grâce qu'à saint Pierre? Je vous ai renoncé comme lui : mais vous m'avez aussi regardée d'un œil de miséricorde pour empêcher le désespoir de se saisir de mon âme. Je suis sortie dehors comme lui pour pleurer ma faute ; c'est-à-dire je suis sortie du monde, ne me sentant pas la force de vous y servir. Ayez pitié de moi, ô mon Dieu, et recevez mon sacrifice. Je vous promets, Seigneur, de vivre en bonne religieuse, mais je ne le puis sans votre grâce. Je suis dans la résolution d'être moins dissipée, d'être plus exacte non-seulement à l'office, mais à tout ce qui est de la régularité. Mais, mon Dieu, c'est à vous à me donner tout cela. Je vous demande surtout une grande exactitude à garder mes vœux, et que je sois un pilier de régularité sans ostentation. Ainsi-soit-il.

Mon âme, pourquoi êtes-vous triste, et pourquoi vous affligez-vous ? Il est vrai, votre époux est mort, mais ne vous souvenez-vous plus qu'il a dit à plusieurs prophètes qu'il ressusciteroit le troisième jour. Allons donc voir au sépulcre s'il est ressuscité. Mais non, il n'est pas nécessaire : Je le crois sans le voir, et mon âme en tressaille d'allégresse : oui, mon Dieu, je crois que vous êtes ressuscité ; je vous vois arracher de mon cœur les victimes du péché, je vous le présente encore tout sanglant de plaies que lui a faites le monde. Je l'enfonce dans votre côté adorable pour l'incorporer avec le vôtre, afin qu'il soit la même chose, et par cette unité je vous demande de n'aimer[1] que vous, d'avoir de la charité pour tout le monde, de ne point mépriser les pauvres, d'avoir une entière obéissance à mes supérieures, de ne disposer de rien sans leur permission ; et puisque vous m'avez élevée sur le chandelier, faites, Seigneur que je donne bon exemple et que je ne sois pas de ces lumières qui mènent au précipice ; mais qu'au contraire j'inspire à tout le monde votre amour.

Ainsi soit-il.

---

[1] Dans la copie qui m'est transmise je lis ici *avoir que vous*.

LETTRE DE Mlle D'ORLÉANS A DEUX RELIGIEUSES
DU VAL-DE-GRACE
SUR SA VOCATION A LA RELIGION

Est-il possible, mes chères amies, que vous puissiez croire que je veuille abandonner Dieu! Non, il m'a fait trop de grâces, vous le savez vous-mêmes; et c'en est une bien plus éclatante que celle qu'il me fait de persévérer : quoi! m'auroit-il fait résister à la tendresse d'un père et à celle d'une sœur pour m'abandonner? Je ne suis point surprise que les gens du monde me croient ébranlée, eux qui ne connoissent point Dieu, et qui mettent leur unique bonheur à être heureux, riches et grands sur la terre; mais vous, mes chères sœurs et amies, qui avez été consacrées à Dieu, pouvez-vous penser de même? ne savez-vous pas que je me sacrifie à Jésus-Christ, et que c'est sa grâce qui m'en donne la force? Connoissant ma foiblesse, il vous est permis de craindre; mais connaissant la force du Tout puissant, que ne devez vous point espérer pour moi? Ne croyez donc point les faux bruits. Car je vous puis assurer que je suis plus contente que jamais de mon état, et que j'aimerois mieux mourir que d'abandonner Dieu. Il me fait la grâce de mépriser le monde et d'être persuadée que notre seul bonheur est de suivre Jésus-Christ. Je ne quitte rien, et j'embrasse tout : je ne quitte que le monde qui est méprisable par lui-même, et j'embrasse cette éternité; je quitte le mensonge pour suivre la vérité; la folie pour la sagesse, l'injustice pour la justice, la fureur pour la miséricorde, l'enfer pour le paradis. Enfin je quitte le

diable pour Dieu. Que mon sacrifice est petit; et cependant qu'il me coûte ! O corruption du cœur humain ! on s'attache à la créature et on méprise le Créateur. Je ne puis m'empêcher de dire que je sens que je suis faite pour Dieu, et cependant je tremble; je sens que je l'aime, je sens qu'il est mon tout, et que mon inclination me porte à m'éloigner de lui. Quelle foiblesse ! Priez, mes chères amies, pour la plus misérable des créatures; car si Dieu m'abandonnoit un moment, je périrois. Je ne suis par moi-même que péché, qu'ingratitude et pourriture. C'est par sa grâce seule que nous pouvons plaire à Dieu. . . . .
Louez donc sans cesse ce Dieu des miséricordes de celles qu'il m'a faites, et ne cessez mes chères amies, de lui en demander la continuation. C'est la seule marque que vous puissiez me donner de votre amitié. Adieu, mes chères amies, je vous aime de tout mon cœur. Dites à ceux qui doutent de ma persévérance que je me fais religieuse parce que je suis persuadée qu'il faut mourir, que l'heure m'en est inconnue, et que je tomberai entre les mains d'un Dieu juste et terrible dont je serois privée peut-être éternellement, et que c'est pour anticiper la gloire éternelle où j'aspire que je me fais religieuse, en le louant, le servant et l'aimant pendant ma vie pour pouvoir espérer d'être toujours avec lui.

SŒUR D'ORLÉANS DE SAINTE-BATHILDE.

AUTRE LETTRE DE Mlle D'ORLÉANS AUX MÊMES RELIGIEUSES SUR L'ABBAYE DE MONTMARTRE QU'ON LUI PROPOSAIT [1]

Je ne doute point, mes chères amies, que vous n'ayez appris la réponse que je fis à Mme la duchesse d'Orléans; ma conscience me la dicta, et après plusieurs poursuites maman m'avoua qu'elle pensait comme moi. Je ne me crois pas assez avancée dans la vertu pour pouvoir donner bon exemple, et je n'ai que trop l'expérience de ma foiblesse pour vouloir m'exposer une seconde fois au péril. L'amour que je dois avoir pour Dieu et pour mon état me doit être plus cher, je ne dis pas que moi-même (ce ne serait pas assez dire) mais que mes deux amies du Val-de-Grâce. Ainsi il faut lui sacrifier ces deux victimes, qui me sacrifient si souvent. Je compte obéir longtemps avant que de gouverner pour pouvoir le bien faire; et si l'on m'en veut croire on me laissera toujours en paix sans me charger de rien, ne m'en croyant pas capable. Je vous avouerai naturellement, mes chères amies, que je ne comprends pas comment on peut trouver des religieuses (quand elles sont bonnes) qui veuillent être abbesses. Je

---

[1] Dans un livre publié en 1719 sous ce titre : *Lettres d'un ecclésiastique à un abbé de ses amis sur la vocation de Madame d'Orléans, abbesse de Chelles*, Dijon, Augé, in-12, se trouve à la page 30 une lettre de l'abbesse de Chelles. (*Gr. Dictionnaire de Moréri*, t. VI, éd. de 1759, p. 468.)

Je connais aussi par son titre la petite plaquette suivante : *Copie d'une lettre de Madame d'Orléans, abbesse de Chelles, écrite du 1er octobre 1720 à une religieuse du Val-de-Grâce de ses amies*, in-12, pièce (s. l. n. d.)

Je n'ai pu me procurer ni l'une ni l'autre de ces plaquettes, et comparer, comme j'aurais désiré le faire, la lettre ou les deux lettres imprimées au xviiie siècle avec celles que m'a fournies le manuscrit de Troyes.

crois qu'elles ne comprennent pas la grandeur de cette obligation, car qu'est-ce que c'est que d'être abbesse? C'est être la très-humble servante de la communauté, occupée sans cesse du soin de sa maison, des procès, des dettes, à adoucir celles qui se plaignent, et aussi une continuelle attention de plaire à tout le monde, et être obligée (si on veut s'acquitter de son devoir) de déplaire à celles qui ne le font pas, soit en les en reprenant, ou en ne leur accordant pas ce qu'elles souhaitent; leur inspirer leurs devoirs plutôt par exemple que par les paroles, les écouter toutes les unes après les autres, tranquilliser celles-ci, émouvoir celles-là, examiner de près les sujets du noviciat, entretenir la charité dans la communauté; veiller au dehors tant aux domestiques qu'aux confesseurs (quoiqu'ici on ne soit pas en ce cas); enfin à mettre les religieuses dans une honnête liberté, et leur donner tout leur nécessaire, pour qu'elles ne soient pas obligées de le chercher au dehors; soigner que la régularité se maintienne, et se rétablisse comme elle étoit au commencement de la réforme; mais sans aigreur, et avec douceur, pour ménager les esprits. Enfin je trouve la condition d'une abbesse pire que celle d'une esclave, quand elle veut s'acquitter de ses devoirs. Comme je ne veux pas vous ennuyer par une trop grande lettre, je ne dis que la moitié de ce que j'en pense. Adieu, mes chères amies; je vous embrasse de tout mon cœur [1].

---

[1] Manuscrit de la bibl. de Troyes, n° 2240. Toutes les prières comprises sous ce titre : *Sentiments de Mademoiselle d'Orléans*, ne sont pas ici imprimées; j'ai omis quelques paragraphes.

PENSÉES SUR SA FAMILLE

Dieu accorde souvent à la fidélité d'une personne le salut de sa famille. Faites, mon Dieu, qu'allant à vous, j'entraîne, moi aussi, ce Nathanaël qui ne croit pas qu'il puisse rien venir de bon de Nazareth. Vous voyez mes désirs, c'est à vous de les satisfaire ; quelque tendresse que j'aie pour lui, je ne désire que votre plus grande gloire. Je ne cesse de vous prier, et vous savez, Seigneur, que je ne suis pas seule.

Que deviendra donc ce monde ? Vous permettez, Seigneur, qu'étant sur ce rivage je voie ce malheureux vaisseau agité par la tempête de mille crimes détestables... Mon Dieu, ce vaisseau renferme ce que j'ai de plus cher après vous, le laisserez-vous périr à mes yeux ? Tendez votre main à ce malheureux pilote, et forcez-le de vous donner la sienne.

Faites qu'ayant quitté ma famille pour vous suivre, je ne me souvienne d'eux qu'en votre présence ; que ces richesses, qui n'ont que trop servi à leur vanité, servent à leur pénitence ; soulevez-les tous les uns contre les autres, si cela est nécessaire pour leur salut[1]

---

[1] D'après un manuscrit appartenant à M. le baron Ernouf, *Bulletin du bibliophile*, 1859, pp. 732, 733.

LOUIS D'ORLÉANS

Louis, duc d'Orléans, naquit à Versailles le 4 août 1703, de Philippe d'Orléans (le Régent) et de Françoise-Marie de Bourbon *(Mademoiselle de Blois)*.

Il épousa le 14 juin 1724 Auguste-Marie-Jeanne, princesse de Bade, et il eut la douleur de perdre cette jeune femme au mois d'août 1726. Le duc d'Orléans renonça de bonne heure à tous les plaisirs du monde et prit la résolution de vivre dans la retraite. Il partageait son temps entre l'étude et les exercices de piété; il savait l'hébreu, le syriaque et le grec. Le recueil manuscrit de ses travaux, formant plus de vingt volumes in-folio, se compose en grande partie de traductions de la Bible et de dissertations savantes sur les saintes Écritures[1].

Louis d'Orléans mourut le 4 février 1752.

De son mariage avec la princesse de Bade sont issus :

1º Louis-Philippe, mort en 1785, aïeul du roi Louis-Philippe;

2º Louise-Madeleine, morte en bas âge.

L'histoire du duc Louis d'Orléans nous offre quelques traits charmants. Voici l'une de ces anecdotes : Près de l'un des domaines du prince habitait un pauvre gentilhomme auquel les officiers du duc reprochèrent je ne sais quels actes attentatoires aux prérogatives honorifiques de leur maître. Le gentilhomme ne se rendit pas aux observations qui lui furent faites, et il fallut lui intenter une action judiciaire; mais il était si misérable qu'il n'eût pu se défendre et fournir aux frais du

---

[1] « Dans l'une de ces dissertations, le duc d'Orléans prouve que les notes sur « les psaumes insérées dans le recueil du père Corder, intitulé : *Exposit. Patr.* « *Græc. in Psalmos* (V. Corder, IX, 571), sont de Théodore de Mopsueste et « non de Théodore d'Herculée, à qui les manuscrits les attribuent. » (*Biog. univ. anc. et mod.*, t. XXXII, Michaud, 1822, p. 122.)

procès. Plutôt que de chercher à profiter de cet avantage, le duc eut la bonhomie de donner à son voisin tout l'argent nécessaire pour lui répondre en justice ; et, grâce à la générosité de son adversaire, le gentilhomme put soutenir l'instance. Ce qu'il y a de piquant dans l'affaire, c'est que les juges donnèrent gain de cause au plaideur ainsi assisté. Le prince lui en fit son sincère compliment [1].

Toutefois ce n'est pas par ces traits à la Henri IV que se distinguait d'ordinaire le duc Louis d'Orléans : la grâce et l'amabilité n'étaient pas son fait ; et, pour employer une expression commune, mais dont il est difficile de trouver l'équivalent, écrit l'exact duc de Luynes, le prince était « gauche et maussade ». Il en convenait lui-même avec simplicité ; et même il faisait un aveu plus méritoire : il reconnaissait n'avoir pas l'esprit juste, et c'est pour cette raison qu'il s'était retiré du conseil du roi.

Dans sa jeunesse il avait essayé d'être libertin par air ; mais il ne tarda pas à comprendre qu'il n'était point fait pour une pareille existence. Il se convertit et prit le parti de la retraite et de l'étude. Il passait sa vie dans son cabinet, étudiant les Pères, l'Écriture sainte, les langues étrangères ; il vivait seul et isolé dans Versailles. Enfin il se retira entièrement du monde et s'installa, en 1742, à l'abbaye de Sainte-Geneviève : il payait aux religieux, pour lui et son domestique, une pension d'un louis par jour. Ses aumônes étaient considérables : il distribuait au pauvre chaque année plus d'un million.

Vers la fin de sa vie, par suite d'un étrange affaiblissement d'esprit, et aussi peut-être par zèle mal entendu pour un système philosophique qui se rapprochait quelque peu de la métempsycose [2], notre duc en était arrivé à cette bizarre manie de ne pas croire morts ceux qui l'étaient. Lorsque s'ouvrit la suc-

---

[1] Néel, *Hist. man. du duc Louis d'Orléans*, aux archives de France, MM. 848 (ancien 844), pp. 81, 82. J'ai vu cité cet ouvrage de Néel comme un livre imprimé ; mais il m'a été impossible de trouver un seul exemplaire de cette édition qui aurait été publiée en 1753, in-12.

[2] *Mém. de d'Argenson*, édit. Rathery, t. VII, p. 428.

cession de sa sœur, veuve du roi d'Espagne, Philippe V, son chancelelier M. de la Grandville lui apporta un acte relatif à cette affaire en le priant de le signer. Le duc jeta les yeux sur l'acte et y lut ces mots : « *le feu* roi d'Espagne Philippe V. » Il soutint que ce roi n'était pas mort et ne voulut pas signer. M. de la Grandville essaya vainement de le convaincre : il perdit sa peine, et son insistance n'eut d'autre effet que de le brouiller avec le duc. Il fut congédié, et M. Silhouette le remplaça. Plus heureux que son prédécesseur, M. Silhouette parvint à triompher de cette difficulté. Il présenta au duc un acte tout semblable au précédent, et lui dit qu'on employait en Espagne le mot *feu* comme terme honorifique. Le prince accepta cette explication risquée et signa.

Par une inconséquence qu'il lui eût été difficile de justifier, le duc, qui ne croyait pas à la mort des autres, s'occupait beaucoup de la sienne, s'y préparait chaque jour et avait écrit son testament. Cet acte contenait une disposition où se révèle d'une manière étrange l'admirable humilité du prince en même temps que son amour pour la science : il exprima le vœu que son corps fût disséqué et pût servir ainsi aux progrès de l'anatomie. Il est inutile d'ajouter qu'on ne se conforma pas à ce désir. L'intention formelle du prince était que ses obsèques se fissent sans aucune pompe : on n'observa pas ponctuellement cette clause de son testament. Il fut inhumé avec quelque solennité dans l'église du Val-de-Grâce [1].

Ce pieux personnage était aimé et vénéré de tous. A sa mort, le peuple essaya d'enlever tout ce qui lui avait servi : on voulait s'emparer de ces objets afin de les conserver pieusement comme on garde les reliques d'un saint [2].

---

[1] *Mém. du duc de Luynes*, publiés par Dussieux et Soulié, t. XI, p. 393-397.
[2] *Mém. de d'Argenson*, Ed. Rathery, t. VII, p. 100. Quelques auteurs du XVIIIe siècle écrivent que le prêtre refusa l'extrême-onction au duc d'Orléans. Il y a sur ce point des témoignages tout à fait contradictoires, et le motif même de ce refus est rapporté de plusieurs manières différentes. De Luynes, ordinairement très-exact, dit que le duc reçut les derniers sacrements quatre jours avant sa mort (t. XI, p. 395). Voy. *Journal* de Barbier, édité par de la Villegille, t. III, p. 342. *Journal* de d'Argenson, t. VII, pp. 28, 29. Lacretelle, *Histoire du XVIIIe siècle*, t. III, p. 194.

Le duc Louis d'Orléans a fondé le collége de Versailles : il a fondé aussi la chaire d'hébreu de la faculté de théologie de Paris [1].

DE LA GLOIRE DES CONQUÉRANTS

L'ambition, cette passion que saint Chrysostome appelle et la fille et la sœur de l'orgueil, ne laisse pas de se trouver dans les rois malgré leur élévation : ils ne peuvent, il est vrai, désirer d'état plus élevé que le leur : il n'y en a point sur la terre; mais ils désirent de pouvoir exercer leur puissance sur un plus grand nombre de personnes, c'est-à-dire d'agrandir leurs États. Ce désir fait qu'on ne considère plus ce qu'on possède que comme pouvant servir à acquérir ce qu'on désire : les impôts se poussent outre mesure dans l'ancien patrimoine, afin de pouvoir soulager par là les nouvelles conquêtes et s'en attacher les peuples : on met tout en œuvre pour corrompre les sujets d'un prince voisin, ses ministres, et, par conséquent, loin de punir le crime, on le récompense.

Quelle contradiction! le même homme punit et récompense la même action en des personnes différentes : il crie contre la mauvaise foi d'un prince qui le trompe dans un traité où lui-même a cherché à le tromper; ainsi cette passion renverse la nature; mais ce qu'il y a de surprenant, c'est qu'on en tire une vanité. Un roi n'a souvent d'autre part à ces conquêtes que de

---

[1] Néel, ouvrage déjà cité, pp. 79 et 146.

les avoir ordonnées : et cependant il se les attribue, parce que c'est le propre de l'orgueil de s'attribuer ce qui ne lui appartient pas. Mais supposons qu'un roi fasse ses conquêtes lui-même et ne les regarde que comme des monumens de sa gloire : qu'est-ce qu'une gloire homicide ? Un roi doit être le père de son peuple, et il met sa gloire à le détruire. La qualité de prince juste et celle de conquérant ne peuvent donc s'accorder, et font une contradiction continuelle dans le roi avide de gloire : car il faut convenir que la réputation d'un roi dont tout le règne se passe sans guerre n'est point pleinement hors d'atteintes ; il y a toujours dans un royaume de ces gens qui font de la guerre le moyen de satisfaire leur ambition : ceux-là se trouvant frustrés de leur espérance sous un roi pacifique, osent l'accuser de manquer de courage ; mais celui qui ne cherche point la gloire des hommes goûte sans trouble le plaisir de rendre ses sujets heureux. Disons mieux : il sait qu'il remplit son devoir, et cela seul suffit pour son bonheur [1].

LES PETITES MÉDISANCES ET LES PETITS MENSONGES

Les médisances qui ne viennent point d'un dessein formé de nuire au prochain viennent de légèreté et d'indiscrétion ; mais d'où vient cette légèreté sinon de compter pour peu de chose le prochain ? Nous trouvons donc premièrement que sa réputation ne mérite pas que nous nous assujettissions à garder le silence quand

---

[1] Manuscrit français 6304, folio 66 verso, et 67 recto et verso. (*Discours sur l'humilité*, t. I.)

nous ne pouvons le rompre sans le déchirer, ni que nous examinions si ce que nous avons appris est faux ou vrai. Le désir de briller dans une conversation l'emporte sur ces considérations, et nous fait même ajouter sciemment des circonstances aggravantes pour orner notre récit.

Le mensonge qui ne nuit point au prochain a pour but ou d'excuser une mauvaise action ou de donner meilleure opinion de soi que la vérité simple ne le donneroit. Par conséquent, c'est toujours vouloir en faire accroire, se supposer plus fin que les autres; car l'on (n')entreprendroit point de mentir si l'on étoit bien persuadé que la fausseté seroit découverte promptement. La preuve de cela, c'est que les enfants sont beaucoup plus sujets à ce défaut que les personnes formées, parce qu'ils ne savent pas combiner toutes les circonstances qui peuvent faire découvrir leurs menteries : les sots conservent ce défaut, parce que leur esprit reste toujours aussi borné qu'il l'est nécessairement dans l'enfance. Mais pourquoi y a-t-il des gens qui mentent sans qu'il leur en revienne aucune utilité et pour embellir une histoire qui n'a aucun rapport à eux? Les choses singulières prennent toujours l'attention : l'on entend plus volontiers parler des actions des rois que de celles des autres hommes, et les hommes en parlent aussi plus volontiers, par cette raison que les autres y donnent plus d'attention, parce que celui qui parle prend pour lui, dit M. Nichole, l'attention que l'on donne à celui dont il parle : il en est de même de celle que l'on donne à une chose singulière [1].

---

[1] Ms. fr. 6302, folio 75 verso et suiv. (*Discours sur l'humilité*, t. II.)

PRIÈRE AFIN D'OBTENIR LA VRAIE MESURE DU ZÈLE POUR LA CONVERSION DES PÉCHEURS

Mardi saint 1747.

Que votre regard est puissant, ô mon Dieu! Il convertit votre apôtre tombé dans le plus grand des péchez. *Conversus Dominus respexit Petrum, et recordatus est Petrus quod dixerat ei Jesus : Priusquam gallus cantet, ter me negabis; et egressus foras flevit amare*[1]. Que de fois, Seigneur, vous avez jeté sur moi de ces regards de miséricorde : vous m'avez retiré des égaremens de ma jeunesse; vous m'avez préservé depuis ma conversion de bien des dangers auxquels j'ai été exposé et auxquels je m'étois livré moi même sans les connoître. Continuez à me regarder, ô mon Dieu, je suis en danger tant que je suis en cette vie, et je suis moi-même mon danger : le zèle pour convertir les autres expose à des dangers surtout lorsqu'on travaille de soi-même sans mission, sans être fortifié par la grâce du sacrement de l'ordre; mais l'indifférence pour le salut de nos frères est un autre danger : le refroidissement de la charité fraternelle ne peut que vous déplaire puisque c'est en aimant nos frères que vous voulez que nous apprenions à vous aimer : en nous croyant bien avec vous et ne pensant point au malheur de ceux qui se perdent[2] (*la phrase n'est pas finie*).

---

[1] Luc. XXII, 61 et 62.
[2] Ms. fr. 6298. L. d'Orléans, t. XIX, *Dissertations sur divers sujets*, t. I, entre la p. 74 et la p. 76 du *Discours sur ce qui s'est passé depuis l'entrée du Jardin des Olives jusqu'à la prise de Jésus-Christ*. (Autographe.)

MARIE LESZCZINSKA

Stanislas Leszczinski, compétiteur malheureux de Frédéric-Auguste au trône de Pologne, vivait près de Wissembourg, en Alsace, dans une extrême simplicité et presque dans la gêne lorsqu'une intrigue de cour appela sa fille Marie au trône de France.

Agée de vingt-deux ans, Marie Leszczinska, fille de Stanislas et de Catherine Opalinska, épousa Louis XV à Fontainebleau, le 5 septembre 1725. Sur le trône de France, où, après quelques années de bonheur, elle fut abreuvée de tant d'outrages, cette princesse donna constamment l'exemple des vertus les plus douces et les plus aimables. Son instruction avait été très-soignée; elle possédait plusieurs langues, entre autres le latin; elle cultivait le dessin et la musique. La reine, écrit l'abbé Proyart, aimait à peindre des sujets de dévotion, qu'elle donnait à de pieux amis. Elle distribuait aussi des prières et des maximes de morale imprimées par elle-même. Le Dauphin la surprit un jour occupée à ce travail, et il se récria avec sa gaieté ordinaire sur le scandale que lui donnait cette imprimerie clandestine [1].

La reine était très-fervente : les catholiques français eurent souvent recours à son intervention pour les affaires ecclésiastiques. En 1733, elle écrivit au Saint-Père pour lui demander la canonisation de saint Vincent de Paul [2]; elle lui écrivit encore, en 1738, pour la canonisation de sainte Colette [3]; en 1739, pour la canonisation de la bienheureuse Jeanne de Valois [4]. Marie Leszczinska avait accepté le titre de protectrice de l'ar-

---

[1] Mém. de Mme Campan, t. III, 1822, pp. 70, 71, aux notes. Marie Leszczinska se faisait quelque illusion sur ses talents en peinture (ibid., pp. 69, 70.)

[2] Archives de France, registre O^1 3719, folio 138, verso.

[3] Ibid., O^1 3720, folio 80, verso.

[4] Ibid., O^1 3721, folio 63 verso et 64 recto.

chiconfrérie du Saint-Sacrement établie à Liége [1]. Elle avait adopté la dévotion au Sacré-Cœur et s'efforçait de la propager; dès l'année 1738, elle demanda au souverain pontife l'établissement de la fête du Sacré-Cœur [2]: en 1766, elle s'adressa aux évêques français réunis en assemblée générale du clergé pour les prier de faire célébrer cette fête dans tous leurs diocèses. Ils acquiescèrent à ce désir [3].

Marie Leszczinska mourut à Versailles, en 1768. Elle avait eu dix enfants; trois moururent jeunes; les sept autres sont:

1° Louise-Élisabeth, née en 1724. Elle épousa en 1739 Philippe duc de Parme et de Plaisance, fils de Philippe V, roi d'Espagne, et d'Élisabeth Farnèse;

2° Anne-Henriette, née en 1724, morte en 1752;

3° Louis, Dauphin, père de Louis XVI, né en 1729, mort en 1765;

4° Marie-Adélaïde, née en 1732, morte en 1800;

5° Victoire-Louise-Marie-Thérèse, née en 1733, morte en 1799;

6° Sophie-Philippine-Élisabeth-Justine, née en 1734, morte en 1782;

7° Louise-Marie, née en 1737, religieuse aux Carmélites de Saint-Denis, morte en 1787.

[1] Archives de France, O¹ 3720, folio 84.

[2] Ibid., O¹ 3720, folio 80, verso. Le Dauphin, père de Louis XVI, Louis XVI lui-même, ses deux sœurs, Madame Élisabeth et la vénérable Marie-Clotilde, étaient animés des mêmes sentiments de dévotion pour le sacré Cœur. Madame Élisabeth a même composé une prière au sacré Cœur, que nous reproduirons en son lieu: elle invoque aussi le sacré Cœur dans le véritable texte de sa fameuse prière: *Que m'arrivera-t-il aujourd'hui, ô mon Dieu?* etc. Cette dévotion paraît donc s'être transmise comme une sorte de tradition religieuse dans la famille royale. L'existence bien constatée d'une pareille tradition constitue un élément de critique fort important pour l'examen de l'authenticité du *Vœu de Louis XVI au sacré Cœur*, que nous publions à la fin du volume. Voyez:

1° Proyart, *Vie de Marie Lecksinska*, Bruxelles, 1794, pp. 348, 349, 350.

2° Feuillet de Conches, *Correspondance de Madame Élisabeth*, pp. 318, 385 *et passim;* Paris, Plon, 1868.

3° *Summarium super introd. caussæ*, in-f°, pp. 157, 253 *et passim;* Romæ, 1807.

[3] *Procès-verbaux du clergé*, t. VIII, II° part., col. 1441; Paris, 1778. Daniel *Hist. de la bienheureuse Marguerite-Marie*, 3° édit. p. 447; Lecoffre, 1866.

PENSÉES DE MARIE LESZCZINSKA

Nous ne serions pas grands sans les petits; nous ne devons l'être que pour eux.

Tirer vanité de son rang, c'est avertir qu'on est au-dessous.

La miséricorde des rois est de rendre la justice, et la justice des reines est d'exercer la miséricorde.

Les bons rois sont esclaves, et leurs peuples sont libres.

Le contentement voyage rarement avec la fortune, mais il suit la vertu jusque dans le malheur.

Il vaut mieux écouter ceux qui nous crient de loin: Soulagez notre misère, que ceux qui nous disent à l'oreille: Augmentez notre fortune.

Le besoin de s'habiller étant une suite du péché, celui qui tire vanité de ses habits est un malade qui se glorifie des langes qui enveloppent ses blessures.

Les femmes dont on a le mieux parlé après leur mort sont celles dont on parloit le moins pendant leur vie.

La fille vertueuse est en paradis; la femme vertueuse est en purgatoire.

Le malheur des grands est de s'occuper trop de ce que les hommes leur doivent, et pas assez de ce qu'eux-mêmes doivent à Dieu.

Celui qui craint de descendre dans sa conscience, craint de visiter le plus sincère de ses amis.

Ce n'est que pour l'innocence que la solitude peut avoir des charmes.

S'estimer grand par le rang et les richesses, c'est s'imaginer que le piédestal fait le héros.

La vraie mesure de comparaison entre les hommes, c'est sans doute la vertu, puisque Dieu n'en connoîtra point d'autre.

Ceux qui n'agissent que par la vanité de faire parler d'eux, parviennent difficilement à en faire dire du bien.

La paix qui précédoit la guerre eût souvent mieux valu que celle qui la suit.

Plusieurs princes ont regretté à la mort d'avoir fait la guerre ; nous n'en voyons aucun qui se soit repenti alors d'avoir aimé la paix.

La fierté fait la science des femmes ignorantes, et l'entêtement leur raison.

Comme on ne flatte que ceux qu'on veut tromper, toute flatterie est une espèce d'insulte.

Les flatteurs qui nous prêtent des vertus que nous n'avons pas, sont moins dangereux que ceux qui nous louent des défauts que nous avons.

Il ne peut y avoir de guerres glorieuses que celles qui sont justes et nécessaires.

Les petites pratiques d'une sainte religieuse ont, pour l'ordinaire, bien plus de valeur aux yeux de Dieu que les grandes affaires d'une reine.

Pour ne pas s'ennuyer dans la compagnie de son cœur, il faut savoir y appeler Dieu en troisième.

L'erreur du vulgaire est de mesurer notre grandeur sur notre pouvoir ; la nôtre, bien plus grossière, est de croire que le vulgaire a raison.

Une personne sensée estime une tête par ce qu'il y a dedans ; les femmes frivoles par ce qu'il y a autour.

La sagesse humaine nous apprend à cacher notre orgueil : la religion seule le détruit.

Quand on ne donne que pour Dieu, on ne craint point les ingrats.

De tous les amis que nous pouvons avoir, il n'en est pas de comparable à la bonne conscience.

De tous les genres de prodigalités, la plus blâmable est celle du temps.

Pour mépriser le monde, il suffit d'écouter la raison ; mais, pour se mépriser soi-même, il faut écouter Dieu.

On s'inquiète beaucoup pour savoir comment on mourra ; mieux vaudrait porter son inquiétude sur la manière dont on vit.

Un livre n'a droit de m'occuper qu'autant qu'il parle à mon cœur, et qu'il lui dit de bonnes choses.

Les erreurs de la Religion qui commencent par les hommes se propagent par les femmes ; c'est que, pour rendre une erreur vraisemblable, il faut quelque esprit ; et que, pour la soutenir, il ne faut que de l'entêtement.

Nous ne devons réfléchir sur les défauts des autres qu'autant qu'il faut pour nous en préserver nous-mêmes.

Les femmes les plus médisantes sont presque toujours celles qui offrent le plus matière à médisance. Elles indiquent les défauts d'autrui, de peur qu'on ne s'occupe des leurs.

Pour vivre en paix dans la société, il faut ouvrir les yeux sur les qualités qui nous plaisent, et les fermer sur les ridicules et les travers qui nous choquent.

Une bonté disposée à accueillir toutes les recommandations, serait plus près de l'injustice que la dureté qui n'en écouteroit aucune.

Les sujets qui nous sont le plus recommandés sont d'ordinaire les moins recommandables.

Le faste, qui choque partout, est révoltant dans un homme d'Église.

Tout orgueil est un mensonge, et l'on ne ment que par foiblesse.

La raison ne va pas loin, lorsqu'elle veut devancer la foi.

De siècle en siècle, la Religion a été vengée par les mœurs seules de ceux qui la combattent.

Moïse, priant sur la montagne sainte, faisoit plus pour les Israélites que toute leur armée combattant dans la plaine ; et l'on calomnie, comme inutiles à l'État, ces saintes âmes qui ne cessent de prier dans la retraite pour ses besoins et sa prospérité.

Celui qui ne veut jamais communier, de peur de faire un sacrilége, est un malade qui se laisse mourir de faim de peur de s'empoisonner.

Le courtisan nous crie : *Donnez-nous sans compter;* et le peuple : *Comptez ce que nous vous donnons.*

Rien ne soulage un cœur malade comme la conformité à la volonté d'un Dieu dont les rigueurs ne sont que bonté.

Le respect humain, condamnable dans tous les chrétiens, est une véritable apostasie dans ceux qui sont établis pour commander ou pour instruire.

En politique comme en morale, le chemin le plus court pour rendre les hommes heureux, c'est de s'appliquer à les rendre vertueux [1].

---

[1] Abbé Proyart, *Vie de Marie Lecksinska*, Lille, 1825, pp. 230 et suiv.; Bruxelles, 1794, p. 279 et suiv.

ISABELLE DE PARME

Marie-Isabelle, fille de don Philippe, infant d'Espagne, duc de Parme, et de Louise-Élisabeth de France, était par sa mère petite-fille de Louis XV et de Marie Leszczinska.

Née le 31 décembre 1741, elle épousa, le 6 octobre 1760, l'archiduc Joseph, fils de l'empereur François Ier et de Marie-Thérèse (plus tard empereur d'Allemagne sous le nom de Joseph II).

Isabelle mourut en 1763, deux avant que son époux parvînt à l'empire. Joseph II regretta vivement celle qu'il appelait son « adorable femme [1]. » « Si je ne vous étais pas si attaché, « écrit-il à sa mère, au mois d'avril 1764, et si un peu d'ex-« périence ne me faisait pas connaître le monde, je resterais « veuf éternellement, ou plutôt lié éternellement avec un bel « ange au ciel, à qui je n'ai point rendu ma foi jurée à l'au-« tel... Ah, je le prévois! mon attachement pour vous m'arra-« rachera cette résolution (d'un second mariage); mais plaise « à Dieu que ce ne soit pas pour le malheur de mes jours et « peut-être de mon âme [2]. »

Isabelle de Parme laissait une fille appelée Marie-Thérèse comme son illustre aïeule. L'archiduc entoura cette enfant d'une tendre affection : il la confia aux soins de la marquise d'Herzelle. L'impératrice s'occupait elle-même des moindres détails de cette chère éducation : la journée de la petite Marie-Thérèse, âgée d'environ cinq ans, est réglée comme celle d'une pensionnaire. L'enfant à son réveil doit élever son cœur vers Dieu, puis sortir du lit. Après sa prière et le déjeuner elle répète le caté-

---

[1] Lettre du 27 mars 1764 dans Ritter von Arneth, *Maria-Theresia und Joseph II. Ihre Correspondenz*, t. I, Wien, p. 54. 1867.
[2] Ibid.; p. 87.

chisme allemand et entend la lecture d'un chapitre dans Royaumont. A cette demi-heure d'étude succèdent quelques instants de récréation, puis une leçon d'écriture d'une demi-heure. Nouvelle récréation de dix heures et demie à onze heures. A onze heures, conférence spirituelle avec le chanoine Gürtler. A onze heures et demie, récréation jusqu'au dîner de midi; après le dîner, l'enfant joue jusqu'à deux heures. Elle prend ensuite une leçon de français qui dure une demi-heure ou trois quarts d'heure, joue jusqu'à quatre heures. De quatre à cinq on l'amuse avec des jeux de cartes, des livres ou des images propres à lui apprendre les termes français. A cinq heures, elle danse aussi longtemps que cet exercice paraît l'amuser. On lui fait réciter ensuite quelques *Pater* afin qu'elle prenne l'habitude de se mettre en la présence de Dieu. Récréation jusqu'à sept heures et demie, souper, toilette du soir qui, avec les prières, dure une demi-heure. Coucher à neuf heures [1]. Ainsi, dans cette petite journée d'enfant, sans parler de la leçon de danse et des prières, trois heures sont réservées pour le travail et les occupations utiles.

L'archiduchesse Isabelle avait laissé, outre un recueil de *Méditations*, quelques *Réflexions sur l'éducation* [2], dont le manuscrit autographe fut communiqué par Joseph II à la marquise d'Herzelle. (Lettre du 29 novembre 1767.)

La petite archiduchesse Marie-Thérèse mourut dans sa huitième année, le 23 janvier 1770. Cette perte fut vivement sentie par Joseph II : « J'ai cessé d'être père, écrit-il à la marquise « d'Herzelle avec l'accent d'une douleur vraie et profonde, j'ai « cessé d'être père... Mon Dieu, rendez-moi ma fille, rendez-« moi-la [3] ! »

Pour se conformer au désir de sa mère, le fils de Marie-Thérèse avait épousé en secondes noces Joséphine-Antoinette de Bavière, qui mourut en 1767, et dont il n'eut point d'enfants.

---

[1] Voyez Kervyn de Lettenhove, *Lettres inédites de Marie-Thérèse et de Joseph II*, pp. 11, 12; Bruxelles, 1868.
[2] Ibid., p. 14.
[3] Ibid., pp. 17, 18, 19.

LA MORT

Considère, ô mon âme, l'effet que produit en toi la persuasion où tu te crois de la mortalité de ce corps que tu habites, et tu trouveras que tu en doutes encore. Tu penses à la mort; mais comme l'idée t'en fait horreur, tu la chasses promptement. Tu penses à la mort; mais tu ne saurois te priver un instant d'un plaisir que peut-être tu te reprocheras lorsqu'elle arrivera. Tu penses à la mort; mais ton ambition forme de vastes projets, comme si l'avenir était à ta disposition, comme si tu devois toujours habiter sur la terre. Tu penses enfin à la mort; mais cette pensée, au lieu de faire naître en toi une crainte salutaire, ne fait que t'engager à jouir du présent. Qu'est-ce que tout cela prouve? Que tu n'en es pas persuadée. Car la vraie persuasion de la mort, c'est de penser et de se dire sérieusement : Je mourrai, et mon heure approche; je mourrai, et ce sera dans l'âge où je m'y attendrai le moins, et de la manière que je n'aurai pas prévue. C'est là ce qui nous détermine à prendre sans délai ces ferventes et généreuses résolutions de réformer notre vie, pour penser efficacement à notre fin; et malheur à toi, ô mon âme, si malgré les termes exprès de l'Évangile, malgré les menaces de Jésus-Christ, tu n'en es pas encore persuadée. Penses-y donc continuellement, mais efficacement; et commence par là à te préparer à ce redoutable instant [1].

---

[1] *Un manuscrit inédit d'Isabelle, infante de Parme, archiduchesse d'Autriche*, pp. 43, 44, 45; Paris, Blériot, 1867. Ces méditations de l'archiduchesse

L'OISIVETÉ DE LA VIE

A considérer attentivement la vie du monde, il n'est pas concevable que des créatures raisonnables puissent la trouver supportable, et s'y livrer comme font la plupart des hommes. Ils oublient pour elle leurs devoirs les plus essentiels, leur affaire la plus importante, c'est-à-dire leur salut; ils la négligent. Et pourquoi? pour une vie oisive, qui ne sauroit leur procurer aucun agrément véritable, aucun contentement solide. Mais l'imagination est si forte parmi le grand nombre, que l'idée qu'ils s'en forment suffit pour les y déterminer, et que, bien loin de s'arrêter à approfondir la réalité de ce prétendu bonheur, ils ne regardent les ennuis et les désagréments réels qui l'accompagnent, que relativement à ce qu'ils ne peuvent assez jouir, parce que des affaires importantes viennent troubler leur tranquillité. Mais ils se trompent en portant ce jugement, et pour peu que tu veuilles y réfléchir, ô mon âme! tu en sentiras tout le vide.

Quel est, en effet, le premier caractère de la vie du monde? c'est sans doute l'oisiveté; et cette oisiveté peut-elle avoir des charmes pour toi? Sans cesse occupée de bagatelles, de vains plaisirs, ne donnant jamais un moment à la réflexion, telle est la vie du monde; l'âme

---

Isabelle ne sont pas inédites, comme on l'a cru. Il en existe plusieurs éditions et une traduction italienne. La première édition a paru sous ce titre : *Méditations chrétiennes*, Vienne, chez J.-Th. Trattner, imprimeur de la Cour, 1764. Mme la duchesse de Ratibor a publié tout récemment cet ouvrage en un petit vol. in-12; à Berlin, chez Duncker; à Paris, chez Reinwald.

reste comme ensevelie sous les passions; on lui ôte tous ses priviléges; mais celui de penser ne pouvant être ravi, on le tourne à des frivolités incapables d'avoir pour elle de vrais charmes. Tu as souvent senti le vide des plaisirs, le dégoût a suivi ceux qui te sembloient les plus vifs : l'ennui a accompagné les repas, les spectacles, les bals, rien n'a pu te satisfaire. Cette oisiveté n'est pas faite pour te charmer; tu n'as cependant attribué ton ennui qu'à des raisons aussi fausses que les plaisirs que tu goûtois, sans faire attention que, créée pour le ciel, tout ce que les objets terrestres ont de plus séduisant ne peut te fixer, ne peut te rendre heureuse.

Rentre en toi-même; tu comprendras cette vérité, et tu la goûteras bien mieux encore, si tu veux t'essayer dans la solitude et les réflexions; elles te feront sentir qu'une vie oisive est le comble du malheur. Tu devrois déjà en avoir été frappée, tu devrais en être déjà revenue; mais, hélas! quelque imparfaite que te paraisse l'oisiveté, elle te plaît encore; la vie du monde a pour toi des charmes qu'on ne peut y trouver quand on réfléchit, et qui ne te plaisent que par le peu d'attention que tu y as fait jusqu'à présent. Gémis donc désormais de ton aveuglement [1].

AMOUR DE LA RETRAITE

O retraite qui faites mes seules délices, ô retraite où je n'existe que pour Dieu, ô retraite où l'on goûte

---

[1] *Un manuscrit inédit d'Isabelle, infante de Parme, archiduchesse d'Autriche*, pp. 52, 53; Paris, Bleriot, 1867.

toutes les douceurs célestes, quand est-ce que je pourrai jouir de vous, quand est-ce que, bannie du monde pour quelques instants, je pourrai dans votre sein m'entretenir seule à seul avec mon Dieu, sans être troublée par aucune idée du monde?

Seigneur, qui voyez les dispositions de mon cœur, daignez m'inspirer de plus en plus l'amour de la retraite... Daignez me faire employer saintement ces jours que je vous consacre; que les réflexions que j'y vais faire sur l'état de ma conscience et sur vos vérités saintes, servent à me garantir de tout péché à l'avenir, à me faire concevoir un vif repentir de ceux dont je suis coupable, et à m'inspirer pour vous des sentiments d'amour qui me détachent à jamais des créatures et me fassent mettre à profit pour mon salut tous les instants de ma vie; mais surtout, ô mon Dieu! accordez-moi ce recueillement intérieur que rien ne puisse désormais faire évanouir, et qui me mette à portée d'employer utilement le temps qui me reste encore à vivre. Ainsi soit-il.

---

1 *Un manuscrit inédit d'Isabelle, infante de Parme, archiduchesse d'Autriche,* pp. 30, 31 ; Paris, Bleriot, 1867.

LOUIS, DAUPHIN

PÈRE DE LOUIS XVI

Louis de France, Dauphin, né le 4 septembre 1729, à Versailles, était le quatrième enfant de Louis XV et de Marie Leszczinska.

Il épousa en premières noces Marie-Thérèse, infante d'Espagne, et eut d'elle une fille qui mourut jeune.

De sa seconde femme, Marie-Josèphe de Saxe, le Dauphin eut huit enfants, dont trois morts en bas âge. Les cinq autres sont : Louis XVI, Louis XVIII et Charles X, la vénérable Marie-Clotilde, reine de Sardaigne, et Madame Élisabeth.

Le Dauphin mourut le 20 décembre 1765, à Fontainebleau, laissant le souvenir d'une vie irréprochable et d'une piété qui ne s'était jamais démentie.

Le duc de Luynes a tracé dans ses Mémoires le portrait suivant du Dauphin : « On peut dire sans flatterie qu'il a le « cœur bon, l'humeur gaie, l'esprit vif et orné, la repartie « prompte, beaucoup d'imagination, les manières agréables, « un désir de plaire naturel et simple, et beaucoup de piété[1]. »

On ne reprochait au Dauphin qu'une certaine indolence de caractère : c'est cette indolence que la gracieuse et vive Marie-Josèphe appelait en souriant la « sainte paresse » de son mari[2].

---

[1] *Mém. du duc de Luynes* cités dans *Maurice, comte de Saxe, et Marie-Josèphe de Saxe. Lettres et documents* publiés par le comte Vitzthum d'Eckstaedt, 1867, p. 210.

[2] Comte Vitzthum, ibid., p. 183, 218. Voyez ci-après le portrait du Dauphin par Madame Adélaïde, et le récit de sa dernière maladie par la Dauphine.

DIEU

La terre est au Seigneur avec tout ce qu'elle renferme : il y commande en maître aux éléments insensibles. Mortels, admirez donc ce que peut votre Dieu. Il dit : *Que la lumière soit faite, et la lumière est faite.* Appliquez les yeux de votre esprit à ce qui frappe ceux de votre corps. Quelle autre leçon seroit nécessaire pour vous apprendre à reconnoître sa puissance et à lui rendre vos hommages ?

Vos ouvrages, Seigneur, sont aussi incompréhensibles que votre essence. Par quelles secrètes lois dirigez-vous la nature ? Que de mystères renfermés dans ses plus communes opérations ! Les reptiles de la terre et les insectes de l'air ne nous découvrent pas moins votre puissance que les monstres marins ou ceux qui habitent les forêts. Dans tous les animaux répandus sur la surface de la terre, je découvre votre immensité, et la merveilleuse diversité que vous savez mettre dans vos ouvrages.

Le soleil brille d'un éclat que nos yeux ne peuvent soutenir. Ses feux, sans se perdre, se communiquent à toute la nature et la vivifient. Image et instrument de votre puissance, Seigneur, cet astre nous peint vos grandeurs, et nous transmet les bienfaits de votre Providence paternelle.

Les cieux annoncent la gloire de Dieu, et le firmament publie qu'il est son ouvrage. Eh ! quel autre que le Tout-Puissant auroit pu suspendre sur nos têtes cette multitude de globes lumineux, assigner à chacun leur place, le cercle qu'ils doivent décrire, et l'ordre immuable qu'ils doivent suivre ?

Oui, Seigneur, la vue du ciel matériel nous élève jusqu'à celui que vous habitez : notre esprit s'élance à travers ces espaces immenses pour pénétrer jusqu'à votre sanctuaire. Ah ! heureux l'instant où il nous sera donné de vous voir sans nuages, de vous contempler sans cesse, de vous aimer sans partage.

O vous, la lumière de nos âmes, dissipez les ténèbres qui les enveloppent, découvrez-nous la grandeur de votre être, la sainteté de vos lois, l'immensité de vos récompenses ; et qu'uniquement occupés de ces objets, nous ne soyons plus distraits et arrêtés par l'éclat des vanités du siècle.

Votre trône, ô Roi des rois, est environné d'une foule d'esprits bienheureux occupés à contempler vos perfections. Quand nous sera-t-il donné d'être admis parmi eux, et de mêler nos voix à leurs sacrés cantiques ? O séjour fortuné, où les anges et les élus s'enivrent sans cesse d'un torrent de délices ! Bonheur parfait ! Félicité inaltérable ! Vous nous permettez d'y aspirer, Seigneur, et vos lois saintes n'ont pour but que de nous y conduire.

Sans quitter la demeure inaccessible de votre gloire, vous rapprochez les cieux de la terre. Vous permettez qu'on vous y élève des temples, et vous les remplissez de votre présence, afin que nous puissions vous y présenter nos vœux, et y recevoir l'abondance de vos grâces.

N'envions donc plus aux esprits célestes la présence du Tout-Puissant : nous jouissons du même bonheur.

Dieu réside parmi nous sous les voiles eucharistiques : environnons sans cesse son autel, et présentons-lui, avec un cœur pur, l'encens de nos louanges et de nos prières.

Vous avez daigné, Seigneur, nous prescrire les règles de notre conduite. Nous avons entendu votre voix, qui nous a dicté les lois que nous devons suivre : lois saintes et immuables, qui, en assurant notre félicité sur la terre, nous conduisent encore à un bonheur éternel dans le ciel.

Non content d'avoir instruit l'homme par la publication de la Loi ancienne et nouvelle, vous daignez encore lui parler en secret par vos inspirations et par votre grâce. Il ouvre ses lèvres pour prier : une voix intérieure répond à ses demandes, et l'instruit sur ses devoirs.

Quelles pensées avois-je, ô mon Dieu, lorsque je ne pensois point à vous? De quoi m'occupois-je, quand je vous oubliois? Quelles étoient mes affections insensées, lorsque je ne vous aimois pas? Créé pour le vrai, je me repaissois de la vanité, je me soumettois au service d'un monde qui n'est créé lui-même que pour vous servir. Vous serez désormais, Seigneur, les délices de mon cœur et l'unique objet de mes affections.

Vous n'avez besoin, Seigneur, pour votre gloire, ni d'adoration ni de louanges; vous ne les exigez de notre part, qu'afin d'avoir à nous récompenser de la fidélité avec laquelle nous nous en acquittons. Serions-nous assez insensés pour vous refuser un tribut qui, par vos bontés, tourne à notre propre avantage?

C'est à votre ressemblance, Seigneur, que vous avez créé l'homme : quelle sublime destinée! Il doit donc participer à l'élévation de vos vues, à la droiture de vos jugemens, à la perfection de vos actions : il doit être saint, parce que vous l'êtes vous-même[1]. »

LE MONDE

Le monde offre à mes yeux un spectacle formé par les passions les plus séduisantes. J'y vois le succès de l'intrigue, les triomphes de la vengeance, l'éclat des richesses, les amorces des plaisirs, les charmes de la volupté, le faste du luxe, les honneurs de l'orgueil et de l'ambition; mais, prenant en main le flambeau de la foi pour reconnoître de plus près ce spectacle enchanteur, l'illusion se dissipe, et je ne vois plus que des inclinations honteuses, des passions avilissantes, l'ordre renversé, la gloire dérobée à Dieu, des idoles de chair adorées, la substance du pauvre consumée par les superfluités du riche, des haines immortelles, des honneurs usurpés, des biens mal acquis; et le prince des ténèbres triomphant avec empire de ce grand nombre d'âmes asservies à ses lois. Dans le monde on n'entend débiter que des maximes opposées à celles de l'Évangile; on ne voit que des exemples d'autant plus dangereux, qu'ils sont facilement approuvés par la corruption du cœur. Si l'on ne prend soin de se prémunir contre ces principes, et de se fortifier contre ces exemples, il est impossible qu'enfin la vérité ne s'obscurcisse et que les bons sentimens ne s'altèrent.

[1] Proyart, *Vie du Dauphin père de Louis XVI*, p. 287 et suiv.; Paris, 1778.

LES DIVERTISSEMENTS DU MONDE

Une âme généreuse qui s'attache au service de Dieu ne sauroit se résoudre, de propos délibéré, à lui déplaire dans les choses même les plus légères. C'est d'après ce principe qu'on doit porter son jugement sur ce qu'on appelle amusemens et usages du monde. On demande quel mal il y a de fréquenter les assemblées du grand monde, les bals et les spectacles, châtiés et épurés de tout ce qui pourroit y blesser la pudeur. Mais, pour peu qu'on ait étudié le cœur humain, on doit savoir que ses désirs sont insatiables; et il est aisé de sentir que l'élégance de la parure, les jeux, les danses et les spectacles, choses indifférentes de leur nature, deviennent aisément dangereuses par le vice de la nôtre; et d'ailleurs accoutumer le cœur à s'attacher à des choses aussi frivoles que le sont toujours les pompes et les vanités du siècle, c'est le détourner de ce qui doit faire son occupation principale; et quiconque désire sincèrement de plaire à Dieu, doit renoncer à toutes ces vanités, et surtout éviter avec le plus grand soin d'y mettre aucune affection [1].

FUTILITÉ DES FEMMES

J'ai souvent réfléchi sur cette étrange humeur des femmes, qui sont toujours frappées de tout ce qui a de

---

[1] Pour ce morceau et le précédent, Proyart, même ouvrage, éd. de Lyon, 1781, pp. 277-279.

l'apparence et n'est que superficiel, et sur les maux sans nombre qui arrivent, au sexe, de cette disposition légère et fantastique. Je me rappelle une jeune dame qui étoit très-vivement sollicitée par deux rivaux importuns, qui pendant quelques mois firent l'un et l'autre tout ce qu'ils purent pour se faire valoir par la complaisance de leurs manières et l'agrément de leur conversation. Comme ils étoient toujours en rivalité, et que la dame n'étoit pas encore déterminée dans son choix, à la fin un de ces jeunes gens s'avisa d'ajouter un galon de plus à ses habits de livrée, ce qui fit un si bon effet, qu'elle l'épousa la semaine d'après.

La conversation des femmes contribue beaucoup à entretenir cette foiblesse naturelle de se laisser prendre par les dehors et les apparences. Parle-t-on de nouveaux mariés? Elles demandent d'abord s'ils ont un carrosse à six chevaux, de la vaisselle d'argent, etc. Prononcez le nom d'une dame absente, il y a dix contre un à parier que vous apprendrez quelque chose de sa robe et de sa coiffure. Le bal est d'un grand secours pour la conversation; une parure de pierres précieuses, un chapeau avec un bouton de diamant, une jupe ou une veste, sont des sujets toujours prêts pour elles; en un mot, elles ne regardent dans les gens que leur habillement, et jamais elles ne portent leurs regards sur les ornemens de l'âme, qui rendent les personnes illustres par elles-mêmes et utiles aux autres. (*Le Spectateur anglais. Traduction du Dauphin.*) [1]

---

[1] Griffet, *Mém. pour servir à l'histoire du Dauphin mort en 1765*, t. I, pp. 185-187.

LA FEMME DU MONDE

Fulvie regarde son mari comme son intendant, et l'attention sur l'économie et sur tout ce qui se passe dans la maison, comme de petites vertus bourgeoises et indignes d'une femme de qualité; elle croit perdre son temps quand elle est dans sa famille, et s'imagine n'être pas au monde quand elle n'est pas à des cours, à des spectacles, à des assemblées; son corps est dans un mouvement perpétuel, et son esprit dans l'agitation; elle ne se trouve jamais bien dans un endroit, lorsqu'elle pense qu'ailleurs il y a plus de monde; de manquer à la première représentation d'un opéra lui feroit plus de peine que de perdre un de ses enfants; elle a pitié des personnes les plus estimables de son sexe, qui mènent une vie décente, modeste et retirée; elle dit qu'ils n'ont ni esprit, ni politesse. Quelle mortification ne seroit-ce pas pour Fulvie, si elle savoit que plus elle se fait voir, plus elle paroît ridicule, et qu'elle devient plus méprisable à mesure qu'on la voit davantage! (*Le Spectateur anglais. Traduction du Dauphin.*) [1]

LETTRE AU MARÉCHAL DE NOAILLES QUI ÉTAIT ALORS EN ESPAGNE

Je vois bien, Monsieur, que l'Espagne vous fait oublier la France, et que les charmes que vous trouvez

---

[1] Griffet, *Mém. pour servir à l'histoire du Dauphin mort en* 1765, t. I, pp. 190-192.

dans ce pays-là vous font oublier en même temps les pauvres habitants de celui-ci. Ils en gémissent en silence quelque temps ; mais ils sont bientôt après forcés de le rompre, par le désir de vous faire connoître l'envie qu'ils ont de vous revoir. Il est vrai que vous avez là un peu d'occupation ; et en vous priant de me mander de vos nouvelles, je serois bien fâché que vous prissiez sur le temps du repos et du délassement nécessaires après le travail. Pour nous ici, nous n'avons autre chose à faire tout le jour qu'à gâter du papier, à écouter les nouvelles, et, comme d'autres Moïses, à tenir les mains élevées vers le ciel, tandis que *le chef du peuple combat les combats du Seigneur, et fait fuir ses ennemis comme une vapeur* légère au seul bruit de ses armes. Ainsi il est juste que nous écrivions trois fois, pour les autres une. Depuis que le roi est parti, je donne beaucoup de mouvement à la pesante masse de mon corps, qui s'y prête, quoique sans beaucoup de satisfaction, parce que je ne suis point du tout comme Ésaü, *gnarus venandi*, mais bien comme Jacob, *vir simplex, qui habitabat in tabernaculis*. Malgré cela, je trotte de côtés et d'autres, aimant cependant beaucoup mieux m'occuper dans la maison de réflexions et de lectures nécessaires pour mener ici-bas une vie solide et utile au monde, et qui puisse nous conduire à une autre plus durable et plus heureuse. Entre toutes ces lectures, je crois qu'il y a surtout trois points auxquels il faut s'appliquer principalement : savoir, à la connoissance du cœur humain, à celle des droits publics et à celle de l'histoire, qui sont, je crois, très-utiles dans le triste rang où je suis, quoique j'eusse beaucoup plus de goût pour d'autres études. Vous voyez que, pour faire bien, il ne manque que la bonne volonté. Voilà assez de morale; et je finis ma pancarte en vous assurant, Monsieur, de ma tendre amitié, qui ne finira qu'avec ma vie [1].

LA PRIÈRE

La prière est une rosée céleste qui fait produire à l'âme de bons fruits, et qui éteint en elle le feu des passions. La plus courte, récitée lentement, en pénétrant bien le sens des paroles et y joignant le sentiment du cœur, vaut mieux que la plus longue récitée avec précipitation.
Tout rappelle à Dieu une âme qui vit de la foi, tout lui apprend à prier. Les embarras du siècle, les devoirs de l'état ne sauroient mettre obstacle à cette sorte de prière. Au milieu de l'affaire la plus sérieuse, le cœur peut s'élever vers Dieu, implorer ses lumières, lui offrir son travail et lui témoigner son amour. Ce n'est pas là détourner son attention, c'est l'exciter par un motif plus noble et plus puissant. Rien de plus utile que l'habitude de contempler Dieu dans ses ouvrages, de reconnoître sa providence dans les événemens, de l'associer, pour ainsi dire, à toutes nos entreprises. Sans cela, le repos n'est qu'oisiveté, le travail qu'embarras [1].

---

[1] *Mém. du duc de Noailles*, dans la collect. Petitot et Monmerqué, IIᵉ série, t. LXXIII, p. 446.
[2] Proyart, *Vie du dauphin père de Louis XVI*, pp. 259-260; Paris, 1778.

PRIÈRE POUR LA FRANCE

Dieu éternel, qui, depuis l'établissement de cette monarchie, lui donnez des marques d'une protection toute spéciale, accordez aux mérites et aux vœux de saint Louis, que ses descendants, que votre serviteur, et tout votre peuple, soient les imitateurs des vertus qu'il a pratiquées, afin que, conservant la paix au dedans et au dehors, nous soupirions uniquement après la joie de ce royaume, où les rois et les peuples, ne reconnoissant plus que vous seul pour pasteur et pour père, seront unis entre eux par les liens d'un amour éternel[1].

Æterne Deus, qui Francorum imperium benigno favore ab initio tutaris, sancti Ludovici precibus exoratus et votis, da nepotibus, da servo tuo, da populo virtutes imitari, quas coluit; ut pacem intus, pacem foris colentes, ad regni istius lætitiam tota mente tendamus, ubi reges et populi, tibi soli pastori et patri servientes, æterno inter se caritatis fœdere sociabuntur[2].

---

[1] Proyart, éd. de Paris, 1778, p. 226.
[2] Feller, *Biographie universelle*, 1834; t. VII, pp. 587, 588.

PRIÈRE POUR L'ÉGLISE

O Jésus, protecteur et chef de votre Église, souvenez-vous de la promesse que vous lui avez faite de ne l'abandonner jamais : soyez toujours sa lumière et sa force ; étendez son empire, multipliez ses enfants, et conduisez-les au séjour de l'éternité.

[1] Proyart, éd. de Lyon, 1781, pp. 254, 255.

MARIE-JOSÈPHE DE SAXE

Marie-Josèphe de Saxe, fille de Frédéric-Auguste II, petite-fille de Frédéric-Auguste Ier, l'un et l'autre compétiteurs et heureux compétiteurs de Stanislas Leszczinski au trône de Pologne, naquit à Dresde le 4 novembre 1732, et épousa, en 1747, le Dauphin Louis, fils de Louis XV.

Ce mariage la faisait entrer dans la famille du roi Stanislas, le rival de son père et de son grand-père : elle devenait la bru de Marie Leszczinska, fille de Stanislas.

On connaît le trait charmant par lequel Marie-Josèphe se concilia l'affection de sa belle-mère : l'étiquette voulait que, le troisième jour après son mariage, la Dauphine portât en bracelet le portrait de son père. Quand la jeune princesse se montra parée de ce bracelet, personne à la cour de France n'osa tout d'abord en admirer la richesse et examiner de près les traits du roi de Pologne. A la fin, Marie Leszczinska adressa elle-même très-gracieusement la parole à sa belle-fille. « Voilà donc, lui dit-elle, le portrait de votre père? — Oui, maman, répondit la Dauphine en lui présentant son bras, voyez combien il est ressemblant. » Et la reine s'aperçut que ce portrait était celui de Stanislas.

Le mariage du Dauphin et de la fille du roi de Pologne avait été négocié entre les deux cours et rapidement conclu; lorsque celui qui devait être père de Louis XVI épousa cette jeune fille ou plutôt cette enfant, le souvenir de sa première femme, Marie-Thérèse d'Espagne, lui était encore présent; il ne cessait pas de la regretter : « Rien ne me fera oublier Marie-Thérèse, » avait-il écrit à Mme de Brancas.

Une déplorable imprudence livra le secret de son cœur à sa

jeune fiancée; et quand le Dauphin, la première nuit de ses noces, ne pouvant échapper à ses souvenirs, se montra faible et pleura, Marie-Josèphe n'eut point à deviner la cause de ces larmes, car elle la connaissait déjà. « Ne sachant comment
« consoler son mari, elle fit comme lui : elle pleura, elle aussi,
« les beaux rêves de bonheur qui, pour elle et pour lui, sem-
« blaient s'envoler pour toujours [1]. »

Ainsi commença dans les larmes cet hymen d'où devait sortir une génération vouée elle-même aux larmes, au malheur et aux plus épouvantables catastrophes.

Cette tristesse et cette amertume se prolongèrent quelque temps : le Dauphin ne témoignait pas d'affection à sa nouvelle femme; il était fidèle à sa douleur et tout entier à ses souvenirs. Marie-Josèphe se voyait isolée et délaissée, et le découragement assombrissait son âme. Elle termine une lettre adressée à son frère Xavier par ces mots : « A toi jusqu'à la tombe,
« où je serai bientôt. » Elle signe une autre lettre : « Marie-
« Josèphe la *triste* [2]. »

La pauvre princesse trouva bientôt à la cour un guide et une amie : ce fut Madame Henriette, fille de Louis XV et de Marie Leszczinska. Madame Henriette s'employa à unir et à rapprocher les deux époux. Quand elle mourut, en 1752, son œuvre était accomplie : le Dauphin avait compris depuis longtemps que sa nouvelle femme lui apportait des trésors de tendresse et de dévouement; il lui avait enfin ouvert son cœur et il l'aimait.

La mort de Madame Henriette fut un coup douloureux pour Marie-Josèphe. « Non, ma chère maman, » écrit-elle à sa mère, Marie-Josèphe d'Autriche, « rien n'est comparable à l'état où
« je me suis trouvée dans ce moment. J'aimois tendrement
« ma sœur; je m'étois liée avec elle d'une amitié très-étroite,
« pour ainsi dire, dès le premier instant. De plus, je lui dois

---

[1] Comte Vitzthum, *Maurice, comte de Saxe, et Marie-Josèphe de Saxe*, pp. 180, 181.
[2] Ibid., p. 192.

« le bonheur de ma vie ; car l'amitié que M. le Dauphin a
« pour moi, je ne la dois qu'à ses soins ; car je ne puis vous
« cacher que quand je suis arrivée ici, il m'avoit dans la plus
« grande aversion. On l'avoit prévenu contre moi. D'ailleurs il
« était très-fâché de me voir occuper la place d'une femme
« qu'il avoit tendrement aimée ; il ne me regardoit que comme
« un enfant ; tout cela l'éloignoit de moi et me causoit un cha-
« grin mortel. Je tâchois, par une obéissance aveugle aux
« moindres de ses volontés, de lui prouver le désir que j'avois
« de lui plaire. Mais je n'avois pas beaucoup d'instants dans la
« journée où j'aie pu le lui prouver, puisqu'il ne restoit pas
« un moment seul avec moi : il faisoit venir Mesdames, pre-
« noit Adélaïde avec lui et me laissoit avec Madame. Elle voyoit
« la douleur que me causoit cette conduite. Elle ne m'en mar-
« quoit rien ; mais elle me conseilloit sur ce que j'avois à
« faire, et puis, quand je n'y étois pas, elle parloit à M. le
« Dauphin, lui peignoit ma douleur et mon désespoir de ne
« pouvoir lui plaire ; enfin elle fit tant qu'il prit pitié de moi et
« me traitoit un peu mieux. Quand elle eut gagné ce point, elle
« continua ses tendres soins et fit tant qu'à la fin M. le Dau-
« phin prit de l'amitié pour moi ; et jusqu'à la fin de sa vie
« elle l'a toujours cultivée et augmentée. Voyez, ma chère ma-
« man, ce que sa perte doit m'avoir coûté, et cependant je
« n'ai pas osé me livrer à ma douleur, et il ne m'étoit per-
« mis que de penser à celle du roi, ne lui permettant pas de
« donner aucun ordre. C'est moi, malheureuse, qu'il a chargée
« de tout ; si bien que j'ai été obligée d'ordonner tout pour le
« transport de son corps, pour le deuil et pour toutes ces
« tristes cérémonies. Vous connoissez la tendresse et la sensi-
« bilité de mon cœur ; vous pouvez juger en quel état il étoit
« réduit. On a jugé à propos de me faire une petite saignée,
« parce que, depuis la mort de ma sœur, j'ai eu des rages de
« tête affreuses, et, depuis mercredi qu'on m'a saignée, elles
« sont passées. Je vous renouvelle la prière que je vous ai
« faite, de vouloir bien prier et faire prier le bon Dieu pour le
« repos de son âme, quoique j'espère qu'elle n'en aura pas

« grand besoin, la manière dont elle est morte étant très-con-
« solante [1]. »

La jeune Dauphine avait reçu une éducation brillante : outre l'allemand et le français, elle savait le latin et l'italien. Elle dirigea elle-même l'éducation de ses enfants, et se remit avec zèle à l'étude afin de pouvoir suivre leurs progrès. Elle était extrêmement pieuse, modeste et dévouée : ses attentions, ses soins incessants pour le Dauphin malade de la petite vérole en 1752, donnèrent lieu à cette méprise amusante d'un médecin célèbre, M. Poussin. Il ne connaissait pas la cour et avait été mandé par extraordinaire : ayant remarqué toute la peine que se donnait cette jeune femme, il s'écria naïvement : « Voilà une petite femme qui est impayable pour son zèle à servir M. le Dauphin! » Il avait pris la princesse pour une garde-malade.

Le Dauphin mourut le 20 décembre 1765. Quelques jours après cette mort, Marie-Josèphe adressa à son frère Xavier les lignes suivantes :

« Le bon Dieu a voulu que je survive à celui pour lequel j'au-
« rois donné mille vies ; j'espère qu'il me fera la grâce d'em-
« ployer le reste de mon pèlerinage à me préparer, par une
« une sincère pénitence, à rejoindre son âme dans le ciel, où
« je ne doute pas qu'il demande la même grâce pour moi [2]. »

La Dauphine n'eut pas à attendre longtemps la fin de son « pèlerinage »; elle mourut quinze mois après son époux, le 13 mars 1767. Elle a laissé une relation de la dernière maladie du Dauphin que nous publions intégralement, et des instructions pour son fils le jeune Dauphin, depuis Louis XVI [3].

Le Dauphin et la Dauphine furent inhumés dans l'église cathédrale de Sens.

---

[1] Comte Vitzthum, ibid., pp. 211, 212, 213. Conf. le *Journal* de Barbier, édition de la Villegille, t. III, p. 349.

[2] Comte Vitzthum, p. 223.

[3] On peut lire ces instructions dans la *Vie de Madame la Dauphine*, par M. l'abbé Sicard, qui sert ici de prête-nom à Serieys; Paris, Audot, 1817; Lyon, Rolland, 1828; Lyon et Paris, 1847. Elles viennent d'être rééditées par M. de Beauchêne dans la *Vie de Madame Élisabeth*, t. I, p. 481 et suiv.

RELATION DE LA DERNIÈRE MALADIE DU DAUPHIN

Le jour que les médecins virent un danger pressant, la Breuille, suivant l'ordre qu'il en avoit reçu de M. le Dauphin, l'en avertit. Quoiqu'il fût très-éloigné de cette pensée, il en reçut la nouvelle avec une fermeté et une tranquillité que la religion seule peut donner. Peu de temps après qu'il l'eut apprise, la reine descendit chez lui; je la suivis avec mes enfans. La reine me voyant les yeux rouges, et ne se doutant pas du danger où étoit M. le Dauphin, me dit que j'avois une fluxion sur les yeux; M. le Dauphin me fixa dans ce moment; et se doutant bien de ce qui pouvoit m'avoir rougi les yeux, il me demanda si cette fluxion m'avoit prise en m'éveillant ou depuis? Je lui répondis que j'avois eu mal aux yeux depuis le matin. Il me fit une seconde question, par laquelle je compris bien qu'il me demandoit si j'avois pleuré; je fis semblant de ne pas entendre. Il en resta là, et continua de parler à la reine avec sa tranquillité ordinaire.

L'après-midi il envoya chercher M. du Muy, et lui fit beaucoup de questions sur une maladie de poitrine qu'il avoit eue : il reçut ensuite la visite de la reine. Dès qu'elle fut sortie : « Où croyez-vous, me dit-il, que soit M. Collet? car je veux me confesser cette après-midi : ç'a toujours été mon projet; envoyez-le chercher. » J'allai chercher M. Collet qui étoit chez moi, et je redescendis. Il me dit de lui apporter ses livres pour se préparer, me fit rester auprès de son lit, et fit sa préparation avec la plus grande tranquillité. Quand il fut prêt, il me dit de faire entrer son confesseur. Sa confession finie, il m'envoya chercher, et me dit : « Je comptois faire mes dévotions dimanche; mais M. Collet m'a dit tout à la franquette, qu'il valoit mieux que je communiasse en viatique. » Ensuite il me demanda ce que j'avois fait toute la matinée; je lui répondis que je n'avois pas fait grand'chose. Il me dit : « Vous vous êtes au moins lavé les yeux; il vouloit dire que j'avois pleuré. » Je lui avouai que cela étoit vrai; et dans ce moment même, ne pouvant contenir mes larmes, elles coulèrent de nouveau : il le vit, et me dit en souriant : « Allons donc, courage, courage. »

Il envoya ensuite chercher Adélaïde; et quand elle fut arrivée, il lui répéta ce qu'il m'avoit dit sur sa communion : puis, s'adressant à toutes deux, il nous dit : « Je ne puis vous exprimer, mes cœurs, combien je suis aise de partir le premier. Je suis fâché de vous quitter; mais je suis bien aise de ne pas rester après vous. » Cela nous fit pleurer : il s'attendrit lui-même et nous dit : « Ah ! finissez donc, vous me faites de la peine. » Et tout de suite il nous conta que M. Collet lui avoit dit qu'il feroit bien de recevoir ses sacrements : qu'il espéroit que le bon Dieu exauceroit les vœux qu'on faisoit pour lui; mais que s'il en disposoit autrement... Oh ! nous dit-il, quand il en a été là, il n'a pu achever, tant il pleuroit; et je lui ai dit qu'il faisoit l'enfant.

Il nous dit ensuite qu'il espéroit recevoir les sacremens le jeudi, pourvu que le roi ne chassât point, parce qu'il ne vouloit pas le déranger. Quand le roi vint chez lui, il fit la conversation à l'ordinaire; mais il le questionna beaucoup sur les jours de la semaine où il chasseroit; il fut fort aise d'apprendre qu'il ne sortiroit pas le jeudi. Après que le roi fut sorti, il me demanda ses livres de prières, comme il avoit toujours fait pendant sa maladie. En me les rendant, il me demanda si j'avois son crucifix, qu'il me donnoit à porter dans tous ses voyages : je lui dis qu'oui, et je lui ajoutai qu'il avoit des indulgences *in articulo mortis*. « Ah! tant mieux, s'écriat-il, il me sera bien utile. »

Le soir il envoya chercher le cardinal de Luynes : il lui dit qu'ayant résolu de recevoir les sacrements, il le prioit de lui dire l'usage de son diocèse pour l'Extrême-Onction. Le cardinal, troublé par cette demande à laquelle il ne s'attendoit pas, répondit qu'il craignoit de se tromper, qu'il le chercheroit dans le rituel. « Ah! je vous en prie, lui dit M. le Dauphin, envoyez-le moi par écrit dès ce soir. » Le cardinal m'apporta le soir l'extrait du rituel, que je remis à M. le Dauphin, qui me l'avoit déjà demandé plusieurs fois dans la soirée. Il le lut avec attention, et me le remit en me disant : « Gardez-le jusqu'à demain matin ; car il faudra le montrer à M. Collet; » ce qu'il disoit, parce que le rituel de Sens ordonne qu'on ne donnera l'Extrême-Onction aux malades que dans un danger éminent. Quoique son état lui parût dangereux, il ne le croyoit pas si pressant qu'il l'étoit, et il vouloit suivre la règle en tout.

Le lendemain vers les huit heures il me dit de faire venir son confesseur, qu'il envoya au cardinal, pour s'arranger sur l'Extrême-Onction. Il me fit appeller pendant ce temps-là, me demanda son crucifix, et me désigna la place où il vouloit qu'il fût attaché à son lit.

Son confesseur revint, je sortis. Environ une demi-heure après il me fit appeller, et me dit avec un air riant et tranquille : « Je ne comptois recevoir le bon Dieu que demain, mais M. Collet veut que ce soit ce matin. » Il m'ordonna en même temps de lui apporter les livres dont il avoit besoin et qu'il me nomma. Ensuite il me dit : « Où serez-vous pendant que je recevrai mes derniers sacremens ? Il faut que vous restiez en haut chez vous. » Je lui demandai la permission de me tenir dans un cabinet derrière sa chambre. « Eh bien, à la bonne heure, » me dit-il. Il donna lui-même ses ordres pour l'arrangement de sa chambre pour recevoir le bon Dieu. Il reçut ses sacremens à onze heures et demie. Je ne rapporte pas toute l'édification qu'il a donnée en les recevant. Ceux qui en ont été témoins peuvent en rendre un compte plus exact que moi qui n'y étois pas.

Après la messe, qu'il entendit tout de suite, il me fit appeller. Le roi étant dans ce moment auprès de son lit, il me fit seulement un geste qui exprimoit toute sa joie; et je n'oublierai jamais l'air de contentement, de joie, de béatitude qui brilloit dans ses yeux, et qui étoit répandu sur son visage. Le roi s'étant un peu éloigné, il me tendit la main en me disant : « Je suis ravi de joie; je n'aurois jamais cru que recevoir ses derniers sacremens effrayât si peu, et donnât tant de consolation; vous ne sauriez l'imaginer ! » Mesdames vinrent un moment après, lorsque le roi étoit encore auprès de son lit : en les voyant, il se mit la main sur la poitrine, pour leur faire connoître la douceur des consolations qu'il ressentoit. Il fut très-gai avec le roi et la reine; mais de tems en tems il jettoit les yeux sur son crucifix, qui étoit sur son lit; et il le regardoit avec une joie et un contentement qui éclatoient malgré lui.

Quand il vit que le roi alloit sortir, il pria la reine de se retirer un moment, et parla au roi en particulier. Après son dîner il m'ordonna de lui apporter son écritoire avec du grand papier, et d'aller chez moi jusqu'à ce qu'il m'envoyât chercher. La reine vint après son dîner; il n'avoit pas fini d'écrire, il la pria d'attendre. Quand il eut achevé, il nous appela la reine et moi, et nous parut fort content. Il avoua pourtant qu'il étoit fatigué, et il se mit sur le côté. La reine, qui crut qu'il alloit dormir, prit un livre et moi aussi. Au bout d'un petit moment, il se retourna, et dit : « Ah! vous lisez? j'aimerois mieux que vous fissiez la conversation. » Il y prit part lui-même, et répéta à la reine combien il avoit éprouvé de consolation en recevant ses sacremens. La reine lui en témoigna sa joie; mais elle ajouta qu'elle étoit remplie d'espérance pour sa guérison : il se retourna avec vivacité, et lui dit : « Ah! maman, je vous en prie, gardez cette espérance pour vous; car pour moi, je ne désire point du tout de guérir. » Il dit après cela à la reine : « Vous devez être étonnée de ce que je ne vous ai point parlé ce matin de mes sacremens; mais je ne sçavois pas encore que je dusse les recevoir aujourd'hui. Il est assez plaisant que tout le monde en fût averti, excepté moi. »

Quand la reine fut sortie, il envoya chercher Adélaïde. En arrivant, elle lui dit : « J'ai quitté pour vous bien bonne compagnie; car j'avois chez moi le roi et madame la comtesse de Toulouse. — Voyez, dit-il en riant, les égards que l'on a pour les pauvres mourans;

leur moment est bien brillant, c'est dommage qu'il ne soit pas plus long. » Il fut très-gai toute la journée, et l'on voyoit sa joie redoubler toutes les fois qu'il regardoit son crucifix. Après le salut, il fit venir ses enfans, et les reçut à l'ordinaire, sans leur parler de son état. Se trouvant seul avec Adélaïde et moi, il nous dit qu'il eût voulu ne pas recevoir l'Extrême-Onction, parce qu'il n'étoit pas dans le danger pressant que le rituel exigeoit; mais que son confesseur lui avoit représenté qu'il feroit bien de la recevoir, tant pour l'édification, que parce qu'en la recevant avec toute sa présence d'esprit, il en retireroit plus de fruits, et que d'ailleurs il éviteroit par là un second spectacle à la famille. Il ajouta qu'il avoit répondu à son confesseur, qu'il eût donc à s'arranger là-dessus avec le cardinal de Luynes. Il nous dit ensuite qu'il avoit été touché de l'état de M. le prince de Condé, qui avoit fondu en larmes pendant toute la cérémonie.

Le jeudi matin, il me demanda comment j'allois, et me dit : « Je crois que vous avez plus de force et de courage aujourd'hui ; ainsi je vais vous confier ce que j'ai dit hier au roi, quand j'ai prié la reine de se retirer : je lui ai demandé qu'il vous laissât maîtresse absolue de l'éducation de vos enfans, si je venois à mourir. » Je fondis en larmes, et me jettai sur sa main, sans m'apercevoir que le roi entroit, et se trouvoit derrière moi. Il le vit, et me dit : « Prenez donc garde, voilà le roi. » L'après-midi il raconta ce qu'il m'avoit dit à Adélaïde, et lui ajouta : « J'ai bien mal pris mon tems ; car le roi est entré dans ce moment ; et la pauvre créature a été obligée de renfoncer ses larmes. » Il nous dit aussi que si le bon Dieu lui prêtoit vie, il espéroit recevoir encore une fois ses sacremens au bout de l'intervalle des dix jours prescrits par le rituel; et il compta que le dixième jour seroit le samedi. Il le dit aussi au roi, en lui demandant s'il seroit nécessaire qu'il y vînt, parce qu'il voudroit bien épargner cette peine à tout le monde, et il en chercha les moyens.

« Quelques jours après, je le priai de s'unir d'intention aux prières qu'on faisoit pour obtenir sa guérison. « Non, me répondit-il, M. Collet me l'a défendu. » Je lui dis que je ne croyois pas cela : il se mit à rire et me dit : « Il est vrai qu'il ne l'a pas défendu; mais il ne me l'a pas conseillé, parce que cela me troubleroit et m'agiteroit. » La reine lui dit aussi un jour la même chose que moi, et elle ajouta qu'il y étoit obligé, parce que sa vie étoit utile et nécessaire à la religion. « Ah! maman, lui répondit-il, les vues de la Providence sont bien différentes de celles des hommes. » Il ne pouvoit pas croire qu'il fût bon à rien, ni qu'il fût aussi aimé des peuples qu'il l'étoit. Quand il sut qu'on continuoit les prières des Quarante-Heures au delà du temps ordinaire, il en parut mécontent, parce que, disoit-il, selon les règles de l'Église, ces prières ne doivent durer que trois jours.

Il étoit continuellement occupé de la pensée de recevoir le bon Dieu une seconde fois, il en parloit souvent; et au bout de huit jours il demanda à la Breuille, s'il n'étoit pas encore dans un assez grand danger pour communier en viatique. La Breuille lui dit qu'il n'étoit pas dans le danger pressant où il avoit été huit jours auparavant, mais que tant qu'il y auroit de la fièvre avec crachement de pus, il y auroit du danger. « Cela me suffit, dit M. le Dauphin; car, tant qu'il y a du danger, on peut recevoir ses sacremens de dix en dix jours. » Cependant, ne voulant pas s'en rapporter à lui-même, il m'ordonna d'envoyer chercher son confesseur, de lui dire ce que la Breuille avoit dit de son état, et de lui demander si cela ne suffisoit pas pour qu'il fût permis de communier encore en viatique. Il fut charmé d'apprendre que M. Collet avoit jugé comme lui. Il le vit le lendemain, et fixa sa communion au dimanche vingt-quatre. La veille il nous dit, à Adélaïde et à moi, qu'il désiroit beaucoup que nous y fussions présentes; et il ajouta : « Comme je suis mieux, cela ne vous fera pas même impression que la première fois. » Il reçut la communion après sa messe, en particulier, n'y ayant dans sa chambre que les personnes nécessaires.

Un jour que les médecins le trouvèrent mieux, et même au delà de leurs espérances, ils lui témoignèrent leur satisfaction de son état. Après qu'ils furent sortis: « Voyez, me dit-il, ce que c'est que l'attachement à la vie : quand j'ai su le danger où je me trouvois, je n'en ai été nullement affecté; et je sens bien que si les mêmes accidens revenoient, cela ne m'affligeroit pas davantage; cependant ce petit mieux me fait plaisir. » Il comptoit cela pour un grand attachement à la vie.

Malgré l'état de foiblesse où il étoit, il n'a jamais manqué de faire ses prières et ses lectures ordinaires, et même sa méditation. Il ne récitoit plus le grand office, mais en place il en disoit un plus court. Il lisoit surtout avec plaisir le *Testament spirituel et les saints désirs de la mort*, du père Lallemant. Il demanda un jour à la reine si elle connoissoit ce livre : la reine lui ayant répondu que non : « Ah! c'est un bien bon livre, lui dit-il, et qu'il faut lire en santé. » Un jour en faisant sa prière, il me dit tout à coup : « Oh! voilà une paraphrase du pseaume trente-septième [1], que je n'ai pas le courage de lire, parce que je n'éprouve rien de ce qui y est dit : »

Dans le tems qu'il paroissoit être mieux, et qu'il le croyoit véritablement, il ne vouloit pas qu'on s'en réjouît trop, et surtout qu'on le crût hors de danger, afin de s'entretenir dans les heureuses dispositions où Dieu l'avoit mis. Il nous dit un jour, en nous parlant du tems où il avoit reçu ses sacremens : « Je n'avois pas la moindre frayeur : il n'y eut qu'un moment où j'ai eu grande peur du purgatoire; car, me suis-je dit à moi-même, je souffre bien ici; et cependant ces douleurs ne sont rien, comparées à un instant passé dans le purgatoire : cette réflexion m'a effrayé. » Une autre fois, en nous parlant de la consolation qu'il avoit ressentie en recevant ses sacremens, il nous dit qu'il craignoit que ce ne fût une illusion du démon, parce qu'il étoit trop grand pécheur pour mériter tant de grâces.

Il a été pendant toute sa maladie d'une attention et d'une bonté extrêmes pour tout le monde : il n'étoit occupé que des autres, il s'oublioit lui-même. Les moindres services qu'on lui rendoit étoient payés de mille marques de bonté. Un jour, après avoir passé une nuit affreuse, il dit au premier médecin de la reine, qui avoit veillé : « Ah! mon pauvre la Sône, je suis désolé de la mauvaise nuit que je vous ai fait passer : allez vous coucher, car vous devez être bien fatigué. » S'apper-

[1] Le prophète exprime dans ce psaume les sentiments d'une âme que la vue de ses iniquités jette dans le trouble et l'agitation. (Note de M. l'abbé Proyart.)

cevant que la Breuille avoit l'air triste de ce qu'il avoit passé une mauvaise nuit : « Votre visage, lui dit-il, ressemble toujours à mes nuits; cela n'est pas bien : un médecin ne doit pas s'affecter ainsi pour son malade. » L'évêque de Verdun lui disoit un jour qu'il ne le voyoit jamais s'impatienter : « Eh! contre qui voulez-vous que je m'impatiente, lui dit M. le Dauphin? mes médecins sont d'une assiduité étonnante, les grands officiers ont pour moi toutes les attentions possibles : si j'ai besoin d'eux, je les trouve, et ils se retirent dès qu'ils prévoient qu'ils pourroient m'importuner : » c'est ainsi qu'il savoit rendre justice à chacun.

Au milieu de ses souffrances il avoit conservé toute sa gaieté naturelle, ou, pour mieux dire, il l'avoit reprise depuis qu'il avoit reçu ses sacremens. Dans les commencemens de sa maladie il lisoit des livres de différentes sciences : quand il s'est apperçu que ces lectures le fatiguoient, il en a cherché d'autres qui pussent l'amuser sans le fatiguer. C'est à l'abbé de Mostuejouls qu'il s'étoit adressé pour lui en choisir; et n'étant plus en état de lire, même ces sortes de livres, il lui dit un jour : « L'abbé, si je vous demande encore des livres, ne me donnez plus que l'A, B, C, et le catéchisme, car ce sont les seuls que je sois en état de lire. » Il voyoit tous les soirs les premiers gentilshommes de la chambre, les grands officiers et les menins; il s'entretenoit avec eux sur toutes sortes de matières avec gaieté. Le matin, après sa messe, il faisoit entrer tout le monde, même les ambassadeurs, et il parloit à chacun. Il demandoit pardon aux ambasssadeurs du dérangement qu'il leur occasionnoit, en les faisant rester à Fontainebleau. On sortoit toujours de chez lui enchanté de ses bontés, et désolé de ce qu'il se fatiguoit pour parler à tout le monde. Un jour l'ambassadeur de l'Empereur s'écria en sortant de chez lui : « Ah! que de courage et de vertu. » On ne pouvoit se lasser d'admirer l'un et l'autre. Le maréchal de Richelieu dit un jour tout haut : « Non, il n'y a que la religion qui puisse inspirer tant de courage. » Il étoit logé plus agréablement à Fontainebleau qu'à Versailles, parce que de son lit il pouvoit voir tout ce qui se passoit dans la cour, et cela l'amusoit. « Je suis pourtant mieux ici que je ne serois à Versailles, me dit-il un jour; il n'y a que pour vous que je suis fâché d'y être, car votre escalier doit bien vous fatiguer. »

Le roi parlant un jour d'un prince d'Angleterre qui se mouroit, et une de Mesdames ayant lu dans l'Almanach l'article des princes morts : « Vraiment, dit-il, j'ai pensé être là dernièrement; on auroit mis : Louis, Dauphin, mort à Fontainebleau le vingt-cinq novembre. » Une autre fois, comme le roi nous annonçoit que nous porterions bientôt le deuil d'un autre prince ou princesse : « Je crois, dit M. le Dauphin, que dans les autres cours on parle bien aussi de mon deuil. »

Un soir après le salut, je me trouvai toute seule avec lui; craignant qu'il ne s'ennuyât, je m'approchai de son lit, et lui dis : « Ne voulez-vous pas que j'appelle la Sône pour venir causer, car je crains que vous ne vous ennuyiez? — Non, mon cœur, me dit-il, puis-je m'ennuyer quand je t'ai? » Pénétrée de ces paroles, je fus un moment sans pouvoir répondre; il crut que je n'avois pas entendu, et me dit du ton le plus doux et le plus tendre : « Avez-vous entendu ce que je vous ai dit? —

Hélas! mon cœur, lui répondis-je, je voudrois bien vous être de quelque ressource. — Oh! me dit-il, vous ne sauriez croire de quelle ressource vous m'êtes. » C'est ainsi que sa charité lui faisoit regarder comme une ressource les petits soins que ma tendresse s'efforçoit de lui rendre.

Le lundi 2 décembre, il se plaignit d'un peu d'hémorrhoïdes. Le mal augmenta; il se forma une tumeur qui grossissoit de jour en jour, et le faisoit beaucoup souffrir. Il ne vouloit pas cependant en convenir, disant toujours qu'il n'avoit pas de douleur, mais seulement de la gêne de ne pouvoir ni se tenir sur le dos, ni sur le côté gauche, ce qui lui fatiguoit le côté droit; mais en dormant il crioit, et quelquefois même lorsqu'il étoit éveillé, il lui échappoit de petites plaintes. Mais quand on lui disoit: « Vous souffrez beaucoup. — Non, répondait-il, pas beaucoup. » « Vraiment, lui dis-je un jour, le bon Dieu veut que vous souffriez de toutes les parties de votre corps, car il n'y en a aucune qui ne soit affectée. — Oh! pour ma tête, me dit-il, je l'ai très-bonne pour végéter, car c'est tout ce que je fais. » Un soir qu'il souffroit beaucoup, Adélaïde lui dit qu'elle ne pouvoit pas revenir de sa patience, elle qui l'avoit quelquefois vu jetter les hauts cris pour les moindres petits maux; il ne lui répondit que ces mots : « C'est que ceci vient de Dieu, et que c'est pour Dieu. »

Ne pouvant rester couché sur le côté gauche, il étoit obligé de tourner le dos au roi : il lui en fit ses excuses en riant. La nuit du 12 au 13, ayant dormi fort tard, il n'eut pas le temps de faire ses prières, il me dit l'après-dîner : « Je n'ai non plus prié Dieu aujourd'hui qu'un juif. — Hélas! lui répondis-je, vos souffrances sont de bonnes prières. — Oui, me dit-il, si j'en faisois bon usage. » Il regrettoit tant d'avoir manqué ses prières, qu'il répéta le même propos à la reine après dîné, et le soir à Adélaïde. Adélaïde lui ayant dit la même chose que moi sur ses souffrances, et en ayant reçu la même réponse, elle lui ajouta qu'elle n'étoit pas en peine de l'usage qu'il en faisoit. « Oh! lui dit-il, le diable est bien méchant, il rôde partout. »

Toute la journée du 13, il fut dans des douleurs continuelles, sans pourtant se plaindre; mais il ne pouvait pas rester un instant dans la même situation. La reine lui ayant dit qu'elle vouloit aller le lendemain à Notre-Dame de Bon-Secours, il lui recommanda de bien prier pour obtenir de Dieu l'adoucissement des douleurs aiguës qu'il ressentoit. Il avoit grand désir que les chirurgiens ouvrissent son abcès; mais il se soumit aux raisons qu'ils lui donnèrent pour n'en rien faire. Enfin, le soir du 13, on l'ouvrit d'un coup de lancette : il n'en sentit d'autre soulagement que de pouvoir se mettre sur son séant : il en fut très-content.

Le lendemain, dès qu'il vit la reine, il lui dit : « Maman, vos vœux sont exaucés, je suis soulagé; ma tumeur est percée. » La reine lui ayant dit que cela ne l'empêcheroit pas d'aller à Bon-Secours; qu'elle avoit bien d'autres grâces à demander pour lui, il lui répondit : « Mais je ne vous avois demandé de prier que pour le soulagement des douleurs que j'endurois. »

Le soir, quoiqu'il eût beaucoup d'oppression, du froid et un grand redoublement de fièvre, il ne se plaignit pas; seulement, avant de s'endormir, il dit à la Breuille :

« Qu'est-ce donc que cette gentillesse qui m'est revenue aujourd'hui ? Je sens de l'oppression. » Quoiqu'il fût très-mal, il ne s'en doutoit pas ; et, dans la journée du dimanche, il s'occupa beaucoup de ses pâques, me fit lire les canons du bréviaire, et parcourut lui-même les autres, pour voir s'il n'y étoit rien dit sur les pâques des malades. Il vit son confesseur le soir, et lui en parla aussi. Il avoit projetté de faire ses dévotions la nuit de Noël, il m'en parloit souvent, il faisoit ses arrangemens pour ses messes, et il avoit nommé l'abbé de Tallerand pour les dire. Il s'étoit aussi occupé de l'ornement de la chapelle pour la messe de minuit, et il avoit envoyé chercher exprès un garçon du Garde-Meuble, pour lui donner ses ordres là-dessus. Il dit en riant à M. Collet qu'il avoit un reproche à lui faire, de ne l'avoir pas averti la nuit précédente qu'on disoit la messe, et qu'il devoit y communier. Il nous avoit aussi conté qu'il avoit fait ce rêve, et qu'il s'étoit trouvé fort embarrassé, devant communier à cette messe, et n'ayant pas encore été à confesse. Le soir, quand on se retira, il demanda, comme il faisoit souvent, qui de la faculté passeroit la nuit ? On lui dit que ce seroit l'apothicaire, mais que son médecin coucheroit dans le cabinet. Son bon cœur lui fit dire d'abord : « Mais pourquoi donc cela ? Si la Breuille et la Sône passent toutes les nuits, ils n'y résisteront pas. » On l'assura que cela ne les fatigueroit pas.

Cependant cette précaution de faire rester un médecin, lui fit comprendre qu'on avoit de l'inquiétude : il appella Adélaïde, et lui dit : « Comment me trouvez-vous ce soir ? — Mais, pas trop mal, lui répondit-elle. — Depuis quelques jours, lui ajouta-t-il, je ne suis pas content de mon état. »

Le lendemain, dès six heures du matin, il envoya chercher son confesseur, et lui demanda ce qu'on pensoit de sa situation? M. Collet lui avoua qu'on craignoit beaucoup pour lui. Il lui fit un petit reproche de ne lui en avoir rien dit dans la conversation qu'il avoit eue avec lui la veille, et il s'arrangea aussitôt pour recevoir le bon Dieu. Quand M. Collet fut sorti, il appela son médecin et lui ordonna de lui dire la vérité sur son état, parce qu'il étoit essentiel qu'il le sût : la Breuille ne lui dissimula pas ses craintes. Il lui demanda s'il étoit en aussi grand danger que lorsqu'il avoit reçu les sacremens pour la première fois. Ayant su que le danger étoit plus pressant encore : « J'espérois pourtant, dit-il, faire mes dévotions à Noël : dites-moi si je puis encore vivre quinze jours. » Le médecin, saisi d'une pareille question, ne put pas y répondre sur-le-champ. M. le Dauphin se retourna de son côté; et, voyant son trouble, il le prit par la main; et avec un visage riant et serein : « Vous êtes ému, lui dit-il, rassurez-vous; vous savez bien que je ne crains pas la mort. » Enfin la Breuille lui dit qu'il ne pouvoit lui répondre de rien. « Cela me suffit, » dit M. le Dauphin : il lui demanda si je savois son état, et sur ce qu'il lui répondit que la famille en étoit instruite, il m'envoya chercher. Je le trouvai assoupi : on vint lui apporter un bouillon; je m'approchai, il me vit et me souhaita le bon jour; ensuite il me dit : « Pourquoi donc ne m'avez-vous pas averti que j'étois plus mal? » Je répondis que je n'avois pas cru que ce fût à moi à le lui dire. « Eh! à qui donc, reprit-il? » Je lui dis que je croyois que c'étoit à son confesseur et à son médecin. Il me demanda comment il recevroit le bon Dieu, si ce seroit en cérémonie, ou pendant sa messe. Il m'ajouta que M. Collet lui avoit conseillé de le recevoir à la messe. Je lui dis que M. Collet étant de cet avis, ce seroit bien de s'y conformer. Un moment après il me dit : « Cette fois-ci, je ne vous dirai pas d'y rester : cela vous seroit trop sensible. » Je lui dis que, malgré l'état où il se trouvoit, je ne désespérois pas encore, parce que je n'avois point mis ma confiance dans le secours des hommes, mais en Dieu. Il me répondit : « C'est toujours bien fait. » Je le priai de s'unir aux prières qu'on faisoit pour lui, et de prier surtout la sainte Vierge, saint François Xavier et saint Louis. Il ajouta : « Et mon bon ange gardien. » Il parla ensuite d'Adélaïde ; je lui demandai s'il vouloit qu'elle vînt, il me dit qu'oui. Quand elle fut arrivée, il lui dit à peu près les mêmes choses qu'à moi sur son état et sur ses sacremens. Quelques momens après, il nous appella et nous dit : « J'ai quelque chose à vous dire à toutes deux ; ou si vous aimez mieux, me dit-il, que je ne parle qu'à Adélaïde. » Je lui dis que s'il avoit quelque chose à m'ordonner, j'étois prête à l'écouter. Il me dit : « Non, dans le fond, ce n'est qu'à Adélaïde que j'ai à parler. » Je me retirai ; et il dit à Adélaïde qu'il avoit ordonné à son premier valet de chambre de lui porter toutes ses tabatières après sa mort, et qu'il la prioit de les donner à ses menins, mais qu'elle eût l'attention de n'en pas donner à trois qui ne prenoient point de tabac ; et il les lui nomma.

La reine vint à son ordinaire ; il lui dit qu'il ne feroit pas comme la première fois ; qu'il l'avertissoit qu'il recevroit le bon Dieu ce jour-là. Il reçut le roi avec la même tranquillité. A dix heures et demie, il me dit qu'il étoit tems de faire entrer son confesseur, puisqu'il devoit communier à onze heures et demie; je le dis au roi et à la reine, qui se retirèrent. Quand M. Collet fut arrivé, M. le Dauphin me dit de monter chez moi, et de revenir un peu avant la demie, pour lui arranger ses oreillers. Je descendis à l'heure qu'il m'avoit marquée; il me demanda ses livres pour la communion, et me dit : « Ce n'est que pour les trois quarts : ainsi, restez là avec M. Collet. » Il fit ses prières. Je regardai ses mains, et vis avec surprise qu'il ne trembloit pas du tout, et qu'il tenoit son livre très-ferme. Quand il eut fait ses prières, il me dit de l'arranger; et se tournant vers M. Collet, il lui dit en riant : « Elle m'aide beaucoup; » puis il me demanda où j'irois pendant la cérémonie. Je lui dis que je ferois comme la première fois, et me tiendrois dans le cabinet. « Allons, me dit-il, adieu. » Quand sa messe de communion et sa messe d'action de grâces furent dites, il me fit appeler et me dit : « Eh bien, comment vous en va? » Il dîna ensuite, et reçut la visite des princes. Il appela M. le duc d'Orléans, et lui dit en souriant : « Je dois vous ennuyer : car de tems en tems je vous régale d'une petite agonie. » Il lui parla ensuite d'autres choses, et adressa la parole aux autres princes, l'un après l'autre. A trois heures il demanda à la Breuille s'il n'alloit pas dîner. Sur ce qu'il lui répondit qu'il ne dîneroit pas, il lui dit avec un air de bonté : « Mes dévotions vous ôtent toujours l'appétit, et vous donnent un visage de l'autre monde. »

Il demanda quelques tems après à Adélaïde, si le

roi avoit donné ses étrennes à la reine ; et il dit qu'il seroit curieux de voir toutes les nôtres. Adélaïde se doutant qu'il avoit envie d'avoir les siennes, le dit au roi, qui la chargea de le lui demander : elle le fit après le salut. Il lui dit qu'il les recevroit volontiers : le roi lui donna une tabatière. Il la fit admirer à la reine, l'admira lui-même, et en parut très-content. Le soir il nous dit : « Savez-vous pourquoi j'ai eu envie d'avoir ma tabatière ? c'est que j'en aurai une de plus à donner. »

Le mardi, s'appercevant que ses mains trembloient, il me demanda pourquoi. Vers les huit heures du soir il lui prit un étouffement terrible, avec une foiblesse considérable : il fut quelque-tems sans pouvoir parler. Quand il le put, il dit qu'il étoit bien foible, et demanda en même tems son confesseur. Sur ce qu'on lui dit que M. l'archevêque étoit chez moi, il dit qu'il seroit bien aise de le voir : il le reçut à son ordinaire, et lui parla beaucoup, quoiqu'il étouffât.

Le mercredi matin, il m'appella et me demanda si j'aimois une de ses tabatières qu'il me désigna. Je lui répondis que je l'aimois assez. « C'est, me dit-il, que je veux vous en donner deux : celle où est votre portrait, et telle autre que vous aimerez le mieux. » Je ne pus m'empêcher de lui demander celle qu'il aimoit le mieux lui-même. Il me répondit qu'en vérité il n'en savoit rien. M. l'archevêque revint chez lui, et lui donna sa bénédiction. M. le Dauphin fit la conversation avec lui, et lui demanda ce que c'étoit que les processions dont on lui avoit parlé la veille : M. l'archevêque lui dit que c'étoit la grande procession de sainte Geneviève, qu'on avoit faite pour lui. « Comment, reprit-il, c'est pour moi! je ne m'en doutois pas. » M. l'archevêque lui ayant parlé de la ferveur avec laquelle tout le monde prioit pour lui : « J'espère, répondit-il, que ces prières serviront au salut de mon âme ; mais pour celui de mon corps, je ne le désire pas. »

Il n'aimoit pas qu'Adélaïde et moi nous nous éloignassions de son lit. Les derniers jours, nous allions quelquefois près de la cheminée, ne pouvant résister à la peine qu'il nous faisoit : il nous appela et nous dit : « Pourquoi vous en allez-vous toujours? est-ce que vous ne pouvez pas vous tenir auprès de moi? » Depuis plusieurs jours il rêvoit souvent. Sa principale occupation, dans ses rêves, étoit la messe de minuit : il en parloit toujours, il croyoit y être. Au milieu de ses rêves, la voix de M. Collet le faisoit sur-le-champ revenir à lui. Vers les cinq heures, il me demanda si nous irions bientôt au salut. Je lui dis que ce ne seroit qu'à six heures ; que s'il le vouloit, nous nous rendrions plutôt à la chapelle. Il me dit que non. Dans cet intervalle, depuis cinq heures jusqu'à six, il appela plusieurs fois son confesseur, lui parla bas, et l'envoya parler à son médecin. A six heures je lui dis que nous allions au salut ; il me dit : « C'est bien fait. » En rentrant dans la chambre, je fus étonnée de n'y voir aucun médecin. On me dit qu'il avoit renvoyé tout le monde, et qu'il étoit resté seul avec M. Collet. Je crus qu'il avoit voulu se confesser encore une fois. Je m'approchai de son lit avec Mesdames : il nous reçut très-bien, et nous parla avec sa tranquillité ordinaire, ainsi qu'au roi et à la reine. Mais j'appris le soir que, pendant notre absence, il s'étoit fait dire les prières des agonisans.

Tandis que la reine étoit assise au pied de son lit, il m'appella, et me dit tout bas : « Je crois pourtant que je passerai encore cette nuit. » Consternée et troublée de ce repos, je lui dis : « Ah! j'espère que cela sera encore long. — Non, me dit-il, cela n'ira pas bien loin. » Pénétrée de douleur, je me retirai; il appella Adélaïde, et lui dit la même chose. Comme elle parloit assez haut pour être entendue de la reine, il lui dit : « Paix donc, parlez plus bas. » Il se faisoit tâter le pouls à tout moment, et demandoit comment on le trouvoit. Cependant il avoit toujours de la gaieté dans l'esprit, et plaisantoit encore : quelqu'un ayant poussé une table assez rudement, il contrefit le bruit, et demanda à Louise si ce n'étoit pas du tonnerre, parce qu'elle en a peur. Comme il avoit beaucoup de peine à cracher et à se moucher, il disoit qu'il en avoit oublié la manière, qu'il auroit bien besoin de la rapprendre.

Dans la nuit il me demanda : on lui dit que j'étois montée chez moi pour me reposer quelques heures, parce que je m'étois blessée à la jambe. A sept heures du matin il me demanda encore; M. de la Sône lui dit qu'il alloit monter pour me donner de ses nouvelles. Il vint en effet : je me levai tout de suite. Je ne fus pas plutôt levée, que son premier valet de chambre vint me dire qu'il le prioit de lui envoyer le tabac que la reine lui avoit fait accommoder la veille : je descendis sur-le-champ. Dès qu'il m'apperçut, il me dit : « Quoi! c'est toi-même! » Je lui dis que je lui apportois le tabac qu'il m'avoit demandé. Il me prit la main, et me dit en me la serrant : « Eh! bon jour, mon petit cœur; que je suis aise de te voir! je te croyois perdue. Il y a un moment qu'on m'avoit dit que tu ne descendrois que ce soir. Que je t'aime ! » Il me serra encore la main, et je baisai la sienne, hélas ! pour la dernière fois. N'ayant plus le courage de rester auprès de son lit, j'allai me mettre au fond de la chambre : il m'appelloit à chaque instant. Louise vint : il avoit un bras hors de son manteau de lit, je lui proposai de le remettre. Il se tint sur son séant assez longtems, sans s'appuyer, et pendant que Louise arrangeoit l'autre bras, je ne fis que le soutenir très-légèrement.

Un moment après, il dit : « Que tout le monde sorte, excepté M. Collet. » Il étoit allé dire la messe. Je dis à M. l'archevêque de s'approcher de son lit, en attendant M. Collet. Dès qu'il l'apperçut, il lui dit : « Ah ! bon jour, Monseigneur; » c'est ainsi qu'il l'appelloit toujours; et il se mit à faire la conversation avec lui. M. Collet vint : nous passâmes dans le cabinet. Après qu'il lui eut parlé, il nous fit rappeller. Son médecin lui proposa de prendre une potion qu'on lui avoit préparée : il l'accepta. En la prenant : « Ah ! dit-il, que cela est fort ! est-ce du lilium ? » On lui dit que non. Un moment après, il appella le médecin, et lui dit : « Votre drogue a pensé me donner un battement de cœur. » Il demanda ensuite en riant à la reine si elle aimoit les momies d'Égypte ? La reine lui ayant répondu que non : « C'est, lui dit-il, que bientôt vous en aurez une : car les drogues chaudes qu'on me donne me dessèchent. » La reine lui dit que quand il se porteroit bien, il auroit bientôt recouvré son embonpoint : « Ah oui, » lui dit-il avec un sourire qui marquoit assez qu'il n'y comptoit pas. Il m'appella ensuite et me dit : « Arrangez-moi mes oreillers, et tâchez de me trouver une situation qui me mette la poitrine un peu à l'aise pour respirer. » Je l'arrangeai de mon mieux, et lui demandai s'il se trouvoit plus commodément? Il me dit : « Oui, du moins pour le moment. » Il s'assoupit, et se réveilla en disant à M. Collet : « N'est-on pas à l'élévation? » M. Collet lui dit qu'on ne disoit pas la messe. Il demanda à la reine si elle venoit de matines? On lui dit que ce n'étoit pas la nuit de Noël : il dit qu'il l'avoit cru, et, son agitation continuant, il commença à chanter un noël. Son confesseur lui dit de ne point chanter, parce que cela lui fatigueroit la poitrine. « Vous avez raison, » dit-il; et il se tut. Un moment après il se mit sur son séant, et se laissa ensuite tomber en disant : « Ah! reposons-nous pour un moment. » Je fus si effrayée de l'état où je le voyois, que je crus qu'il alloit avoir une foiblesse, et j'appelai la Breuille. Il s'apperçut de ma frayeur, et me demanda pourquoi j'appellois le médecin. Je lui répondis que je croyois qu'il se trouvoit mal. Il me dit en riant : « Oh non, pas encore; » puis se souvenant qu'on lui avoit dit que je m'étois blessée à la jambe, il me dit : « N'êtes-vous pas bien fatiguée? Comment va votre jambe? » Je lui dis que ce n'étoit rien. Il dit à son médecin que, pour s'être mis un moment sur le côté gauche, il sentoit une douleur au cœur; il se remit à droite; mais, la douleur continuant toujours, il m'appela et me dit de lui soutenir le bras gauche. Je le soutins jusqu'à ce qu'il se trouvât mieux. C'est le dernier instant où j'ai eu le bonheur de le voir; car, quoique je sois restée quelque temps dans sa chambre, je n'ai plus osé approcher de son lit. Je l'entendois seulement se plaindre de sa douleur au côté gauche, qui avoit beaucoup augmenté [1].

1 Proyart, *Vie du Dauphin père de Louis XVI*, p. 303 et suiv.; Paris, 1778.

SŒUR THÉRÈSE DE SAINT-AUGUSTIN

(MADAME LOUISE DE FRANCE)

Louise-Marie de France, la dernière des filles de Louis XV et de Marie Leszczinska, naquit à Versailles le 15 juillet 1737.

Madame Louise de France était une délicieuse enfant : « Je « n'ai rien vu de si agréable que la petite, écrit la reine Marie « Leckzinska, elle a la physionomie attendrissante et très-« éloignée de la tristesse ; je n'en ai pas vu une si singulière : « elle est touchante, douce et spirituelle [1]. » Élevée à Fontevrault par Mme de Rochechouart, Madame Louise fut ramenée à la cour à l'âge de quatorze ans ; mais elle ne renonça point aux exercices de piété dont elle avait déjà contracté l'habitude ; sa ferveur n'ayant fait que s'affermir et se développer avec les années, elle résolut de se consacrer entièrement à Dieu, et, avec l'agrément du roi son père, elle entra le 11 février 1770 au couvent des Carmélites de Saint-Denis, l'un des plus pauvres de France.

Elle prononça ses vœux le 2 septembre 1771, et reçut le voile le 10 du même mois.

Sœur Thérèse de Saint-Augustin mourut le 23 décembre 1787, à l'âge de cinquante ans. Les religieuses Carmélites de Saint-Denis sont en instance pour introduire en cour de Rome le procès de canonisation de cette vertueuse princesse [2].

---

[1] Lettre de Marie Leszczinska du 12 octobre 1747, publiée dans l'ouvrage intitulé : *La reine Marie Leckzinska*, par Mme la comtesse d'***, née de Ségur, p. 273.

[2] Voyez Louis Paris, *Le cabinet historique*, t. XIV, 1868, 1re part., Documents, pp. 273, 274, 275.

NEUVAINE A SAINTE THÉRÈSE POUR UNE VOCATION RELIGIEUSE

PREMIER JOUR

Me voici encore à vos pieds, ô ma sainte mère! et toujours pour obtenir la grâce que je sollicite depuis tant d'années. Mes espérances sont augmentées ; mais hélas! ce ne sont encore que des espérances. Je suis toujours dans le monde, toujours loin de vos saints asiles ; et je ne vois pas même de route certaine pour y arriver. Je persiste, ô mon Dieu! à me soumettre sans réserve à votre sainte volonté. Je ne demandois que de la connoître. Eût-elle été opposée à mes vœux, sur-le-champ, je le proteste à la face du ciel et de la terre, sur-le-champ je m'y serois soumise, j'aurois renoncé à mes plus chers desseins, et je me serois fixée dans l'état où votre adorable providence m'auroit retenue. Mais, soyez-en loué à jamais, ô mon Dieu! votre miséricorde n'a point rejeté mes vœux. Votre oracle a parlé [1]. Vous avez agréé mon sacrifice, et il ne me reste qu'à attendre le moment que vous avez marqué. Je l'attends, ô mon Dieu! et c'est avec autant de soumission que d'empressement. Mais vous nous permettez de vous prier, et vous ne prenez pas nos sollicitations pour des révoltes. Hâtez donc, ô mon Dieu, hâtez, précipitez cet heureux moment.

---

[1] Mgr de Beaumont.

DEUXIÈME JOUR

O ma bonne mère, joignez vos instances à celles d'un enfant que vous ne pouvez plus désavouer, jetez les yeux sur moi ; voyez l'esclavage où je suis, l'agitation où je vis : mes prières gênées, mes méditations coupées, mes dévotions contrariées. Voyez les affaires temporelles dont je suis assaillie ; voyez le monde qui sème sous mes pas ses pompes, ses jeux, ses spectacles, ses conversations, ses délices, ses vanités, ses méchancetés, toutes ses tentations, sans que je puisse ni fuir, ni me détourner. Voyez les dangers que je cours, les épines sur lesquelles je marche ; mes fautes, le peu de bien que je fais... Voyez mes désolations, mes tristesses, mes ennuis. Ayez pitié de moi, obtenez-moi enfin la sainte liberté des enfants de Dieu.

TROISIÈME JOUR

Ne suis-je pas encore assez éprouvée, ma sainte mère ? Ne connoissez-vous pas à fond le vœu de mon cœur ? Après tant d'années de constance, douteriez-vous encore de ma résolution ? M'avez-vous vue varier d'un seul instant ? Ne m'avez-vous pas toujours aperçue tournée vers la voix qui m'appelle ; tendant à elle de toutes mes pensées, de tous mes désirs, de toutes mes forces ; soupirant sans cesse après le bonheur de la suivre, fondant en larmes de me voir ainsi renvoyée d'année en année ; conjurant Dieu, dans la ferveur et la sincérité de mon âme, de briser enfin mes liens ; vous pressant, vous sollicitant de les rompre... N'ai-je pas assez connu le monde pour le détester à jamais, et ne jamais le regretter? J'ai considéré assez longtemps, et l'une après l'autre, toutes les douceurs de l'état auquel je veux renoncer, et vous m'êtes témoin, ô mon Jésus, qu'il n'en est aucune que j'aie balancé à vous sacrifier...

Je l'ai vue, ô mon Jésus, et je l'ai pesée, la croix dont je vous prie de me charger. Ah! que n'est-elle aussi pesante que la vôtre!

QUATRIÈME JOUR

O ma sainte mère! que voulez-vous donc de moi, et que vous faut-il de plus? Mes jours se dissipent, mes années s'écoulent. Hélas! que me restera-t-il à donner à mon Dieu? Ouvrez-moi donc enfin, ô ma mère, ouvrez-moi la porte de votre maison. Tracez-moi la route, frayez-moi le chemin, aplanissez-moi tous les obstacles. Dès le premier pas j'ai besoin de tout votre secours; j'en ai besoin pour me déclarer à celui dont le consentement m'est nécessaire. Faites-moi naître une occasion favorable; préparez-moi son cœur; disposez-le à m'écouter; défendez-moi de sa tendresse, défendez-moi de la mienne. Donnez-moi le courage de lui parler, et mettez dans ma bouche des paroles persuasives qui vainquent toutes ses répugnances. Mettez-moi sur les lèvres ce que je dois lui dire et ce que je dois lui répondre; parlez-lui vous-même pour moi, et répondez-moi pour lui...

Je crois, ô mon Dieu, je crois... O ma bonne mère, présentez ma foi aux pieds de votre divin Époux; qu'elle croisse, qu'elle s'augmente entre vos mains; qu'elle égale la vôtre, et mérite, comme elle, des miracles. Après cela qu'aurai-je à désirer, sinon mourir, et mourir carmélite, et laisser ici-bas toute ma famille dans le chemin du ciel?

CINQUIÈME JOUR

Mais, s'il faut encore par quelques délais acheter de si grandes grâces, ah! du moins, ma sainte mère, augmentez-en le pressentiment dans mon cœur. Faites-y luire le plein jour de la volonté de Dieu; daignez sans cesse m'y certifier ma vocation. Mais, surtout, ne me laissez pas perdre cet intervalle, quelque long qu'il puisse être. Aidez-moi à me défaire, dès aujourd'hui, de tous les attachemens contraires à ma vocation. Hélas! à quoi ne s'attache pas notre cœur, et presque toujours sans que nous nous en doutions? Parens, amis, honneurs, richesses, appartemens, meubles, habits, bijoux, bonne chère, commodités, habitudes, consolations humaines, que sais-je? Voyez, faites-le moi voir. Arrachez de mon cœur tout ce que je ne dois pas porter chez vous; n'épargnez rien au dedans de moi-même. Mais, au dehors, ô ma bonne mère! retenez par vos instances les plus vives ce bras terrible qui a déchiré mon âme par tant de funestes coups... Conservez toute ma famille, conservez tous ceux que j'aime. Ne m'en détachez que par votre grâce. Non, je ne serai pas rebelle; je foulerai aux pieds toutes mes inclinations pour suivre votre voix. Mais, ô ma sainte mère! pendant que je travaille à déraciner toutes mes anciennes attaches, ne permettez pas que j'en contracte de nouvelles; protégez-moi contre toutes les occasions, contre tous les piéges qu'on me tend.

SIXIÈME JOUR

A mesure que mon cœur se videra de toutes les pensées de la terre, il se remplira de celles du ciel. O ma bonne mère! dilatez, étendez dans mon âme toutes les vertus religieuses. Que dès à présent j'en pratique tout ce qui m'est possible. Donnez-moi des occasions fréquentes d'obéir, de me mortifier, de m'humilier, de me confondre avec mes inférieurs, de descendre au-dessous d'eux; de fouler aux pieds le monde et ses vanités; de glorifier Dieu sans respect humain; d'embrasser, sans honte, la croix de Jésus-Christ; de confesser hautement sa religion et son Église, de renoncer à moi-même et à toutes mes affections; de goûter les contradictions, les délaissemens, le défaut de toute consolation humaine; de sentir le froid, le chaud, la faim, la lassitude; de me dépouiller de ma propre volonté, de me résigner à celle de Dieu, de m'élever à lui, de le prier, de converser avec lui; de l'aller visiter au pied de ses autels; de participer à sa table, d'entendre sa parole, d'assister aux offices. Multipliez toutes les occasions pareilles, je n'en perdrai pas une. Que partout, même dans les lieux les plus consacrés au monde, je porte un cœur crucifié, un cœur de carmélite...; que toutes mes pensées y soient dignes de vous. . . . .

SEPTIÈME JOUR

Soyez sans cesse à mes côtés, ô ma sainte Mère! pour me dire sans relâche : Songez à votre vocation; il vous reste peu de tems; songez à former une carmélite. C'est ainsi que pense, c'est ainsi que parle, c'est ainsi qu'agit une carmélite... Une carmélite ne penseroit pas, ne diroit pas, ne feroit pas cela... Ah! qu'avec cette assistance, j'espèrerois former en moi dès à présent, au milieu même du monde, une parfaite carmélite, à qui il ne manqueroit plus que le cloître et l'habit. Daignez donc, ma sainte Mère, si vous voulez encore me laisser dans le monde, daignez ne pas me perdre de vue un moment; veillez sur moi comme sur une de vos filles; soyez mon soutien, soyez ma sûre garde, soyez mon conseil assidu.

HUITIÈME JOUR

Je vous recommande non-seulement mon cœur, pour y former toutes les vertus et toute la perfection de votre règle; mais encore mon corps, pour le mettre en état d'en soutenir les austérités. Je ne demande pas une santé parfaite; je veux, ô ma sainte mère! vous ressembler en tout; je veux ressembler à Jésus-Christ, mon divin modèle, et porter ma croix en mon cœur et en mon corps jusqu'à mon dernier soupir. *Ou souffrir ou mourir,* sera ma devise, comme ce fut la vôtre. Mais qu'au milieu des douleurs et des infirmités mon tempérament se fortifie, afin que sa foiblesse ne soit pas un obstacle à ma vocation, quand, par la miséricorde de Dieu, tous les autres obstacles seront levés.

NEUVIÈME JOUR

Mais, tandis que je m'occupe de mon futur état, que je m'en propose les vertus et que je m'y exerce, ne me laissez pas non plus, ô ma sainte mère; négliger l'état où la Providence me retient encore, quelque court que doive être le tems qu'elle m'y retiendra. Suggérez-m'en aussi tous les devoirs; obtenez-moi de les remplir ponctuellement, avec autant d'exactitude et de perfection que si je devois être toute ma vie ce que je suis à présent. Multipliez aussi, sous mes mains, les occasions de faire le bien propre de mon état, le bien que je ne pourrai plus faire dans le cloître. Hélas! qu'ai-je fait jusqu'ici, pour répondre aux vues de la Providence, et la justifier de m'avoir placée et de m'avoir tenue plus de trente ans dans ce rang d'élévation? O mon Dieu, remplissez le peu de jours qui me restent de cette grandeur; et que de leur plénitude soit comblé tout le vide de ma vie passée [1].

---

[1] *Vie de Madame Louise,* par une religieuse de sa communauté, 2ᵉ édit., 1865, t. I, p. 79 et suiv.
Comparez : *Méditations eucharistiques,* par Madame Louise de France, p. 319 et suiv.; Paris, 1789. L'abbé Proyart, *Vie de Madame Louise de France, religieuse carmélite, fille de Louis XV,* t. I, pp. 78-88; Lyon, 1805.

LOUIS XVI[1]

(23 août 1754 — 21 janvier 1793)

DISCOURS ADRESSÉ PAR LOUIS XVI A MADAME ROYALE
LE JOUR DE SA PREMIÈRE COMMUNION

Madame Royale (depuis duchesse d'Angoulême) fit sa première communion le 8 avril 1790, à l'église Saint-Germain-l'Auxerrois.

Le matin de ce jour, la reine conduisit la jeune princesse dans la chambre du roi, et lui dit : « Ma fille, jetez-vous aux « pieds de votre père, et demandez-lui sa bénédiction. » Madame se prosterna. Le roi la bénit et la releva.

« Je répète avec un saint respect, écrit M. François Hue, les paroles qu'il lui adressa : »

C'est du fond de mon cœur, ma fille, que je vous bénis, en demandant au Ciel qu'il vous fasse la grâce de bien apprécier la grande action que vous allez faire. Votre cœur est innocent et pur aux yeux de Dieu ; vos vœux doivent lui être agréables. Offrez-les lui pour votre mère

---

[1] Nous supprimons ici, comme à l'article de Marie-Antoinette et à celui de Madame Élisabeth, la courte notice qui précède ailleurs nos citations. L'histoire de ces trois grandes victimes de la révolution est trop présente à tous les souvenirs pour que notre résumé ordinaire puisse avoir quelque utilité.

et moi. Demandez-lui qu'il me donne les grâces nécessaires pour faire le bonheur de ceux sur qui il m'a donné l'empire, et que je dois considérer comme mes enfans. Demandez-lui qu'il daigne conserver dans ce royaume la pureté de la religion; et souvenez-vous bien, ma fille, que cette sainte religion est la source du bonheur et notre soutien dans les adversités de la vie. Ne croyez pas que vous en soyez à l'abri. Vous êtes bien jeune; mais vous avez déjà vu votre père affligé plus d'une fois. Vous ne savez pas, ma fille, à quoi la Providence vous destine; si vous resterez dans ce royaume, ou si vous irez en habiter un autre. Dans quelque lieu que la main de Dieu vous pose, souvenez-vous que vous devez édifier par vos exemples, faire le bien toutes les fois que vous en trouverez l'occasion. Mais surtout, mon enfant, soulagez les malheureux de tout votre pouvoir. Dieu ne nous a fait naître dans le rang où nous sommes que pour travailler à leur bonheur et les consoler dans leurs peines. Allez aux autels où vous êtes attendue, et conjurez le Dieu de miséricorde de ne vous laisser oublier jamais les avis d'un père tendre [1].

---

[1] François Hue, *Dernières Années du règne et de la vie de Louis XVI*, édit. de Londres, 1800, p. 163; édit de Paris, 1816, p. 148.

Il était d'usage que les Filles de France reçussent une parure en diamants le jour de leur première communion, Louis XVI, qui avait résolu d'abolir cet usage dispendieux, en avertit Madame Royale par ce peu de mots : « Je vous sais trop « raisonnable, ma fille, pour croire qu'au moment où vous devez être entière- « ment occupée du soin d'orner votre cœur et d'en faire un sanctuaire digne « de la Divinité, vous attachiez un grand prix à des parures artificielles. D'ail- « leurs, mon enfant, la misère publique est extrême, les pauvres abondent, et « assurément vous aimez mieux vous passer de pierreries que de savoir qu'ils se « passent de pain. » (*Souvenirs de quarante ans*, 1789-1830. — *Récits d'une dame de Madame la Dauphine* (Pauline de Tourzel), p. 58; Paris, 1861.

TESTAMENT DE LOUIS XVI

Au nom de la très-sainte Trinité, du Père, du Fls et du Saint-Esprit. Aujourd'hui, vingt-cinquième jour de décembre mil sept cent quatre-vingt-douze, moi, Louis, XVI° du nom, roi de France, étant depuis plus de quatre mois enfermé avec ma famille dans la tour du Temple, à Paris, par ceux qui étoient mes sujets, et privé de toute communication quelconque, même depuis le onze du courant, avec ma famille; de plus, impliqué dans un procès dont il est impossible de prévoir l'issue, à cause des passions des hommes, et dont on ne trouve aucun prétexte ni moyen dans aucune loi existante; n'ayant que Dieu pour témoin de mes pensées et auquel je puisse m'adresser, je déclare ici en sa présence mes dernières volontés et mes sentiments :

Je laisse mon âme à Dieu, mon créateur, je le prie de la recevoir dans sa miséricorde, de ne pas la juger d'après ses mérites, mais par ceux de Notre-Seigneur Jésus-Christ, qui s'est offert en sacrifice à Dieu son Père pour nous autres hommes, quelqu'indignes que nous en fussions, et moi le premier.

Je meurs dans l'union de notre sainte mère l'Église catholique, apostolique et romaine, qui tient ses pouvoirs par une succession non interrompue de saint Pierre, auquel Jésus-Christ les avoit confiés; je crois fermement et je confesse tout ce qui est contenu dans le Symbole et les commandements de Dieu et de l'Église, les sacrements et les mystères tels que l'Église catholique les enseigne et les a toujours enseignés; je n'ai jamais prétendu me rendre juge dans les différentes manières d'expliquer les dogmes qui déchirent l'Église de Jésus-Christ; mais je m'en suis rapporté et rapporterai toujours, si Dieu m'accorde vie, aux décisions que les supérieurs ecclésiastiques, unis à la sainte Église catholique, donnent et donneront conformément à la discipline de l'Église suivie depuis Jésus-Christ. Je plains de tout mon cœur nos frères qui peuvent être dans l'erreur; mais je ne prétends pas les juger, et je ne les aime pas moins tous en Jésus-Christ, suivant ce que la charité chrétienne nous l'enseigne.

Je prie Dieu de me pardonner tous mes péchés; j'ai cherché à les connoître scrupuleusement, à les détester et à m'humilier en sa présence, ne pouvant me servir du ministère d'un prêtre catholique. Je prie Dieu de recevoir la confession que je lui en ai faite, et surtout le repentir profond que j'ai d'avoir mis mon nom (quoique cela fût contre ma volonté) à des actes qui peuvent être contraires à la discipline et à la croyance de l'Église catholique, à laquelle je suis toujours resté sincèrement uni de cœur. Je prie Dieu de recevoir la ferme résolution où je suis, s'il m'accorde vie, de me servir, aussitôt que je le pourrai, du ministère d'un prêtre catholique pour m'accuser de tous mes péchés et recevoir le sacrement de pénitence.

Je prie tous ceux que je pourrois avoir offensés par inadvertance (car je ne me rappelle pas d'avoir fait sciemment aucune offense à personne), ou ceux à qui j'aurois pu avoir donné de mauvais exemples ou des scandales, de me pardonner le mal qu'ils croyent que je peux leur avoir fait.

Je prie tous ceux qui ont de la charité d'unir leurs prières aux miennes pour obtenir de Dieu le pardon de mes péchés.

Je pardonne de tout mon cœur à ceux qui se sont faits mes ennemis sans que je leur en aie donné aucun sujet, et je prie Dieu de leur pardonner, de même que ceux qui par un faux zèle ou par un zèle mal entendu m'ont fait beaucoup de mal.

Je recommande à Dieu ma femme, mes enfants, ma sœur, mes tantes, mes frères, et tous ceux qui me sont attachés par les liens du sang ou par quelque autre manière que ce puisse être. Je prie Dieu particulièrement de jeter des yeux de miséricorde sur ma femme, mes enfants et ma sœur, qui souffrent depuis longtemps avec moi, de les soutenir par sa grâce s'ils viennent à me perdre et tant qu'ils resteront dans ce monde périssable.

Je recommande mes enfants à ma femme, je n'ai jamais douté de sa tendresse maternelle pour eux; je lui recommande surtout d'en faire de bons chrétiens et d'honnêtes hommes; de ne leur faire regarder les grandeurs de ce monde-ci (s'ils sont condamnés à les éprouver), que comme des biens dangereux et périssables, et de tourner leurs regards vers la seule gloire solide et durable de l'éternité. Je prie ma sœur de vouloir bien continuer sa tendresse à mes enfants, et de leur tenir lieu de mère s'ils avaient le malheur de perdre la leur.

Je prie ma femme de me pardonner tous les maux qu'elle souffre pour moi, et les chagrins que je pourrois lui avoir donnés dans le cours de notre union;

comme elle peut être sûre que je ne garde rien contre elle, si elle croyoit avoir quelque chose à se reprocher.

Je recommande bien vivement à mes enfants, après ce qu'ils doivent à Dieu, qui doit marcher avant tout, de rester toujours unis entre eux, soumis et obéissants à leur mère, et reconnaissants de tous les soins et les peines qu'elle se donne pour eux; et en mémoire de moi, je les prie de regarder ma sœur comme une seconde mère.

Je recommande à mon fils, s'il avait le malheur de devenir roi, de songer qu'il se doit tout entier au bonheur de ses concitoyens, qu'il doit oublier toute haine et tout ressentiment, et nommément tout ce qui a rapport aux malheurs et aux chagrins que j'éprouve; qu'il ne peut faire le bonheur des peuples qu'en régnant suivant les lois; mais, en même temps, qu'un roi ne peut les faire respecter et faire le bien qui est dans son cœur, qu'autant qu'il a l'autorité nécessaire; et qu'autrement, étant lié dans ses opérations et n'inspirant point de respect, il est plus nuisible qu'utile.

Je recommande à mon fils d'avoir soin de toutes les personnes qui m'étoient attachées, autant que les circonstances où il se trouvera lui en donneront les facultés; de songer que c'est une dette sacrée que j'ai contractée envers les enfants ou les parents de ceux qui ont péri pour moi, et ensuite de ceux qui sont malheureux pour moi. Je sais qu'il y a plusieurs personnes de celles qui m'étoient attachées qui ne se sont pas conduites envers moi comme elles le devoient, et qui ont même montré de l'ingratitude; mais je leur pardonne (souvent dans les moments de troubles et d'effervescence on n'est pas maître de soi), et je prie mon fils, s'il en trouve l'occasion, de ne songer qu'à leur malheur.

Je voudrois pouvoir témoigner ici ma reconnaissance à ceux qui m'ont montré un véritable attachement et désintéressé. D'un côté, si j'étois sensiblement touché de l'ingratitude et de la déloyauté des gens à qui je n'avois jamais témoigné que des bontés, à eux, à leurs parents ou amis; de l'autre, j'ai eu de la consolation à voir l'attachement et l'intérêt gratuit que beaucoup de personnes m'ont montrés. Je les prie d'en recevoir tous mes remercîments. Dans la situation où sont encore les choses, je craindrois de les compromettre si je parlois plus explicitement; mais je recommande spécialement à mon fils de chercher les occasions de pouvoir les reconnoître.

Je croirois calomnier cependant les sentiments de la nation si je ne recommandois ouvertement à mon fils MM. de Chamilly et Hue, que leur véritable attachement pour moi avoit portés à s'enfermer avec moi dans ce triste séjour, et qui ont pensé en être les malheureuses victimes. Je lui recommande aussi Cléry, des soins duquel j'ai eu tout lieu de me louer depuis qu'il est avec moi. Comme c'est lui qui est resté avec moi jusqu'à la fin, je prie messieurs de la Commune de lui remettre mes hardes, mes livres, ma montre, ma bourse et les autres petits effets qui ont été déposés au Conseil de la Commune.

Je pardonne encore très-volontiers à ceux qui me gardoient, les mauvais traitements et les gênes dont ils ont cru devoir user envers moi. J'ai trouvé quelques âmes sensibles et compatissantes: que celles-là jouissent dans leur cœur de la tranquillité que doit leur donner leur façon de penser.

Je prie MM. de Malesherbes, Tronchet et de Sèze de recevoir ici tous mes remercîments et l'expression de ma sensibilité pour tous les soins et les peines qu'ils se sont donnés pour moi.

Je finis en déclarant devant Dieu, et prêt à paroître devant lui, que je ne me reproche aucun des crimes qui sont avancés contre moi.

Fait double, à la tour du Temple, le 25 décembre 1792.

LOUIS [1].

---

[1] Le testament de Louis XVI fut remis par ce malheureux prince, le 21 janvier 1793, à un commissaire de garde au Temple, et déposé au Conseil général de la Commune, conformément au désir exprimé par le roi. Cette pièce est aujourd'hui conservée aux archives de France. — Armoire de fer.

Dès le 25 décembre 1792, un *duplicata* avait été confié par le roi à Malesherbes. Ce duplicata, que Malesherbes parvint à faire passer en Allemagne, fait aujourd'hui partie de la collection de M. Feuillet de Conches.

(De Beauchêne; *Louis XVII, sa vie, son agonie, sa mort*, 1861, t. I, pp. 438, 379.)

Le testament de Louis XVI fut de très-bonne heure connu du public : de courageux éditeurs l'imprimèrent à Paris dès l'année 1793 : dans l'une de ces éditions, on a réuni au testament du roi les conseils laissés par saint Louis à Philippe le Hardi.

Voici l'indication des plaquettes dont je viens de parler :

Testament de Louis XVI envoyé à la commune de Paris le 21 janvier 1793. De l'imprimerie de Vizart et le Normant, rue des Prêtres Saint-Germain-l'Auxerrois, 1793.

Testament de saint Louis, neuvième roi de France du nom de Louis, suivi du testament de Louis XVI, etc. Paris, chez les marchands de nouveautés, 1793.

MARIE−ANTOINETTE

Marie-Antoinette-Joséphine-Jeanne, fille de Marie-Thérèse et de l'empereur François 1er. (2 novembre 1755 — 16 octobre 1793.)

PRIÈRE DU SOIR DE LOUIS XVII AU TEMPLE

« A huit heures, écrit Hue, je dressais dans la chambre de Madame Élisabeth le souper de M. le Dauphin. La reine venait y présider. Ensuite, lorsque les municipaux étaient assez loin pour ne rien entendre, Sa Majesté faisait réciter à son fils la prière suivante :

Dieu tout-puissant, qui m'avez créé et racheté, je vous adore. Conservez les jours du roi, mon père, et ceux de ma famille. Protégez-nous contre nos ennemis. Donnez à Mme de Tourzel les forces dont elle a besoin pour supporter ce qu'elle endure à cause de nous [1].

DERNIÈRE LETTRE DE MARIE-ANTOINETTE
(ADRESSÉE A MADAME ÉLISABETH)

Ce 16 octobre 1793, à 4 heures du matin.

C'est à vous, ma sœur, que j'écris pour la dernière fois : je viens d'être condamnée non pas à une mort

---

[1] Fr. Hue, *Dernières Années du règne et de la vie de Louis XVI*, seconde édit., Paris, 1816, p. 341. Il est possible que cette prière ait été composée par Madame Élisabeth.

honteuse, elle ne l'est que pour les criminels, mais à aller rejoindre votre frère; comme lui innocente, j'espère montrer la même fermeté que lui dans ces derniers moments.

Je suis calme comme on l'est quand la conscience ne reproche rien; j'ai un profond regret d'abandonner mes pauvres enfants; vous savez que je n'existois que pour eux, et vous, ma bonne et tendre sœur, vous qui avez par votre amitié tout sacrifié pour être avec nous, dans quelle position je vous laisse! J'ai appris, par le plaidoyer même du procès, que ma fille étoit séparée de vous. Hélas! la pauvre enfant, je n'ose pas lui écrire; elle ne recevroit pas ma lettre. Je ne sais même pas si celle-ci vous parviendra. Recevez pour eux deux ici ma bénédiction. J'espère qu'un jour, lorsqu'ils seront plus grands, ils pourront se réunir avec vous et jouir en entier de vos tendres soins. Qu'ils pensent tous deux à ce que je n'ai cessé de leur inspirer: que les principes et l'exécution exacte de ses devoirs sont la première base de la vie, que leur amitié et leur confiance mutuelle en feront le bonheur. Que ma fille sente qu'à l'âge qu'elle a, elle doit toujours aider son frère par les conseils que l'expérience qu'elle aura de plus que lui et son amitié pourront lui inspirer. Que mon fils à son tour rende à sa sœur tous les soins, les services que l'amitié peut inspirer; qu'ils sentent enfin tous deux que, dans quelques positions où ils pourront se trouver, ils ne seront vraiment heureux que par leur union. Qu'ils prennent exemple de nous. Combien, dans nos malheurs, notre amitié nous a donné de consolations! et dans le bonheur on jouit doublement quand on peut le partager avec un ami ; et où en trouver de plus tendre, de plus cher que dans sa propre famille? Que mon fils n'oublie jamais les derniers mots de son père, que je lui répète expressément : Qu'il ne cherche jamais à venger notre mort. J'ai à vous parler d'une chose bien pénible à mon cœur. Je sais combien cet enfant doit vous avoir fait de la peine, pardonnez-lui, ma chère sœur : pensez à l'âge qu'il a, et combien il est facile de faire dire à un enfant ce qu'on veut, et même ce qu'il ne comprend pas. Un jour viendra, j'espère, où il ne sentira que mieux tout le prix de vos bontés et de votre tendresse pour tous deux. Il me reste à vous confier encore mes dernières pensées. J'aurois voulu les écrire dès le commencement du procès; mais outre qu'on ne me laissoit pas écrire, la marche en a été si rapide, que je n'en aurois réellement pas eu le tems.

Je meurs dans la religion catholique, apostolique et romaine, dans celle de mes pères, dans celle où j'ai été élevée, et que j'ai toujours professée, n'ayant aucune consolation spirituelle à attendre, ne sachant pas si il existe encore ici des prêtres de cette religion, et même le lieu où je suis les exposeroit trop si ils y entroient une fois. Je demande sincèrement pardon à Dieu de toutes les fautes que j'ai pu commettre depuis que j'existe : j'espère que dans sa bonté il voudra bien recevoir mes derniers vœux, ainsi que ceux que je fais depuis longtemps pour qu'il veuille bien recevoir mon âme dans sa miséricorde et sa bonté; je demande pardon à tous ceux que je connois, et à vous, ma sœur, en particulier, de toutes les peines que, sans le vouloir, j'aurois pu leur causer. Je pardonne à tous mes ennemis le mal qu'ils m'ont fait. Je dis ici adieu à mes tantes et à tous mes frères et sœurs. J'avois des amis; l'idée d'en être séparée pour jamais et leurs peines sont un des plus grands regrets que j'emporte en mourant; qu'ils sachent, du moins, que jusqu'à mon dernier moment j'ai pensé à eux.

Adieu, ma bonne et tendre sœur; puisse cette lettre vous arriver! Pensez toujours à moi; je vous embrasse de tout mon cœur, ainsi que ces pauvres et chers enfants. Mon Dieu! qu'il est déchirant de les quitter pour toujours! Adieu, adieu, je ne vais plus m'occuper que de mes devoirs spirituels. Comme je ne suis pas libre dans mes actions, on m'amènera peut-être un prêtre; mais je proteste ici que je ne lui dirai pas un mot, et que je le traiterai comme un être absolument étranger[1].

---

[1] Madame Élisabeth n'a jamais lu cette lettre inachevée. La reine n'ayant pu la confier à d'autres mains qu'à celles de ses bourreaux, elle fut remise immédiatement à l'accusateur public du tribunal révolutionnaire Fouquier-Tinville, qui la conserva dans ses papiers. On l'y trouva après le 9 thermidor, comme le prouvent les signatures de Lecointre, Legot et Massieu, apposées sur cette pièce ainsi que sur toutes celles qui proviennent du cabinet de l'ex-accusateur public. La précieuse lettre passa plus tard entre les mains du conventionnel Courtois, qui l'emporta en Lorraine, où il vécut longtemps dans la retraite. Elle fut transmise à Louis XVIII, en 1816. (Ém. Campardon, *Marie-Antoinette à la Conciergerie*, Jules Gay, 1863, p. 128, note 1.) Elle est aujourd'hui conservée aux archives de France, armoire de fer. M. Ém. Campardon l'a imprimée (p. 125 et suiv.), en respectant scrupuleusement l'orthographe; ce que nous n'avons pas cru nécessaire de faire ici.

MADAME ÉLISABETH

Élisabeth-Philippine-Marie-Hélène de France), sœur de
Louis XVI. (3 mai 1764 — 10 mai 1794.)

L'ESPRIT CHRÉTIEN DANS LES PEINES DE LA VIE

Il faut mettre... nos craintes et nos désirs au pied du crucifix : lui seul peut nous apprendre à supporter les épreuves auxquelles le Ciel nous destine. C'est là le livre des livres...; lui seul élève et console l'âme affligée. Dieu étoit innocent, et il a souffert plus que nous ne pourrons jamais souffrir et dans notre cœur et dans notre corps; ne devons-(nous) pas nous trouver heureuses d'être aussi intimement unies à Celui qui a tout fait pour nous? Que cette idée nous encourage,... nous fortifie! Il y a de cruels moments à passer dans la vie; mais c'est pour arriver à un bien précieux pour quiconque est un peu pénétré d'amour de Dieu [1].

PRIÈRE A DIEU DANS LA TRISTESSE

Si nous nous sentons foibles pour son service (le service de Dieu), découragés, ne cherchons point à nous remonter

---

[1] Lettre à Mme Marie de Causans, janvier 1786, dans Feuillet de Conches, *Correspondance de Madame Élisabeth*, p. 70.

par nous-même; disons-lui : « Mon Dieu, vous voyez le fond de mon cœur, il est à vous sans aucun partage, je ne puis savoir si vous acceptez tous les sacrifices que je vous fais et que j'ai l'intention de bien faire; mais votre Fils est mort pour expier toutes mes fautes; regardez-le, mon Dieu, et jusque sur la croix où notre cruauté et nos péchés l'ont porté, écoutez-le qui vous demande grâce pour nous, qui console celui des deux voleurs qui revient à lui; je veux l'imiter, ô mon Dieu! reconnoître votre puissance souveraine, et croire surtout que, quoi qu'il arrive, vous ne m'abandonnerez jamais [1]. »

CONSEILS A UNE JEUNE FILLE
QUI SE CROIT APPELÉE A LA VOCATION RELIGIEUSE

En mars 1789, Mme Élisabeth, âgée de vingt-cinq ans, écrit à son amie Mme Marie de Causans (qui portait ce titre de dame comme chanoinesse du chapitre de Saint-Louis de Metz, mais qui n'avait jamais été mariée) :

Vous serez peut-être étonnée, mon cœur, que, d'après toutes les réflexions, consultations et épreuves que vous avez faites, je ne sois pas encore assez convaincue de la solidité et de la réalité de votre vocation, pour ne pas craindre que vous n'ayez pas réfléchi comme il faut.

Premièrement, mon cœur, on ne peut connoître si une vocation est vraiment l'ouvrage de Dieu, que lorsque avec le désir de suivre sa volonté, l'on s'est pourtant permis

---

[1] Lettre à Mme Marie de Causans, ibid., p. 73.

de combattre de bonne foi le penchant qui porte à se consacrer à lui ; sans cela, l'on court le risque de se méprendre, et de suivre une ferveur passagère qui tient souvent au besoin du cœur qui, n'ayant pas d'objets d'attachement, croit se sauver du danger d'en former que le Ciel n'approuveroit pas, en se consacrant à Dieu. Ce motif est louable, mais il ne suffit pas ; il tient à la passion, il tient au désir et au besoin que le cœur a de former un lien qui le remplisse, dans le moment, tout entier. Mais, je vous le demande, mon cœur, Dieu peut-il approuver cette offrande ? peut-il être touché du sacrifice d'une âme qui ne se donne à lui que pour se débarrasser d'elle-même ? Vous savez que, pour faire un vœu quelconque, il faut une volonté libre, réfléchie, dénuée de toute espèce de passion ; il en est de même pour celui d'une religieuse, et ces dispositions sont encore plus essentielles. Le monde vous étoit odieux ; mais étoit-ce dégoût ou regret ? Ne croyez pas que si ce dernier l'emportoit, votre vocation soit naturelle et vraie. Non, mon cœur, le Ciel vous envoyoit une tentation, il falloit la supporter, et ne prendre votre résolution de vous consacrer à lui que lorsqu'elle auroit été passée.

Deuxièmement, mon cœur, il faut avoir l'esprit bien mortifié pour prendre l'engagement que vous voulez prendre. Voilà l'essentiel, la véritable vocation. Tout ce qui tient au corps coûte peu, l'on s'y accoutume ; mais il n'en est pas de même de ce qui tient à l'esprit et au cœur.

Vous êtes tranquille... parce que vous avez consulté l'archevêque : je rends hommage à ses vertus avec plaisir ; mais permettez-moi de vous dire que, de l'aveu de ceux qui le connoissent le plus, il est impossible d'être moins capable de conduire une âme. Je ne vous en parle pas seulement d'après les autres, c'est d'après ce que j'ai vu... Comment voulez-vous, d'après cela, que je sois tranquille sur le conseil qu'il vous a donné sur un simple aperçu, sans avoir causé avec vous, sans être entré dans des détails où il est impossible d'entrer par lettre, que je m'en rapporte au conseil du directeur du couvent, qui, tout honnête homme qu'il puisse être, ne peut pas être jugé impartial dans cette affaire...

Non, mon cœur, il me sera toujours impossible de croire que vous remplissez votre devoir, que vous accomplissez la volonté de Dieu en vous consacrant à lui dans ce moment. Au nom de ce même Dieu que vous voulez servir d'une manière plus parfaite, consultez encore, mon cœur, mais consultez des gens plus éclairés, des gens qui n'aient aucun intérêt ni pour ni contre le parti que vous voulez prendre; exposez-leur votre position, laissez-vous examiner de bonne foi : vous seriez aussi coupable en exagérant votre désir comme en le dissimulant. Et, mon cœur, si, pendant votre noviciat, vous éprouvez la moindre peine, je vous le demande en grâce, consultez les mêmes personnes, ne vous en rapportez pas à ceux qui vous diroient que ce ne sont que des tentations; il faut les connoître, il faut les peser, voir si, lorsque vous serez engagée, elles ne feront pas le malheur de votre vie. Enfin, mon cœur, j'ose vous demander, au nom de l'amitié que vous avez pour moi, au nom de ce que vous avez de plus cher en ce monde, au nom de votre respectable mère, de ne négliger aucune des précautions que ceux qui vous sont attachés et qui ont des droits sur votre amitié pourront vous suggérer, pour vous assurer de plus en plus de la vérité de votre vocation. Ce sera peut-être une croix pour vous; mais elle vous attirera plus de grâces par la suite [1].

CONSEILS A UNE MÈRE QUI A PERDU SON ENFANT.

(Fragment d'une lettre adressée à Mme de Raigecourt.)

...Si j'étois toi, je ne dirois plus cette parole, mais bien celle-ci : « Seigneur, je m'abandonne à tout ce qu'il « plaira à votre bonté d'ordonner pour mon salut. Sau- « vez-moi, mon Dieu, et que je vous aime : voilà tout « ce que je désire. »

Je joindrois à cette aspiration le sentiment de l'abandon du cœur et le calme que nécessairement elle doit te faire éprouver. Joins à cela de demander à Dieu de faire lui-même pour vous et avec vous ce sacrifice que vous n'avez pas encore arraché de votre cœur. Joignez-le à celui de Jésus-Christ. Mettez-vous en esprit au pied de la Croix. Laissez couler le sang de Jésus-Christ sur vos plaies. Demandez-lui de les guérir... Mais, mon cœur, ne mettez tout ceci en pratique que si vous vous y sentez de l'attrait, si votre cœur est touché; car s'il ne l'est pas, tout cela ne vaudroit rien. Vis-à-vis de Dieu, l'esprit doit être mis totalement de côté, le cœur doit seul agir avec la plus grande simplicité et confiance [2].

---

[1] Feuillet de Conches, *Correspondance de Madame Elisabeth*, 1868, pp. 105-109.
[2] Même recueil, p. 385. Lettre du 24 janvier 1792.

PRIÈRE AU SACRÉ-CŒUR DE JÉSUS
DONNÉE PAR MADAME ÉLISABETH A LA MARQUISE DE RAIGECOURT

Cœur adorable de Jésus, sanctuaire de cet amour qui a porté un Dieu à se faire homme, à sacrifier sa vie pour notre salut et à faire de son corps la nourriture de nos âmes; en reconnoissance de cette charité infinie, je vous donne mon cœur et avec lui tout ce que je possède au monde, tout ce que je suis, tout ce que je serai, tout ce que je souffrirai. Mais enfin, mon Dieu, que ce cœur, je vous en supplie, ne soit plus indigne de vous; rendez-le semblable à vous-même, entourez-le de vos épines pour en fermer l'entrée à toutes les afflictions déréglées; établissez-y votre croix, qu'il en sente le prix, qu'il en prenne le goût; embrasez-le de vos divines flammes. Qu'il se consume pour votre gloire, qu'il soit à vous après que vous avez voulu être tout à lui. Vous êtes sa consolation dans ses peines, le remède à ses maux, sa force et son refuge dans les tentations, son espérance pendant la vie, son asile à la mort. Je vous demande, ô Cœur tant aimable, cette grâce pour mes associés. Ainsi soit-il.

ASPIRATION

O divin Cœur de Jésus, je vous aime, je vous adore, et je vous invoque avec tous mes associés, pour tous les jours de ma vie et particulièrement à l'heure de ma mort. Ainsi soit-il.

O vere adorator et unice amator Dei, miserere nobis. Amen [1].

PRIÈRE POUR LE ROI ET POUR LA FRANCE

Esprit saint, Dieu de lumières, source de grâces, auteur de tout don parfait, qui tenez dans vos mains le cœur des rois, donnez à notre auguste monarque un cœur selon le vôtre.

Esprit de force, dirigez les actions du roi selon la pureté de ses intentions. Que l'Église, ce chef-d'œuvre de votre miséricorde envers les hommes, soit protégée et conservée par lui.

Esprit sanctificateur, imprimez fortement ces grandes vérités dans l'âme du roi, que la foi en France est plus ancienne que la couronne, et que son trône ne sera jamais ébranlé, tandis que la religion en sera le soutien.

. Esprit saint, Dieu des vertus, répandez vos dons sur notre bon roi. Nous vous implorons pour le petit-fils de saint Louis; daignez l'éclairer, le conduire; ses ennemis sont les vôtres.

Esprit consolateur, rendez la joie à nos cœurs flétris par l'amertume, le courage à nos âmes abattues par la tristesse; vous nous faites connoître que dix justes dans Sodome auroient apaisé la colère du Ciel. Ah! mon Dieu, jetez les yeux sur les vénérables pontifes, les prêtres de l'Église de France : leur fermeté, leur zèle,

---

[1] Feuillet de Conches, *Marie-Antoinette et Madame Élisabeth*, t. IV, 1866, pp. 483, 484.

leurs vertus attendriront votre cœur. Jetez les yeux sur les vierges victimes volontaires de la pénitence, qui lèvent vers vous des mains pures, et qui sollicitent le pardon d'un peuple criminel; enfin, sur tant de justes que la foi soutient, que l'espérance anime, que la charité enflamme. Grand Dieu! ce spectacle est digne de vos regards. Oui, Seigneur, en faveur des justes, vous ferez grâce aux coupables, et, tous ensemble, nous bénirons votre saint nom dans le temps et dans l'éternité [1].

ACTE DE RÉSIGNATION

Que m'arrivera-t-il aujourd'hui, ô mon Dieu! je l'ignore. Tout ce que je sais, c'est qu'il ne m'arrivera rien que vous n'ayez prévu de toute éternité. Cela me suffit, ô mon Dieu, pour être tranquille. J'adore vos desseins éternels : je m'y soumets de tout mon cœur; je veux tout, j'accepte tout, je vous fais un sacrifice de tout; j'unis ce sacrifice à celui de votre cher Fils, mon Sauveur, vous demandant, par son cœur sacré et par ses mérites infinis, la patience dans nos maux, et la

---

[1] Cette prière fut remise, en 1791, au chevalier d'Augard. Madame Élisabeth l'engagea à la réciter, comme elle le faisait elle-même chaque jour pour le salut du roi et de la France.

On a trouvé cette pièce précieuse dans les papiers du chevalier d'Augard, qui s'était fixé près de la famille de Mme la comtesse de Frédro pendant son séjour à Saint-Pétersbourg. C'est grâce à une obligeante communication de Mme la comtesse de Frédro que le père Daniel l'a imprimée, en 1858, dans le Recueil des Pères de la Compagnie de Jésus. (*Études de théologie, de philosophie et d'histoire* publiées par les PP. Ch. Daniel et Jean Gagarin, t. III, p. 448, note 1; Paris, 1858.)

parfaite soumission qui vous est due pour tout ce que vous voudrez et permettrez [1].

PENSÉES

Vraiment, nous serions de grands ingrats, si nous n'aimions pas Dieu par-dessus toutes choses. Et qu'importe que le monde nous aime ou nous haïsse ! pourvu que nous soyons bien avec Dieu, nous serons heureux, et c'est ce que nous devons espérer de lui seul.

Dieu a beau avoir l'air sévère, il est toujours plein de miséricorde pour ceux qui le servent fidèlement.

Lorsque vous êtes trop tourmentée, jetez un regard sur Jésus-Christ, et vous verrez qu'il a plus de sentiment et de prévenance pour vous que vous n'en pourriez attendre de tous les hommes; il est continuellement à la porte de votre cœur, il ne demande qu'à entrer; ouvrez-lui promptement, de peur qu'il ne s'en éloigne pour trop de temps [2].

Je n'ai point de goût pour le martyre [3]; mais je sens que je serois très-aise d'avoir la certitude de le souffrir plutôt que d'abandonner le moindre article de ma

---

[1] Fr. Hue, *Dernières Années du règne et de la vie de Louis XVI*, p. 355; Paris, Impr. Royale, 1816. Hue déclare qu'il a copié lui-même cette prière sur le manuscrit de Madame Élisabeth. Ce texte diffère assez sensiblement de celui qu'on trouve aujourd'hui dans plusieurs recueils de piété.

[2] Pensées extraites de la *Correspondance de Madame Élisabeth*, voir Dufresne de Beaucourt, *Études sur Madame Élisabeth*, p. 12 et suiv.; Paris, Aubry, 1864.

[3] Dans la correspondance imprimée, *les Martyres* : faute d'impression ou erreur de plume.

foi. J'espère que si j'y suis destinée, Dieu m'en donnera la force. (Lettre du 7 janvier 1791.)

J'envie ceux qui, calmes intérieurement et tranquilles à l'extérieur, peuvent à tous les instants ramener leurs âmes vers Dieu, lui parler et surtout l'écouter. (15 mai 1792.)

Heureux le cœur de celui qui peut sentir, dans les plus grandes agitations de ce monde, que Dieu est encore avec lui! Heureux les saints qui, percés de coups, n'en louent pas moins Dieu à chaque instant du jour. (22 juillet 1792 [1].)

---

[1] Feuillet de Conches, *Correspondance de Madame Élisabeth*, pp. 223, 406, 427.

MADAME ADÉLAIDE

Madame Adélaïde, fille de Louis XV et de Marie Leszczinska, montra de bonne heure un caractère impétueux et enthousiaste. Ardente et passionnée, elle concevait les résolutions les plus hardies et les plus inattendues. Qu'on en juge par ce trait. Il s'agit d'une de ces prouesses d'enfant, où se dessine à l'avance toute une physionomie :

Une nuit, « Madame Adélaïde, à peine âgée de onze ans, se
« lève secrètement : tout dort autour d'elle ; elle passe une robe
« et un jupon, et met quatorze louis dans sa poche ; puis elle
« sort de sa chambre, l'oreille aux aguets, et marchant sur la
« pointe du pied. Elle a traversé la galerie, et va franchir le
« seuil du château de Versailles, pour monter sur un cheval
« qui l'attend tout sellé au bas du perron ; mais une de ses
« femmes l'a entendue : elle court, arrête la fugitive, et bon
« gré mal gré la ramène dans sa chambre. »

On interroge la jeune princesse sur cette équipée nocturne, et voici ce qu'on apprend. L'enfant voulait se mettre à la tête des troupes de son père : elle prétendait battre les Anglais, alors en guerre avec la France, et amener aux pieds de *Papa Roi* le roi d'Angleterre prisonnier. Elle avait, d'ailleurs, imaginé un moyen expéditif de détruire cette nation : « Je manderai
« aux principaux d'entre eux, disait-elle, de venir coucher avec
« moi ; ils en seront sûrement fort honorés, et je les tuerai
« tous successivement [1]. »

Madame Adélaïde devait garder toute sa vie plus d'un trait

---

[1] M. Honoré Bonhomme dans la *Revue contemporaine* du 30 septembre 1869, pp. 217, 218. — D'après les Mémoires du duc de Luynes.
Pour toute cette notice voyez le remarquable travail de M. Honoré Bonhomme, publié dans la *Revue contemporaine* des 30 septembre et 15 octobre 1869.

de ressemblance avec cette enfant de onze ans si résolue et si follement audacieuse. Entre les filles de Louis XV elle se distingua de bonne heure par ses préoccupations politiques et ses instincts de domination. Elle devint, comme on l'a dit, l'homme d'État de la famille et mérita le surnom de *Monsieur*. Son histoire présente un bizarre [1] mélange de malice et de bonté, d'aveuglement et de pénétration d'esprit. Un dernier contraste achève de peindre cette physionomie : Madame Adélaïde, animée de pieux sentiments, toute dévouée à l'Église, se signale par des témérités inouïes de langage et peut-être de conduite. Qu'on lise sur ce sujet délicat les Mémoires du marquis d'Argenson [2], et surtout une lettre publiée par M. Honoré Bonhomme.

Madame Adélaïde sut rapidement conquérir une grande influence sur l'esprit du roi son père : plus tard, elle aspira à diriger la maison du Dauphin, père de Louis XVI; plus tard encore, celle de Louis XVI lui-même. Elle ne resta étrangère à aucun des intérêts qui se débattirent autour d'elle; et si « dans toutes ces questions, dans tous ces démêlés petits et grands, elle apporta ses préventions, sa véhémence, ses colères », nous devons croire aussi qu'elle donna plus d'une preuve d'intelligence et de perspicacité. Ce n'était point une femme vulgaire celle qui avant 1789 traçait du gouvernement de Louis XVI, dans une lettre à ce monarque, le portrait suivant :

« Si vous cédez aujourd'hui (aux parlements), demain ils
« vous commanderont. Je crains vos conseils; ils ne sont pas
« assez fermes dans leurs résolutions. Vous n'avez pas un
« Meaupou pour chancelier; vous êtes incapable de porter de
« grands coups : votre cœur s'y oppose. Je tremble pour l'ave-
« nir... »

[1] « Il n'est pas sans intérêt de signaler dans la vie de Madame Adélaïde, où « tant de choses furent étranges, deux faits également singuliers et qui s'har- « monisent assez avec le fond même du sujet. Nous voulons parler de deux de- « mandes en mariage qui lui furent adressées, l'une par un chanoine de Lu- « zarches, près de Chantilly, lequel fut reconnu pour fou; la seconde par un « ancien marchand de dentelles retiré du commerce et dont la raison n'était pas plus solide. » (Honoré Bonhomme, ibid., p. 349.)

[2] Éd. Rathery, t. VII, p. 143.

La révolution se chargea de justifier ces terreurs naissantes ; quelques années plus tard, Madame Adélaïde et sa sœur Madame Victoire quittaient la France en fugitives. Elles n'eussent point réussi à passer la frontière sans un décret de l'assemblée constituante qui leur assura la liberté de l'exil.

Madame Victoire mourut à Trieste le 8 juin 1799, et Madame Adélaïde ne tarda pas à la suivre dans la tombe. Elle mourut le 18 février 1800 : elle était née le 33 mars 1732.

Les deux sœurs furent inhumées dans la cathédrale de Trieste, d'où Louis XVIII fit retirer leurs restes en 1817. Depuis cette époque, elles reposent à Saint-Denis dans le même tombeau.

Madame Adélaïde a écrit de sa propre main les notes suivantes sur le Dauphin son frère, père de Louis XVI.

PORTRAIT DU DAUPHIN, PÈRE DE LOUIS XVI

Je me souviens que dans mon enfance mon frère et ma sœur [1] avoient souvent des conversations ensemble ; ils se retiroient dans un coin de la chambre, et n'avoient pas de plus grand plaisir que de parler de Dieu. Souvent elle lui demandoit conseil sur la manière de se bien conduire : c'étoit lui qui en quelque façon étoit son directeur ; il lui apprenoit les principes de la religion qu'elle pouvoit ignorer. Moi-même je m'adressois à lui lorsque j'avois quelques doutes.

Il me reprenoit quand je disois ou faisois mal. Un jour je voulus devant lui faire quelque plaisanterie où

---

[1] Il s'agit probablement de Madame Henriette.

il n'y avoit de mal que la simple apparence; il me reprit sévèrement, et me dit que si je continuois à tenir de semblables discours il renonceroit à me voir, et me fit un sermon qui me fit une telle impression que, quoique je n'eusse dans ce temps-là que huit ou neuf ans, je ne l'oublierai de ma vie.

Je ne lui ai jamais connu aucun goût pour les divertissements du monde. Il n'alloit au bal que parce qu'il falloit y aller et qu'on l'y menoit; il étoit toujours le premier à demander d'en sortir, le temps qu'il y passoit souvent étoit employé à parler de Dieu, lorsque nous nous trouvions à ses côtés. Son cœur et son esprit en étoient toujours occupés. Il a toujours aimé l'étude, pour se mettre au fait des principes du gouvernement, il aimoit la lecture, lisoit beaucoup des livres sçavants et souvent abstraits, et travailloit dessus. Pendant toute sa jeunesse avant son premier mariage, ses moments de récréation il les passoit, au lieu de jouer et de s'amuser comme les autres enfants, dans un coin de son cabinet avec un livre d'histoire ou de quelque science, et il lisoit le temps qu'un autre auroit employé à jouer; ou bien il prioit Dieu. Ses études, qui duroient quatre[1] heures par jour, étoient le moment qu'il aimoit le mieux: jamais il n'étoit pressé d'en sortir.

Dès sa plus tendre enfance, il a eu le plus grand respect pour la religion. S'il entendoit dire la moindre chose ou faire la moindre plaisanterie contre la religion, il se révoltoit, et lorsqu'il ne pouvoit pas l'arrêter ou la reprendre, on voyoit qu'il en souffroit intérieurement.

---

1 Dans la copie dont je me sers, ce chiffre 4 n'est pas parfaitement lisible.

Il a toujours aimé les gens de bien dès qu'il a eu connoissance, et en aversion ceux qui ne méritoient pas son estime, et ceux même qu'on appelle dans le monde honnêtes gens et qui n'ont point de vrais principes de religion. Il s'amusoit quelquefois des gens d'esprit. Mais il avoit très-bien, quelque jeune qu'il eût été, sçu discerner le bon d'avec le mauvais.

Si quelquefois il étoit trompé par les apparences, il ne se laissoit pas longtemps dans l'illusion et en revenoit promptement. Il n'a jamais donné sa confiance qu'aux gens de mérite, et il a toujours eu pour principe qu'on ne devoit aimer que ceux qu'on estimoit. Il étoit attaché au delà de tout ce qu'on peut dire aux personnes qu'il aimoit. Je lui ai entendu dire souvent qu'il aimeroit mieux mourir que d'être cause, quoique innocemment, du moindre tort qu'on pourroit leur faire. Un jour on voulut lui persuader de parler, et moi toute la première, sur quelque chose qu'on devoit faire afin qu'il tâchât que cela ne fut pas, en lui faisant envisager pour lui-même le tort que cette affaire lui feroit; il répondit : « Je sens que vous pouvez peut-être avoir raison; mais cela pourroit faire tort à un tel que j'aime, lui causer des tracasseries; j'aime mieux tout risquer pour moi, puisque le bien de l'État n'en dépend pas. » Il craignoit même de faire du mal aux personnes de qui il avoit le plus sujet de se plaindre : une fois, je lui parlois d'une personne, et le pressois vivement pour lui persuader qu'il devoit faire connoître ce qu'elle étoit, et sa façon de penser, il me répondit presque en colère : « Donnez-moi les preuves de ce que vous me dites, et comme quoi cette personne peut nuire au bien de l'État et de la religion, ce qu'elle a fait contre ; car si je ne les ai en main, jamais je ne me résoudrai de perdre quelqu'un qui peut-être ne le mérite pas, je me repentirois éternellement d'avoir parlé sur des bruits publics. »

Il a toujours été si avancé et si fort au-dessus de son âge que pendant l'extrémité du roi, à Metz, il sentoit, quoique fort jeune (car à peine avoit-il treize ans), la perte que feroit le royaume de tomber dans les mains d'un enfant. Il plaignoit le peuple et dit à quelques personnes : « Je plains bien le malheureux peuple. » Il ne sentit point de joye d'être au moment de devenir maître; il en étoit, au contraire, véritablement affligé, et ne pensoit qu'à se livrer à la douleur de la perte qu'il étoit au moment de faire, et à déplorer le malheur de la France.

Il avoit une amitié tendre pour ses enfants, veilloit à leur éducation comme s'il en avoit été chargé seul. Il n'étoit occupé que de leur inspirer les grands sentiments de religion dont son cœur étoit plein, et de la leur faire pratiquer. Il vouloit qu'ils fussent appliqués à l'étude, et que l'aîné surtout ne négligeât rien pour apprendre et se mettre en état de remplir l'état auquel il étoit appellé. Il poussoit ce soin jusqu'à la sévérité ; car un jour il mit le duc de Berry en pénitence, il l'empêcha d'aller à la chasse, parce qu'il avoit mal étudié. Je fus chargée de demander sa grâce par les personnes de son éducation; mais il fut inflexible et me répondit : « A tout autre je ferois grâce et je pourrois vous accorder ce que vous me demandez; mais mon fils se trouve dans une place où il faut bien prendre garde qu'il ne s'accoutume à la négligence; si je lui passe une mauvaise leçon, les autres seront encore plus mauvaises dans l'espérance de l'impunité; il est trop important qu'il apprenne et qu'il apprenne bien. Je veux qu'il se mette en état de remplir le rang qu'il tiendra un jour, il faut qu'il s'y forme de bonne heure, sans cela il ne fera jamais rien. Je ne puis donc vous accorder sa grâce, le sujet est trop important pour y rien négliger. » Il étoit aussi ferme pour les affaires qu'il regardoit comme importantes, que doux et complaisant pour celles qui ne regardoient que sa satisfaction.

Il a toujours eu un bon cœur, et lorsque, dans notre enfance, il nous arrivoit de nous battre en jouant comme les enfants font, et qu'il nous avoit donné quelque coup ou par mégarde ou par quelques mouvements d'impatience, il étoit au désespoir, et tâchoit de le réparer en redoublant de bons procédés et de marques d'attention et d'amitié[1].

---

[1] D'après une copie que je dois à l'obligeance de M. de Boislisle. L'original est conservé dans les archives de la maison de Nicolaï.

LA VÉNÉRABLE

MARIE-CLOTILDE DE FRANCE

Marie-Clotilde-Adélaïde-Xavière de France naquit à Versailles, le 23 décembre 1759, du dauphin Louis, fils de Louis XV, et de Marie-Josèphe de Saxe. Elle épousa en 1775 Charles-Emmanuel de Sardaigne, qui devait régner plus tard sous le nom de Charles-Emmanuel IV.

La jeune princesse avait déjà contracté à la cour de France des habitudes de piété et de charité qu'elle ne quitta pas un instant; elle fuyait tous les plaisirs mondains, et ne portait qu'avec la plus grande répugnance les parures princières. En 1794, après la mort tragique de son frère Louis XVI et de Madame Élisabeth, qu'elle aimait tous deux tendrement, Marie-Clotilde obtint de suivre son goût, et adopta pour le reste de sa sa vie un costume de la plus grande simplicité.

Charles-Emmanuel succéda à Victor-Amédée III, son père, le 16 octobre 1796; mais dès l'année 1798, le Directoire lui déclara la guerre, et il fut bientôt forcé de quitter sa capitale et ses États.

Il perdit sa femme à Naples le 7 mars 1802. Le procès de béatification de cette vertueuse princesse a été introduit en cour de Rome le 10 avril 1808.

En juillet 1802, Charles-Emmanuel, accablé d'infirmités et abreuvé d'infortunes, abdiqua en faveur de son frère le duc d'Aoste, qui régna sous le nom de Victor-Emmanuel V. L'ex-roi de Sardaigne finit ses jours à Rome dans la retraite et la prière, ne s'occupant que d'œuvres de piété et de bienfaisance.

On raconte que, ne pouvant plus faire d'aumônes, il se plaça plus d'une fois à la porte des églises pour y solliciter en faveur des pauvres la charité des fidèles. Sa détresse était telle, qu'en 1812 il vendit à un juif les galons qui avaient servi d'ornements à son trône.

Le 18 septembre 1814, Pie VII, sur la demande de Charles-Emmanuel, étendit à toute la chrétienté la fête de la Compassion de la Vierge, qui se célèbre le troisième dimanche de septembre [1] : déjà Pie VI, à la requête du même prince et de la reine Marie-Clotilde, avait établi cette fête en Piémont [2].

Dans les derniers temps de sa vie, Charles-Emmanuel prit un appartement au noviciat des Jésuites du Quirinal; c'est dans ce couvent qu'il est décédé le 6 octobre 1819, après avoir prononcé sur son lit de mort les vœux de religieux de la Compagnie de Jésus [3]. Il a été inhumé en habit de religieux, sans être embaumé, suivant ses dernières volontés.

Charles-Emmanuel n'avait pas eu d'enfants de son mariage avec la vénérable Marie-Clotilde [4].

LA PENSÉE DE DIEU EN TOUT

(Extrait d'une lettre adressée à une religieuse.)

Ah Dieu! quelle vie est la mienne! Cela m'afflige quelquefois si vivement que je voudrais pleurer sans

---

[1] *Decreta authentica congregationis sacrorum rituum... cura et studio* Aloisii Gardelini *collecta*. Ed. tertia, Romæ, 1857, vol. III, p. 62, n° 4513.

[2] Bottiglia, *Vita della venerabile serva di Dio Maria-Clotilde*. Romæ, 1816, p. 59. — *Bull. Rom. contin.*, t. X, Pii VI, Romæ, 1845, pp. 42, 43.

[3] Renseignement qui m'a été fourni par le R. P. Cahier, de la Compagnie de Jésus. Le fait lui a été attesté par un père italien qui avait vu la formule des vœux signée par l'ex-roi.

[4] Pour l'ensemble de cette notice, V. *Biographie universelle, ancienne et moderne*, t. VII, Thoisnier, 1844.

On conserve au cabinet des estampes un dessin exécuté par la vénérable Marie-Clotilde. Ce dessin fut donné par Marie-Clotilde elle-même, en souvenir d'une visite qu'elle fit au cabinet des estampes, le 12 octobre 1773.

cesse, en voyant toutes les grâces que dans son infinie et très-gratuite miséricorde le Seigneur m'a accordées, et le mauvais usage que j'en fais, en voyant ma négligence les jeter, pour ainsi dire, loin de moi et les rendre comme inutiles pour moi. Demandez donc à Dieu que je change totalement et que je devienne, comme je le désire, une bonne fois toute au bon Dieu. Je ne veux pas dire passer tout mon temps à le prier; cela ne serait ni compatible avec mon état, ni conforme à sa très-sainte volonté; mais agir toujours en vue de Dieu et ne penser à autre chose qu'à lui plaire.

AUTRE LETTRE

Votre plus grande sollicitude a pour objet le bien de mon âme, et je vous en suis très-obligée; car c'est là

O Dio! che vita è la mia! Questo alle volte mi affligge tanto, che piangerei sempre, perchè vedo bene tutte le grazie che il Signore mi comparte nella sua infinita e gratuitissima misericordia, ed io ne faccio tanto cattivo uso che, per così dire, le getto via per la mia negligenza, e me le rendo come inutili. Dunque pregate che io cangi affatto, e divenga una volta tutta del nostro buon Dio, come io lo voglio. Non intendo dire di non fare altro che pregarlo : questo sarebbe uscire dal mio stato, e dalla sua santissima volontà; ma di fare tutte tutte le mie azioni per lui, et non pensare più ad altro che di piacerli.

Il vostro maggiore impegno è per il bene dell'anima mia, e di questo ancora vi sono tanto obligata, questo essendo l'unico,

l'affaire unique, l'affaire la plus essentielle. Qu'est-ce que tout le reste en comparaison?... Exhortez-moi toujours au renoncement entier à moi-même, surtout à cette sainte pratique (que je n'ai presque jamais assez observée) d'élever sans délai en toute occasion mes regards et mes pensées vers le Seigneur, soit pour lui demander ses lumières, soit pour me soumettre avec résignation, soit pour préférer les choses divines à toutes les affaires du monde. En un mot, demandez pour moi ce dont j'ai actuellement besoin, je veux dire cette union continuelle avec Dieu que possèdent toutes les personnes qui veulent devenir bonnes, et qui certainement n'ont pas reçu toutes les grâces et tous les secours dont le Seigneur a comblé son indigne servante.

---

e più essenziale oggetto. E di fatti cosa è tutto il resto in paragone?..... Predicatemi sempre su quella rinunzia perfetta di mi stessa, e massimamente su quella santa pratica (ma pur troppo quasi mai praticata da me) di rivolgere subito in qualunque occasione gli sguardi, e pensieri al Signore o per chiamare lumi, o per rassegnarsi, o per preferire le cose sue a quelle di questo mondo; in somma secondo li presenti bisogni, voglio dire quell'unione continua con Dio che hanno tutte le persone che vogliono farsi buone, e che certamente non hanno ricevuto tutte le grazie ed ajuti dei quali il Signore ha ricolmato questa sua indegna serva [1].

---

[1] *Memorie per servire a la vita della serva di Dio Maria Clotilde di Francia*, Torino, 1804, pp. 55, 56. — Traduction en partie empruntée à M. Paroletti, *Éloge historique de Marie-Clotilde*, Paris, 1814, in-8º, pp. 119, 120, 121.

AUTRE LETTRE

Je n'ai d'autres soutiens que de penser que j'accomplis la volonté de Dieu ; et comme les biens de la terre et le règne de ce monde m'importent peu et que mon cœur ne veut et ne soupire qu'après le règne de la vie éternelle, il m'est cher et précieux de savoir par vos paroles que je vous suis présente dans vos prières... Ma chère sœur, priez le Seigneur qu'il veuille diriger avec sa grâce toutes mes pensées et toutes mes volontés [1].

---

[1] Citation de M. Paroletti, p. 119. Je suppose que cette lettre a été écrite en italien ; mais je n'ai pas retrouvé le texte italien.

LOUISE – MARIE – THÉRÈSE D'ORLÉANS

DUCHESSE DE BOURBON-CONDÉ

Louise-Marie-Thérèse-Bathilde d'Orléans, née le 9 juillet 1750, était fille de Louis-Philippe, duc d'Orléans (mort en 1785), et de Louise-Henriette de Bourbon-Conti.

Elle épousa en 1770 le duc de Bourbon-Condé, dont elle eut Louis-Antoine-Henri, duc d'Enghien, fusillé à Vincennes en 1804.

Enfermée dans le fort Saint-Jean, à Marseille au mois de mai 1793, la duchesse de Bourbon fut rendue à la liberté le 29 avril 1795. Elle se retira à Soria, près de Barcelone, dans une maison de campagne qu'elle transforma en hôpital ; elle y recevait et y soignait, écrit un contemporain, jusqu'à deux cents malades par jour.

La duchesse de Bourbon avait été vivement impressionnée par le grand mouvement d'idées de 1789 : elle essaya de discerner, sans y réussir toujours parfaitement, ce qu'il y avait de vrai et de juste dans les aspirations généreuses de cette époque. Les ouvrages qu'elle fit imprimer à Barcelone en 1812 et en 1813, portent des traces nombreuses de ces préoccupations; ils nous révèlent une âme pieuse et même mystique, un esprit singulièrement profond et réfléchi, mais impatient du joug, même en matière de dogme [1].

La duchesse de Bourbon sollicita de Napoléon, à plusieurs reprises, mais toujours vainement, la permission de rentrer en France. Elle n'y revint qu'en 1814, et y continua ses œuvres de

---

[1] Voyez *suite de la Correspondance entre Mme de B. et M. de R.*, t. II, 1812, pp. 87 et suiv. Sur la question de savoir si l'un des ouvrages de Mme la duchesse de Bourbon a été mis à l'*index*, voyez Quérard, *La France littéraire*, t. XI, pp. 52, 53 ; Paris, 1854-57.

dévouement et de charité : son hôtel devint un véritable hôpital, qu'elle appela *hospice d'Enghien*. Elle y recevait les pauvres malades, et y pansait elle-même leurs plaies. Frappée d'apoplexie le 10 janvier 1822, dans l'église de Sainte-Geneviève, pendant une cérémonie religieuse, elle reçut l'absolution d'un missionnaire et fut transportée à l'École de droit, où elle rendit le dernier soupir [1].

SUR L'HABITUDE DE DONNER SON CŒUR A DIEU AVANT DE S'ENDORMIR

Il est de la plus grande importance, ce me semble, de remettre son âme entre les mains de Dieu par notre foi et notre volonté, avant que de s'endormir; car que devient cette partie spirituelle de nous-mêmes durant l'affaissement ou, pour ainsi dire, la non-existence de notre corps? C'est un mystère impénétrable aux philosophes mêmes qui ont bien raisonné là-dessus sans pouvoir s'arrêter à rien de certain.

Il est clair, par les rêves que fait l'homme, que l'âme pense et peut-être agit, tandis que son corps reste dans l'inaction. Je suppose donc que, dégagée en quelque façon de ses liens terrestres, elle erre dans les régions de l'esprit, et peut recevoir des influences bonnes ou mauvaises, selon sa disposition, qu'elle rapporte ensuite dans le corps au moment de son réveil. Il est dit dans l'Écriture : *Je t'instruirai durant ton sommeil*. Je suis

---

[1] Biographie Didot, au mot *Bourbon*.

d'autant plus frappée de ces paroles, qu'il ne me paroît pas difficile de croire que l'âme suit alors sa pensée naturelle, et telle que l'eau qui cherche son niveau, elle vole où se trouve son attrait, soit avec les esprits impurs si elle est encore bien charnelle et enveloppée dans la matière, soit avec les esprits purs si elle est dégagée des liens de la nature corrompue et des charmes du monde...

L'âme pure qui reposeroit dans le sein de son Dieu, pourroit bien durant le sommeil puiser en lui des forces et des lumières qui lui seroient cachées à son réveil, mais qu'elle retrouveroit au besoin dans le cours de sa vie... Rien n'est plus probable que nous pouvons, par notre foi et notre volonté, rendre le temps du sommeil même utile à notre salut et à notre perfection.

Mais pour cela nous devons avoir le soin de nous endormir toujours dans quelques bonnes pensées, et prier notre Sauveur de prendre soin de notre âme, afin que nous ne l'offensions point durant notre sommeil. Alors Dieu, toujours plein de miséricorde envers l'âme de bonne volonté, la reçoit en lui, la garde, l'instruit, la dégage peu à peu de ses liens de chair et de sang, la pénètre de sa lumière et de sa puissance, puis lui enlève ensuite le souvenir, afin que, rejointe à son corps, elle n'en conserve que les heureux effets, sans en concevoir d'orgueil, ni de dégoût pour la vie temporelle...

Si ces pensées ne sont pas d'accord avec votre vérité, ô mon Dieu! du moins ne sauroient-elles nuire à vos enfants; car tout ce qui les rapproche de vous, soit par leurs désirs ou leurs pensées, ne peut que vous plaire et les rendre moins indignes de paroître devant vous à l'heure de la mort. Daignez donc, ô vous, maître de ma vie, pardonner mes erreurs si j'en étois coupable et si j'en commettois souvent par un excès d'amour et de foi : daignez faire briller à mes yeux un rayon de votre pure lumière qui puisse rectifier l'erreur involontaire dans laquelle je serois tombée [1].

LA SCIENCE, L'IGNORANCE ET L'HUMILITÉ

Il y a deux sortes de manières de savoir les choses ; car l'on peut être savant sans science, et l'on peut être ignorant sans ignorance ; c'est-à-dire, un homme sans esprit peut avoir un magasin dans la tête de ce qu'il a appris et n'en être pas plus capable d'enfanter une idée par lui-même, ni de profiter de celles qu'il a retenues [2] pour les agrandir. Un autre qui aura beaucoup de génie découvrira des choses qu'il n'aura jamais apprises, et pénètrera plus de secrets dans son ignorance que le savant de mémoire et méthodique n'en découvrira dans toute sa vie. Le premier apprend par les oreilles, retient par la mémoire, débite ce qu'il a appris par habitude, devient professeur de ce qu'il croit savoir, et se croit capable de juger de la science des autres...

L'ignorant, au contraire, sans ignorance n'a jamais rien appris par méthode ; mais son esprit actif examine

---

[1] *Suite de la Correspondance entre* M*me* *de B. et M. R., et divers petits contes moraux de* M*me* *de B.*, t. II, pp. 155 et suiv.; 1812, Barcelone.
[2] Dans l'imprimé : *de ce qu'il a retenu.*

tout, profite de tout, réfléchit sur tout, fait des provisions de tout, qui le mettent à portée de tout entendre, de tout comparer et de tout comprendre. Il fait des questions, il expose ses doutes, ses idées; une chose lui en fait comprendre une autre; il ne ne sait rien par règle ni par principe; mais il tire des conséquences plus justes et plus profondes que le savant méthodique qui ne va pas plus loin que ce qu'on lui a montré...

Concluons de tout cela que nous ne saurions nous juger les uns les autres, et que l'humilité, dans le savant comme dans l'ignorant, est la principale vertu pour nous rendre dignes de tout comprendre en possédant Celui qui possède toute chose, et qui aveugle ou éclaire qui bon lui semble [1].

PRIÈRE POUR LES SOUVERAINS ET POUR LES MINISTRES DE L'ÉGLISE

O mon Dieu! le zèle de votre maison me dévore. Étanchez, s'il vous plaît, cette soif ardente que j'ai de voir tous les hommes se ranger sous l'étendard de votre croix, et tous les gouvernements tenir la balance d'une exacte justice, afin que vous soyez loué et glorifié sur la terre comme vous l'êtes dans le ciel.

Changez, mon Dieu, cette insouciance presque générale qui existe dans le cœur des hommes sur l'objet essentiel de leur salut. Montrez aux souverains combien

---

[1] *Suite de la Correspondance entre* Mme *de B. et M. R., et divers petits contes moraux de* Mme *de B.*, t. II, p. 163-165.

le luxe qui les environne, les plaisirs dangereux qu'ils autorisent, les monuments inutiles et fastueux qu'ils élèvent, les guerres meurtrières qu'ils entreprennent, sont toutes choses funestes et onéreuses à leurs peuples. Faites-leur sentir quel compte il leur en faudra rendre un jour.

Donnez-leur le désir, l'intelligence et le courage d'exécuter votre volonté, Seigneur, seule et unique règle de tout ce qui est juste et bon. Faites qu'ils s'occupent des dettes de l'État; qu'ils les payent au lieu de les augmenter par des dépenses inutiles de plaisir ou d'orgueil. Inspirez-leur de vouloir avec suite et efficacité le soulagement des pauvres, des infirmes et des orphelins; qu'ils descendent dans les détails de tous les besoins de leurs peuples. Faites, grand Dieu, que ces souverains de la terre se montrent enfin plus grands par leurs vertus que par leur faste. Gravez votre saint Évangile dans leur cœur, afin qu'en le pratiquant eux-mêmes, ils le fassent aimer à leurs sujets; qu'ils comprennent parfaitement que le culte de la religion, ainsi que ses plus magnifiques cérémonies, ne sont rien sans la pratique fidèle et exacte de la morale évangélique.

Faites, ô mon divin Sauveur, que ces rois de la terre vous consultent dans toutes leurs entreprises; qu'ils se persuadent fortement que la plus sage et la plus fine politique réside dans la droiture, la justice et la pratique de toutes les vertus que vous commandez; que ce sont elles seules qui peuvent affermir les trônes et rendre les peuples soumis et dociles dans l'intérieur des États, comme elle les font craindre et respecter au dehors.

Ah! Dieu de mon cœur, donnez aussi à votre Église

des ministres qui ne se croient dignes de vous servir qu'autant qu'ils renonceront à tous ces honneurs, ces grandeurs, ces richesses et ces plaisirs de la terre. Faites, Seigneur, qu'ils ne s'occupent que de l'unique nécessaire, qui est de chercher le royaume des cieux au dedans d'eux, afin qu'ils puissent ensuite en enseigner la voie aux autres. Ne nous laissez pas, ô mon Père, comme des brebis sans pasteur. Qu'enfin votre règne nous arrive, et que vous seul dominiez toute la terre, et vivifiiez toutes les âmes afin qu'elle ne respirent plus qu'en vous, que par vous, et que pour vous. Ainsi soit-il [1].

---

[1] *Suite de la Correspondance entre Mme de B. et M. R., et divers petits contes moraux de Mme de B.*, t. II, p. 281 et suiv.

MÈRE MARIE-JOSÈPHE DE LA MISÉRICORDE

(LOUISE-ADÉLAÏDE DE BOURBON-CONDÉ)

Louise-Adélaïde, fille de Louis-Joseph de Bourbon-Condé et de Charlotte de Rohan-Soubise, naquit le 5 octobre 1757 et mourut religieuse bénédictine de l'Adoration perpétuelle, en 1824.

Un touchant épisode avait failli dans sa jeunesse la rattacher au siècle qu'elle devait quitter; mais ce moment d'hésitation fut de courte durée : la vocation religieuse l'emporta bien vite.

Lorsque la Révolution éclata, Louise-Adélaïde était depuis plusieurs années abbesse du chapitre des chanoinesses séculières de Remiremont, en Lorraine. Cette place éminente n'imposait pas à *Mademoiselle Louise* l'obligation de quitter la cour : elle y passait une partie de l'année dans une grande intimité avec la sœur de Louis XVI, Madame Élisabeth, de sainte mémoire. Mlle Louise émigra et prit le voile à l'étranger en 1797. Elle prononça ses vœux à Varsovie, chez les Bénédictines de l'Adoration perpétuelle (ordre fondé en France au XVIIe siècle par Catherine de Bar)[1].

Rentrée en France avec sa famille en 1815, Mlle Louise, qui s'appelait en religion Mère Marie-Josèphe de la Miséricorde, établit son institut de l'Adoration perpétuelle près de l'emplacement de la trop célèbre tour du Temple. Elle est morte dans cette communauté (aujourd'hui transférée rue de Monsieur, 20).

---

[1] Il existe aujourd'hui onze maisons de cet ordre en France, une à Trèves, une à Osnabruck et une à Varsovie.

LES TROIS ÉTATS DE LA VIE FUTURE

La plus horrible peine des âmes, en enfer, c'est *de ne vouloir pas aimer*... On y hait l'amour. Quelle force ont ces deux mots rapprochés!...

Le plus grand tourment des âmes du purgatoire, c'est *de ne pouvoir aimer* dans la mesure des plus ardents désirs!... On veut, on a besoin du dernier degré de l'amour : et on ne peut l'atteindre. Quelle privation!...

Le parfait bonheur des âmes en paradis, c'est *de pouvoir aimer* dans toute l'étendue *de la plus ardente volonté*... On aime, on adore l'amour... On le possède sans crainte de ne jamais le perdre... O torrent de délices!...

Durant la vie on participe plus ou moins aux deux premiers états. Il existe malheureusement beaucoup de personnes qui ne veulent ni connaître, ni servir Dieu, ni l'aimer...! Il en est d'autres, au contraire, qui par sa grâce s'approchent de lui, et entrevoient, pour ainsi dire, la mesure d'amour qui lui est dû...; mesure qui n'est autre que de n'en point avoir. Mais la faiblesse et l'inconstance de la nature, jointes à l'empire des passions, leur livrent de rudes et pénibles combats. Prions Dieu qu'il daigne nous préserver du premier état, nous aider dans le second, et nous donner l'espérance, et un jour la pleine jouissance du troisième, que nous ne pourrons jamais devoir qu'à son infinie miséricorde et à l'effusion du sang précieux de Jésus tout amour. *Amen!* [1]

---

[1] *Vie et Œuvres de Louise-Adélaïde de Bourbon-Condé*, t. I, pp. 300, 301; Paris, chez Dufour, 1843.

PRIÈRES POUR UN FRÈRE ÉGARÉ

(Seigneur), vous n'êtes pas seulement miséricordieux ; mais vous êtes la miséricorde même... Pénétrée de cette vérité, j'ose donc mettre sous vos yeux cet objet si cher, ce *frère* assez infortuné pour ne pas vous aimer autant qu'il le doit..., parce qu'il ne vous connaît pas. Quel aveu, mon Dieu ! qu'il est déchirant pour moi ! Faites-vous, ah ! faites-vous connaître à lui, et il vous aimera. . . . .

O mon divin Sauveur, votre sang n'a-t-il pas coulé pour lui comme pour moi ? Pourquoi me choisiriez-vous donc pour m'accabler, si l'on peut s'exprimer ainsi, sous le poids de vos faveurs, dont je me suis toujours rendue si indigne ? L'excès même du bonheur dont elles me font jouir quelquefois me rend encore plus sensible à l'excès du malheur de mon infortuné frère... Mon Père, mon Père, n'auriez-vous qu'une bénédiction ?... O vous qui avez daigné me regarder, regardez-le aussi ; vous qui m'avez retirée de l'abîme, daignez l'en retirer aussi... ; décidée, si c'est dans l'ordre immuable de votre sainte volonté, à le quitter, à me séparer de lui, à affliger son cœur, enfin, pour m'attacher, me lier à vous seul, ô mon Dieu[1] ! . . . .

Mon Dieu,... vous lui avez donné un cœur, une âme digne de vous aimer ; pardonnez-lui, pardonnez-lui ses égarements... Si dans ce moment il avait le malheur de vous offenser, arrêtez-le dans ses désordres,

---

[1] *Vie et Œuvres de Louise-Adélaïde de Bourbon-Condé*, t. 1, p. 383-385.

ne permettez pas qu'il s'y livre plus longtemps, et retirez-le de l'abîme où sa faiblesse et peut-être de mauvais exemples l'ont conduit. N'épuisez pas sur moi... tous les trésors de votre miséricorde et de vos bénédictions. Daignez en verser sur ce frère chéri que vous m'avez donné dans votre bonté. Hélas! que fait-il maintenant? Mon Dieu, ayez pitié de lui [1].

UNION EN DIEU DANS L'AFFLICTION

Les accidents de la vie nous séparent des personnes les plus chères; mais consolons-nous, Dieu est comme un miroir où les âmes se voient entre elles; plus on s'unit à lui par l'amour, plus on est près de ceux qui sont à lui. Jésus-Christ embrasse tous les lieux et réunit tous ses membres. On n'a qu'à se prosterner à ses pieds pour les trouver. On peut les cacher aux yeux de notre corps, mais non à ceux de notre âme et de notre foi. La mort, qui rompt les liaisons humaines, fortifie celles des enfants de Dieu. Si le temps les sépare, l'éternité les réunira. *Amen* [2].

REFUGE D'UNE AME DÉSOLÉE

O vous qui êtes meilleur que le meilleur des pères! Plus tendre que la plus tendre des mères, je viens en toute confiance au pied de la Croix où vous êtes attaché pour mon amour, vous demander protection et secours.

---

[1] *Vie et Œuvres de Louise-Adélaïde de Bourbon-Condé*, t. II, p. 67.
[2] Ibid., t. III, p. 157.

Je sais, Seigneur, que vous aimez les simples, et que les petits enfants même ont accès auprès de vous. Je fais nombre avec eux dans ce moment, et avec toute leur ingénuité, ô mon Sauveur, je me présente à vos yeux telle que je suis... Voyez ma situation... voyez ce que j'éprouve... (telle, telle, telle chose), voyez aussi mes ingratitudes pénibles, ma douleur, ma désolation... Regardez couler mes larmes par torrents, dont je baigne vos pieds sacrés. Écoutez mes cris et mes gémissements. Qu'ils retentissent dans votre cœur adorable... O Jésus, daignez considérer en même temps les désirs de soulagement dont je ne puis me défendre, et que je viens vous soumettre, comme tous les autres sentiments. Jugez l'ensemble de mes motifs, non avec rigueur.., mais avec cette indulgence et cette tendre commisération qui, durant cette vie mortelle, ont opéré tant de prodiges de bonté... Je n'ignore pas, Seigneur, que les enfants, le plus souvent, ne savent ce qu'ils craignent, ni ce qu'ils demandent, et qu'en cela je puis leur être semblable. Mais la connaissance qu'ils donnent de leurs sentiments est-elle repoussée? Leur confiance est-elle rebutée par des parents aussi sages que sensibles? O mon Père, j'en ai donc l'assurance que vos bras et votre cœur me sont ouverts. C'est ainsi que je les vois sur cette Croix, à l'ombre de laquelle je viens me réfugier, en y recueillant les gouttes de votre sang précieux et surtout celles, ô mon divin Sauveur, qui coulent de votre cœur adorable. Je m'écrie donc avec confiance et simplicité, mais aussi avec soumission : « O mon Dieu, venez à mon aide, hâtez-vous de me secourir [1]. »

---

[1] *Vie et Œuvres de Louise-Adélaïde de Bourbon-Condé*, t. III, pp. 96, 97.

PRIÈRE A JÉSUS-CHRIST DANS LE TRÈS-SAINT SACREMENT
AU MOMENT DE COMMENCER UNE RETRAITE

O Jésus-Christ, solitaire et caché dans l'hostie sainte, vous adorant autant qu'il m'est possible en esprit et en vérité, je vous offre tous les exercices intérieurs et extérieurs de cette retraite, et je vous supplie de les recevoir, comme l'hommage d'un cœur qui fait sa gloire et son bonheur de vous être consacré d'une manière particulière ; daignez y répandre vos saintes bénédictions, et m'accorder la grâce que je sollicite avec ardeur, qui est de m'unir à vous, à vos sacrées intentions connues et inconnues, à vos vues, à vos sentiments, et surtout à votre ardente charité. O mon Sauveur, ô mon Sauveur ! conduisez-moi vous-même en solitude, et là, parlez à mon cœur, afin qu'il puisse à son tour vous parler, et se consumer des flammes de votre amour, dans le temps et dans l'éternité. *Amen* [1].

SENTIMENTS A L'ÉGARD D'UN ENNEMI

(Extrait d'une lettre à Mgr d'Astros)

Voilà B. P. mort..... Il s'était fait votre ennemi en vous persécutant : je pense que vous direz une messe pour lui ; il s'était fait le mien en tuant mon neveu, et Dieu m'a fait la grâce, depuis ce moment-là, de le

---

[1] *Vie et Œuvres de Louise-Adélaïde de Bourbon-Condé*, t. III, pp. 108, 109.

nommer tous les jours dans mes prières. J'ose donc vous demander aussi une messe pour ce malheureux homme : vous voudrez bien la dire *de ma part*[1].

LES SOUFFRANCES DU CŒUR

(Lettre à Mgr d'Astros)

Quant à ma douleur, quant à toutes mes souffrances de cœur, et j'en ai beaucoup, je vous avoue que je n'ai point envie de les rectifier; non-seulement je n'aime pas, mais je n'estime pas la morale de l'indifférence, et me croirais coupable de travailler à l'acquérir; et si j'y parvenais, qu'aurais-je donc à offrir à Jésus tout amour?... Ah! oui, tout amour!... Et n'est-ce pas parce qu'Abraham aimait son fils, que Dieu le lui demanda en *sacrifice*. Il n'alla pas lui nommer un être pour lequel il ne sentait rien : pour moi, j'ai une sorte de plaisir (entende ceci qui le pourra), lorsque je parle à Jésus-Christ, à sentir mon cœur brisé et comme broyé par les douleurs, afin de le lui offrir. Je le sens si faible et si misérable par lui-même!... et ces douleurs me paraissent des richesses reçues de Dieu, et que je rends à Dieu, qui veut bien les regarder comme un don de ma part, et daigner les accepter et m'en savoir gré[2].

---

[1] *Vie et Œuvres de Louise-Adélaïde de Bourbon-Condé*. t. II, p. 379.
[2] Ibid., t. II, pp. 349, 350.

PRIÈRE A JÉSUS-CHRIST

Divin Jésus, source éternelle de miséricorde, faites couler sur mon âme quelques gouttes de votre sang précieux que j'adore, afin qu'elle s'attendrisse et se tourne vers vous, qui devez être le centre de mon cœur. Appliquez, s'il vous plaît, votre mort à ma vie pour la sanctifier; votre chair à mon âme pour la nourrir; votre force à mon infirmité pour la soutenir; votre grâce à mes péchés pour les effacer; votre miséricorde à mes misères pour les soulager; votre lumière à mes ténèbres pour les éclairer; votre gloire à ma bassesse pour m'élever à la souveraine béatitude. *Amen*[1].

[1] *Vie et Œuvres de Louise-Adélaïde de Bourbon-Condé*, t. III, p. 136.

MARIE-THÉRÈSE DE FRANCE

Marie-Thérèse-Charlotte de France (Madame Royale) naquit le 19 décembre 1778, à Versailles, du mariage de Louis XVI avec Marie-Antoinette.

Madame Royale n'avait pas quatorze ans, lorsque commença pour sa famille et pour elle-même la funèbre captivité du Temple, pendant laquelle elle vit mourir l'un après l'autre son père, sa mère, sa tante et son frère.

En 1795, après une captivité de plus de trois années, les portes du Temple s'ouvrirent pour la fille de Louis XVI. Un échange venait d'être conclu entre le Directoire et l'Autriche. Cette puissance renvoya les ambassadeurs Maret et Sémonville et plusieurs autres prisonniers : le Directoire rendit la liberté à Madame Royale. L'échange eut lieu à Richen, près Bâle, le 26 décembre 1795.

Madame Royale épousa en 1801, à Mittau, le duc d'Angoulême, fils aîné du comte d'Artois (depuis Charles X). Quelques années plus tard, en mai 1807, elle soignait et assistait jusqu'à son dernier soupir l'abbé Edgeworth de Firmont, ce même prêtre qui avait accompagné Louis XVI jusqu'à l'échafaud.

Mme la duchesse d'Angoulême, rentrée en France avec sa famille, reprit la route de l'exil en 1830. Elle est morte à Frohsdorf le 19 octobre 1851. Ses restes sont déposés dans le caveau des Franciscains de Goritz. Sur la pierre sépulcrale on lit cette inscription :

« O vos omnes qui transitis per viam, attendite et videte si est
« dolor sicut dolor meus! »

« O vous qui passez sur le chemin, arrêtez sur moi vos re-
« gards, et voyez s'il est une douleur égale à ma douleur! »

Cette parole de l'Écriture résume, en effet, toute la vie de

Mme la duchesse d'Angoulême. Cette vie n'est que douleur : c'est un long deuil chrétien.

A Vienne, à Mittau, aux Tuileries, à Frohsdorf; dans les grandeurs ou dans l'exil, Madame la duchesse d'Angoulême est partout la même : le souvenir du Temple remplit son âme; ce souvenir toujours présent domine chacune de ses journées et lui en dicte l'emploi. « Chaque jour pour elle se ressemblait, écrit M. Sainte-Beuve, excepté les jours funèbres et marqués par les plus douloureux anniversaires. Elle se levait de grand matin, à cinq heures et demie par exemple; elle entendait (aux Tuileries) vers six ou sept heures une messe pour elle seule. On conjecture qu'elle y communiait souvent, mais on ne la voyait pas communier, si ce n'est peut-être aux grands jours. Rien de solennel, aucun apparat; elle était toute en humble chrétienne à l'acte religieux; elle faisait discrètement et secrètement les choses saintes.

« Elle vaquait de grand matin aux soins de son appartement et de sa chambre, aux Tuileries, presque comme elle faisait au Temple.

« Elle ne parlait jamais des choses pénibles et saignantes de sa jeunesse, sinon à très-peu de personnes de son intimité. Le 21 janvier et le 16 octobre, jours de la mort de son père et de sa mère, elle s'enfermait seule, ou quelquefois elle faisait demander, pour l'aider à passer ces journées cruelles, quelque personne avec laquelle elle était à l'unisson de deuil et de piété (feu Mme de Pastoret, par exemple).

« Elle était aumônière à un degré qu'on ne sait pas, et qu'il est difficile d'approfondir; ceux qui étaient le plus au fait de ses charités et de ses œuvres en découvrent chaque jour qui sortent comme de dessous terre, et qu'on n'avait pas connues. Elle était en cela de la véritable lignée directe de saint Louis.

« Sa vie était la plus régulière du monde et la plus simple, soit aux Tuileries, soit depuis dans l'exil. La conversation de son intérieur était fort naturelle. Dans les moments où le malheur faisait trêve autour d'elle, on remarquait qu'elle aurait eu volontiers dans l'esprit ou dans l'humeur une certaine gaieté dont elle n'eut, hélas! à faire que trop peu d'usage. Mais dans l'intimité, aux meilleurs jours, elle se laissait quelquefois aller sinon à dire, du moins à écouter des choses assez gaies. Quand elle se sentait en pays sûr et ami, une certaine plaisanterie ne l'effrayait pas. Lorsqu'aux jours de fête il lui arrivait de faire représenter des pièces pour son spectacle, elle ne choisissait pas les plus sérieuses. Même à travers l'habitude des peines, une sorte de joie enfin surnageait, comme il arrive aux âmes austères et éprouvées que la religion a guidées et consolées dans tous les temps.

« La politique n'était point son fait : elle n'aimait point les affaires. On n'influait pas sur elle. Sa politique qui d'elle-même eût été sensée, se réglait toute en définitive sur les désirs du Roi. Elle pensait que quand le Roi voulait décidément quelque chose, il n'était pas permis d'y résister, si bon royaliste qu'on fût d'ailleurs. MM. de Villèle et de Corbière, en résistant au Roi, lui déplaisaient autant qu'auraient pu faire les libéraux eux-mêmes.

« Dans son dernier exil à Frohsdorf, visitée, en décembre 1848, par un voyageur français (M. Charles Didier), celui-ci se hasarda à lui dire : « Madame, il est impossible que vous n'ayez pas « vu dans la chute de Louis-Philippe le doigt de Dieu. — Il « est dans tout, » répondit-elle avec simplicité, avec un tact qui vient de la religion et du cœur. Elle a eu la religion la plus pratique, la plus unie et la plus étrangère à tout effet sur autrui et à toute considération mondaine. On n'a jamais porté plus simplement, plus chrétiennement et plus naturellement à la fois un plus grand malheur [1]. »

Nous publions ci-après le récit que Madame la duchesse d'Angoulême a tracé des événements du Temple. Elle l'a écrit au Temple même, dans les derniers mois de sa détention, et quand on se fut relâché de l'extrême rigueur.

---

[1] Fragments d'un article de Sainte-Beuve publié dans le *Constitutionnel* du 2 novembre 1851, et cité dans la brochure intitulée : *Madame Marie-Thérèse de France, fille de Louis XVI*, pp. 115 et suiv.: Paris, Aug. Vaton, 1852.

MÉMOIRE ÉCRIT PAR MARIE-THÉRÈSE-CHARLOTTE DE FRANCE, SUR LA CAPTIVITÉ DES PRINCES ET PRINCESSES, SES PARENTS, DEPUIS LE 10 AOUT 1792, JUSQU'A LA MORT DE SON FRÈRE, ARRIVÉE LE 9 JUIN 1795 [1].

Le roi, mon père, arriva au Temple avec sa famille le lundi 13 août 1792, à sept heures du soir. Les canonniers voulurent le conduire seul à la Tour et nous laisser au château. Manuel avoit reçu dans le chemin un arrêté pour nous mener tous à la Tour; Pétion calma la rage des canonniers, et nous entrâmes au château. Les municipaux gardèrent à vue mon père, Pétion s'en alla, Manuel resta; mon père soupa avec nous; mon frère mouroit d'envie de dormir; Mme de Tourzel le conduisit à onze heures à la Tour, qui devoit être décidément notre demeure; mon père y arriva avec nous à une heure du matin; il n'y avoit rien de préparé; ma tante coucha à la cuisine; on prétend que Manuel fut honteux en l'y conduisant.

Voici les noms des personnes qui s'enfermèrent avec nous dans ce triste séjour : Mme de Lamballe, Mme de Tourzel, et Pauline sa fille; MM. Hue et Chamilly,

---

[1] Nous suivons ici, en rétablissant l'orthographe et en corrigeant deux ou trois erreurs évidentes, l'édition de M. de L., chez Poulet-Malassis, Paris, 1862. Il est incontestable que le texte publié par M. de L. est généralement supérieur à celui des éditions précédentes; quelquefois cependant on peut se demander si l'édition de 1823 n'est pas préférable. En ce cas nous mentionnons en note le texte de cette édition dûe à M. Égron, imprimeur de S. A. R. Mgr le duc d'Angoulême. Dès l'année 1817, le libraire Audot avait publié un texte dans lequel tout le récit est mis à la troisième personne.

appartenant à mon père, et qui couchoient dans sa chambre en haut; Mme Navarre, à ma tante, couchoit avec elle, ainsi que Pauline, dans la cuisine; Mme Saint-Brice, à mon frère, couchoit dans un billard, ainsi que mon frère et Mme de Tourzel; Mme Thibaut, à ma mère, et Mme Bazire, à moi, couchoient toutes deux en bas. Mon père avoit à la cuisine trois hommes à lui : Turgis, Chrétien et Marchant; le lendemain 14, mon père vint déjeuner avec ma mère, et après nous allâmes voir les grandes salles de la Tour, où l'on dit que l'on feroit des logements parce que nous étions dans une tourelle, c'étoit trop petit pour tant de monde; l'après-dînée, Manuel et Santerre étant venus, nous allâmes nous promener dans le jardin; on murmuroit beaucoup contre les femmes qui nous avoient suivies; dès notre arrivée, nous en avions trouvé d'autres nommées par Pétion pour nous servir, nous n'en voulûmes pas; le surlendemain à dîner, on apporta un arrêté de la Commune qui ordonnoit le départ des personnes qui étoient venues avec nous; mon père et ma mère s'y opposèrent ainsi que les municipaux de garde du Temple; l'ordre fut pour lors révoqué.

Nous passions la journée tous ensemble; mon père montroit à mon frère la géographie, ma mère lui montroit l'histoire et lui faisoit apprendre des vers, ma tante lui donnoit des leçons de calcul. Mon père avoit heureusement trouvé une bibliothèque qui l'occupoit; ma mère avoit de la tapisserie pour travailler. Les municipaux étoient très-familiers, et avoient peu de respect pour mon père; il y en avoit toujours qui le gardoient à vue. Mon père fit demander un homme et une femme pour faire le gros ouvrage. La nuit du 19 au 20 août, on apporta à une heure du matin, un arrêté de la Commune, qui ordonnoit d'emmener du Temple toutes les personnes qui n'étoient pas de la famille royale, et on enleva MM. Hue et Chamilly de chez mon père, qui resta seul avec un municipal. On descendit ensuite chez ma mère pour enlever Mme de Lamballe ; ma mère s'y opposa en vain, disant, ce qui étoit vrai, qu'elle étoit sa parente, on l'emmena toujours ; ma tante descendit avec Pauline de Tourzel et Mme Navarre ; les municipaux assurèrent que ces dames reviendroient après avoir été interrogées. On traîna mon frère dans la chambre de ma mère pour ne pas le laisser seul ; nous embrassâmes ces dames, espérant les revoir le lendemain ; deux municipaux restèrent chez ma mère ; nous restâmes tous les quatre sans dormir ; mon père, quoiqu'éveillé par le bruit, resta chez lui. Le lendemain à sept heures, nous apprîmes que ces dames ne reviendroient pas au Temple, et qu'on les avoit conduites à la Force ; nous fûmes bien étonnés à neuf heures, en voyant arriver M. Hue, qui dit à mon père que le Conseil général l'avoit trouvé innocent et renvoyé au Temple. L'après-dîner, Pétion envoya à mon père un homme et une femme nommés Tison, pour faire le gros ouvrage ; ma mère prit mon frère dans sa chambre, et j'allai dans l'autre avec ma tante ; nous n'étions séparés de ma mère que par une petite pièce où étoit un municipal et une sentinelle. Mon père resta en haut, et sachant qu'on lui préparait un autre appartement, il ne s'en soucia plus, parce qu'il n'étoit plus gêné, n'ayant plus tant de monde, et qu'il étoit plus près de ma mère ; il fit venir le maître des ouvriers pour ne pas achever le logement ; Palloy lui répondit insolemment qu'il ne prenoit d'ordre que de la Commune.

Nous montions tous les jours chez mon père pour déjeuner ; ensuite nous redescendions chez ma mère, où mon père passoit la journée avec nous : nous allions promener tous les jours dans le jardin pour la santé de mon frère, et mon père étoit presque toujours insulté par la garde.

Le jour de la Saint-Louis, à sept heures du matin, on chanta l'air *Ça ira*, auprès du Temple ; nous apprîmes le matin, par un municipal, que M. de Lafayette avoit passé ; Manuel confirma le soir cette nouvelle à mon père ; il apporta à ma tante Élisabeth une lettre de mes tantes de Rome : c'est la dernière que ma famille ait reçue du dehors. Mon père n'étoit plus traité en roi : on n'avoit aucun respect pour lui ; on ne l'appeloit plus ni Sire, ni Sa Majesté ; mais *monsieur* ou *Louis* ; les municipaux étoient toujours assis dans sa chambre et avoient leur chapeau sur leur tête ; ils ôtèrent à mon père son épée, qu'il avoit encore, et fouillèrent dans ses poches. Pétion envoya Cléry pour servir mon père, à qui il appartenoit. Pétion envoya aussi pour porte-clefs un guichetier, Rocher, l'horrible homme ! qui força la porte de mon père, le 20 juin 1792, et qui pensa l'assassiner. Cet homme fut toujours à la Tour, et essaya de toute les manières à tourmenter mon père : tantôt il chantoit la *Carmagnole* et mille autres horreurs, tantôt, comme il savoit que mon père n'aimoit pas l'odeur de la pipe, il lui en souffloit une bouffée quand il passoit ; il étoit toujours couché le soir quand nous allions souper, parce qu'il falloit passer par sa chambre ; quelquefois même il étoit dans son lit quand nous allions dîner; il n'y eut sorte de tourments et d'injures qu'il n'inventât: mon père souffroit tout avec douceur et pardonnant de tout son cœur à cet homme.

Mon père manquoit de tout; il écrivit à Pétion pour avoir l'argent qui lui étoit destiné : il n'en eut aucune réponse. Le jardin étoit plein d'ouvriers qui injurioient souvent mon père; il y en eut un qui se vanta d'abattre la tête de ma mère avec ses outils; Pétion le fit arrêter : les injures redoublèrent.

Le 2 septembre, nous ignorions ce qui se passoit; des fenêtres on jetoit des pierres à mon père, qui heureusement ne tombèrent ni sur lui, ni sur personne; à une autre fenêtre, une femme écrivit sur un grand carton : VERDUN EST PRIS ! Elle le mit à la fenêtre, et ma tante eut le temps de le lire; les municipaux ne le virent pas. A peine venions-nous d'apprendre cette nouvelle, qu'il arriva un nouveau municipal, nommé Mathieu; il étoit enflammé de colère, et dit à mon père de remonter chez lui; nous le suivîmes, craignant qu'on ne voulût nous séparer; en arrivant en haut, il trouva M. Hue, lui sauta au collet et lui dit qu'il l'arrêtoit; M. Hue demanda de faire son paquet d'affaires, Mathieu lui refusa; mais un autre municipal plus charitable demanda cette faveur pour M. Hue, qu'il emmena prendre ses affaires. Mathieu, alors, se retournant vers mon père, lui dit tout ce que la rage peut suggérer; entre autres il dit : *La générale a battu, le tocsin a sonné, le canon d'alarme a tiré, les ennemis sont à Verdun; ils viennent, nous périrons tous, mais vous mourrez le premier.* Mon père écouta ces injures et mille autres pareilles avec le calme que donne l'innocence ; mon frère fondit en larmes, et s'enfuit dans l'autre chambre ; on eut toutes les peines du monde à le consoler ; il croyoit voir mon père mort. M. Hue revint, et Mathieu, après avoir recommencé ses injures, partit avec lui. M. Hue fut conduit à l'Abbaye ; il resta un mois en prison : après il en sortit, mais ne revint pas du tout au Temple. Les municipaux de garde condamnèrent tous la conduite violente de Mathieu ; cependant ils ne pensoient guère mieux : ils dirent à mon père qu'on étoit sûr que le roi de Prusse marchoit et tuoit les soldats français par un ordre signé Louis. Mon père fut très-affligé de cette calomnie, et pria les municipaux de la détruire dans le monde. Ma mère entendit battre la générale toute la nuit ; nous ignorions cependant ce qui se passoit.

Le 3 septembre, à dix heures du matin, Manuel vint voir mon père, et l'assura que Mme de Lamballe et les autres personnes qu'on avoit ôtées du Temple se portoient bien, et étoient toutes ensembles à la Force : à trois heures, nous entendîmes des cris affreux, comme mon père sortoit de table et jouoit au trictrac avec ma mère : le municipal se conduisit bien, et ferma portes et fenêtres, ainsi que les rideaux, pour qu'on ne vît rien, ce qui étoit bien fait ; les ouvriers du Temple et le guichetier se joignirent aux assassins, ce qui augmenta le bruit ; plusieurs municipaux et officiers de la garde arrivèrent ; ces derniers vouloient que mon père se montrât aux fenêtres ; les premiers s'y opposoient avec raison. Mon père ayant demandé ce qui se passoit, un jeune officier lui répondit : « Monsieur, puisque vous voulez le savoir, c'est la tête de Mme de Lamballe qu'on veut vous montrer. » Ma mère fut glacée d'horreur ; les municipaux grondèrent l'officier ; mon père, avec sa bonté ordinaire, l'excusa, en disant que c'étoit sa faute et non pas celle de l'officier, qui n'avoit fait que lui répondre. Le bruit dura jusqu'à cinq heures ; nous sûmes depuis que le peuple avoit voulu forcer les portes ; que les municipaux les empêchèrent en mettant à la porte un ruban tricolore ; qu'enfin, ils avoient permis que six assassins fissent le tour de la Tour avec la tête de Mme de Lamballe, mais qu'on laisseroit à la porte le corps qu'on vouloit traîner. Quand cette députation arriva, Rocher poussa mille cris de joie, en voyant la tête de Mme de Lamballe, et gronda un jeune homme qui se trouva mal, saisi d'horreur à ce spectacle.

A peine le tumulte étoit-il fini, que Pétion, qui auroit dû s'occuper d'arrêter le massacre, envoya froidement son secrétaire à mon père compter de l'argent. Cet homme étoit très-ridicule et dit mille bêtises qui auroient fait rire dans un autre moment ; il croyoit que ma mère se tenoit debout pour lui. Le municipal qui avoit sacrifié son écharpe en la mettant à la porte se la fit payer par mon père. Ma tante et nous entendîmes battre la générale toute la nuit : nous ne croyions pas que le massacre durât encore. Ma malheureuse mère ne put pas dormir de la nuit ; ce ne fut que quelques jours après que nous apprîmes qu'il avoit duré trois jours.

On ne peut croire toutes les scènes qui arrivèrent, tant des municipaux que de la garde ; tout leur faisoit peur, tant ils se sentoient coupables. Un jour, dans l'extérieur, un homme tira un nouveau fusil pour l'essayer : ils en firent un procès-verbal et l'interrogèrent soigneusement. Une autre fois, pendant le souper, on cria plusieurs fois aux armes : ils crurent que c'étoient les étrangers; l'horrible Rocher prit son grand sabre, et dit à mon père : « S'ils arrivent, je te tue; » ce n'étoit qu'un embarras de patrouille. Une autre fois, une centaine d'ouvriers entreprirent de forcer la grille du côté de la rotonde; les municipaux et la garde y accoururent : ils furent dispersés.

Toutes ces peurs augmentoient la sévérité; nous trouvâmes cependant deux municipaux qui adoucirent les tourments de mon père, en lui montrant de la sensibilité et lui donnant des espérances : je crois qu'ils sont morts; il y eut aussi une sentinelle qui le soir eut une conversation avec ma tante par le trou de la serrure; ce malheureux ne fit que pleurer tout le temps qu'il fut au Temple : j'ignore ce qu'il est devenu; puisse le Ciel l'avoir récompensé de son profond attachement pour son roi!

Je faisois souvent des règles de chiffres, et j'écrivois des extraits; il falloit qu'il y eût toujours un municipal qui regardât sur mon épaule, croyant toujours que c'étoient des conjurations. On nous ôta les journaux, craignant que nous ne sachions des nouvelles étrangères; on en apporta cependant un, un jour, à mon père, disant qu'il y avoit quelque chose d'intéressant. L'horreur! on disoit qu'on mettroit sa tête à boulet rouge, et on lui apporta cet infernal écrit avec joie; il y eut aussi un soir un municipal qui, arrivant, dit mille injures, entre autres que nous pourrions tous périr si les armées approchoient, et que mon frère seul lui faisoit pitié, mais qu'étant né d'un tyran, il devoit mourir : voici les scènes que ma famille avoit tous les jours.

La république fut établie le 22 septembre; on nous l'apprit avec joie; on nous annonça aussi le départ des étrangers; nous ne voulûmes pas y croire, mais c'étoit vrai.

Au commencement d'octobre, on vint nous ôter plumes, encre, papiers, crayons. Ils cherchèrent partout bien soigneusement, et même durement; mais cela n'empêcha pas que ma mère et moi nous celâmes nos crayons, que nous gardâmes; ma tante et mon père gardèrent les leurs [1].

Le soir du même jour, comme mon père descendoit de souper et alloit monter chez lui, on lui dit d'attendre; il vint d'autres municipaux qui lui dirent qu'il iroit dans l'autre logement et qu'il étoit séparé de nous; nous le quittâmes avec bien des larmes, espérant cependant le revoir. Le lendemain matin, on nous apporta le déjeuner séparément. Ma mère ne voulut rien prendre; les municipaux, effrayés et touchés de notre douleur, nous accordèrent de voir mon père, mais aux repas seulement, et nous défendirent de parler bas, ou des langues étrangères, mais haut et en bon français. Nous descendîmes pour dîner chez mon père, avec bien de la joie de le revoir; il y eut un municipal qui crut s'apercevoir que ma tante avoit parlé bas à mon père, et lui en fit une scène. Le soir, pour souper, comme mon frère étoit couché, ma mère ou ma tante restoit avec lui,

---

[1] Les précédentes éditions disent : « donnèrent les leurs » ce qui est plus probable. (*Note de M. de L.*)

et l'autre venoit avec moi souper chez mon père; le matin, nous y restions après le déjeuner, le temps que Cléry put nous coiffer, parce qu'il ne pouvoit pas venir chez ma mère. Nous allions tous ensemble promener tous les jours à midi; Manuel vint chez mon père et lui ôta avec dûreté son cordon rouge; il assura mon père qu'il n'y avoit que Mme de Lamballe qui eût péri de toutes les personnes qui avoient été au Temple. On fit prêter serment à Cléry, à Tison et à sa femme d'être fidèles à la Nation. Un municipal, un soir, arrivant, éveilla brusquement mon frère, pour voir s'il y étoit; il y en eut un autre aussi qui dit à ma mère un projet qu'avoit Pétion de ne pas faire mourir mon père, mais de l'enfermer pour sa vie dans le château de Chambord, avec défense à mon frère de se marier. J'ignore quel étoit le dessein de cet homme en disant ce projet; ce que je sais, c'est que nous ne l'avons pas revu depuis.

On fit loger ma mère dans un appartement au-dessus de mon père; on vouloit nous séparer, ma tante et moi, de ma mère; cela n'eut cependant pas lieu, et nous allâmes avec elle; on ôta mon frère à ma mère, et on le mit auprès de mon père; il couchoit dans sa chambre; Cléry couchoit aussi dans l'appartement; en haut, ma mère avoit avec elle ma tante et moi, Tison, sa femme et un municipal; les fenêtres étoient bouchées avec des barreaux de fer et des abat-jour; les cheminées étoient en tuyaux de poêle, ce qui nous incommoda beaucoup de la fumée.

Voici comme se passoient les journées de mes augustes parents : mon père se levoit à sept heures, prioit Dieu jusqu'à huit, ensuite s'habilloit avec mon frère jusqu'à neuf heures, qu'ils montoient déjeuner chez ma mère; après le déjeuner, mon père redescendoit avec mon frère, à qui il donnoit quelques leçons jusqu'à onze heures, que mon frère jouoit jusqu'à midi, heure à laquelle nous allions promener tous ensemble, tel temps qu'il fasse, parce que la garde qui relevoit à cette heure vouloit voir mon frère et s'assurer qu'il étoit au Temple; sa promenade duroit jusqu'à deux heures que nous dînions; après le dîner, mon père et ma mère jouoient ensemble au trictrac ou au piquet; à quatre heures, ma mère remontoit chez elle avec mon frère, parce que mon père dormoit ordinairement; à six heures, mon frère redescendoit; mon père le faisoit apprendre et jouer jusqu'au souper. A neuf heures, après le souper, ma mère déshabilloit promptement mon frère et le mettoit dans son lit; nous remontions ensuite, et mon père ne se couchoit qu'à onze heures; ma mère menoit à peu près la même vie; elle travailloit beaucoup en tapisseries; ma tante prioit souvent Dieu dans la journée; elle disoit tous les jours l'office, lisoit beaucoup de livres de piété, et faisoit des méditations; elle faisoit, ainsi que mon père, maigre et jeûne les jours ordonnés par l'Église.

On nous rendit les journaux pour voir le départ des étrangers, et les horreurs contre mon père dont ils étoient pleins. On nous dit un jour : « Mesdames, je vous annonce une bonne nouvelle : le traître Bouillé est pris; si vous êtes patriotes, vous devez vous en réjouir. » Ma mère ne dit mot. Le jour de la Toussaint, la Convention vint pour la première fois voir mon père; les membres lui demandèrent s'il n'avoit point de plaintes à former; il dit que non, et qu'il étoit content quand il étoit avec sa famille. Cléry se plaignit qu'on ne payoit pas les marchands qui fournissoient à mon père; Chabot répondit fièrement : « La Nation n'est pas à un sou près. »

Les députés qui vinrent furent Chabot, Dupont, Drouet, le Cointre, Puyravaux; ils revinrent encore l'après-midi, firent les mêmes questions à nous tous, et eurent les mêmes réponses. Un jour, après dîner, Drouet vint encore tout seul, et demanda si on n'avoit pas de plaintes à faire; ma mère dit que non. Quelque temps après, comme nous étions à dîner, il arriva des gendarmes qui se jetèrent brusquement sur Cléry, et lui ordonnèrent de venir au tribunal, ce qu'il fit. Quelques jours auparavant, Cléry, descendant l'escalier avec un municipal, avoit rencontré un jeune homme de garde de sa connaissance; ils se dirent bonjour, et se serrèrent la main. Le municipal le trouva mauvais et fit arrêter le jeune homme; c'étoit pour comparoître au tribunal devant lui qu'on vint chercher Cléry. Mon père demanda qu'il revînt; les municipaux l'assurèrent qu'il ne reviendroit pas; cependant il arriva à minuit. Cléry demanda pardon à mon père de sa conduite passée, dont les manières de mon père, sa prison, et les exhortations de ma tante l'avoient fait revenir; il fut depuis toujours très-fidèle à mon père.

Un jour, nous entendîmes de grands cris de gens qui demandoient les têtes de mon père et de ma mère; on eut la cruauté de venir crier cela sous les fenêtres du Temple. Mon père tomba malade d'un gros rhume et eut la fièvre assez fort; on lui accorda son médecin et son apothicaire, le Monier et Robert. La Commune fut inquiète : il y eut un bulletin tous les jours de la santé de mon père, qui se rétablit. Toute ma famille fut incommodée de ce rhume; mais mon père fut le plus malade.

La Commune changea le 2 décembre; les nouveaux municipaux vinrent reconnoître mon père et sa famille, à dix heures du soir; quelques jours après, il y eut un arrêté de la Commune qui ordonnoit d'ôter de nos appartements Cléry et Tison, de nous ôter couteaux, ciseaux et tous instruments tranchants, et ordonnant aussi de déguster avec soin tous les plats que l'on nous servoit; la dernière chose n'eut pas lieu; mon père et ma mère s'y opposèrent, disant qu'ils pourroient se trouver mal, etc. etc., que cela exposeroit les municipaux qui les soignoient. La visite fut faite soigneusement pour les instruments tranchants. Ma mère et moi nous cachâmes [1] nos ciseaux; les municipaux redoublèrent de sévérité.

Le 11 décembre, nous fûmes fort inquiets du tambour qui battait et de la garde qui arrivait au Temple; mon père descendit chez lui après le déjeuner avec mon frère. A onze heures arrivèrent chez mon père Chambon, le maire; Chaumette, procureur général de la Commune; Colombeau, secrétaire-greffier; ils signifièrent à mon père le décret de la Convention qui ordonnoit qu'il seroit amené à la barre pour être interrogé; ils engagèrent mon père à renvoyer mon frère à ma mère; mais n'ayant pas dans leurs mains le décret de la Convention, ils firent attendre mon père deux heures; il

---

[1] Les précédentes éditions portent : « nous donnâmes. »

ne partit qu'à une heure, et monta dans la voiture du maire avec Chaumette et Colombeau; la voiture étoit escortée par des municipaux à pied. Mon père, ayant observé que Colombeau saluoit beaucoup de monde, lui demanda s'ils étoient ses amis : Colombeau dit : « Ce sont les braves citoyens du 10 août; je ne les vois jamais qu'avec beaucoup de joie. »

Je ne parle pas de la conduite de mon père à la Convention : tout le monde la connoît. Sa dignité, sa fermeté, sa douceur, sa bonté, son courage au milieu d'assassins altérés de son sang, sont des traits qui ne s'oublieront jamais, et que la postérité la plus reculée admirera dans tous les temps. Il revint à six heures à la tour du Temple avec le même cortége. Ma mère et nous tous avions été très-inquiètes. Ma mère, entendant le tambour, avoit fait l'impossible auprès du municipal qui la gardoit pour savoir ce qui ce qui se passoit; cet homme n'avoit jamais voulu le dire; ce ne fut qu'à onze heures, à l'arrivée de mon frère, que nous l'apprîmes; quand elle le vit, elle dit qu'elle étoit tranquille, parce qu'elle savoit mon père au sein de la Convention. Quand mon père fut rentré, elle demanda ardemment de le voir; ma mère le fit demander à Chambon, et n'en reçut point de réponse. Mon frère passa la nuit chez ma mère; il n'avoit pas de lit : ma mère lui donna le sien. Le lendemain, ma mère redemanda à voir mon père, et à voir les journaux pour connoître son procès; elle demanda au moins que si elle ne pouvoit pas voir mon père, cette permission fut accordée à mon frère et à moi. On porta cette demande au Conseil; les journaux furent refusés... On nous permit à mon frère et à moi de voir mon père, qui dit que, quelque plaisir qu'il eût de voir ses enfants, les grandes affaires qu'il avoit ne lui permettoient pas de s'occuper de son fils, et que sa fille ne pouvoit quitter sa mère. Il fit monter le lit de mon frère; la Convention vint voir mon père; il demanda des conseillers, de l'encre, du papier, et des rasoirs pour faire sa barbe. Toutes ces demandes furent accordées. MM. de Malesherbes et de Sèze[1], ses conseillers, vinrent le voir; ils étoient souvent obligés, pour bien parler, d'aller dans la tourelle, afin de n'être pas entendus; mon père ne descendoit plus au jardin, ni nous non plus. Mon père ne savoit de nos nouvelles, et nous des siennes, que par les municipaux, et bien strictement. J'eus mal au pied : mon père le sut et me montra sa bonté ordinaire, en s'informant exactement de ma santé. Ma famille trouva dans cette Commune quelques hommes charitables, qui, par leur sensibilité, adoucirent ses tourments. Ils assurèrent ma mère que mon père ne périroit pas, et que son affaire seroit renvoyée aux assemblées primaires, qui le sauveroient certainement.

Le 26 décembre, jour de Saint-Étienne, mon père fit son testament, parce qu'il croyoit être assassiné en allant à la Convention[2]; ce jour-là mon père fut encore à la barre avec son courage ordinaire, et laissa à M. de Sèze le soin de lire sa défense; il partit à onze heures et revint à trois heures. Mon père voyoit tous les jours ses conseillers. Enfin, le 18 janvier, jour auquel le jugement fut porté, les municipaux entrèrent à onze

---

[1] L'édition de 1823 ajoute Tronchet.
[2] Le testament du roi est daté du 25.

heures chez mon père, et lui dirent qu'ils avoient ordre de le garder à vue. Mon père demanda si son sort étoit décidé : ils l'assurèrent que non. Le lendemain au matin, M. de Malesherbes vint apprendre à mon père que la sentence étoit prononcée : « Mais, Sire, ajouta-t-il, les scélérats ne sont pas encore les maîtres, et tout ce qu'il y a ici d'honnêtes gens viendront sauver Votre Majesté, ou mourir à ses pieds. — Non, monsieur de Malesherbes, dit mon père, cela exposeroit beaucoup de monde, mettroit la guerre civile dans Paris : j'aime mieux mourir, et je vous prie de leur ordonner de ma part de ne faire aucun mouvement pour me sauver. » Il ne put plus voir ses conseillers ; il donna une note aux municipaux pour les redemander et se plaindre de la gêne qu'il avoit, ayant de si grandes affaires, d'être toujours gardé à vue. On ne fit aucune attention à ses demandes.

Le lendemain 20 janvier, Garat, ministre de la justice, et les autres membres du pouvoir exécutif, vinrent lui notifier sa sentence de mort pour le lendemain. Mon père l'écouta avec courage et religion ; il demanda un sursis de trois jours, pour savoir ce que deviendroit sa famille et avoir un confesseur catholique ; le sursis fut refusé. Garat assura mon père qu'il n'y avoit aucune charge contre sa famille, et qu'on la renverroit hors de France, et ensuite il lui amena pour confesseur l'abbé Edgeworth de Firmont. Mon père dîna comme à l'ordinaire, ce qui surprit beaucoup les municipaux, qui croyoient qu'il se tueroit.

Nous apprîmes la sentence de mort de mon père le dimanche par les colporteurs ; à sept heures du soir, on vint nous dire qu'un décret de la Convention nous permettoit de descendre chez mon père. Nous courûmes chez lui, et nous le trouvâmes bien changé; il pleura de notre douleur et non de sa mort. Il raconta à ma mère son procès, excusant les scélérats qui le faisoient mourir; il répéta à ma mère qu'on vouloit les assemblées primaires, mais qu'il ne les vouloit pas, parce que de cela naîtroit le trouble dans la France. Il donna ensuite de bonnes instructions religieuses à mon frère, et lui recommanda surtout de pardonner à ceux qui le faisoient mourir. Il donna sa bénédiction à mon frère et à moi. Ma mère désiroit extrêmement que nous passions la nuit avec mon père; il le lui refusa, ayant besoin de tranquillité. Ma mère demanda au moins de revenir le lendemain : mon père lui accorda; mais quand nous fûmes partis, il demanda aux gardes que nous ne redescendions pas, parce que cela lui faisoit trop de peine. Il revint ensuite avec son confesseur : il se coucha à minuit, dormit jusqu'à quatre heures [1], qu'il fut éveillé par les tambours. A six heures, l'abbé dit la messe, à laquelle mon père communia; il partit sur les neuf heures; en descendant l'escalier, il donna son testament à un municipal; il leur remit ensuite une somme d'argent que M. de Malesherbes lui avoit prêtée, et pria de la lui faire remettre; mais ils la gardèrent pour eux. Il rencontra ensuite un guichetier qu'il avoit repris un peu brusquement la veille; il lui tendit la main, en disant : *Mathey, je suis fâché de vous avoir offensé; je vous prie de me pardonner.* Il lut les prières des agonisants dans le chemin. Arrivé à l'échafaud, il

---

[1] Les précédentes éditions disent *cinq heures.*

voulut parler au peuple; Santerre l'en empêcha en faisant battre le tambour; son discours fut entendu de peu de monde; il se déshabilla tout seul; il se fit lier les mains avec son mouchoir, et non avec une corde. L'abbé, qui le suivit, au moment qu'il alloit mourir : — *Allez, lui dit-il, fils de saint Louis, les portes de l'éternité vous sont ouvertes.* Il reçut le coup de la mort le 21 janvier 1793, un lundi, à dix heures dix minutes. Ainsi périt Louis XVI, roi de France et de Navarre, âgé de trente-neuf ans, cinq mois, trois jours, après avoir régné dix-huit ans, et avoir été en prison cinq mois et huit jours.

Telle fut la vie du roi mon père; pendant une rigoureuse prison, on n'y vit que piété, grandeur d'âme, fermeté, douceur, courage, bonté, patience à supporter les plus horribles calomnies, à pardonner de tout son cœur à ses assassins, grand amour de Dieu, de sa famille et de son peuple, dont il donna des marques jusques à son dernier soupir, et dont il a été recevoir la récompense dans le sein d'un Dieu tout-puissant et tout miséricordieux.

Le matin de cet horrible jour, après avoir été assoupies pendant la nuit d'un sommeil de douleur, nous nous levâmes à six heures. On ouvrit notre porte, et on vint chercher le livre de prières de Mme Tison pour la messe de mon père; nous crûmes que nous allions descendre, et nous eûmes toujours cette espérance jusqu'à ce que les cris de joie d'une populace égarée vinrent nous avertir que le crime étoit consommé. L'après-dîner, ma mère demanda à voir Cléry, qui avoit été avec mon père dans ses derniers moments, et qui l'avoit peut-être chargé de commissions pour ma mère, ce qui étoit vrai, car mon père avoit recommandé à Cléry de rendre à ma mère son anneau de mariage, disant qu'il ne s'en séparoit qu'avec la vie. Il lui avoit aussi remis un paquet de ses cheveux, disant qu'ils lui avoient toujours été chers. Les municipaux dirent que Cléry étoit dans un état affreux et ne pouvoit pas venir. Ma mère chargea de sa demande pour le conseil municipal des commissaires, ainsi que de demander de porter le deuil.

Cléry passa encore un mois au Temple, ensuite il fut élargi; nous eûmes un peu plus de liberté. Les gardes croyant qu'on alloit nous renvoyer, nous pûmes voir les personnes qui nous apportoient des habits de deuil, mais en présence des municipaux.

Le chagrin que j'eus augmenta mon mal de pied; on fit venir mon médecin Brunier, et le chirurgien Lacaze : ils me guérirent en un mois. Ma mère ne voulut pas descendre dans le jardin pour prendre l'air, parce qu'il falloit passer devant la porte de mon père, et que cela lui faisoit trop de peine; mais craignant que le manque d'air ne fît du mal à mon frère, elle demanda la permission de monter sur la Tour, à la fin de février, ce qui lui fut accordé.

On s'aperçut dans la chambre des municipaux que les paquets scellés où étoit le cachet de mon père, son anneau et plusieurs autres choses, avoient été ouverts : le scellé étoit cassé et le cachet emporté; les municipaux s'en inquiétèrent; mais ils crurent à la fin que c'étoit un voleur qui avoit pris le cachet, où il y avoit de l'or; la personne qui l'avoit pris étoit bien intentionnée : ce n'est point un voleur; l'homme qui l'a fait l'a fait pour le bien, mais il est mort [1].

Dumouriez étant passé hors de France, on nous resserra plus étroitement; on construisit ce mur qui sépare le jardin, des jalousies en haut de la Tour, et on boucha tous les trous avec soin; mais il n'y eut rien de nouveau.

Le 25 mars, le feu prit à la cheminée le soir; Chaumette, procureur de la Commune, vint pour la première fois voir ma mère : il lui demanda si elle ne désiroit rien; ma mère demanda seulement une porte de communication avec ma tante; les municipaux s'y opposèrent, Chaumette dit que c'étoit nécessaire à la santé et qu'il en parleroit au conseil général. Le lendemain, il revint à dix heures du matin avec Pache, le maire, et Santerre, commandant général de la garde nationale; Chaumette dit à ma mère qu'il avoit parlé de sa demande au conseil général, qu'elle avoit été refusée. Pache demanda aussi à ma mère si elle n'avoit point de plaintes à porter et si elle ne désiroit rien; ma mère dit que non.

Il y eut encore quelques municipaux qui adoucirent les chagrins de ma mère par leur sensibilité; il y eut un autre homme qui nous servoit, qui rendit des services à mes parents, et qui doit être nommé et estimé de toutes les personnes vertueuses; je ne le nomme point, de peur de le compromettre, dans l'état où sont encore les choses; mais ils sont gravés dans mon cœur.

Les persécutions redoublèrent. On empêcha Tison de

---

[1] Cet homme était Toulan, qui périt en effet victime de son dévouement. L'anneau et le cachet furent remis à Monsieur, depuis Louis XVIII, par M. de Jarzaye, autre serviteur fidèle. (Note de M. de L.)

voir sa fille; il en prit de l'humeur avec raison. Un jour, voyant entrer un étranger qui portoit des affaires à ma tante, sa colère l'emporta de voir que cet homme entroit plutôt que sa fille; il dit tout ce que l'on voulut. Pache étant en bas, on fit descendre Tison; il dit qu'il étoit très-mécontent; on lui demanda pourquoi : de ne pas voir sa fille, répondit-il, et de voir certains municipaux qui ne se conduisoient pas bien, parlant très-bas à ma mère et à ma tante; on lui demanda leurs noms : il les dit, et assura être certain que nous avions des correspondances en dehors [1]; on lui demanda des preuves : il dit qu'un jour à souper, ma mère, tirant son mouchoir, laissa tomber un crayon; qu'un jour chez ma tante ils avoient trouvé des pains à chanter et de la cire à cacheter dans une bobèche [2]. Après cette dénonciation, qu'il signa, on fit venir sa femme, qui dit la même chose, accusa les mêmes municipaux, assura que nous avions eu une correspondance avec mon père pendant son procès, et dénonça le médecin Brunier, qui me traitoit pour mon pied, comme nous ayant appris des nouvelles; elle signa, entraînée par son mari; ce qui lui causa bien des remords dans la suite; elle vit sa fille le lendemain. La dénonciation fut faite le 19 avril : le 20, à dix heures et demie du soir, comme ma mère et moi venions de nous coucher, arriva Hébert avec plusieurs autres municipaux qui nous lurent un arrêté de la Commune qui ordonnoit de nous fouiller à discrétion, ce qu'ils firent

---

[1] Les *Mémoires* de Hue donnent des détails curieux et intéressants sur les relations que, par l'intermédiaire de Turgy et de Hue, la famille royale avait pu conserver au dehors, et sur les moyens qu'ils employaient pour lui faire parvenir des nouvelles et la renseigner sur l'état de Paris. (Note de M. de L.)

[2] Les éditions précédentes disent : « et une plume dans une boîte. »

exactement jusque sous les matelas. Mon frère dormoit : ils l'arrachèrent de son lit avec dureté pour fouiller dedans ; ma mère le prit dans ses bras tout transi de froid ; ils fouillèrent ensuite nos poches, ils ôtèrent à ma mère une adresse de marchand qu'elle conservoit, un bâton de cire à cacheter qu'ils trouvèrent chez ma tante, et à moi, ils me prirent un sacré Cœur de Jésus, et une prière pour la France[1] ; leur visite ne finit qu'à quatre heures du matin. Ils firent un procès-verbal de ce qu'ils avoient trouvé, et forcèrent ma mère et ma tante de le signer ; ils étoient furieux de n'avoir trouvé que des bêtises. Ils ôtèrent le lendemain les scellés qui étoient dans l'appartement de mon père. Trois jours après, ils revinrent et demandèrent ma tante en particulier ; ils l'interrogèrent sur un chapeau qu'ils avoient trouvé chez elle : ils lui demandèrent d'où elle l'avoit, depuis quand et pourquoi elle l'avoit gardé : elle dit qu'il avoit appartenu à mon père, qui le lui avoit donné dans le commencement que nous étions au Temple, et qu'elle l'avoit conservé pour l'amour de son frère ; ils dirent qu'ils alloient le lui ôter comme chose suspecte ; ma tante insista pour le garder, mais il n'y eut pas moyen ; ils la forcèrent de signer ce qu'elle venoit de dire, et jamais elle n'a pu revoir ce chapeau.

Ma mère montoit tous les jours sur la Tour prendre l'air. Depuis quelques jours mon frère se plaignoit d'un point de côté qui l'empêchoit de rire ; le 9 mai, la fièvre le prit à sept heures assez forte, avec mal à la tête, et toujours le point de côté ; dans les premiers instants

---

[1] Serait-ce la prière de Madame Élisabeth, publiée p. 355 ?

il ne put pas rester couché, parce qu'il étouffoit; ma mère s'inquiéta, demanda un médecin aux municipaux : ils assurèrent ma mère que ce n'étoit rien, et que sa tendresse maternelle s'inquiétoit mal à propos. Ils en parlèrent au Conseil général et demandèrent, de la part de ma mère, le médecin Brunier : le Conseil se moqua de la maladie de mon frère, parce qu'Hébert l'avoit vu à cinq heures en bonne santé, la fièvre ne l'ayant pris que deux heures après, et on refusa absolument Brunier, qui avoit été dénoncé par Tison anciennement. Cependant mon frère avoit la fièvre bien fort. Ma tante eut la bonté de venir prendre ma place dans la chambre de mon frère, pour que je ne couchasse pas dans l'air de la fièvre; elle prit mon lit, et moi j'allai coucher dans sa chambre. La fièvre continua la nuit, ainsi que le lendemain et le surlendemain; les accès devenoient plus forts le soir. Mon frère prenoit cependant l'air tous les jours; ma mère avoit beau demander un médecin, on ne l'accordoit pas; enfin, le dimanche, trois jours après que mon frère eut la fièvre (étant tombé malade le jeudi), arriva Thierry, médecin des prisons, nommé par la Commune médecin de mon frère; comme il vint le soir, il lui trouvoit peu de fièvre; mais ma mère lui ayant dit de revenir l'après-dîner, il la trouva très-forte et désabusa les municipaux de l'idée qu'ils avoient que ma mère s'inquiétoit pour rien; il leur dit, au contraire, que c'étoit plus sérieux que ma mère ne croyoit. Thierry eut l'honnêteté d'aller consulter Brunier, qui connoissoit le tempérament de mon frère, dont il avoit eu soin depuis sa naissance; il donna quelques drogues à mon frère qui lui firent du bien; le mercredi, il prit médecine, et je revins coucher dans sa chambre. Ma mère avoit très-peur de la médecine de mon frère, parce que la dernière fois qu'il l'avoit prise il avoit eu des convulsions affreuses; elle craignoit qu'il n'en eût, comme elle étoit seule et sans secours; je ne dormis pas de la nuit, d'inquiétude. Mon frère prit bien la médecine : elle ne lui fit heureusement aucun mal; quelques jours après, il en prit une seconde, qui lui fit le même bien, excepté qu'il se trouva mal, mais de chaleur.

Il n'eut plus que quelques accès de temps en temps et souvent son point de côté; mais sa santé commença à se gâter, et elle ne s'est jamais remise depuis, le changement de vie lui ayant fait beaucoup de mal.

Le 31 mai, nous entendîmes battre la générale et sonner le tocsin, sans qu'on voulût nous dire pourquoi; il y avoit tant de bruit, qu'on nous défendit de monter sur la Tour prendre l'air, défense qui avoit lieu toujours quand Paris étoit en rumeur comme ce jour-là.

Au commencement de juin, Chaumette vint un soir à dix heures avec Hébert : il demanda à ma mère si elle ne désiroit rien et si elle n'avoit pas de plaintes à porter; ma mère se plaignit de la difficulté qu'elle avoit eue à avoir un médecin pour mon frère; ma tante demanda à Hébert le chapeau qu'il lui avoit emporté : il lui dit que le conseil général n'avoit pas jugé à propos de le lui rendre. Ma tante, voyant que Chaumette ne s'en alloit pas, lui demanda pourquoi il étoit venu; Chaumette lui dit qu'il avoit fait la visite des prisons, et qu'il étoit venu au Temple, toutes les prisons étant égales. Ma tante dit que non, et qu'il y avoit des personnes qu'on retenoit justement, et d'autres injustement : ils s'en allèrent; ils étoient ivres tous les deux.

Mon frère se trouva mal une nuit : on fit venir, dans la journée, Thierry avec un chirurgien nommé Soupé, et un bandagiste nommé Pipelet[1], pour lui mettre un suspensoir pour une descente qu'il avoit. Mme Tison devint folle; elle étoit inquiète de la maladie de mon frère, qu'elle aimoit beaucoup, et tourmentée par les remords; depuis longtemps elle languissoit. Enfin, elle ne voulut plus prendre l'air, et se mit un jour à parler toute seule; elle ne parloit que de ses fautes et de la ruine de sa famille, de prisons et d'échafauds. Elle croyoit que les personnes qu'elle avoit dénoncées avoient péri; tous les soirs elle attendoit les municipaux qu'elle avoit accusés, et, ne les voyant pas, elle se couchoit encore plus triste, faisoit des rêves affreux qui l'agitoient; les municipaux lui permirent de voir souvent sa fille qu'elle aimoit. Un jour que le portier, qui ne savoit pas cet ordre, avoit refusé sa fille, les municipaux la firent venir à dix heures du soir. Cette heure effraya encore plus Mme Tison : elle ne pouvoit pas croire que c'étoit sa fille et croyoit qu'on venait l'arrêter; elle eut beaucoup de peine à se résoudre à descendre, et dans l'escalier elle disoit toujours à son mari : « On va nous conduire en prison. » Elle vit sa fille, et remonta avec un municipal; au milieu de l'escalier, elle ne voulut ni monter ni descendre : le municipal, effrayé, fit tout son possible pour la faire monter; arrivée en haut, elle ne voulut pas se coucher et ne fit que crier; ce qui em-

---

[1] Jupales, dans les éd. de 1817 et de 1823.

pêcha mes parents de dormir. Le lendemain, le médecin la vit et la trouva bien folle; elle étoit aux pieds de ma mère, lui demandant pardon de ses fautes. Il est impossible d'être meilleures que ne le furent ma mère et ma tante pour cette femme, dont elles n'avoient pas lieu de se louer; et elles la soignèrent et l'encouragèrent tout le temps qu'elle y fut. Le lendemain, on l'ôta de la Tour, on la mit au Château; ensuite, sa folie augmentant de plus en plus, on la transporta à l'Hôtel-Dieu, et on mit auprès d'elle une femme espionne qui l'in- l'interrogea encore sur beaucoup de choses de la part du gouvernement. Les municipaux nous demandèrent du linge pour la femme qui en avoit eu soin, pendant qu'elle étoit à la maison du Temple.

Le 3 juillet, on nous lut un décret de la Convention, qui portoit que mon frère seroit séparé de ma mère et mis dans l'appartement le plus sûr de la Tour. A peine mon frère l'eut-il entendu, qu'il jeta les hauts cris et se jeta dans les bras de ma mère, demandant de n'en être pas séparé. Ma mère fut saisie de son côté de ce cruel ordre, et ne voulut pas donner mon frère; elle défendit le lit où il étoit contre les municipaux; ceux-ci voulurent l'avoir, menaçoient d'employer la violence et de faire monter la garde pour l'emmener de force; une heure se passa en pourparlers, en injures et en menaces des municipaux, en défense et en pleurs de nous tous. Enfin, ma mère consentit à rendre son fils; nous le levâmes, et, après qu'il fut habillé, ma mère le remit entre les mains des municipaux en le baignant de ses pleurs, comme si elle eût prévu dans l'avenir qu'elle ne le reverroit plus. Ce pauvre petit nous embrassa tous bien tendrement et sortit avec ces gens. Ma mère chargea les municipaux qui s'en alloient de demander instamment au conseil général de voir son fils, ne fût-ce qu'aux repas ; ils s'en chargèrent. Ma mère se croyoit au comble du malheur par la séparation de son fils ; elle le croyoit cependant entre les mains d'un homme instruit et honnête ; sa désolation augmenta quand elle sut que c'étoit Simon, cordonnier, qu'elle avoit connu municipal, qui étoit chargé de la personne de son malheureux enfant. Ma mère redemanda plusieurs fois de le voir sans pouvoir l'obtenir ; mon frère, de son côté, pleura deux jours entiers sans pouvoir se consoler, et demanda de nous voir.

Les municipaux ne restèrent plus chez ma mère ; nous fûmes jour et nuit enfermés sous les verrous. Les gardes ne venoient que trois fois par jour nous apporter les repas, et faire la visite des barres de fer des fenêtres pour voir si elles étoient en ordre.

Nous montions souvent sur la Tour ; mon frère y montoit de son côté tous les jours, et le seul plaisir de ma mère étoit de le voir passer de loin par une petite fenêtre ; elle y restoit des heures entières pour guetter l'instant de voir cet enfant si chéri. Ma mère n'en savoit des nouvelles que très-peu, par les municipaux et par Tison, qui descendoit les jours de blanchissage, voyoit Simon, et par là en savoit des nouvelles. Tison tâcha de réparer sa conduite : il se conduisit mieux, dit à ma mère quelques nouvelles, mais peu.

Simon maltraitoit très-fort mon frère de ce qu'il pleuroit d'être séparé de nous. Cet enfant, saisi, n'osa plus verser de larmes. La Convention crut, sur un faux bruit qui couroit, qu'on avoit vu mon frère sur le boulevard ; la garde étoit mécontente de ne pas le voir, et disoit qu'il n'étoit plus au Temple. La Convention le fit descendre au jardin pour être vu. Mon frère se plaignoit d'être séparé de ma mère, et demanda à voir la loi qui l'ordonnoit. Les membres étant montés chez ma mère, elle leur porta plainte de la cruauté qu'on avoit de lui ôter son fils; ils répondirent que c'étoit des mesures qu'ils avoient cru nécessaire de prendre. Henriot, nouveau général, vint enfin nous voir : ses manières brusques nous étonnèrent; du moment que cet homme entroit dans la chambre jusqu'à son départ, il ne faisoit que jurer.

Le 21 août, à deux heures du matin, on vint nous éveiller pour lire à ma mère le décret de la Convention qui ordonnoit que, sur le réquisitoire du procureur général de la Commune, ma mère seroit conduite à la Conciergerie pour qu'on lui fasse son procès; ma mère entendit ce décret sans s'émouvoir. Ma tante et moi nous demandâmes tout de suite à suivre ma mère; mais comme le décret ne le disoit pas, on nous le refusa. Ma mère fit le paquet de ses hardes. Les municipaux ne la quittèrent pas; elle fut obligée de s'habiller devant eux. On lui demanda ses poches, qu'elle donna; ils les fouillèrent, ôtèrent tout ce qui étoit dedans, quoique cela ne fût point du tout important, en firent un paquet qu'ils dirent qu'ils ouvriroient au tribunal révolutionnaire devant ma mère; ils ne lui laissèrent qu'un mouchoir et un flacon, de peur qu'elle ne se trouvât mal. Ma mère partit, après m'avoir bien embrassée et recommandé d'avoir courage et soin de ma santé; je ne répondis pas à ma mère, bien convaincue que je la voyois pour la dernière fois. Ma mère s'arrêta encore au bas de la Tour, parce que les municipaux firent un procès-verbal pour se décharger de sa personne. En sortant, ma mère s'attrapa la tête au guichet, ne le croyant pas si bas; elle ne se fit pourtant pas beaucoup de mal; ensuite elle monta en voiture avec un municipal et deux gendarmes. Arrivée à la Conciergerie, on la mit dans la chambre la plus humide et la plus malsaine de la prison. Elle eut toujours un gendarme avec elle qui ne la quitta ni jour ni nuit. Ma tante et moi, inconsolables, nous passâmes la nuit dans les larmes. On avoit assuré à ma tante, quand ma mère partit, qu'il ne lui arriveroit rien; c'étoit une grande consolation pour moi de n'être pas séparée de ma tante que j'aimois tant; mais, hélas! tout changea, et je l'ai perdue.

Le lendemain du départ de ma mère, ma tante demanda instamment, en son nom et au mien, d'être réunies à ma mère : nous ne pûmes jamais l'obtenir, non plus que de savoir de ses nouvelles. Comme nous savions que ma mère ne pouvoit pas boire de l'eau de rivière, parce qu'elle lui faisoit mal, nous demandâmes aux municipaux de lui faire porter de l'eau de Ville-d'Avray qui venoit tous les jours au Temple. Ils y consentirent, en prirent un arrêté; mais il arriva un autre de leurs collègues qui s'y opposa. Peu de jours après, ma mère envoya demander quelque chose qui lui étoit utile, entre autres son tricot, parce qu'elle faisoit une paire de bas pour mon frère; nous le lui envoyâmes, mais nous sûmes qu'on ne le lui avoit pas donné de peur qu'elle ne se fît mal avec les aiguilles.

Nous savions un peu de nouvelles de mon frère par les municipaux; mais cela ne dura pas. Nous l'entendions tous les jours chanter avec Simon la Carmagnole, l'air des Marseillais et mille autres horreurs; Simon lui mit le bonnet rouge sur la tête et une carmagnole dessus le corps; il le faisoit chanter aux fenêtres pour être entendu de la garde, avec des juremens affreux contre Dieu, sa famille et les aristocrates. Ma mère, heureusement, n'entendit pas toutes ces horreurs; elle étoit partie. Avant son départ, on étoit venu chercher les habits de couleur de mon frère : ma mère dit qu'elle espéroit qu'il ne quitteroit pas le deuil; mais c'étoit la première chose que Simon avoit fait de lui ôter son habit noir.

Le changement de vie et les mauvais traitemens rendirent mon frère malade à la fin d'août; Simon le faisoit manger horriblement, ainsi que boire du vin, que mon frère détestoit. Tout cela lui donnoit la fièvre; il prit une médecine qui ne lui fit pas de bien, et sa santé se dérangea; il étoit extrêmement engraissé sans prendre de croissance : Simon, cependant, lui faisoit faire l'exercice et prendre l'air sur la Tour.

Je fus incommodée au commencement de septembre d'inquiétude sur ma mère : je n'entendois pas battre le tambour que je ne craignisse un nouveau 2 septembre. Nous passâmes ce mois assez tranquillement; nous montions sur la Tour chaque jour. Les municipaux faisoient exactement la visite trois fois par jour; mais leur sévérité n'empêcha pas que nous ne sûmes des nouvelles, et particulièrement de ma mère, dont nous étions inquiètes: nous apprîmes qu'on l'accusoit d'avoir eu des correspondances au dehors; aussitôt nous jetâmes nos écritoires et nos crayons, craignant qu'on ne nous fît déshabiller devant Simon [1], et que les choses que nous avions ne compromissent ma mère; nous avions toujours conservé de l'encre, des plumes et des crayons malgré les fouilles; je ne crains pas de le dire, puisque mes parents ne sont plus. Nous sûmes aussi que ma mère avoit pu se sauver; que la femme du concierge étoit sensible et en avoit grand soin [2]. Nous apprîmes encore qu'elle avoit subi un interrogatoire secret, mais sans savoir sur quoi; les municipaux vinrent encore nous demander du linge pour ma mère; mais ne voulurent pas nous dire des nouvelles de sa santé. On nous ôta la tapisserie que nous avions, croyant que c'étaient des caractères magiques et dangereux.

Le 21 septembre, à une heure du matin, arriva Hébert avec plusieurs municipaux pour exécuter un arrêté de la Commune, qui portoit que nous serions resserrées, beaucoup plus resserrées; il ordonnoit que ma tante et moi nous resterions ensemble, que Tison nous seroit ôté et mis dans une tourelle pour y rester prisonnier; que nous serions réduites au pur nécessaire; que nous aurions un tour à notre porte d'entrée, par lequel on feroit passer les aliments; qu'excepté Henriot, les porteurs d'eau et de bois, personne n'entreroit dans nos chambres. Le tour à la porte n'eut pas lieu, et les municipaux entroient trois fois par jour et faisoient la visite

---

[1] Éd. de 1823, devant la femme de Simon.
[2] La femme Richard.

des barreaux de fer, des armoires et des commodes. Nous fûmes obligées de faire nous-même nos lits et de balayer nos chambres, chose qui duroit longtemps, par le peu d'habitude que nous avions dans les commencements.

Nous n'eûmes plus personne du tout pour nous servir. Hébert dit à ma tante : Dans la république française, l'égalité étant la première des lois, et dans les prisons les détenues n'ayant personne pour les servir, qu'il alloit nous ôter Tison. Ma tante ne dit rien. Pour nous traiter avec plus de dureté, on nous ôta toutes les commodités ; nous ne pûmes pas même avoir le nécessaire ; quand nos repas arrivoient, on fermoit brusquement la porte pour que nous ne vissions pas les gens qui les apportoient ; nous ne pûmes plus savoir aucunes nouvelles, excepté par les colporteurs, encore très-mal ; on nous défendit de monter sur la Tour ; on nous ôta nos draps de peur que nous ne descendions par la fenêtre ; on nous en donna de sales et gros.

Je crois que c'est dans ce temps-là qu'a commencé le procès de ma mère ; j'appris depuis sa mort qu'on avoit voulu la sauver de la Conciergerie, et que par malheur ce charmant dessein n'avoit pas réussi ; on m'a assuré que les gendarmes qui la gardoient et la femme du concierge étoient gagnés, et qu'elle avoit vu plusieurs personnes dans sa prison, entre autres un prêtre qui lui a administré les sacrements, qu'elle a reçu avec grande piété, car on dit que sa prison lui avoit donné beaucoup de religion ; le coup de se sauver manqua parce qu'on lui avoit recommandé de partir à la deuxième garde, qu'elle s'étoit trompée et avoit parti à la première; d'autres disent qu'elle étoit déjà sortie de sa chambre et avoit descendu l'escalier, quand un gendarme s'opposa à son départ, quoiqu'il fût gagné, et obligea ma mère de remonter chez elle, ce qui fit échouer l'entreprise. Nous ne sûmes rien de tout cela dans le temps; nous apprîmes seulement que ma mère avoit vu un chevalier de Saint-Louis qui lui avoit donné un œillet dans lequel étoit un billet; mais comme nous fûmes resserrées, nous n'en pûmes savoir la suite.

Tous les jours nous avions des fouilles et des visites des municipaux; entre autres jours, ils arrivèrent le 4 septembre à quatre heures, pour faire une visite complète et ôter l'argenterie et la porcelaine. Ils emportèrent le peu qu'ils trouvèrent chez nous; n'ayant pas trouvé le compte, ils nous accusèrent d'en avoir volé: quelle indignité! tandis que c'étoient leurs collègues qui l'avoient pris dans la commode de ma tante! Ils trouvèrent un rouleau d'or: ils s'en emparèrent sur-le-champ, et ensuite ils interrogèrent soigneusement ma tante sur la personne qui lui avoit donné cet or, depuis quand elle l'avoit conservé : ma tante dit que c'étoit Mme de Lamballe qui le lui avoit donné après le 10 août, et que malgré les fouilles elle l'avoit conservé; ils demandèrent qui l'avoit donné à Mme de Lamballe; ma tante ne voulut pas le dire; ils m'interrogèrent aussi, me demandèrent mon nom, et nous firent signer leur procès-verbal.

Le 8 octobre à midi, comme nous venions de finir nos chambres, et que nous nous habillions, arrivèrent Pacho, Chaumette et David, membres de la Convention, avec plusieurs municipaux. Ma tante ouvrit quand elle fut habillée, et Pache, se retournant vers moi, me pria de descendre; ma tante demanda de me suivre: on le lui refusa; elle demanda si je remonterois : on l'en assura, et Chaumette lui dit : « Vous pouvez compter sur la parole d'un bon républicain. Elle remontera. » J'embrassai ma tante et je descendis; j'étois très-embarrassée : c'était la première fois que je me trouvois seule avec une douzaine d'hommes; je ne savois ce qu'ils me vouloient; enfin, je me recommandai à Dieu, et je descendis. Chaumette, dans l'escalier, voulut me faire des politesses; je n'y répondis pas. Arrivée chez mon frère, je l'embrasse tendrement. Simon me l'arracha et me dit de passer dans l'autre chambre, et Chaumette me dit de m'asseoir, ce que je fis; il se mit en face de moi : un municipal prend la plume; Chaumette me dit : « Thérèse, dites vérité. — Oui, monsieur. Cela ne regarde point ma mère? — Non, mais des personnes qui n'ont pas fait leur devoir. Connoissez-vous les citoyens Toulan, Lepître, Bruneau, Bugniau, Moelle, Michonis? — Non. — Comment! vous ne les connoissez pas? On les accuse pourtant d'avoir parlé à vos parents, et de leur avoir appris des nouvelles du dehors. — Non, monsieur. Cela est faux. — Surtout Toulan, un petit jeune homme qui venoit souvent. — Je ne le connois pas plus que les autres. — Vous souvenez-vous d'un jour où vous êtes restée seule dans une tourelle avec votre frère? — Oui. — Vos parents vous y avoient mis pour parler plus à leur aise avec ces gens-là. — Non, non, monsieur, mais pour nous accoutumer au froid. — Que fîtes-vous dans cette tourelle? — Nous parlâmes. — Et en sortant, vous êtes-vous aperçue qu'ils parloient à vos parents? — J'ai pris un livre, j'ignore ce qui s'est passé. » Chaumette m'interrogea ensuite sur mille vilaines choses dont on accusoit ma mère; je répondis avec vérité que cela n'étoit pas, mais une fausse calomnie. Ils insistèrent beaucoup; mais je me tins toujours sur la négative, qui étoit la vérité. Il me parla ensuite de Varennes, me fit beaucoup de questions auxquelles je répondis le mieux que je pus sans compromettre personne. Enfin, mon interrogatoire finit à trois heures. Je demandai avec chaleur à Chaumette d'être remise à ma mère, disant avec vérité que je l'avois déjà demandé avec ma tante plus de mille fois. « Je n'y peux rien.— Quoi! monsieur, vous ne pouvez l'obtenir du conseil général? — Je n'y ai aucune autorité. » Il me fit ensuite reconduire chez moi avec trois municipaux, et me recommanda de ne rien dire à ma tante, qu'on alloit aussi faire descendre. En arrivant, j'embrassai ma tante; on lui dit de descendre. On lui dit à peu près les mêmes choses qu'à moi; elle dit qu'elle connoissoit de nom et de visage les municipaux qui lui parloient; elle nia toute correspondance au dehors, ainsi que toutes les autres choses sur lesquelles on m'avoit interrogée. Elle remonta à sept heures; son interrogatoire ne dura qu'une heure, et le mien avoit duré trois heures; Chaumette nous avoit assuré que cela ne regardoit ni ma mère, ni nous; mais nous jugeâmes bien qu'ils nous avoient trompées. Hélas! nous eûmes raison; car ils interrogèrent ma mère et la jugèrent peu de temps après.

Je ne sais pas bien l'historique du procès de ma mère; je dirai seulement ce que j'ai pu découvrir. Elle eut deux défenseurs, MM. du Coudray et Chauveau. On fit paroître devant elle énormément de personnes. Simon et Mathey, guichetier du Temple, y comparurent. Ma mère avoit aussi dans son portefeuille l'adresse de plusieurs personnes; on les fit venir au tribunal, entre autres Brunier, le médecin; on lui demanda s'il connoissoit ma mère. — « Oui. — Depuis quand? — Depuis 1776[1], qu'elle m'a confié le soin de la santé de ses enfants. — Avez-vous, quand vous alliez au Temple, procuré aux détenus des correspondances du dehors? — Non. » Ma mère reprit : « Le médecin n'est jamais venu au Temple qu'accompagné d'un municipal et ne nous a approchées qu'en sa présence. » Enfin, chose inouïe, l'interrogatoire de ma mère dura, sans discontinuer, trois jours et trois nuits; on lui reprocha toutes les choses indignes sur quoi Chaumette nous avoit interrogées; elle répondit à cette infâme accusation : « J'en appelle à toutes les mères sensibles. » Réponse qui attendrit le peuple; les juges eurent peur et se dépêchèrent de la condamner à mort. Ma mère, qui avoit beaucoup de religion depuis qu'elle étoit à la Conciergerie, entendit sa sentence avec calme et courage; on lui donna un prêtre-jureur pour les derniers moments. Quoi que lui dit cet homme, ma mère lui répondit avec douceur, mais ne voulut pas se servir de son ministère. Elle se mit à genoux, pria Dieu toute seule pendant longtemps, soupa un peu, ensuite se coucha et dormit quelques heures. Le lendemain, ayant fait à Dieu le sacrifice de sa vie, elle alla à la mort avec courage, au milieu des injures qu'un malheureux peuple

[1] Depuis 1788, suivant les précédentes éditions.

égaré jetoit sur elle : son courage ne l'abandonna pas sur la charrette et sur l'échafaud. Elle en montra autant à sa mort que pendant sa vie. Ainsi mourut, le 16 octobre 1793, Marie-Antoinette-Josèphe-Jeanne de Lorraine, fille des Empereurs et femme du roi de France; elle étoit âgée de trente-sept ans onze mois, ayant été en France vingt-trois ans depuis qu'elle étoit mariée, et morte huit mois après le roi Louis XVI son mari.

Nous ignorâmes, ma tante et moi, la mort de ma mère; et quoique nous ayons entendu crier par un colporteur qu'on vouloit la juger sans désemparer, l'espérance [1] si naturelle aux malheureux nous fit croire qu'on vouloit la sauver. Nous ne pouvions pas aussi imaginer l'indigne conduite de l'Empereur, qui laissa la reine sa parente périr sur l'échafaud sans faire de démarches pour la sauver; c'est pourtant ce qui est arrivé. Nous ne pouvions pas croire à ce dernier trait d'indignité de la maison d'Autriche. Cependant il y avoit des instants où nous craignions beaucoup pour ma mère, voyant la rage du peuple égaré contre elle; je suis toujours restée dans ce malheureux doute pendant un an et demi, après lequel j'appris mon malheur et la mort de ma vertueuse mère.

Nous sûmes par le colporteur la mort du duc d'Orléans. Ce fut la seule nouvelle qui nous parvint pendant l'hiver. Les fouilles recommencèrent; on nous traita avec beaucoup de dureté; ma tante, qui avoit un cautère au bras, eut beaucoup de peine à obtenir de quoi le soigner; on la fit attendre longtemps. Enfin, un jour,

---

[1] Ce mot est emprunté à l'édition de 1823. L'édition de M. de L. porte : « ce qui est si naturel. »

un municipal remontra l'inhumanité d'un tel procédé et envoya chercher de l'onguent; on m'ôta aussi le jus d'herbes que je prenois pour ma santé le matin; ma tante, n'ayant plus de poisson les jours maigres, demanda instamment qu'on lui donnât des plats maigres, pour pouvoir remplir son devoir. On le lui refusa, disant que pour l'égalité il n'y avoit plus de différence entre les jours; qu'il n'y avoit plus de semaines, mais des décades; on nous apporta un nouvel almanach, mais nous n'y regardâmes pas. Un autre jour, ma tante demandoit encore du maigre : on lui dit : « Mais, citoyenne, tu ne sais donc pas ce qui se passe! on n'a pas au marché tout ce qu'on veut. » Ma tante ne fit plus aucune demande..

Nous eûmes toujours des fouilles, et particulièrement au mois d'octobre : il fut ordonné de nous fouiller tous les jours trois fois, et il y eut une fouille entre autres qui dura depuis quatre heures jusqu'à huit heures et demie du soir; les quatre municipaux qui la firent étoient absolument ivres; on ne peut pas se faire d'idées de leurs injures, de leurs juremens pendant ces quatre heures; ils nous emportèrent des bagatelles, des chapeaux, des cartes avec des rois, et des livres où il y avoit des armes; ils laissèrent les livres de religion, mais après avoir proféré mille impiétés. Simon nous accusa de faire des faux assignats et d'avoir des correspondances au dehors. Il prétendit que nous avions communiqué avec mon père pendant son procès. Simon fit cette déclaration au nom de mon frère, qu'il força de signer. Ce bruit qu'il croyoit être de faux monnoyeurs étoit le bruit de notre trictrac, parce que nous y jouions le soir.

L'hiver se passa assez tranquillement, malgré beaucoup de visites et de fouilles. On nous donna du bois. Le 19 de janvier, nous entendîmes un grand bruit chez mon frère, ce qui nous fit conjecturer qu'il s'en alloit du Temple, et nous en fûmes convaincues quand, regardant par un trou de notre abat-jour, nous vîmes emporter beaucoup de paquets; les jours d'après nous entendîmes ouvrir la porte, et, toujours persuadées qu'il étoit parti, nous crûmes qu'on avoit mis à sa place quelque prisonnier allemand ou étranger, et nous l'avions déjà baptisé Melchisédech pour lui donner un nom : mais j'ai su depuis que c'étoit Simon qui étoit parti, forcé d'opter entre la place de municipal et celle de gardien de mon frère; qu'il avoit préféré la première charge, et qu'on avoit eu la cruauté de laisser mon malheureux petit frère tout seul : barbarie inouïe, d'abandonner ainsi un malheureux enfant de huit ans, et de le tenir enfermé dans sa chambre sous clef et verrou, sans autre secours qu'une malheureuse sonnette qu'il ne tiroit jamais, aimant mieux manquer de tout que de demander la moindre chose à ses persécuteurs : il étoit dans un lit qu'on n'a pas remué pendant plus de six mois, et comme il n'avoit pas la force de le faire, les punaises et les puces le couvroient. Son linge et sa personne en étoient pleins; ses ordures restèrent aussi dans sa chambre; jamais il ne les jetoit, ni personne non plus; la fenêtre n'étoit jamais ouverte; on ne pouvoit pas tenir dans sa chambre, à cause de l'odeur infecte. De son naturel mon frère étoit sale et paresseux; il auroit pu avoir plus de soin de sa personne; souvent on ne lui donnoit point de lumière; ce malheureux enfant mouroit de peur; il ne demandoit rien; il passoit les journées sans rien faire. Cet état fit beaucoup de mal à son moral et à son physique; il n'est pas étonnant qu'il se soit dérangé par la suite : le temps qu'il s'est bien porté prouve sa bonne constitution.

On nous tutoya beaucoup pendant l'hiver. Ma tante fit son carême, quoique n'ayant pas de quoi vivre. Elle ne déjeunoit pas, prenoit, à dîner, une bouteille de café, et à souper du pain. Rien au monde n'étoit plus édifiant que sa conduite; depuis le temps qu'on lui avoit refusé du poisson, elle n'avoit pas pour cela interrompu le maigre. Au commencement du printemps on nous ôta la chandelle; nous soupions à sept heures et demie du soir, et nous nous couchions de suite, parce qu'on n'y voyoit pas.

Jusqu'au 9 mai il ne se passa rien de remarquable; ce jour-là, au moment où nous allions nous mettre au lit, on ouvrit nos verrous et on vint frapper à notre porte; ma tante dit qu'elle passoit sa robe; on dit que cela ne devoit pas être si long, et on frappa si fort qu'on pensa enfoncer la porte. Ma tante ouvrit quand elle fut habillée; on lui dit : « Citoyenne, veux-tu bien descendre? — Et ma nièce? — On s'en occupera après. » Ma tante m'embrassa et me dit qu'elle alloit remonter. « Non, citoyenne, tu ne remonteras pas. Prends ton bonnet et descends. » Ils accablèrent ma tante d'injures; elle les souffrit avec patience, prit son bonnet, m'embrassa et me dit d'avoir courage, d'espérer toujours en Dieu. Elle sortit avec ces diables; arrivée en bas, on lui demanda ses poches, où il n'y avoit rien; cela dura longtemps, parce que les municipaux firent un procès-verbal pour se décharger de sa personne; enfin, après mille injures, elle partit avec l'huissier du tribunal, monta en fiacre et arriva à la Conciergerie, où elle passa la nuit. Le lendemain elle fut conduite au tribunal; on lui fit trois questions : « Ton nom? — Élisabeth. — Où étois-tu le 10 août? — Au château des Tuileries, auprès du roi, mon frère. — Qu'as-tu fait de tes diamants? — Je ne sais pas; du reste les questions sont inutiles : vous avez résolu ma mort, j'ai fait à Dieu le sacrifice de ma vie et je suis prête à mourir. » On la condamna à mort. Elle se fit conduire dans la chambre de ceux qui devoient périr avec elle, elle les exhorta tous à la mort; sur la charrette, elle eut toujours le même calme, encourageant les femmes qui étoient avec elle; le peuple l'a admirée; on ne l'insulta pas. Arrivée au pied de l'échafaud, on eut la cruauté de la faire périr la dernière. Toutes les femmes, en sortant de la charrette, lui demandèrent la permission de l'embrasser, ce qu'elle fit avec sa douceur ordinaire; elle les encouragea; les couleurs ne l'abandonnèrent pas jusqu'au dernier moment, qu'elle souffrit avec force et religion, où son âme fut séparée de son corps pour aller jouir du bonheur dans le sein d'un Dieu qu'elle avoit toujours beaucoup aimé. Marie-Philippine-Élisabeth-Hélène, sœur du roi Louis XVI, mourut le 10 mai 1794, âgée de trente ans, ayant toujours été un modèle de vertu, n'ayant jamais eu un écart de jeunesse. Depuis l'âge de dix-huit ans elle s'étoit donnée à Dieu, et ne songea plus qu'à son salut. Depuis 1789[1], que je l'ai mieux ap-

---

[1] Les précédentes éditions disent depuis 1790.

préciée, je n'ai jamais trouvé en elle que religion, grand amour de Dieu, horreur du péché, douceur, modestie, courage et grand attachement à sa famille, pour qui elle a sacrifié sa vie, n'ayant jamais voulu quitter le roi mon père; enfin, ce fut une princesse digne du sang dont elle sortoit. Je ne puis en dire assez de bien pour les bontés qu'elle a eues pour moi, qui n'ont fini qu'avec sa vie : elle me regarda toujours comme sa fille, et moi comme une seconde mère, et lui en ai donné tous les sentiments; nous avions absolument le même caractère; nous nous ressemblions beaucoup. Puissé-je avoir ses vertus, et l'aller retrouver un jour dans le sein de Dieu, où je ne doute point qu'elle jouisse du prix de sa vie et de sa mort, qui ont été si méritoires.

Je restai dans une grande désolation quand je me vis séparée de ma tante; je ne savois ce qu'elle étoit devenue : on ne voulut pas me le dire; je passai une bien triste nuit, et quoique je fusse bien inquiète d'elle, j'étois bien loin de croire que j'allois la perdre dans quelques heures; je croyois fermement qu'elle alloit hors de France; cependant, la manière dont on l'avoit emmenée me faisoit craindre pour elle; je passai la nuit dans ces incertitudes. Le lendemain matin je demandai aux municipaux ce qu'elle étoit devenue; ils me dirent qu'elle étoit allée prendre l'air. Je leur demandai d'être réunie à ma mère, puisque j'étois séparée de ma tante; ils me dirent qu'ils en parleroient. On vint ensuite m'apporter la clef de l'armoire où étoit le linge de ma tante; je leur demandai de le lui faire passer, parce qu'elle n'en avoit point; ils me dirent qu'ils ne le pouvoient pas. Je demandai souvent aux municipaux d'être remise à ma mère, et de savoir des nouvelles de ma tante; ils me dirent toujours qu'ils en parleroient. Enfin, voyant que mes démarches étoient inutiles, et me souvenant que ma tante m'avoit dit que si jamais j'étois seule, mon devoir étoit de demander une femme, je le fis avec répugnance, bien sûre d'être refusée; en effet, quand je demandai aux municipaux une femme, ils me dirent : « Citoyenne, nous verrons cela au conseil général. » Ils redoublèrent de sévérité pour moi, m'ôtèrent les couteaux qu'ils m'avoient rendus; ils me dirent: « Citoyenne, dis-nous donc, est-ce que tu as beaucoup de couteaux? — Non, monsieur, deux. — Et dans la toilette, tu n'en as pas, ni de ciseaux? — Non, monsieur, non. » Une autre fois ils m'ôtèrent le briquet, m'interrogèrent et me dirent, ayant trouvé le poêle chaud : « Peut-on savoir pourquoi tu as fait du feu? — Pour mettre mes pieds dans l'eau. — Avec quoi as-tu allumé du feu? — Avec le briquet. — Qui te l'a donné? — Il est resté de Tison. — Ne t'a-t-on rien donné depuis? — Des chandelles et de l'amadou. — Quand? — Il y a huit mois. — Qui te l'a donné? — Je ne sais pas. — Provisoirement, nous allons ôter le briquet. — Comme il vous plaira. — C'est pour ta sûreté, de peur que tu ne t'endormes et ne brûles auprès du feu. — Je vous remercie. — Tu n'as pas autre chose? — Non, monsieur. — En honneur et en conscience, tu nous assures que tu n'as pas autre chose? — Pour cela, non, monsieur. »

Les visites et pareilles scènes se répétoient souvent. Il vint un jour un homme, je crois que c'étoit Robespierre; les municipaux avoient beaucoup de respect pour lui. Sa visite fut un secret pour les gens de la Tour, qui ne surent pas qui il étoit; il vint chez moi, me regarda insolemment, jeta les yeux sur les livres, et, après avoir chuchoté avec les municipaux, il s'en alla.

Les gardes étoient souvent ivres : cependant ils nous laissèrent tranquilles, mon frère et moi, chacun dans notre appartement, jusqu'au 9 thermidor. Mon frère croupissoit dans son ordure; on n'entroit qu'aux repas; on n'avoit aucune pitié de ce malheureux enfant; il n'y en n'eut qu'un seul qui parla de la dureté qu'on avoit envers lui. Il fut chassé le lendemain. Pour moi, je ne demandai à ces gens que l'absolu nécessaire; souvent ils le refusèrent avec dureté. Je balayois ma chambre tous les jours; elle étoit finie à neuf heures pour le déjeuner, que les gardes entroient. Ils ne voulurent plus me donner de livres; je n'avois que des livres de piété et de voyage que j'avois lus mille fois, et un tricot qui m'ennuyoit beaucoup.

Tel étoit notre état quand le 9 thermidor arriva : nous entendîmes battre la générale, sonner le tocsin; je fus très-inquiète. Les municipaux qui étoient de garde au Temple ne changèrent pas. Je n'osois leur demander ce qui se passoit. Enfin, le 10 thermidor à six heures du matin, j'entendis un bruit affreux au Temple; la garde crioit *armes*; le tambour rappeloit, les portes se fermoient, s'ouvroient; tout ce tapage étoit pour les membres de la Convention nationale qui venoient voir si tout étoit tranquille. J'entendis les verrous de l'appartement de mon frère qu'on ouvroit. Je me jetai en bas de mon lit, et j'étois habillée quand les membres de la Convention Barras et Delmas entrèrent chez moi; ils étoient en grand costume, ce qui m'étonna un peu, parce que je n'y étois pas accoutumée. Barras me parla, m'appela par mon nom : il fut étonné de me trouver levée; il me dit encore d'autres choses auxquelles je ne répondis pas, tant j'étois surprise. Enfin, voyant qu'ils restoient toujours, je leur dis que je ne m'attendois pas à les voir si matin; ils sortirent, et je les entendis haranguer la garde qui étoit sous les fenêtres, d'être fidèles à la Convention nationale; il s'éleva un cri de : « Vive la République, vive la Convention. » La garde fut doublée, les trois municipaux qui étoient au Temple y restèrent trois jours; à la fin, n'ayant pas de chandelle, je ne dormois pas, inquiète de savoir ce qui se passoit; on ouvrit ma porte pour me montrer Laurent, commissaire de la Convention, chargé de garder mon frère et moi. Je me levai; ces messieurs firent une grande visite en montrant tout à Laurent, et après s'en allèrent; le lendemain, à dix heures, Laurent entra dans ma chambre et me demanda avec politesse si je n'avois besoin de rien ; il entroit tous les jours trois fois, toujours avec beaucoup d'honnêteté, et ne fit jamais la visite des barreaux.

La Convention revint trois jours après; elle eut pitié de l'état de mon frère, et ordonna qu'on le traitât mieux. Laurent fit descendre un lit qui étoit chez moi; le sien étoit rempli de punaises; il lui fit prendre des bains, et le lava de la vermine dont il étoit couvert. Cependant on le laissa toujours seul dans sa chambre.

Je demandai bientôt à Laurent ce qui me tenoit au

cœur, c'est-à-dire, de savoir des nouvelles de mes parents, dont j'ignorois la mort, et surtout d'être réunie à ma mère; il me dit que cela ne le regardoit pas. Le lendemain vinrent des gens en écharpe, auxquels je fis les mêmes questions; ils me dirent aussi que cela ne les regardoit pas et qu'ils ne savoient pas pourquoi je demandois de n'être plus ici, parce qu'il leur paroissoit que j'y étois bien. « Oui, messieurs, on y est bien par le local, mais fort mal pour le cœur; car il est bien triste d'être séparée de sa mère depuis deux ans et demi; sans avoir de ses nouvelles. — Vous n'êtes pas malade? — Non, monsieur, la plus cruelle maladie c'est celle du cœur. — Je vous dis que nous n'y pouvons rien; je vous conseille de prendre votre parti et d'espérer en la bonté et la justice des Français. » Je ne répondis rien.

Le reste de l'été se passa très-tranquillement; je fus éveillée un matin par l'explosion de Grenelle; pendant tout ce temps-là mon frère resta toujours seul; Laurent entroit chez moi trois fois le jour; pour moi, je n'ai eu qu'à me louer de ses manières.

Pendant les trois mois qu'il a été seul, il me demandoit souvent si je n'avois besoin de rien, et me prioit de lui demander ce que je voudrois et de le sonner; il me rendit le briquet et la chandelle à la fin d'octobre. Comme je dormois, à une heure du matin, on ouvrit une porte : je me levai; j'ouvris, et je vis entrer deux hommes du comité avec Laurent; ils me regardèrent et sortirent sans rien dire. Au commencement de novembre arrivèrent des commissaires civils, c'est-à-dire un homme de chaque section, qui venoit passer vingt-quatre heures au Temple pour constater l'existence de mon frère. Il arriva aussi, les premiers jours de novembre, un autre commissaire de la Convention, nommé Gomin [1], pour être avec mon frère; il eut un soin extrême de mon frère, fut fâché de l'état où il le trouva. Cela lui fit tant de peine qu'il voulut donner sa démission; mais, pour adoucir les tourments de mon frère, il résolut d'y rester. On laissoit ce malheureux enfant depuis la fin du jour jusqu'au souper, à huit heures, sans lumière; il mouroit de peur, n'aimoit pas l'obscurité; Laurent ne vouloit pas monter pour lui en porter; Gomin lui en fit avoir à la fin du jour. Il passoit même quelques heures avec lui pour l'amuser.

Gomin s'aperçut bientôt que les genoux et les poignets de mon frère étoient enflés; il crut qu'il alloit se nouer, en parla au comité et demanda qu'il pût descendre dans le jardin et pour y faire de l'exercice; il le fit donc descendre de sa chambre en bas dans le petit appartement, ce que mon frère aimoit beaucoup, parce qu'il aimoit changer de lieu; il reconnut bientôt les attentions de Gomin; il en fut touché, ce malheureux enfant n'étant accoutumé depuis longtemps qu'aux mauvais traitements.

Le 19 décembre, le comité de sûreté générale vint au Temple à cause de la maladie de mon frère; ses membres vinrent aussi chez moi, mais ne me dirent rien.

L'hiver se passa assez tranquillement; je fus très-con-

---

[1] L'édition Barrière porte *Gomier*. Le manuscrit dit *Garnier*. L'un et l'autre sont une erreur: c'est *Gomin* qu'il faut lire. Voy. *Histoire de Louis XVII*, par de Beauchesne. (Note de M. de L.)

tente de l'honnêteté de mes gardiens; ils voulurent faire mon feu, ce qui me fit plaisir, me donnèrent des livres. Laurent m'en avoit déjà procuré; j'eus du bois à discrétion pendant l'hiver.

Mon frère eut quelques accès de fièvre; il étoit toujours au coin du feu, on ne pouvoit pas l'en tirer : il n'aimoit pas à marcher; Laurent et Gomin le firent monter sur la Tour pour prendre l'air; mais il y restoit à peine : on avoit beau le presser, il ne vouloit pas marcher; sa maladie étoit déjà commencée et les genoux s'enfloient de plus en plus. Laurent, accusé de terrorisme, s'en alla. On mit à sa place un nommé Lasne [1], bien bon homme, qui eut, avec Gomin, bien soin de mon frère.

Au commencement du printemps, ils m'engagèrent à monter sur la Tour, ce que je fis. La maladie de mon frère empiroit de jour en jour; ses forces diminuoient sensiblement; son esprit se ressentoit même de la dureté qu'on avoit exercée envers lui, et tomboit sensiblement. Le comité de sûreté générale envoya pour le soigner le médecin Desault; il entreprit de guérir mon frère, quoique sa maladie fut très-dangereuse. Desault mourut; on lui donna pour successeurs le médecin Dumangin et le chirurgien Pelletan. Ils ne conçurent aucune espérance; on donna des drogues à mon frère, qu'il avaloit avec beaucoup de peine. Sa maladie, heureusement, ne le faisoit pas beaucoup souffrir; c'étoit plutôt un abattement et un engourdissement dans toute la machine que des douleurs vives : il se consumoit

---

[1] Ce nom, défiguré dans toutes les éditions précédentes, nous est fourni par l'ouvrage de M. de Beauchesne.

comme un vieillard; il eut plusieurs crises fâcheuses; la fièvre le prit, ses forces diminuèrent toujours; il expira doucement, sans agonie, le 9 juin 1795, à trois heures après midi, après avoir eu de la fièvre pendant huit jours et gardé le lit pendant deux. Les commissaires le pleurèrent amèrement, tant il s'étoit fait aimer par ses qualités aimables. Il avoit beaucoup d'esprit; mais sa prison lui avoit fait beaucoup de tort, et même, s'il eût vécu, il y auroit eu à craindre qu'il ne devînt imbécile. Il avoit toutes les bonnes qualités de son père, avoit du caractère, aimoit à exécuter de grandes choses. Il n'est pas vrai qu'il ait été empoisonné, comme on l'a dit et comme on le dit encore; cela est faux, d'après le témoignage des médecins qui ont ouvert son corps et n'ont pas trouvé le moindre vestige de poison; les drogues qu'il a prises dans sa dernière maladie ont été décomposées : on les a trouvées saines; il auroit pu être empoisonné par la Commune, cela n'est pas vrai; le seul poison qui a abrégé ses jours, c'est la malpropreté où il a vécu pendant un an, jointe à la dureté qu'on a exercée envers lui. Telle a été la vie et la fin de mes vertueux parents pendant leur séjour au Temple et dans les autres prisons[1].

J'atteste que ce mémoire contient vérité.

Marie-Thérèse-Chablotte.

Fait à la tour du Temple.

---

[1] C'est grace à l'érudition de notre excellent collègue M. Ém. Campardon que nous avons pu rétablir l'orthographe des noms propres cités par Madame Royale à la page 425.

INSCRIPTIONS TRACÉES PAR MADAME ROYALE SUR LES MURS DE SA PRISON

Sur le papier de l'antichambre.

Marie-Thérèse-Charlotte est la plus malheureuse personne du monde.

Elle ne peut obtenir de savoir des nouvelles de sa mère, pas même d'être réunie à elle, quoiqu'elle l'ait demandé mille fois.

Vive ma bonne mère que j'aime bien et dont je ne peux savoir des nouvelles.

Sur le mur de la chambre.

O mon père, veillez sur moi du haut du Ciel !

O mon Dieu, pardonnez à ceux qui ont fait mourir mes parents ! [1]

TESTAMENT
(DISPOSITIONS GÉNÉRALES)

Au nom de la sainte Trinité, Père, Fils, et Saint-Esprit.

Je me soumets en tout aux volontés de la Providence : je ne crains pas la mort ; et, malgré mon peu de mérites, je m'en rapporte entièrement à la miséricorde de Dieu,

---

[1] De Beauchesne, *Louis XVII, sa vie, son agonie*, t. II, pp. 435, 436 ; Plon 1861.

lui demandant toutefois le temps et la grâce de recevoir les derniers sacrements de l'Église avec la piété la plus fervente.

Je meurs dans la religion catholique, apostolique et romaine, dans laquelle j'ai vécu aussi fidèlement qu'il m'a été possible, et à qui je dois toutes les consolations de ma vie.

A l'exemple de mes parents, je pardonne de toute mon âme, et sans exception, à tous ceux qui ont pu me nuire et m'offenser, demandant sincèrement à Dieu d'étendre sur eux sa miséricorde, aussi bien que sur moi-même, et le suppliant de m'accorder le pardon de mes fautes.

Je remercie tous les Français qui sont restés attachés à ma famille et à moi des preuves de dévouement qu'ils nous ont données, des souffrances et des peines qu'ils ont subies à cause de nous.

Je prie Dieu de répandre ses bénédictions sur la France, que j'ai toujours aimée, au milieu même de mes plus amères afflictions.

Je remercie l'empereur d'Autriche de l'asile qu'il a accordé, dans ses États, à ma famille et à moi. Je suis reconnaissante des preuves d'intérêt et d'amitié que j'ai reçues de la famille impériale, surtout dans des circonstances bien douloureuses. Je suis sensible aussi aux sentiments que m'ont manifestés un grand nombre de ses sujets, particulièrement les habitants de Goritz.

Ayant toujours considéré mon neveu Henri et ma nièce Louise comme mes enfants, je leur donne ma bénédiction maternelle : ils ont eu le bonheur d'être élevés dans notre sainte religion, qu'ils lui restent constamment fidèles, qu'ils soient toujours les dignes descencendants de saint Louis! Puisse mon neveu consacrer ses heureuses facultés à l'accomplissement des grands devoirs que sa position lui impose. Puisse-t-il ne s'écarter jamais des voies de la modération, de la justice et de la vérité !

J'institue mon neveu Henri, comte de Chambord, mon légataire universel.

Je veux que mes restes soient déposés à Goritz, dans le caveau des Franciscains, entre mon mari et son père. On ne fera pas pour moi de service solennel, on dira seulement des messes pour le salut de mon âme [1].

---

[1] A. Nettement, *Vie de Marie-Thérèse de France*, nouvelle édition, Lecoffre, 1859, pp. 530-532.

NOTES ET ÉCLAIRCISSEMENTS

I

Quelques observations générales.

Je me suis appliqué à ne publier dans ce recueil que des textes dignes de fixer l'attention du lecteur; mais il ne résulte pas de là que tous ces textes aient une égale valeur ou qu'ils possèdent, pour me servir d'une expression souvent employée, le même degré d'authenticité. Tout le monde conçoit, par exemple, que le testament de Louis XVI, dont les archives de France conservent l'autographe, est un document qui doit inspirer une confiance absolue, tandis que la prière de Clovis, citée par Grégoire de Tours une centaine d'années après l'événement, doit avoir à nos yeux une valeur infiniment moins précise, puisqu'elle nous arrive par la voie beaucoup moins sûre de la tradition. Cette tradition étant d'ailleurs très-respectable, j'ai cru pouvoir admettre dans ce recueil la prière de Clovis.

Prenons un autre exemple :

Les œuvres de la duchesse de Bourbon furent imprimées à Barcelone au commencement de ce siècle sous les yeux de cette princesse. Le texte de cette publication présente évidemment un tout autre caractère que le recueil des prières du roi Charles V, recueil composé, j'imagine, par quelque commensal ou familier du roi, non pas par le roi lui-même. Nous possédons dans toute sa pureté la pensée de la duchesse de Bourbon, tandis que celle du roi Charles V a couru des chances très-graves et très-nombreuses d'altération.

Pour déterminer avec précision la valeur relative des divers documents publiés dans ce volume, il y aurait beaucoup d'autres distinctions à établir et souvent des distinctions très-délicates. Il me suffira, je pense, d'avoir fait sentir, par deux exemples, quelles sont les limites extrêmes que je ne me suis pas permis de franchir. Comme, d'ailleurs, je mentionne les sources auxquelles j'ai puisé [1], le lecteur pourra toujours, avec quelque réflexion, se rendre compte de la valeur du document publié.

Ces sources sont très-variées et très-nombreuses; la multiplicité des manuscrits et des ouvrages qu'il m'a fallu consulter me servira, je l'espère, d'excuse auprès de ceux de mes lecteurs qui seraient tentés de me reprocher de n'avoir pas entrepris une édition nouvelle de tous les textes publiés dans ce volume, et de m'être contenté souvent de reproduire une édition précédente. Chacun de ces textes ayant une origine distincte, le travail de critique que je me serais imposé pour donner toujours une édition qui fût vraiment mon œuvre eût été écrasant. J'aurais dû recommencer quinze ou vingt fois la tâche qu'un éditeur ordinaire ne s'impose qu'une fois : j'ai reculé devant une pareille entreprise, et je me suis contenté de réimprimer les documents d'après les meilleures éditions déjà publiées, chaque fois que j'ai pu rencontrer une édition digne de confiance : dans le cas contraire, j'ai eu recours aux manuscrits comme c'était mon devoir, et j'ai essayé d'établir les textes à nouveau. Je n'ai pas cru devoir, en ce cas, indiquer les variantes : la disposition typographique de mon livre s'y prêtait difficilement, et la plupart de mes lecteurs ne m'en auraient su aucun gré. Aussi bien, l'indication constante des sources permettra de me contrôler et facilitera la tâche des futurs éditeurs.

Je n'ai publié aucun texte sans indiquer une édition de ce

---

[1] Je dois prévenir ici qu'à moins d'indication contraire, tous les manuscrits auxquels je renvoie appartiennent à la bibliothèque de la rue Richelieu.

texte toutes les fois que j'en connaissais une : lors donc que le lecteur ne trouvera en note que l'indication d'un manuscrit, c'est que je n'ai vu nulle part le document imprimé. Je n'ose employer ici le mot *inédit :* il est si dangereux !

Je me suis exposé, en effleurant des temps si divers, à des erreurs nombreuses et à d'inévitables omissions; j'espère que les critiques de lecteurs bienveillants m'aideront à améliorer cet ouvrage s'il est appelé à être réimprimé; je n'ai jamais songé sans doute à être complet, puisque je me proposais seulement de publier un choix de morceaux; mais cela n'empêche pas que bien des omissions involontaires ne déparent peut-être mon livre.

Les érudits me reprocheront-ils d'avoir accentué les anciens textes français? Ce n'est pas, je le sais, l'usage le plus ordinaire; mais j'ai eu surtout en vue les personnes qui n'ont pas l'habitude de notre vieux langage : il m'a semblé que la présence des accents les guiderait et pourrait faciliter l'intelligence du texte : je préviens toutefois ces personnes que la prononciation du moyen âge n'étant pas parfaitement connue, il est toujours périlleux d'accentuer le vieux français : les erreurs que j'ai pu commettre en essayant de le faire proviennent d'une double source : 1º de l'insuffisance générale de la science philologique en ce qui touche la prononciation française au moyen âge : 2º de mon insuffisance particulière, car je suis loin d'être philologue.

C'est aussi dans le but de rendre la lecture des textes plus courante et plus facile que dans le latin j'ai rétabli partout les *œ*, bien qu'à partir du xiiº siècle environ on ne trouve dans les manuscrits que des *e* simples et jamais d'*œ*.

Je n'aurais pu réunir les divers documents publiés dans ce volume sans le concours bienveillant de plusieurs personnes qui m'ont aidé de leurs conseils, qui m'ont fourni de précieuses indications, ou qui ont mis à ma disposition les richesses de leurs bibliothèques. Je les prie de recevoir toutes ici mes bien sincères remercîments.

J'ai aussi une dette de reconnaissance à acquitter envers les rédacteurs de catalogues manuscrits ou imprimés, envers les nombreux auteurs d'ouvrages généalogiques, bibliographiques ou biographiques sans lesquels la tâche que j'ai entreprise eût été irréalisable. Je n'ai pas toujours renvoyé le lecteur à ces ouvrages de fond; et il est, en effet, difficile de les citer, précisément parce qu'ils sont le point de départ de toutes les recherches (un traducteur ne cite pas à chaque page son dictionnaire); mais j'aime à reconnaître ici tous les services qu'ils m'ont rendus.

Après avoir dit un mot des livres que j'ai consultés, je pourrais consacrer un paragraphe à l'énumération de ceux qui m'ont manqué : mais je préfère épargner au lecteur une aussi aride nomenclature, et je me contenterai de renouveler ici un vœu que j'ai déjà eu l'occasion d'exprimer [1].

Ne serait-il pas possible d'obtenir que les bibliothèques de l'État, à Paris (je ne parle pas encore de la bibliothèque impériale), fournissent aux travailleurs les ouvrages indispensables pour l'étude et notamment pour l'étude de l'histoire de France? Le dénûment de ces bibliothèques passe toute croyance. Veut-on quelques exemples choisis entre mille? Au mois de mars dernier, ni Sainte-Geneviève, ni la Mazarine, ni la Sorbonne, ni l'Arsenal ne possédaient les *Mémoires du duc de Luynes*, *l'Ancien Régime et la Révolution*, par Tocqueville; ni Sainte-Geneviève, ni l'Arsenal, ni la Sorbonne ne possédaient la *Collection des Mémoires sur la Révolution française*, etc. etc.

C'est là une situation fort ancienne sur laquelle M. Ternaux-Compans essayait en vain d'appeler l'attention dès l'année 1837; et pourtant le remède serait facile : j'ai entendu exprimer cette opinion, à savoir que l'état de la plupart des bibliothèques de Paris citées plus haut pourrait être notablement amélioré sans qu'on augmentât d'un centime les allocations du budget, et je suis bien tenté de partager ce sentiment.

Quant à la bibliothèque impériale, dirigée par M. Taschereau

---

[1] Voy. Biblioth. de l'École des Chartes, 6e série, t. V, 1869, p. 338.

elle a réalisé depuis quelques années de très-sérieuses améliorations, et nous l'avons vu attaquer avec une déplorable injustice au moment même où elle donnait l'exemple à toutes les autres bibliothèques de Paris. Elle rend au public et à la science de grands services; mais la somme qui lui est allouée par le budget est tout à fait insuffisante. Cette somme est de 50,416 fr., pour achat et reliure de livres : les dépenses de reliure montant environ à 16,500 fr., il reste pour achats de livres une somme approximative de 34,000 fr. L'Angleterre a consacré en 1868, aux dépenses de reliure pour la bibliothèque du British Museum, la somme de 175,000 fr., et aux achats de livres celle de 250,000 fr. Cette comparaison est légitime, car le dépôt légal existe en Angleterre comme en France ; nous pouvons donc mettre en regard ces deux séries de chiffres :

	Achat de livres	Reliures
Bibliothèque impériale,	34,000 fr.	16,500 fr.
Bibliothèque du British Muséum,	250,000 fr.	175,000 fr.

Dans l'état actuel il y a tout avantage pour un homme d'étude à passer le détroit et à s'installer au British Museum : il y trouvera toutes les ressources bibliographiques qui lui manquent en France. Je me propose de renouveler la tentative de M. Ternaux-Compans, et d'essayer encore une fois, en fournissant des chiffres et des faits, d'appeler l'attention sur cette question si importante aux yeux de tous ceux qui se préoccupent de l'état de la science dans notre pays.

II

Sur le *Veni Creator* attribué à Charlemagne.

Dom Guéranger [1], M. Daniel [2] et d'autres écrivains [3] font honneur du *Veni Creator* à Charlemagne. Rien ne nous paraît

---

[1] *Inst. liturg.*, 1840; t. I, pp. 188, 254, 308.
[2] *Thesaurus hymnologicus*, t. I, p. 213; Halis., 1841.
[3] Voy. notamment l'ouvrage intitulé *The seven great hymns of the mediæval Church*, p. 102, New-York, 1868.

autoriser cette attribution : elle est fondée sur un témoignage dénué de toute valeur, celui de l'hagiographe Ekkehard, qui écrivit au xiii⁰ siècle la vie du bienheureux Notker [1]. Charlemagne était mort depuis seize ans lorsque Notker le Bègue vint au monde : cela n'empêche pas l'hagiographe d'écrire que le grand empereur ayant composé le *Veni creator* l'envoya à Notker. Une erreur aussi grossière n'aurait dû tromper personne : elle a été signalée d'ailleurs par les pères Bollandistes. Ceux-ci font remarquer à deux reprises que l'empereur Charles dont il est question dans la vie de Notker ne saurait être Charlemagne, et conjecturent que l'épithète *Magnus* accolée au mot *Carolus* pourrait bien avoir été ajoutée par un copiste [2].

Contre l'opinion de ceux qui considèrent Charlemagne comme l'auteur du *Veni Creator*, M. Mone a fait encore valoir deux considérations non moins décisives : la première, c'est que plusieurs manuscrits du *Veni Creator* sont antérieurs au règne de ce prince; la seconde, c'est que Charlemagne eût été incapable de s'exprimer en un langage aussi correct que celui du *Veni Creator*

M. Mone propose d'attribuer au pape Grégoire le Grand (590-604) non pas tout le *Veni Creator*, mais les six premières strophes de cette hymne [3].

III

Sur le récit de Louis le Débonnaire publié à la page 50.

Le morceau que j'ai publié p. 50 nous est parvenu par deux voies différentes :

1º On le trouve complet dans le récit de la translation des

---

[1] *Acta SS.*, Aprilis, t. I, pp. 577, 587.
[2] Ibid., p. 577 et p. 586, note a.
[3] Mone, *Hymni latini*, t. I, p. 242; Friburgi Brisgoviæ, 1853.

reliques de saint Sébastien et de saint Grégoire, qui fut composé au commencement du xe siècle par Odilon. Il existe plusieurs manuscrits du texte d'Odilon : celui que consulta Duchesne, le premier éditeur, appartenait à Michel Sublet, abbé de la Sainte-Trinité de Vendôme ;

2º Une autre source nous fournit ce document, mais nous le fournit incomplet ; car le récit de Louis le Débonnaire s'y arrête aux mots *ad perfectum deduxere*. Cette source est représentée, si je ne me trompe, par un seul manuscrit, qui fut également consulté par Duchesne et qui appartenait alors à Pétau. Je suppose que ce manuscrit est celui-là même qui se trouve aujourd'hui à la bibliothèque Vaticane (fonds de la reine Christine) [1].

Dans le récit d'Odilon, le morceau n'a pas de titre ; dans le manuscrit de Pétau il est intitulé :

Conquestio domni Chludovici imperatoris et Augusti piissimi de crudelitate, et defectione, et fidei ruptione militum suorum, et horrendo scelere filiorum suorum in sui dejectione et depositione patrato.

Le récit de Louis le Débonnaire a été publié pour la première fois par Duchesne en 1636 [2]. Depuis Duchesne, il a été plusieurs fois réédité, notamment par Bollandus en 1643 [3], par d'Achéry et Mabillon en 1677 [4], par Dom Bouquet en 1749 [5], par le cardinal Maï en 1841 [6]. Ce dernier n'en a donné que la première partie jusqu'aux mots *ad perfectum deduxere*.

Les éditeurs que j'ai cités paraissent admettre l'authenticité du document ; du moins, aucun d'eux n'ajoute la moindre observation qui puisse faire supposer qu'il en révoque en doute la

---

[1] Montfaucon, *Biblioth. biblioth. manuscript.*, 1739, t. I, p. 26ᵃ, nº 512. Je dois ici faire remarquer que Duchesne et Maï paraissent avoir eu sous les yeux un texte isolé ne se rattachant pas au récit d'Odilon, mais toutefois ne le disent pas d'une manière formelle.

[2] Duchesne, *Script. rer. Franc.*, t. II, p. 336.

[3] *Acta SS.*, Jan., t. II, p. 293.

[4] *Acta SS. ord. S. B.*, Saec. IV, pars I, p. 407.

[5] *Recueil des hist. de France*, t. VI p. 323.

[6] *Spicilegium Romanum*, t. VI p. 197.

sincérité. Ce morceau présente, en effet, un cachet frappant de naïveté et de vérité. Quelques critiques l'ont récusé, mais sommairement et sans lui consacrer une étude particulière ; j'avoue ne pouvoir souscrire à ce jugement non motivé. Quel faussaire aurait imaginé le curieux récit du tour joué par l'empereur à son geôlier? Quel faussaire aurait songé à ces détails racontés avec tant de précision et qui expliquent toutes les circonstances de la petite manœuvre exécutée par le prisonnier? Cette ficelle qui pend aux lambris, ces bâtons de bannières, cette échelle qui se trouve dans un coin de l'oratoire, tout cela, ce me semble, ne s'invente pas. Quel faussaire, enfin, aurait gardé à l'égard des trois fils de l'empereur ces réserves et ces précautions toutes paternelles : « Ils ont été *entraînés, enveloppés* dans le crime ; on *les a faits* les chefs du crime? »

Mais surtout dans quel but cette pièce aurait-elle été supposée?

Veut-on qu'elle ait été écrite par les partisans de Louis le Débonnaire afin d'exciter l'opinion publique en sa faveur? Telle paraît être l'appréciation de M. Wattenbach [1]. Mais le roi parle au passé comme un homme tout près de la tombe et déjà désintéressé des choses de la terre. Saint Sébastien lui a révélé sa mort prochaine : il ne reverra ni la ville de Soissons ni le couvent de Saint-Médard. Il leur a dit un éternel adieu. Ce n'est pas avec un pareil langage qu'on soulève les peuples et qu'on se procure des soldats. A la vérité, ces pensées ne se trouvent que dans la seconde partie du morceau, celle qui manque dans le manuscrit de Rome : ne tenons pas compte, si l'on veut, de cette seconde partie, et référons-nous seulement à la première. C'est la première partie qui contient le plaisant récit de l'épée soustraite au geôlier. Quel étrange plaidoyer? et pourquoi chercher à être amusant quand il eût été si facile d'être éloquent? Pourquoi enfin parler toujours au passé, et pourquoi terminer la harangue par quelques mots qui indiquent qu'on est remonté

---

[1] Wattenbach, *Deutschlands Geschichtsquellen im Mittelalter*, p. 141; Berlin, 1866.

sur le trône et que, pour le moment, on n'a nul besoin d'un soulèvement populaire : *Quod, Deo favente resque in melius per ostentum sanctorum suorum transfundente, ad perfectum deduxere?*

Ce morceau ne peut donc être considéré comme un plaidoyer en faveur de Louis le Débonaire. Je suppose que M. Wattenbach, qui paraît lui attribuer ce caractère, aura été induit en erreur par le titre : *Conquestio*, etc., *Complainte, lamentation.* Mais cet intitulé a été évidemment ajouté après coup : il ne donne pas une idée exacte du document.

Dira-t-on que la pièce a été composée à l'effet de populariser la dévotion envers saint Sébastien? Si Odilon était le faussaire, comme le pensent les auteurs de l'*Histoire littéraire*[1], ce serait évidemment là son but.

Étudions donc un moment la question : elle vaut la peine d'être examinée ; car l'hagiographe accompagne la lettre de Louis le Débonnaire d'une remarque qui pourrait à première vue exciter quelque soupçon : il fait observer que l'empereur ne fut pas inhumé à Saint-Médard et fut ainsi puni de n'avoir pas acquitté son vœu, puni de ne s'être pas fait religieux avant de mourir.

Odilon n'aurait-il point composé la lettre en question dans le but de glisser à la fin cette pieuse remarque? Mais, en ce cas, le faussaire n'eût pas commis la maladresse de justifier à l'avance Louis le Débonnaire du reproche qu'il allait lui adresser ; il n'eût pas mis dans la bouche du prévôt Ither d'excellents conseils et de très-fortes raisons contre l'accomplissement du vœu, quand il était si facile de faire prononcer par le religieux une exhortation toute différente, à la suite de laquelle la conclusion de l'hagiographe se fût présentée naturellement au lieu d'arriver à contre-sens.

Enfin je rappellerai encore ici la scène du geôlier endormi : qu'a-t-elle de commun avec la dévotion à saint Médard ou à saint Sébastien, et dans quel but aurait-elle été inventée par le faussaire?

---

1 *Histoire littéraire de la France*, t. IV, p. 607.

Avant de clore ces observations, je dois reconnaître que je n'ai pas répondu à la critique adressée au document dont il s'agit par l'*Histoire littéraire*. Les auteurs de l'*Histoire littéraire* signalent une grande ressemblance de style entre la lettre attribuée à Louis le Débonnaire et le texte d'Odilon. Cette ressemblance de style leur suffit pour récuser le document en question. Je ne me crois pas compétent pour vérifier le bien fondé de cette critique; car un pareil travail nécessiterait une profonde connaissance des auteurs du ixe et du xe siècle, connaissance que j'avoue ne pas posséder. En effet, une certaine ressemblance de style n'est pas douteuse; mais il est naturel que la langue d'un lettré du ixe siècle ressemble à celle d'un lettré du xe; il faudrait donc faire la part des analogies qui peuvent s'expliquer par le voisinage des temps, et des analogies plus intimes accusant un même génie, une même personnalité : opération délicate que je n'oserais entreprendre.

Ainsi, d'une part, la réponse que j'ai faite aux critiques dont, à ma connaissance, la *Conquestio Chludovici imperatoris* a été l'objet, n'est pas tout à fait complète; d'autre part, il existe peut-être sur la lettre de Louis le Débonnaire des travaux critiques que je ne connais pas. Il serait donc à tous égards désirable qu'un érudit compétent étudiât à fond la question; car le récit de Louis le Débonnaire paraît digne de sortir de l'oubli où le laissent nos historiens. On peut dire que, depuis deux cents ans, il est demeuré comme inaperçu [1] dans les recueils scientifiques [2].

---

[1] Citons parmi les rares auteurs qui en ont fait usage : Dormay, *Histoire de la ville de Soissons*, 1663, pp. 334, 341.

[2] Ce document avait été recueilli par l'auteur des Chroniques de Saint-Denis et cité par lui avec cette indication fort remarquable : « Des Chroniques Saint-Germain-des-Prés » Dom Bouquet a publié au tome VI cette partie des Grandes Chroniques. Il l'accompagne de la note suivante :

« Cette complainte, qui est une fable, ne se trouve pas dans la vie latine de « Louis le Débonnaire. » (p. 156, note g.)

M. Paulin Paris déclare ne pas adopter le sentiment de Dom Bouquet. « Rien n'est invraisemblable, dit-il, dans la narration du malheureux empereur, et l'on ne voit pas bien comment l'on aurait inventé un monument de ce genre deux ou

IV

Sur les œuvres du roi Robert.

On trouve dans Fabricius [1] et dans l'*Histoire littéraire* [2] la liste des prières attribuées avec plus ou moins de vraisemblance au roi Robert. Peut-être conviendrait-il d'ajouter à cette liste la prière qu'Helgaud met dans la bouche de ce prince le jour de la consécration de l'église de Saint-Aignan, à Orléans (1029) : *Gratias ago tibi, bone Deus,* etc. [3]. A la vérité, l'historien a pu altérer les expressions du roi ; mais cette prière, dont la forme paraît assez liturgique et que cite intégralement un auteur contemporain, méritait néanmoins une mention spéciale. Quant aux autres prières énumérées par Fabricius et par l'*Histoire littéraire*, les chroniqueurs nous les font connaître en en citant les premiers mots, mais n'en reproduisent pas le texte complet, qu'il faut aller chercher dans les anciens livres d'église. Le texte de ces prières est plus sûr que celui de la prière citée par Helgaud ; leur attribution au roi Robert l'est moins. De part et d'autre, il y a lieu de douter ; mais l'origine du doute n'est pas la même dans les deux cas. Je m'explique : nous ne possédons pas, en ce qui concerne les œuvres liturgiques citées par Fabricius et par les auteurs de l'*Histoire littéraire*, un seul témoignage contemporain : le plus ancien est postérieur de plus de cent ans au roi Robert ; il émane d'un religieux de Saint-Martial de Limoges, *Godellus*, qui vivait au xiie siècle. Nulle de ces attributions n'est donc parfaitement

trois siècles après les événements auxquels il se rapportait. » (P. Paris, *Gr. Chron.*, t. II, p. 378, note 1.)

On voit que M. Paulin Paris, à la seule lecture du texte français, avait été frappé du caractère original de ce document.

[1] *Jo. Alberti Fabricii Biblioth. lat.*, ed. Mansi. Patavii, 1754. t. VI, p. 94.
[2] *Id.*, t. VII, p. 329-332.
[3] Dom Bouquet, t. X, p. 111.

établie, et, comme on le verra, quelques-unes sont certainement fausses.

Cette remarque générale une fois faite, et l'incertitude qui domine le sujet bien constatée, je présenterai ici certaines observations particulières sur quelques-uns des morceaux attribués par divers auteurs au roi Robert :

1° Hymne *Chorus novæ Hierusalem*. Antiennes *Solem justitiæ, Stirps Jesse,* ad nutum.

Il convient, ce me semble, de faire disparaître ces prières de la liste des œuvres du roi Robert, car aucun ancien écrivain ne lui en fait honneur; d'ailleurs le religieux de Saint-Martial attribue formellement à Fulbert, évêque de Chartres, les antiennes *Stirps Jesse* et *Solem justitiæ,* ainsi que l'hymne *Chorus novæ Hierusalem*[1]. Les Bénédictins invoquent, il est vrai, en ce qui concerne l'hymne *Chorus novæ Hierusalem*, une autorité qui aurait quelque poids, celle de Durandi; mais, si nous ne nous trompons, cette citation est inexacte : nous avons vainement cherché dans Durandi la mention des œuvres du roi Robert. Pour les antiennes *Solem justitiæ, Stirps Jesse,* ad nutum, l'*Histoire littéraire* ne cite que Favyn et Clichtoue, écrivains modernes sans aucune autorité dès qu'il s'agit de l'attribution d'une prière composée au XI° siècle.

2° Séquence *Sancti Spiritus adsit nobis gratia*.

Bien que D. Guéranger[2] et M. Félix Clément[3] aient porté un jugement contraire, on ne saurait non plus maintenir l'attribution de la séquence :

Sancti Spiritus adsit nobis gratia,
Quæ corda nostra sibi faciat habitacula.

---

[1] Dom Bouquet, X, p. 262.
[2] *Institutions liturgiques*, 1840; t. I, p. 308.
[3] *Carmina e poetis christianis excerpta;* Gaume, 1 vol. in-8°, p. 402.

Déjà MM. Rambach[1], Daniel[2], Mone[3] ont restitué cette prière à Notker le Bègue, moine de Saint-Gall, qui vivait au ixe siècle. On la trouve, en effet, dans l'antique recueil des séquences composées par ce moine, recueil dont l'authenticité, que je sache, n'a pas été contestée[4]. A la vérité, un grand nombre de chroniqueurs depuis le xiie siècle jusqu'au xive [5] écrivent que la séquence *Sancti Spiritus adsit nobis gratia* est du roi Robert; mais il paraît bien ou que ces écrivains se trompent, ou qu'ils désignent une autre séquence commençant par les mêmes mots[6]. La prière composée par Notker est d'une grande beauté, et l'on se plaisait au xiiie siècle, dans l'abbaye de Saint-Gall, à la considérer presque comme le fruit de l'inspiration divine[7]. Elle a peut-être servi de thème à plus d'un vérificateur liturgiste; nous possédons l'une de ces imitations. C'est une prière en l'honneur de la Vierge, dont voici les deux premiers vers :

Sancti Spiritus adsit nobis gratia,
Quo fœcundata Deum peperit Virgo Maria.

On serait tenté d'appliquer à cette dernière séquence les témoignages qui concernent le roi Robert, et de résoudre ainsi la

---

[1] *Anthologie Christlicher Gesänge*, t. I, pp. 214, 227; Altona und Leipzig, 1817.

[2] *Thesaurus hymnologicus*, 1844; t. II, p. 17.

[3] *Hymni latini*, 1853; t. I, p. 253.

[4] Pez, *Thesaurus novissimus anecdotorum*, t. I, pars I, pp. 27, 28.

[5] *Recueil des hist. des Gaules et de la France*, t. X, pp. 262, 244, 299. Note *a*. — A. Salmon, *Recueil des chron. de Touraine*, pp. xvi, 116; Tours, 1854.

[6] Rappelons toutefois qu'un des chroniqueurs cite les deux premiers vers et ne laisse ainsi qu'un doute sur sa pensée. (D. Bouquet, X, p. 280.) La véritable origine de cette belle prière était oubliée : en France, on l'attribuait au roi Robert; en Italie, on citait non-seulement le roi Robert, mais aussi Grégoire le Grand, Sylvestre II, Hermann Contractus. (Muratori, *Rerum Italic. Script.*, IX, p. 114, XI; pp. 1051, 1052.) D'après les Bollandistes, Voragine aurait adopté cette dernière opinion; mais Voragine, dans l'édition que je consulte, cite Robert et non pas Hermann. (*Acta SS.*, Apr. t. I, p. 590, note *k*. — J. de Voragine, *La Légende dorée*, 2e série, p. 259; Paris, 1843.

[7] *Acta SS.*, April. t. I, p. 587.

difficulté : mais, selon toute apparence, la prière en question est postérieure à Robert, puisqu'elle se chantait le jour de la Visitation [1], fête qui a pris naissance au xiiie siècle [2].

Ajoutons, toutefois, avec M. Daniel, que le texte de cette séquence n'a pas particulièrement trait à la Visitation.

3° Prose *Veni sancte Spiritus, et emitte cœlitus*.

L'attribution de cette prière au roi Robert est singulièrement hasardée ; car, à ma connaissance, ce prince n'en est cité comme l'auteur que par un écrivain relativement moderne, Tritheim [3], qui vivait au xve siècle. L'*Histoire littéraire* renvoie aussi à G. Durandi ; mais Durandi, que je sache, n'attribue nulle part le *Veni sancte Spiritus* au roi Robert.

M. Rambach [4] (toujours d'après Durandi), MM. Daniel [5] et Mone [6] attribuent sans aucune hésitation le *Veni sancte Spiritus, et emitte cœlitus* au roi Robert. Je préfère les réserves et le doute des Bénédictins : prudence d'autant plus nécessaire qu'un auteur du xiiie siècle attribue formellement le *Veni sancte* à Innocent III [7] : si ce témoignage n'émanait d'un écrivain dénué de critique et d'autorité, il suffirait assurément pour enlever toute valeur à celui de Tritheim qui est postérieur de deux siècles.

J'ajouterai que, d'après M. Léon Gautier, particulièrement versé dans l'histoire de la poésie latine au moyen âge, le rhythme du *Veni sancte Spiritus* remonte tout au plus au xiie siècle, et non pas au xie.

---

[1] Daniel, *Thesaurus hymnol.*, t. II, pp. 185, 186 et note. Bibl. de l'Arsenal, manuscrit théol. lat. 155 b, in-folio, folio 263, verso et suiv.
[2] Bened. XIV, *De Festis*, p. 179 ; Venetiis, 1788.
[3] Joann. Trithem, t. I, pp. 141, 142 ; Saint-Gall, 1690.
[4] Anthologie, 1817 ; t. I, p. 227.
[5] T. II, p. 35.
[6] T. I, p. 244.
[7] *Acta SS.*, Aprilis t. I, p. 587.

4° Trope *Cunctipotens genitor*. Prière *Perfidi* ou plutôt *Pro fidei meritis*.

Je remarque qu'on ne peut invoquer pour ces prières qu'un seul témoignage, et ce témoignage est du XIII° siècle [1].

5° Séquence *Rex omnipotens*.

Ici encore un seul témoignage. J'ajouterai même que ce témoignage unique, émanant d'un chroniqueur tourangeau [2], est contredit par un chroniqueur de Ferrare [3], qui attribue la prière *Rex omnipotens* à Hermann Contractus. Ces deux auteurs sont l'un et l'autre du XIII° siècle.

6° *Versus pro sanitate*.

Mansi, dans son édition de Fabricius, fait honneur à notre roi Robert de quelques vers latins qui se trouvent dans un manuscrit de la bibliothèque Riccardi à Florence, sous ce titre [4] :

Versus regis Roberti pro sanitate.

La pièce débute ainsi :

Si vis incolumem, si vis te reddere sanum,
Tolle graves curas; irasci crede prophanum, etc.

Le manuscrit paraît dater du XIV° siècle, si j'en juge d'après le *fac-simile* que je dois à l'obligeance de M. Bulga, de la bibliothèque Riccardi; quant aux vers, il suffit d'y jeter un coup d'œil pour s'apercevoir qu'ils ne peuvent être du roi Robert de France; ne seraient-ils pas plutôt du roi Robert le Sage, roi de Naples, descendant de Charles d'Anjou?

7° Prière *O quam mirabile* en l'honneur de saint Martin.

Il ne s'agit pas ici de contester l'attribution de ce morceau au

---

[1] Albéric de Trois-Fontaines, dans D. Bouquet, X, p. 299, note *a*.
[2] *Chron. Turon. magn.*, dans Salmon, p. 116.
[3] Muratori, *Rerum Italic. Script.*, 1726: t. IX, p. 414.
[4] *Jo. Alberti Fabricii Biblioth. lat.*, ed. Mansi, Patavii, 1754: t. VI, p. 94.

roi Robert, mais, au contraire, de le lui restituer, bien entendu sous le bénéfice des réserves générales que nous avons faites en commençant.

Je ne sais, en effet, pour quels motifs dom Guéranger fait honneur de cette prière à Charles le Chauve [1]; aucun texte, à ma connaissance, ne justifie cette attribution. D'après la chronique de Saint-Bertin, source sans autorité d'ailleurs, puisqu'elle est du xive siècle, Charles le Chauve aurait composé le répons *Cives apostolorum* [2], non pas la prière *O quam mirabile*, qui est attribuée formellement au roi Robert par un chroniqueur tourangeau [3].

Je terminerai cette note en prémunissant les personnes qui seraient tentées de s'occuper des œuvres liturgiques du roi Robert contre une méprise dans laquelle il est facile de tomber. C'est celle qui consisterait à attribuer à ce prince le texte de prières dont il n'a pu composer que le chant : nos anciens historiens, en attribuant certaines prières à tel personnage, n'entendent souvent parler que du chant et non pas des paroles. C'est ainsi qu'ils mentionnent parmi les œuvres du roi Robert le répons *Judæa et Hierusalem* [4], l'antienne *Eripe* [5], le répons *Cornelius centurio* [6], prières qui sont empruntées textuellement ou presque textuellement aux saintes Écritures.

---

[1] *Inst. liturg.*, t. I, p. 270.
[2] D. Bouquet, t. VII, p. 270. C'est à tort que l'*Histoire littéraire* renvoie ici à Guill. de Nangis. (*Hist littér.*, t. V, p. 513.)
[3] Salmon, *Chron. de Touraine*, p. 116. D. Bouquet, X, p. 281. Je regrette de n'avoir pu retrouver le texte de cette invocation à saint Martin.
[4] II Par., xx, 17.
[5] Psalm. LVIII, 2.
[6] Act. x. On trouvera le texte du répons *Cornelius centurio*, ou au moins une partie de ce répons, dans le manuscrit de la bibliothèque Mazarine, T. 749, folio 169.

V

Sur les vœux de Louis XIII.

Il faut distinguer le vœu de 1636 et la déclaration de 1638.
Voici le texte du vœu de 1636 :

« Vœu à Dieu de dresser et fonder une lampe à perpétuité,
« laquelle sera d'argent et continuellement ardente, dans l'é-
« glise de Nostre-Dame de Paris, devant l'autel et chapelle
« dicte de Nostre-Dame. Le tout affin qu'il plaise à la divine bonté,
« moyennant l'intercession de la saincte mère de Dieu, favori-
« ser avec prospérité cet Estat de France, et donner heureux
« succès aux armes qui sont dressées pour sa défense. — Je
« veux aussy et entens que ledict vœu et promesse soit valable
« et mis en exécution suivant et conformément à la grâce de-
« mandée, et quand il plaira à Dieu d'octroyer ladicte béné-
« diction. »

Le vœu de 1636, qui avait été suggéré au roi par Richelieu [1], paraît avoir, on ne sait pour quels motifs, inquiété la conscience du monarque. Le ministre lui écrivait à ce sujet le 25 mai 1636 :

« Je feray accomplir le vœu de Votre Majesté, de la lampe
« qu'elle veut mettre à Nostre-Dame et de son entretien per-
« pétuel, sans qu'elle en ayt davantage de peine; ce que je luy

---

[1] Ce ministre écrivait au roi le 19 mai 1636 :
« On prie Dieu à Paris par tous les couvens pour le succez des armes de
« V. M.
« On estime que si elle trouvoit bon de faire un vœu à la Vierge avant que
« ses armées commencent à travailler, il seroit bien à propos. On ne prétend
« pas que ce vœu soit de difficile exécution. Les dévotions qui se font mainte-
« nant à Nostre-Dame de Paris sont très-grandes; s'il plaist à Vostre Majesté
« s'obliger d'y donner une belle lampe, et la faire entretenir à perpétuité, ce
« sera assez, et je me charge du soin de faire exécuter sa volonté en ce sujet.
« Un redoublement de dévotion envers la mère de Dieu ne peut produire que
« de très-bons effets. »

« mande distinctement pour prévenir tous les scrupules qui
« luy pourroient venir sur ce sujet.

Puis le 27 mai :

« Je la supplie encore une fois (Sa Majesté) de n'avoir point
« de peine de son vœu, de l'exécution duquel je me charge en-
« core de nouveau. »

La déclaration de 1638, connue improprement sous le nom de *Vœu de Louis XIII*, porte la date du 10 février 1638 ; mais elle fut rédigée vers la fin de décembre 1637, très-probablement par Richelieu, qui y a laissé la visible empreinte de son style ferme et grandiose[1].

Ce ministre ne parle pas de l'acte en question dans sa correspondance ; mais il en traite assez longuement dans ses Mémoires[2].

Rien dans les pièces que j'ai transcrites ne justifie l'opinion si répandue[3], que Louis XIII fît un vœu à la Vierge pour obtenir un héritier de la couronne. Cependant il est probable que les préoccupations du roi à cet égard n'ont point été, dans sa pensée intime, étrangères à la déclaration de 1638 : c'est le 5 septembre de la même année que la reine Anne d'Autriche accoucha du Dauphin qui devait être Louis XIV.

VI

Sur un vœu de Louis XVI au sacré Cœur de Jésus.

Je dois à l'obligeance et à l'érudition du rév. P. Daniel, la connaissance de deux petites brochures[4] dans lesquelles a été

---

[1] Avenel, *Lettres du cardinal de Richelieu*, t. V, pp. 467, note 3, p. 468, 471, 473, 908.

[2] *Mémoires de Richelieu*, dans Michaud et Poujoulat, *Nouvelle Collection de Mémoires*, 2ᵉ série, t. IX, pp. 206, 325.

[3] Voyez notamment Lebas, France, *Dict. encyclop.*, t. XII, p. 929.

[4] *Prière et Vœu de Louis XVI au sacré Cœur de Jésus*, petite brochure de 8 pages, en tête de laquelle sont les armes de France. Paris, Legrand, rue des

publié le texte d'un vœu de Louis XVI au sacré Cœur, ou plutôt d'un projet de vœu, car la signature du roi ne figure pas au bas de cette pièce.

D'après l'un des éditeurs anonymes, le vœu de Louis XVI serait du commencement de 1792; il aurait été conseillé au roi par M. Hébert, son confesseur, supérieur général des Eudistes (massacré aux Carmes, le 2 septembre 1792).

Les premiers éditeurs n'ont accompagné leur publication d'aucun renseignement qui permette de vérifier la sincérité du document : je le reproduis tel qu'il a été publié sous la Restauration.

PRIÈRE.

« Vous voyez, ô mon Dieu! toutes les plaies qui dessèchent
« mon cœur, et la profondeur de l'abîme dans lequel je suis
« tombé. Des maux sans nombre m'environnent de toutes parts.
« A mes malheurs personnels, et à ceux de ma famille, qui
« sont affreux, se joignent, pour accabler mon âme, ceux qui
« couvrent la surface de tout le royaume. Les cris de tous les
« infortunés, les gémissements de la religion opprimée reten-
« tissent à mes oreilles, et une voix intérieure m'avertit encore
« que peut-être votre justice me reproche toutes ces calamités,
« parce que, dans les jours de ma puissance, je n'ai point ré-
« primé la licence des mœurs et l'irréligion qui en sont les prin-
« cipales causes. Je n'aurai point, ô mon Dieu! la témérité de
« vouloir me justifier devant vous ; mais vous savez que mon
« cœur a toujours été soumis à la foi et aux règles des mœurs.
« Mes fautes sont le fruit de ma foiblesse, et semblent dignes
« de votre grande miséricorde. Vous avez pardonné au roi Da-
« vid, qui avoit été cause que vos ennemis avoient blasphémé

Fossoyeurs, 6; Francart, rue Poupée, 5; Beaucé, rue Plâtrière, 14; Jagot, place Cambrai, 8; Rouen, Fleury, rue des Murs-Saint-Ouen, 4 (pas de date).

Le Salut de la France ; exhortation à la dévotion au Sacré-Cœur de Jésus, brochure de pages vii–28. (Ce titre est celui de la première page : je ne connais pas celui de la couverture qui était arrachée de l'exemplaire que j'ai eu sous les yeux). Ni lieu, ni date.

« contre vous, au roi Manassès, qui avoit entraîné ses peuples
« dans l'idolâtrie. Désarmé par leur pénitence, vous les avez
« rétablis l'un et l'autre sur le trône de Juda; vous les avez fait
« régner avec paix et avec gloire. Seriez-vous inexorable au-
« jourd'hui pour un fils de saint Louis qui prend ces rois péni-
« tents pour ses modèles, et qui, à leur exemple, désire de
« réparer ses fautes, et de devenir un roi selon votre cœur? O
« Jésus-Christ, divin réparateur de toutes nos iniquités, c'est
« dans votre Cœur adorable que je dépose en ce moment les
« affections de mon âme affligée. J'appelle à mon secours le ten-
« dre *Cœur de Marie*, mon auguste protectrice et ma mère, et
« l'assistance de saint Louis, mon patron, et le plus illustre de
« mes aïeux. Ouvrez-vous, Cœur adorable, et par les mains si
« pures de mes puissants intercesseurs, recevez le vœu satis-
« factoire que la confiance m'inspire, et que je vous offre comme
« l'expression naïve des sentiments de mon cœur.

VŒU.

« Si, par un effet de la bonté infinie de Dieu, je recouvre ma
« liberté et ma puissance royale, je promets solennellement :

« 1º De révoquer, le plutôt que faire se pourra, toutes les lois
« qui me seront indiquées (soit par le Pape, soit par un concile,
« soit par quatre évêques, choisis parmi les plus éclairés et les
« plus vertueux de mon royaume), comme contraires à la pu-
« reté, à l'intégrité de la foi, à la discipline et à la juridic-
« tion spirituelle de la sainte Église catholique, apostolique et
« romaine, notamment la constitution civile du clergé.

« 2º De rétablir sans délai tous les pasteurs légitimes et tous
« les bénéficiers institués par l'Église, dans les bénéfices dont
« ils ont été injustement dépouillés par les décrets d'une puis-
« sance incompétente, sauf à prendre les moyens canoniques
« pour supprimer les titres de bénéfices qui sont moins néces-
« saires, et pour en appliquer les biens et revenus aux besoins
« de l'État.

« 3º De prendre dans l'intervalle d'une année, tant auprès
« du Pape qu'auprès des évêques de mon royaume, toutes les

« mesures nécessaires pour établir, en observant les formes
« canoniques, une fête solennelle en l'honneur du DIVIN CŒUR
« DE JÉSUS; laquelle fête sera célébrée à perpétuité dans toute
« la France, le premier vendredi après l'octave du Saint-Sacre-
« ment, et toujours suivie d'une procession générale, en répa-
« ration des outrages et des profanations commis dans nos saints
« temples, pendant ce temps de troubles, par les schismatiques,
« les hérétiques et les mauvais chrétiens.

« 4° D'aller moi-même en personne, sous trois mois, à comp-
« ter du jour de ma délivrance, dans l'église de Notre-Dame
« de Paris, ou dans toute autre église principale du lieu où je
« me trouverai, et d'y prononcer, un jour de dimanche ou de
« fête, au pied du maître-autel, après l'offertoire de la messe,
« et entre les mains du célébrant, un acte solennel de consé-
« cration de ma famille et de mon royaume au SACRÉ CŒUR DE
« JÉSUS, avec promesse de donner à tous mes sujets l'exemple
« du culte et de la dévotion qui sont dus à ce Cœur adorable.

« 5° D'ériger et de décorer à mes frais, dans l'église que je
« choisirai pour cela, dans le cours d'une année, à compter du
« jour de ma délivrance, une chapelle ou un autel qui sera con-
« sacré au SACRÉ CŒUR DE JÉSUS, et qui servira de monument
« éternel de ma reconnaissance et de ma confiance sans bornes,
« dans les mérites infinis et dans les trésors inépuisables de
« grâces qui sont renfermés dans ce Cœur sacré.

« 6° De renouveler tous les ans, au lieu où je me trouverai,
« le jour qu'on célébrera la fête du SACRÉ CŒUR DE JÉSUS,
« l'acte de consécration exprimé dans l'article 4, et d'assister à
« la procession générale qui suivra la messe de ce jour.

« Je ne puis aujourd'hui prononcer qu'en secret cet engagement;
« mais je le signerois de mon sang, s'il le falloit, et le plus
« beau jour de ma vie sera celui où je pourrai le publier à haute
« voix dans le temple.

« O Cœur adorable de mon Sauveur! que j'oublie ma main
« droite et que je m'oublie moi-même, si jamais j'oublie vos
« bienfaits et mes promesses ; si je cesse de vous aimer, et de
« mettre en vous toute ma confiance et ma consolation. »

VII

Sur l'ouvrage intitulé : *Réflexions sur mes entretiens avec M. le duc de la Vauguyon, par Louis-Auguste, Dauphin (Louis XVI)*. — (Paris, Aillaud et Garnier, 1851.)

C'est avec intention que nous nous sommes abstenus de donner aucun extrait de cet ouvrage, dont Louis XVI ne saurait être l'auteur. En effet, nous apprenons, par un manuscrit de la bibliothèque de la rue de Richelieu, que le duc de Vauguyon commença le 1er avril 1763 la série d'entretiens dont il s'agit. Louis XVI avait alors neuf ans : il tombe sous le sens qu'un enfant de neuf ans ne peut être le rédacteur de ces *Réflexions*.

M. le duc de Vauguyon avait composé lui-même un plan général des instructions qu'il se proposait de donner au Dauphin ; on doit supposer qu'il résuma ensuite ces instructions sous forme de réflexions, réflexions dans lesquelles il faisait parler son élève à la première personne, et qui étaient destinées à être transcrites par le jeune Dauphin. Telle nous paraît être l'origine de l'ouvrage attribué à Louis XVI. (Voy. manuscrit fr. 14715.)

TABLE

Préface. I

Clovis († 511 [1]). 1
Première prière de Clovis. . . . . Ibid.

Sainte Radégonde († 587). 3
Testament de sainte Radégonde. 5

Dagobert († 638). 15
Lettre de Dagobert à l'occasion de la nomination de saint Didier (ou Géry) à l'évêché de Cahors. 17

Charlemagne († 814). 23
Discours prononcé par Charlemagne dans un champ-de-mars. 25

Gisla et Rictrude († 810). 35
Lettre de Gisla et de Rictrude, servantes du Christ, à leur maître Alcuin. 38

Louis le Débonnaire († 840). 47
Relation par Louis le Débonnaire de sa captivité à Saint-Médard de Soissons; son désir de se faire religieux. 50

Robert le Pieux († 1031). 65
Répons *O constantia martyrum* (pour la fête de saint Denis). 66
Séquence pour le jour de l'Ascension. 67
Prière à la Trinité (Trope du *Kyrie*). 70

Louis VII († 1180). 73
Lettre au pape Alexandre III à l'occasion de la convocation du troisième concile de Latran. 75

Pierre Mauclerc, duc de Bretagne († 1250). 85
Chanson pieuse à Dieu et à la Vierge. 86

[1] Le signe † indique la date de la mort de chaque personnage.

Saint Louis, roi de France († 1270)...........	89
Prière de saint Louis à la mort de sa mère.........	97
Enseignements de saint Louis à sa fille Isabelle......	98
Enseignements de saint Louis à son fils Philippe le Hardi...	106
Philippe le hardi († 1285)................	121
Lettre pour annoncer la mort de saint Louis (12 septembre 1270).	124
Charles V († 1380)....................	131
Lettre de Charles V pour introduire en Occident la fête de la Présentation de la Vierge................	133
Prière de Charles V à son lever.............	137
— pendant la consécration.........	138
Prière à Jésus-Christ dans le saint viatique........	141
Paroles adressées par Charles V mourant à la couronne d'épines et à la couronne royale............	Ibid.
Prière en recevant l'extrême-onction. Pardon demandé au peuple. Bénédiction donnée par le roi à son fils.....	143
Jean d'Orléans, comte d'Angoulême († 1467).......	149
Oratio ad Crucifixum..................	150
Le bon roi René († 1480).................	155
Les faiblesses du cœur.................	157
Élévation de l'âme vers Dieu..............	158
La B. Jeanne de Valois († 1505).............	163
Prière à la Vierge...................	164
Gabrielle de Bourbon († 1516).............	165
Prière de l'âme dévote au moment de partir pour le voyage spirituel......................	169
Autre prière de l'âme dévote à Jésus-Christ et au Saint-Esprit.......................	170
Capitaines et portiers du château de l'âme........	171
Petit discours adressé par dame Espérance aux âmes dévotes.	Ibid.
Marguerite d'Angoulême, sœur de François Ier († 1549)...	173
L'amour de Jésus-Christ................	177
Le vrai chrétien....................	178
Marie Stuart († 1587)..................	181
Lettre au pape Sixte-Quint...............	183
Lettre au duc de Guise.................	190

TABLE

Louis XIII († 1643).	193
Déclaration par laquelle Louis XIII place le royaume sous la protection spéciale de la Vierge Marie (10 février 1638).	195
Henri de Bourbon-Condé († 1646).	201
De la fréquente communion.	202
Armand de Bourbon, prince de Conti († 1666).	205
Les inconvénients de la grandeur et des dignités.	207
L'esprit de justice et de force.	208
L'orgueil de la vie.	210
Anne-Marie-Martinozzi, princesse de Conti († 1672).	213
La paix de Dieu (Lettre à une amie).	214
Résolutions.	215
Lettre adressée le 8 novembre 1666 à M. Pavillon, évêque d'Alet.	219
Lettre du 22 août 1671 à M. Pavillon, évêque d'Alet.	220
Lettre à M. de Ciron.	222
Madame de Longueville († 1679).	223
Dieu est intérieur.	225
L'obéissance et le sacrifice.	Ibid.
Abandon en Dieu.	226
La vie cachée en Dieu.	228
Acte de foi.	229
Acte d'amour.	Ibid.
Acte de perfection.	Ibid.
La grande Mademoiselle († 1693).	231
Des désirs et des affections déréglées.	232
Des conversations inutiles.	233
De l'avantage des afflictions.	234
Conduite à suivre quand on ne jeûne pas.	235
De l'amour de la prière et du silence.	236
De la componction du cœur.	237
Louis XIV († 1715).	239
Dernières paroles adressées par Louis XIV à son arrière petit-fils Louis XV et à la cour.	242
Le duc de Bourgogne († 1712).	245
La volonté de Dieu.	246
La fin dernière.	Ibid.
Fréquentation des sacrements.	247
Prière après la communion.	248

Sœur d'Orléans de Sainte-Bathilde († 1743)	249
Sentiments de Mlle d'Orléans, novice à l'abbaye de Chelles.	252
Lettre de Mlle d'Orléans à deux religieuses du Val-de-Grâce sur sa vocation à la religion	266
Autre lettre aux mêmes religieuses sur l'abbaye de Montmartre qu'on lui proposait	268
Pensées de Mlle d'Orléans sur sa famille	270
Louis d'Orléans, fils du régent († 1752)	271
De la gloire des conquérants	274
Les petites médisances et les petits mensonges	276
Prière afin d'obtenir la vraie mesure du zèle pour la conversion des pécheurs	277
Marie Leszczinska († 1768)	279
Pensées	281
Isabelle de Parme († 1763)	285
La mort	287
L'oisiveté de la vie	288
Amour de la retraite	289
Louis, Dauphin, père de Louis XVI († 1765)	291
Dieu	292
Le monde	295
Les divertissements du monde	296
Futilité des femmes	Ibid.
La femme du monde	298
Lettre au maréchal de Noailles qui était alors en Espagne	Ibid.
La prière	300
Prière pour la France	301
Prière pour l'Église	302
Marie-Thérèse de Saxe († 1767)	303
Relation de la dernière maladie du Dauphin	307
Sœur Thérèse de Saint-Augustin (Madame Louise de France) († 1787)	329
Neuvaine à sainte Thérèse pour une vocation religieuse	330
Louis XVI († 21 janvier 1793)	337
Discours adressé par Louis XVI à Madame Royale le jour de sa première communion	Ibid.
Testament	339

TABLE

Marie-Antoinette († 16 octobre 1793). 346
Prière du soir de Louis XVII au Temple. . . . . *Ibid.*
Dernière lettre de Marie-Antoinette (adressée à Madame Élisabeth) . . . . *Ibid.*

Madame Élisabeth († 10 mai 1794). 349
L'esprit chrétien dans les peines de la vie. . . . . *Ibid.*
Prière à Dieu dans la tristesse. . . . . *Ibid.*
Conseils à une jeune fille qui se croit appelée à la vocation religieuse. 350
Conseils à une mère qui a perdu son enfant (fragment d'une lettre adressée à Mme de Raigecourt). 353
Prière au sacré Cœur de Jésus donnée par Madame Élisabeth à la marquise de Raigecourt. 354
Prière pour le roi et pour la France. 355
Acte de résignation. 356
Pensées. 357

Madame Adélaïde († 1800). 359
Portrait du Dauphin, père de Louis XVI. 361

La vénérable Marie-Clotilde de France († 1802). 367
La pensée de Dieu en tout (extrait d'une lettre adressée à une religieuse). 368
Autre lettre. 369
Autre lettre. 371

Louise-Marie-Thérèse d'Orléans, duchesse de Bourbon-Condé († 1822). 373
Sur l'habitude de donner son cœur à Dieu avant de s'endormir. 374
La science, l'ignorance et l'humilité. 376
Prière pour les souverains et pour les ministres de l'Église. . 377

Mère Marie-Josèphe de la Miséricorde (Louise-Adélaïde de Bourbon-Condé) († 1824). 381
Les trois états de la vie future. 382
Prières pour un frère égaré. 383
Union en Dieu dans l'affliction. 384
Refuge d'une âme désolée. . . . . *Ibid.*
Prière à Jésus-Christ dans le très-saint Sacrement au moment de commencer une retraite. 386
Sentiments à l'égard d'un ennemi (extrait d'une lettre à Mgr d'Astros) . . . . *Ibid.*

Les souffrances du cœur (lettre à Mgr d'Astros).	387
Prière à Jésus-Christ.	388
MARIE-THÉRÈSE DE FRANCE, duchesse d'Angoulême († 1851).	389
Mémoire écrit par Marie-Thérèse-Charlotte de France, sur la captivité des princes et princesses, ses parents, depuis le 10 août 1792, jusqu'à la mort de son frère, arrivée le 9 juin 1795.	392
Inscriptions tracées par Mme la duchesse d'Angoulême sur les murs de sa prison.	441
Testament (dispositions générales).	Ibid.
NOTES ET ÉCLAIRCISSEMENTS. — I. Quelques observations générales.	445
II. Sur le *Veni Creator* attribué à Charlemagne.	449
III. Sur le récit de Louis le Débonnaire publié à la page 50.	450
IV. Sur les œuvres du roi Robert.	455
V. Sur les vœux de Louis XIII.	461
VI. Sur un vœu de Louis XVI au sacré Cœur de Jésus.	462
VII. Sur l'ouvrage intitulé : *Réflexions sur mes entretiens avec M. le duc de la Vauguyon, par Louis-Auguste, Dauphin (Louis XVI)*. — Paris, Aillaud et Garnier, 1851.	466

ERRATA.

Page 16, ligne 4, *au lieu de :* qu'il lui tranchera la tête avec son épée si ce dernier, etc., *lisez :* que d'un coup d'épée il tranchera la tête d'Anségise, fils chéri d'Arnoul, si ce dernier, etc.

Page 286, ligne 20, *au lieu de :* L'archiduchesse Isabelle avait laissé, outre un recueil de *Méditations*, quelques *Réflexions*, etc., *lisez :* L'archiduchesse Isabelle avait laissé divers écrits, notamment des *Réflexions*, etc.

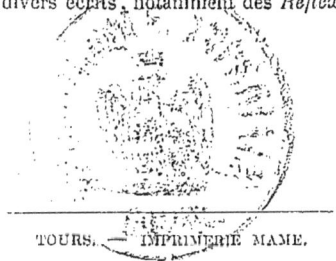

TOURS. — IMPRIMERIE MAME.

www.ingramcontent.com/pod-product-compliance
Lightning Source LLC
Chambersburg PA
CBHW050240230426
43664CB00012B/1766